JN304960

解釈学と批判　　古典文献学の精髄

解釈学と批判

―― 古典文献学の精髄 ――

A．ベーク 著／安酸敏眞 訳

知泉書館

凡　　例

一　本訳書は，底本として August Boeckh. *Encyklopädie und Methodologie der philologischen Wissenschaften*. Herausgegeben von Ernst Bratuscheck. Zweite Auflage besorgt von Rudolf Klussmann. Leipzig: Druck und Verlag von B. G. Teubner, 1886 を用いているが，必要に応じて初版本 August Boeckh. *Encyklopädie und Methodologie der philologischen Wissenschaften*. Herausgegeben von Ernst Bratuscheck. Leipzig: Druck und Verlag von B. G. Teubner, 1877 も参照した。

　リプリント版 August Boeckh. *Enzyklopädie und Methodenlehre der philologischen Wissenschaften*. Herausgegeben von Ernst Bratuscheck. Erster Hauptteil: Formale Theorie der philologischen Wissenschaft. Darmstadt: Wissenschaftliche Buchgesellschaft, 1966 は，第 2 版の 260 頁までの部分（序論と第一主要部）を忠実に再現しているが，第二主要部は全面的に削除されている。その理由はおそらく，今日では序論と第一主要部ほど汎用性が高くないとの判断からであろう。翻訳に際しては，必要に応じて英訳書 August Boeckh. *On Interpretation and Criticism*. Translated and edited by John Paul Pritchard (Norman: University of Oklahoma Press, 1968) も参照したが，ここではいたるところで無断の省略，短縮，パラフレーズが施されており，あまり参考にならなかった。

一　原著のタイトルは『文献学的諸学問のエンツィクロペディーと方法論』であるが，本訳書は序論と第一主要部のみを収録しているので——但し，原著 880-881 頁所収の「改訂および追記」（Verbesserungen und Zusätze）は訳文に反映されている——，訳書の表題は英訳書に準じて『解釈学と批判』とし，副題を「古典文献学の精髄」とすることにした。

一　ベークが本文中で繰り返し参照する自身の論文集 *Gesammelte kleine Schriften* 全 7 巻は，翻訳書では『小品集』として引証するが，それは具体的には以下のような内容と構成になっている。

Bd.1. *Orationes in universitate litteraria Frederica Guilelma Berolinensi habitae*. Edidit Ferdinandus Ascherson. Leipzig: B. G. Teubner, 1858.

Bd. 2. *Reden gehalten auf der Universität und in der Akademie der Wissenschaften zu Berlin*. Herausgegeben von Ferdinand Ascherson. Leipzig: B. G. Teubner, 1859.

Bd. 3. *Reden gehalten auf der Universität und in der Akademie der Wissenschaften zu Berlin 1859-1862; und, Abhandlungen aus den Jahren 1807-1810 und 1863-1865*. Herausgegeben von Ferdinand Ascherson. Leipzig: B. G. Teubner, 1866.

Bd. 4. *Opuscula academica berolinensia*. Ediderund Ferdinandus Ascherson, Ernestus Bratuscheck, Paulus Eichholtz. Leipzig: B. G. Teubner, 1874.

Bd. 5. *Akademische Abhandlungen vorgetragen in den Jahren 1815-1834 in der*

凡　例

　　Akademie der Wissenschaften zu Berlin. Herausgegeben von Paul Eichholtz und Ernst Bratuscheck. Leipzig: B. G. Teubner, 1871.
　　Bd. 6. *Akademische Abhandlungen vorgetragen in den Jahren 1836-1858 in der Akademie der Wissenschaften zu Berlin; nebst einem Anhange epigraphische Abhandlungen aus Zeitschriften enthaltend*. Herausgegeben von Paul Eichholtz und Ernst Bratuscheck. Leipzig: B. G. Teubner, 1871.
　　Bd. 7. *Kritiken; nebst einem Anhange*. Herausgegeben von Ferdinand Ascherson und Paul Eichholtz. Leipzig: B. G. Teubner, 1872.

一　原書では，本文中で無数の文献や資料への言及がなされているが，その大半は国内の図書館では入手し難いものであり，またすっかり古びてしまったものも少なくない．加えて，ベークはしばしば書誌情報に関して略記方法を用いており，ときたま不正確な記載も見出される．そこで当初はこの部分を落として翻訳することも検討したが，それを行うと英訳書と同じ愚を犯し，本書の学術的価値を著しく毀損することになるので，面倒でも引証されている文献や資料を逐一特定し，可能なかぎり正確な書誌情報を記載するよう努力した．しかしこれを本文に盛り込むと円滑な読書を妨げかねないので，正確な書誌情報は注に回すことにした．その際，重複を避けるために本文中の出版地・出版年に関する情報は原則的に削除し，また正確を期すために原文に若干の手を加えた場合もある．これによって本訳書は専門研究者にとって格段に価値の高いものになったものと自負している．

一　原著には著者および編集者による注が含まれているが，日本の読者にはそれだけでは不十分なので，引証されている人物，書物，用語などについて，できるだけ詳細な訳注を施すことにした．なお，原注と訳注に別々の番号を振ると煩瑣になるので，原注も訳注も一緒にして番号を振り，原注には冒頭に〔原注〕という言葉を入れて，訳注との区別がつくように配慮した．

一　訳注を施す際におもに参照したのは，松原國師『西洋古典学事典』（京都大学学術出版会，2010 年），『岩波西洋人名辞典　増補版』（岩波書店，1981 年），*The Oxford Companion to Classical Literature*, edited by M. C. Howatson (Oxford & New York: Oxford University Press, 1991), *Deutsche Biographische Enzyklopädie*, herausgegeben von Walther Killy (München: K. G. Saur, 1999), *Merriam-Webster's Biographical Dictionary* (Springfield, Mass.: Merriam-Webster, 1995), *Duden. Das große Wörterbuch der deutschen Sprache in 8 Bänden* (Mannheim: Dudenverlag, 1993) などであるが，それ以外にもゲッティンゲン大学図書館のオンラインカタログ（http://www.sub.uni-goettingen.de/en/news/）やミュンヘン大学図書館のオンラインカタログ（https://opacplus.ub.uni-muenchen.de/），さらに Google books のオンライン情報（http://books.google.co.jp/）などを幅広く利用した．但し，これらの辞書，辞典，事典，オンライン情報などを典拠とする場合には，いちいちその出典先を明記しないことにする．

一　人名や地名の表記に関しては，できるだけ原語の発音に近いものを採用するようにした．とくにギリシア語とラテン語の人名・地名に関しては，松原國師『西洋古典学事典』に倣って，原則的に短母音と長母音を区別することにした．しか

凡　　例　　　　　　　　　vii

しソクラテス，プラトン，アリストテレスなど，われわれの耳目にすっかり馴染んでいるものまで，無理やりこの原則に服せしめることには抵抗を覚えたので，幾つかのものは例外扱いとした。いずれにせよ，これによって既存の書物を引証する場合を含めて，表記上の齟齬・不統一が生じざるを得なかった。

一　本文中に訳者の言葉を補う場合には，亀甲括弧（〔〕）を用いたが，原著の本文中における編者の言葉は，それと区別して原文通りブラケット（[]）を用いることにした。それ以外，例えば原語や訳語を併記する場合には，原則的に通常の丸括弧（()）を用いる。

一　原文ではほとんどの場合，人名はゲシュペルト（隔字体）になっているが，訳文においてこれに逐一傍点を施すことはナンセンスなので，人名を除く隔字体部分にのみ傍点を施すことにする。

一　隔字体を含む原文を引用する場合，引用文は標準の文字間隔で表記し，訳文に付した傍点で隔字体であることを示す。

序　　言

　　アウグスト・ベークは 1809 年から 1865 年まで 26 学期にわたって，文献学のエンツィクロペディーに関する講義を行ったが，この講義には全体で 1696 名の受講生が履修登録した。この講義の予告は，もともと「古代文学のエンツィクロペディーを説明し，そして正しく取り扱われるべきそれの方法と理論を指し示すであろう」(Encyclopaediam antiquitatis litterarum exponent easque recte tractandi viam ac rationem monstrabit) となっており，1816 年以降，「文献学のエンツィクロペディーをみずからの紙片から教示する」(Encyclopaediam philologicam ex suis schedis docebit)，1818/19 年以降，「文献学的諸学問のエンツィクロペディーと方法論をみずからの紙片から説述する」(Encyclopaediam et methodologiam disciplinarum philologicarum ex schedis suis tradet)，1841 年以降，「文献学的諸学問のエンツィクロペディーと方法論を説述する」(Encyclopaediam et methodologiam displinarum philologicarum tradet) となった。わたしは最後に挙げた名称を，ベークによってベルリン大学のドイツ語の講義目録のために確定された文言において，本書のタイトルとして選んだ次第であるが，本書においては講義ではスケッチ風にしか叙述され得なかった文献学的学問の体系が詳細に叙述されている。

　　ベークは 1809 年に記されたノートを最後まで彼の講義の基礎に据えていた。このノートは一気に立案された彼の体系の概要を含んでおり，この概要を彼はのちに自由な語り口で詳述した。けれども，講義はつねに豊富な資料からのほんの概要を提供しただけであった。この豊富な資料は，原ノートの欄外注や大量の添付された紙切れに貯蔵されたが，ベークはそれに加えて，他の講義のために書き留めたものからも資料を

取り出した。彼の原ノートの全体から，書き写された講義ノートの助けを借りて，次のことが証明され得る。すなわち，彼がきわめて多面的な個別研究に基づいて文献学の体系を拡張しようと，いかに絶えず努力をしていたかということである。但し，もともとのその体系の根本形態は変更されるには及ばなかった。このことはB・シュターク博士の手になるベークの学問的伝記において証明される。

　ベークはみずからの体系を印刷に付し得る形式にもたらさなかった。彼の原ノートには個々の部分のみが，ほとんど文字通り転載され得るような仕方で書かれており，また口頭による講義では，彼は書物めいた表現方法から故意に遠ざかった。それゆえ，彼の体系が自筆原稿のなかにある材料にしたがって，完全に表現されるべきだとすれば，この材料は編集者によって編集されねばならなかった。わたしがこの困難な課題を引き受けたのは，たとえ不完全でも，この課題をベークの意図した仕方で解決できればよいと思ったからである。すでに1856年以来，ギリシア哲学史に関するわたしの研究において，古代についての彼の見解は，わたしを導いてきた。そこで1862年，とくに彼の文献学的体系を根本的に知ろうとの意図をもって，わたしは大学に戻ってきた。そういうわけで，わたしは1862-66年の間にエンツィクロペディーに関する彼の講義を二度，またそれと並んで，この期間に行われた彼のその他のすべての講義を受講し，そして彼の文献学ゼミナールの論評において，ならびに親密な個人的な交流において，講義のなかで自分に不明なままになっていたあらゆる事柄について啓発された。哲学的な見方において彼と完全に意見が一致していたので，彼の方法を把握することは，そのことによってわたしには楽になった。それに彼自身が，わたしが彼を正しく理解していることを，繰り返し保証してくれた。このような備えがあったので，親密であり続けた恩師の死後，ベークの家族の委託によってエンツィクロペディーの編集が光栄にもわたしに委ねられるようになったとき，わたしとしてはそれを拒むことは許されないと思った。

　わたしの仕事の資料を形づくっているのは，さしあたり主要なノート自体のほかに，ギリシアの古美術品，ローマとギリシアの文学史，韻律論，ギリシア哲学史，プラトン，ピンダロス，デーモステネース，そしてテレンティウスに関する講義のためのオリジナル・ノートである。さ

らに，大方の年代の人々から寄せられた，綺麗に書き取られたエンツィクロペディーとギリシア古代に関する講義ノートを，わたしは自由に使いこなせた。困難だったのはこの資料をふるいにかけることであるが，その理由は，例外なく初期の時代に作成されたベークのいろいろなノートは，進捗する研究によって古びてしまっているものを多く含んでおり，しかも彼があらゆる場合に，注記したり線を引いたりして，これにしるしをつける必要を感じなかったためである。彼の最終的な見解について清書にまで到達するためには，活字になった彼のいろいろな書物や，そのなかや他の本のなかに見出される手書きの欄外注が，頻繁に利用されなければならなかった。それに加えて，彼の主要なノートのなかの注は，しばしば自分自身のあるいは他者の書物への，理解するのが困難な指示のかたちで存在している。わたしは最も些細な注も蔑ろにしないことをみずからの義務と見なし，そしてみずからが入手したすべての材料を利用して，ベークが全体として練り上げたかぎりでの，文献学の学問的体系を叙述することに尽力した。古代の公共生活に関する部分のみが，他の部分と同じ分量で仕上げられていないのは，古代ギリシアの国家的記念碑に関する講義の内容は，エンツィクロペディーを補完するものとして，特別に出版されるべきだからである。編集に際して，わたしはベーク自身の言葉を可能なかぎりとどめたし，形式上それがなし得なかった場合には，恩師の思想を彼のやり方で表現するよう努めた。わたしにはいたるところで，ベークが彼の教理体系をその上に打ち立てた，特殊研究の広範な基礎を指し示すことが必要であると思われた。全体的にわたしが付け加えた注は，この目的に奉仕するものである。それゆえにまた，エンツィクロペディーの印刷は，ベークの小品集の編集——最後の4巻は，ベークの死後，アシェルソン博士，アイヒホルツ博士，そしてわたしによって加工されたものである——のあとではじめて開始することができた。

　ベークが意図した仕方での本は，なかんずく学術に従事する若者のためのハンドブックであるべきなので，わたしは現代に至るまでの書誌情報を補完するよう試みた。ブラケットでしるしをつけたわたしの付言は，残念ながら個々の部分で不揃いであるが，その理由は，印刷するまでに3年も経過し，著作の刊行がこれ以上遅滞してはならないとすれ

ば，全体を根本的に修正するための時間がなかったからである。わたしは自分が付け加えた文献情報を，疑わしい場合には，個々の専門の識者に鑑定のために呈示した。さらに，エルンスト・クルツィウス，フルチュ，キーパート，アードルフ・ミヒャエリス，プロイナー，シュターク，およびシュタインタールといった教授の方々が，印刷前に本書の個々の部分を通読する好意を示して下さった。校正に際しては，ルッターベク教授とヴァイトナー教授が親切にもわたしを支えて下さった。それに加えて，多くの価値ある文献上の指示をいただいたことに対して，アシェルソン博士に感謝しなければならない。

エンツィクロペディーの編集を長らく待望されたベークの数多くの弟子や崇拝者たちは，この仕事の困難さを評価する術をご存知なので，わたしはこうした方々がわたしの仕事を寛大に評価して下さるよう希望する。わたしは掘り下げた書評を通してだけでなく，親切な私的伝達によっても，本書に付着している欠陥に対して注意を向けさせて下さるようお願い申し上げる。それは待望されている第二版において，こうした欠陥はできるだけ削除することができるためである。

　　　ギーセン　1877年11月24日
　　　　　　　　　　　　　　　　　教授　ブラートゥシェク

―――――

　ブラートゥシェクの死後，この仕事をやり遂げることが署名者に委任されたとき，全紙8枚分のエンツィクロペディーの第二版が，すでに印刷に回されていた。ブラートゥシェクの計画にしたがって，叙述はほとんど変更しないままにとどめられており，追記はこれまでと同様，ブラケットによってそれとわかるようになっている。文献案内は根本的に修正され，そして――ブラートゥシェクの手による予備作業は残念ながら存在しないに等しかった――最近に至るまで継続されたが，もちろん絶対的な完璧さは――本書の構想全体からすでに排除されているが――意図されなかった。幾重にも要望された古代の国家的記念碑

の挿入は，本書の絶版状態をさらに長期にわたって引き延ばさないために，新しい版でも取りやめにせざるを得なかった。親切な援助の手が差し伸べられ，ハレのハイデマン教授は芸術に関する部分に入念に目を通し，ライプツィヒのW・ズィーグレン博士は，地理学と歴史の部分を，そしてベルリンのR・ヴァイル博士は，度量衡学と古銭学の部分を，親切にも検査して下さった。パリのフレーナー博士にも，親切な仕方で与えて下さった幾多の情報に対して，感謝しなければならない。

ゲラ　1886年5月2日

ルードルフ・クルースマン

目　次

凡　例 …………………………………………………………………… v
序　言 …………………………………………………………………… ix

序　論

Ⅰ　文献学の理念，またはその概念，範囲，最高目的 ……………… 5

Ⅱ　とくに文献学に関連してのエンツィクロペディーの概念 ……… 53

Ⅲ　文献学的学問のエンツィクロペディーについての従来の試み … 59

Ⅳ　エンツィクロペディーと方法論の関係 …………………………… 73

Ⅴ　研究全体の資料と補助手段について──文献目録 ……………… 79

Ⅵ　われわれの計画の草案 ……………………………………………… 87

第Ⅰ主要部
文献学的諸学問の形式的理論

〔一般的概観〕………………………………………………………… 115

第I部
解釈学の理論

〔解釈学の定義と区分／解釈学の文の文献目録〕……………………123

I 文法的解釈……………………………………………………143
　1　個々の言語的諸要素それ自体の意義……………………143
　2　言語的要素の連関からの語義の規定……………………160

II 歴史的解釈……………………………………………………167

III 個人的解釈……………………………………………………185
　1　文章構成の仕方から個性を規定すること………………188
　2　個々の言語的要素についての個人的解釈………………205

IV 種類的解釈……………………………………………………209
　1　文章構成の仕方からジャンルの性格を規定すること……212
　2　ジャンルの性格から言語的要素を解釈すること…………227

第II部
批判の理論

〔批判の定義と区分／批判の文献目録〕………………………247

I 文法的批判……………………………………………………261
　古文書学的批判………………………………………………272
　古文字学の文献………………………………………………293

II 歴史的批判……………………………………………………301

III 個人的批判……………………………………………………307

Ⅳ　種類的批判	347
方法論的補遺	360
古代の文献学的再構成	365
解説 あとがき	371
索　引	383

解釈学と批判
―― 古典文献学の精髄 ――

序　論

I

文献学の理念，またはその概念，範囲，最高目的

§1．1つの学問あるいは学問的分野の概念は，そのなかに含まれているものを1つずつ列挙することによって与えられるものではない。このことはなるほどあまりにもわかりきったことのように思われる。しかし多くの人々は，文献学〔フィロロギー〕を寄せ集め（Aggregat）にすぎないものと見なすことに慣れており，そして文献学をそのように見なす人々は，部分を列挙することのうちに存しているような概念以外には，もちろんいかなる他の概念も与えることができない。すなわち，根本的にはまったくいかなる概念も与えることができない。各々の学問の実際の概念は，それゆえにまた文献学の実際の概念は，もしそれがおよそ学問的なものを含むべきであるとすれば，部分に対して次のような関係に立たざるを得ない。すなわち，その概念はあらゆる部分から生ずる諸概念に共通なものを包括し，部分は悉くそれのうちに諸概念として含まれており，そして各部分は，与えられた区分から生じる一定の限定をもってではあるが，全体の概念をみずからのうちでふたたび表現している，といった関係である。その部分を列挙することによって文献学を定義することは，プラトンが『大ヒッピアース』のなかでヒッピアースに語らせている，「美というのは美しい乙女，黄金，等々」という美の定義と比べて，毫もすぐれたものではない[1]。もし誰かが，論理学，道徳論，哲学的法理論，宗教哲学，自然哲学もそこに含まれているという理

---

1) 「ヒッピアス（大）」286D - 298B，『プラトン全集』第10巻，北嶋美雪・戸塚七郎・森進一・津村寛二訳『ヒッピアス（大）・ヒッピアス（小）・イオン・メネクセノス』（岩波書店，1975年），19-52頁参照。

由で，哲学を思惟形式，道徳，法，宗教，自然についての学問として定義しようとすれば，そのひとはもの笑いになるであろう。哲学の概念というのは，それらに共通しているものである。それらの分野の各々は，完全に哲学ではあるが，ある特定の方向性に限定された仕方でそうなのであり，そしてかかる特定の方向性は，その概念そのものから生じてこなければならない。文献学においても事情は同じである。あの数量的な概念規定のやり方は，総体を示すものに過ぎない。それは素材（Stoff）を表しているだけで，なぜそれ以上でもそれ以下でもなく，まさにこの素材が，文献学を構成しているのかということは，わからず仕舞いである。しかし同一の素材が，複数の学問に共通していることはあり得るし，例えば，哲学と文献学が同一の素材を有しており，そして素材の多くの領域が，文献学と歴史学に共通しているとか，同様に，哲学と博物学に共通しているということは，ただちに明白である。一般的に，自然と精神あるいはその発展たる歴史は，あらゆる認識の普遍的素材である。それゆえ，素材に関連したいわゆる概念をもってしては，わずかのことしか語れないが，にもかかわらず，普通ひとが文献学について作り上げる諸概念は，大抵はそれを超えたところまで進むのである。素材に対置されるのは学問の形式（Form）であるが，これは素材へと向けられた，取り扱い方あるいは活動のうちに存している。しかし，もしそれに一定の素材が差し向けられないとすれば，もちろん単なる取り扱い方のなかに学問の概念を求めることもまたできない。それにもかかわらず，若干の人々は文献学の概念を形式のうちにのみ設定してきた。明らかに〔素材と形式の〕両方が概念のうちに含まれていなければならない。けれども，かかる要求に合致するところの文献学の概念を証明する前に，この学問が普通それにしたがって定義される，主要な見解を批判的に照らし出してみようと思う。見解がまちまちだということは，一般的に本件に関して人々が不明であるということを示している。ここで与えられるべき批判は，概念規定にとってひとつの準備をなすものであるが，これはある程度弁証法的になされなければならない。わたしはこれからかかる批判を幾分詳細に行うことにする。なぜなら，諸概念に関して方向づけを与え，多様にもつれた錯綜状態をほぐし，総じて収集され

I 文献学の理念，またはその概念，範囲，最高目的　　　　7

た素材を概念へと仕立て上げることは，エンツィクロペディー[2]}においてまさに肝要なことだからである。

　われわれは文献学の本質に関するさまざまな見解を，次の2つの点に関して評価しなければならない。すなわち第1に，それらには文献学を他の諸科学から区別されたものとして特徴づける学問的概念が基礎となっているかどうか，そして第2に，もしそのようなものと認められたとしたら，その場合，言葉の実際の意味にしたがって，また経験に即して文献学に固有である諸々の努力にしたがって，この概念のうちに歴史的に文献学に算入され得るようなものが含まれているかどうか，ということである。ここでは恣意的に1つの概念を出発点として措定することが問題なのではない。そうではなく，われわれはそこからわれわれが例の概念を取り出さなければならないところの存在するもの（ein Seiendes）を，しかも幾つもの努力を含んでいる存在するものを眼前にしているのである。だがひとはこうした批判を行う際に，第3に，歴史的にも経験的所与にしたがっても，文献学は明らかに一大研究であって，例えば自然科学における昆虫学のように，決して下位に置かれた小さな分野ではないということ，したがって，文献学の真の概念は非常に広範なものでなければならないということを，念頭に置かなければならない。一般に，正しい考察においては，共通感覚[3]}がその概念に付け加

　2）　エンツィクロペディーの概念については，§7においてより詳細な議論がなされているが，これはギリシア語の ἐγκύκλιος（円形の，環状の，循環性の，回覧的な）と παιδεία（教養）から造語されたものである。「エンキュクリオス・パイデイア」（ἐγκύκλιος παιδεία）は，元来，ギリシアに生まれた自由人の若者が特定の専門を修得する前に身につけておかなければならない普通の範囲の教養を意味した。したがって，それはもともと「予備教育」（Propädeutik）に相当するものであったといえよう。しかし18世紀以降，この概念はそれぞれの学科において，その学科の概念やそれが取り扱う対象や方法を，包括的・体系的に論述した講義や書物に適用されるようになった。

　3）　ここで der gemeine Sinn を「共通感覚」と訳したが，この概念には元来異なった2つの意味があると言われている。1つはアリストテレスに発するもので，彼によれば「視覚，聴覚，嗅覚，味覚，触覚」という5つの個別感覚（五感）は，それぞれ「色，音，臭い，味，固さ」という固有の感覚対象を把握する能力であるが，人間にはこれらの個別感覚とは別に，それらを横断的に把握する統合的な能力が具わっている。アリストテレスはこれを「共通感覚」（κοινὴ αἴσθησις）と名づけた。もう1つは，古代ローマのキケローらのいう「人間に共通する感覚」としての「共通感覚」で，これは人間が社会生活を営んでいく上で不可欠な共通の基盤であり，近代語のいわゆる「コモンセンス」，つまり「常識」を意味する。

　起源を異にするこれら2つの概念は，歴史の歩みのなかでやがて輻輳し，古代，中世，近

えるところの，あらゆる恣意的な制約が廃棄され，必然的かつ内的な諸関係のみが際立たせられなければならない。所与の諸関係にしたがえば，多くの人々の生の目的であり，また生の目的であるべき研究においては，まさにとりわけそうである。恣意的な制約を設定すると，それによって考察は通常才気に欠けたものとなり，学問の本質はそこでは認識されなくなる。通常の見解に対するわれわれの批判は，最初は混乱しているように見えるであろう。だがまさにこの混乱から，われわれは本当の明瞭性へと到達し，文献学の真の本質を知るようになるであろう。そこから文献学の全体が，首尾一貫した仕方で学問的かつ有機的に形成され，その結果，混乱し，脈絡を欠いた本質と衝動に，それ自体において明瞭で脈絡のあるものが，対置されることになるであろう。

1．文献学〔フィロロギー〕についての以下の2つの見解は，すべてのなかで最も広まっているものである。すなわち，文献学は古代研究（Alterthumsstudium）であるというのと，文献学は言語研究（Sprachstudium）であるというのがそれであるが，どちらも同じくらい根拠のないものである。

文献学はさしあたり古代研究（Alterthumsstudium）として捉えられてはならない。歴史的な道を辿って以下に示されるであろうことは，フィロロギア（φιλολογία）[4]という言葉そのものは，これを刻印した学者たちの考えでは，いわんや通常のギリシア的な見解では，決してこのような意味を持たなかったということ，そしてかかる意義は偶然的にその言葉に貸与されたものにすぎなかったということである。古代研究ならアルカイオロギア（ἀρχαιολογία）〔古くからの言い伝え，古代誌〕であって，フィロロギア（φιλολογία）〔原義は「言論好き」，転じて「学問好き」〕ではない。フィロロギア（φιλολογία）の反対はミソロギア（μισολογία）〔言論嫌い〕であるので，もし文献学が古代研究であるとすれば，ミソロギア（μισολογία）は古代の蔑視と同義ということにな

世，そして現代にいたるまで，その重なり合いのなかから豊かな思想を紡ぎ出してきている。しかしベークはここで必ずしもこの概念に特別な意義を付与しているわけではない。

[4] φιλολογία は本訳書で採用した原則にしたがえば，ピロロギアとカタカタ表記されるべきであるが，現代語の Philologie / philology, Philosophie / philosophy との連関に配慮して，φ を f の音値で受けとめてフィロロギアと表記する。関連語も同様の扱いとする。

らざるを得ないだろう。それゆえ，〔文献学を古代研究と同一視する〕こうした見方が言葉の意義に基礎づけられていないように，それはまた事実的に文献学に属しているすべての努力を決して包括するものではない。なぜなら，例えばイタリア文学ないしイギリス文学に従事する人，あるいは何らか別の民族の文学と言語に従事する人が——ここでは文学と言語のみについて語るとして——，誰もが文献学的な努力をしているということ，このことは経験的に明白ではないのだろうか。すべての文献学者は，古代に関して行っていることを，近代に関しても，例えば，ダンテや，シェークスピアや，あるいは中世の何某かの対象に関しても，行っている。あらゆる批判と解釈は，事実上文献学的であり，そして後ほど示されるように，文献学者の形式的行為は，全面的に批判と解釈に帰着するので，文献学は古代研究に制限されることはできない。なぜなら，その機能はすべての近代にも触れるからである。その上，古代研究の概念は学問的に閉じられたものではない。学問にとっては，古いとか新しいということは偶然的なことである。それゆえ，時代による限定はさしあたりのことであって，概念規定にとってはまったく恣意的なものと見なされるべきである。古代研究のなかには，あらゆる種類の知の集合体が含まれている。それが教えることのできるものはすべて，他の何らかの学問に属しており，したがって，もしわれわれが文献学の概念を別の仕方で立てないならば，およそ爾余の諸科学からそれを区別するものがわれわれには欠けている。文献学を爾余の諸科学から区別するものは，古代の概念が非本質的なものである以上，そのなかには存在することができない。それにまた，それを補完するものとしての近代を抜きにした古代も理解できない。無数の実例が証明しているように，誰しも近代を直観することなしに，古代をおのずから究明することはできない。文献学をギリシアとローマの古代に限定することは，同様に，恣意的であり，それゆえその概念のなかに受け入れることはできない。そのようなことは，ヘブライやインドや中国の文献学，一般的に東洋の文献学に対して，たしかに持ちこたえられない。ギリシアとローマの古代がいかに偉大で崇高であろうとも，文献学の概念はそれには限定され得ない。文献学の概念は，文献学本来の活動が提供するところのものによってのみ，規定されることができる。

2. そこから，文献学を言語研究（Sprachstudium）と同一であると言明することが，適切であると思われるかもしれない。しかも〔その言語研究は〕古代の言語に限定されているのではなく——そんなことをすれば，ふたたび第一の見解の一部と間違えられることになろう——，普遍的に——わたしはそう名づけたいが——ポリグロッティー〔多国語〕としてのすべての言語を対象としている，と。それにもかかわらず，フィロロギア（φιλολογία）という言葉は，後ほど示されるように，この研究を基礎づけた人々においては，このような意味ももっていなかった。ロゴス（λόγος）は言語ではなく，言語ならグロッサ（γλῶσσα）〔舌，口；言語，言葉〕である。言語形成においても，人間精神が無数の民族を通して歩む密かな行程を追跡することは，偉大なことではある。さらに言語学は特別な学問として樹立されなければならない以上，真に区別するものは言語学の概念のなかに存している。にもかかわらず，言語は思想によって制約されており，それゆえ思想もまた言語研究者によって知られていなければならない。したがって言語研究者は，単に言語の領域に留まることはできない。だとすれば，名前のことは別にしても，文献学が言語研究であるということは，事実上またしても間違いである。というのは，研究の最初から文献学がみずからのうちで捉えてきたすべてのものの大部分は，ほとんどが文法学ではないからであり，それにまたこのような見方は文献学に属する努力のすべてを必ずしも包括もせず，またこの研究の偉大さにもほとんど合致せず，むしろそれの主要部分を含んでいるにすぎないからである。明らかに文献学的である文学史ですら，概念の厳格さにしたがえば，言語学から排除されることになるであろう。文学史を含めると普通よりも拡張した概念を言語学に与えなければならないからである。ちなみに，われわれは文法学からその価値を減じているのではなく，ただ次のように主張しているのである。すなわち文献学は，一定の関係においては形式的なものにすぎず，非常にしばしば思想面での空虚さを後に残す，こうした研究にのみ従事しているのではなく，むしろその目的と概念はより高い次元に存している，ということである。あるいは文献学は，精神を単に文法的な理念だけでなく，あらゆる種類の理念で満たさなければならないような，そうした教養を与えるものであり，このことのみが文献学的な研究

Ⅰ 文献学の理念，またはその概念，範囲，最高目的　　　11

の実際の意義に合致している，ということである。

3. 後者の視点から，多くの人々が行ってきたように，文献学を博覧
(Polyhistorie)[5]と同一視するとき，これを受け入れることができるよう
に思われる。にもかかわらず，そこには他のものと区別する統一性が欠
けているので，博覧が決して学問的概念ではないことは明白である。と
いうのは，学問にとって肝心なことは，量の多少にはあまり存しておら
ず，あるいはむしろまったく存していないからである。多量の知識はま
さにまた，まだ何か1つの知識をすら与えるものではない。「博学は精
神を生み出さず」(πολυμαθίη νόον οὐ φύει)，とヘーラクレイトス[6]は述
べている[7]。博覧は生も，精神も，心も捉えない。それは何らかの明確
な限界づけと理念とを欠いた単なる粗野な経験知，未加工の素材を集合
体として蓄積したもの，非学問的な記憶の所産，あるいはそれどころか
指先の仕事にすぎないものである。というのは，少なからぬ人が〔読書
のメモとして作成した〕大きな抜粋集（コレクターネエン）や書抜帳（アドフェルサーリエン）をもっていると，
すでに多くのことを知っているとすら信じるからである。

4. そのような寄せ集めの仕事と違って，少なからぬ人は批判
(Kritik)[8]を文献学の専一的な課題と見なしている。普通になされてい

　5）　Polyhistorie あるいは Polyhistor というのは，πολυΐστωρ〔知識・経験の豊かな〕を
語源とするラテン語の polyhistor に由来するが，これは多くの学問を渡り歩いて多方面的な
知識を有している博識者を意味する。

　6）　〔ギ〕Herakleitos, Ἡράκλειτος〔ラ〕Heraclitus (c.BC540-c.BC480)。ギリシアのイー
オニアー学派の哲学者。宇宙の始原（アルケー）を「火」と見なし，万物は相反するものの
闘争と統一にしたがって生成するが，そのなかにも世界を支配する理法（ロゴス）が働いて
おり，調和が保たれていると主張した。「万物は流転する」(Panta rhei, πάντα ῥεῖ)，「同じ河
に二度入ることはできない」などという彼の言葉はよく知られている。

　7）　ベークはここでヘーラクレイトスの言葉として，このようなギリシア語の語句を
引用しているが，一般的に知られているのは「博学は精神に教えず」(πολυμαθίη νόον οὐ
διδάσκει) (Herakleitos—Diog. Laertios, IX, 1,2,1) という表現であろう。

　8）　Theorie der Kritik は Theorie der Hermeneutik とともに，ベークの解釈学理論──
「文献学的学問の形式論」(Formale Theorie der philologischen Wissenschaft) ──の中核を
形づくっているが，Kritik にどういう訳語を充てるべきかは，大いに検討の余地がある。カ
ントの『純粋理性批判』Kritik der reinen Vernunft や『実践理性批判』Kritik der praktischen
Vernunft を引き合いに出すまでもなく，哲学の領域では Kritik は一般的に「批判」と訳され
ているが，一方文学の領域では，die Kritik über Kunst und Literatur あるいは Kunstkritik と
いえば，通常「文芸批評」と訳される。それゆえ，「批判」と「批評」の両方が可能である
が，それ以外にも選択肢がないわけではない。ベークの文献学を日本思想史研究に応用した
村岡典嗣は，処女作『本居宣長』において，Kritik を「考証」と訳している（村岡典嗣著，

るその営みについては好意的に語れないが，それにもかかわらず，批判についてはもちろん好意的に語ることができる。すなわち，批判は分別を通して素材を整理する。しかしわれわれが批判にそれに可能な最高の視点を与えるとしても，すなわち特殊的なものと普遍的なものとを比較し，そして取り扱うすべての事物の相互関係を，それに基づいて規定するものと見なすとしても，批判はやはり純粋に形式的なものであり，そのかぎりではそれによって突きとめられるものに到達するための手段にすぎない。これに対して学問は，決して単なる手段ではなく目的である。批判はまた熟練であり，したがって技術であり，学問ではない。文献学はそれゆえ，もしわれわれがそれを学問と見なすべきだとすれば，そしてわたしはそのようなものだと見なすのであるが，何か別のものでなければならない。文献学がそれ自体として目的ではなく手段であるような人，そして文献学によって形式的修練以外の何物も得ようと欲しない人，そのような人にとって文献学は批判に帰着するかもしれない。しかしこれは，文献学的な学問が事実上最初から定めてきた，高次の目標とは合致しない。それにまた真の批判は，実質的知識を前提としており，したがってより深い意味での文献学の一部として捉えられないのであれば，存在することすらできない。なんとなれば，かかる文献学において，実質的なものは同時にそこで与えられているからである。まことに批判は文献学者の形式的活動全体を汲み尽くすことすらしない。明らかに解釈もまたその一部をなしているからである。

5. 文学史（Literaturgeschichte）の概念も，部分的に文献学と同一視されるが，同様に漠然としている。然るべき箇所で示されるべきであるが，それの真の概念にしたがえば，文学史は言語作品の形式についての認識である。しかしこれは文献学の全範囲を汲み尽くすものではなく，文献学に含まれている下位の概念であることは，それ自体として明白である。とはいえ，ひとはしばしば言語教師（Literator）[9]と文献学者

前田勉校訂『増補 本居宣長2』平凡社，2006 年，29 頁）。だが，その村岡も別の箇所では，Theorie der Kritik を「批判学」と訳している（村岡典嗣『日本思想史概説──日本思想史研究第四巻』創文社，1961 年，25 頁参照）。以上のような現状に鑑み，本訳書では基本的に「批判」という訳語を充てるが，文脈によってはときに「批評」と訳す場合もある。

[9] Literator という古ドイツ語は，ラテン語の litterator に由来するが，*A Latin Dictionary*, revised, enlarged, and in great part rewritten by Charlson T. Lewis and Charles Short

とを混同してきた。しかも，これについては下でさらに述べられるべきであるが，すでに初期からそうであり，そしてもしひとが litterae〔文字，書かれたもの，書類，文学作品，学識〕の概念を，拡張された仕方で正しく捉えるとすれば，これに異論を唱えることはできない。しかしその場合には，表現はあまりにも漠然としている。これに対して厳密に捉えると，それはあまりにも狭い意味を与える。文献学と古代学とについての彼の概念は，非常に限られたものであったが，カントは文献学を「書物や言語についての批判的知識（書誌と語学）」と定義している（『論理学』，序論，VI）[10]。この定義は経験的にいっても正しくないし，これでもっては何一つ始めることができない。なぜなら，それは学問的連関を欠いたさまざまな事物の集合体を言い表したものにすぎないからである。彼は古典人文学（Humaniora）[11]を，「古代人という模範に適合するよう趣味を育成するのに役立つような指図」[12]として，文献学から区別している。かくして文献学から美的感覚すらも剥奪される有様である。だが昔から古典人文学を文献学から分離したひとは誰もいない。

6. 多くの人々は，まさに一般的に，文献学を人間性の研究（Humanitätsstudium）と名づける。だがこの定義もまた非学問的であり漠然としている。それは，純粋に人間的なものの養成に役立つことによって，一定の研究がもたらす益に関係しているにすぎない。それゆえ，その概念は理論的なものではなく，実践的なものであって，そこで

(Oxford: The Clarendon Press, 1975) によれば，後者は "I. *A teacher of reading and writing, an elementary instructor*; II. Transf., *a grammatician, critic, philologist*; B. In opp. to litteratus (a man of real learning), *a smatterer, sciolist*" を意味している。ベークがここで Literator に「半可通」「えせ学者」の意味を込めているかどうかは必ずしも明らかではないが，後述の§5の解説からわかるように，ベークは litterator と litteratus の微妙な区別について熟知しているので，ここではそれを考慮に入れて「言語教師」という訳語を充てることにする。

10) *Kants Werke.* Akademie Textausgabe Band IX, *Logik, Physische Geographie, Pädagogik* (Berlin: Walter de Gruyter, 1968), 45;『カント全集』第17巻，湯浅正彦・井上義彦・加藤泰史訳『論理学・教育学』（岩波書店，2001年）63頁。

11) Humaniora というのは，ラテン語の形容詞 humanus（人間の，人間らしい，気品ある，洗練された）の比較級 humaniora から派生した，近代ラテン語の studia humaniora に由来し，教養の基礎としての，あるいは授業科目・試験科目としての，古代学をさす。

12) *Kants Werke.* Akademie Textausgabe, Band IX, *Logik, Physische Geographie, Pädagogik*, 46;『カント全集』第17巻，湯浅正彦・井上義彦・加藤泰史訳『論理学・教育学』（岩波書店，2001年）63頁。

は文献学は手段として現れる。そしてここからはまったく何も推測され得ない。なぜなら，人間性の形成は単にこの研究の結果であって，この研究の内容を表示しないからである。ちなみに，そこにはまた何らかの特徴的なもの，あるいは他と区別するものすら存在しない。というのは，彼らの研究がもっぱら人間性の形成に寄与するというのは，大抵は経験によってはまったく正当化されない，文献学者の思い上がりにすぎないからである。真実に営まれる場合には，あらゆる学問は，そしてとりわけ哲学は，人間形成に寄与しなければならない。そして神事の学問たる神学は，もちろん，ときおりまさしく人道的なことに反抗するが，それにもかかわらず，もし神学がこれをなさないとすれば，それは本当にまずいことであろう[13]。以上6つのものを挙げてみたが，そのようなあらゆる特徴づけからは，文献学が何であるか，あるいは何であるべきかを認識することはできず，むしろ文献学者においては，みずから自身の研究について熟考することがいかに甚だしく欠如しているか，ということが認識できるだけである。

　以上のような批判を行ったのち，わたしが最終的に自分なりに文献学を説明するために，どこに活路を見出し得るかということは，もちろん非常に問題的といわざるを得ない。だが正しい見解に到達するためには，通常の説明をその一面性から解放しなければならない。そもそも学問は，1つの分割されない知識にほかならず，しかもそれと一緒になって生と人間活動との理念的側面を形づくる技術（Kunst）とは異なって，宇宙の概念的認識を任務としている。全体としての総体的な学問は，理念の学問たる哲学である。しかし全体が物質的側面から受け取られるか，あるいは理念的側面から受け取られるか，自然としてかあるいは精神としてか，必然性としてかあるいは自由としてか，という考察の仕方に応じて，形式的諸学科は別にして，われわれが物理学（Physik）と倫理学（Ethik）と名づける，2つの学問が生じる。さて，文献学はいずれに属するであろうか。文献学はある程度両者を包括するが，両者

---

　　13)〔原注〕1819年のラテン語の演説「完全な人間性へと形成されるべき人間について」De homine ad humanitatem perfectam conformando（『小品集』*Gesammelte kleine Schriften*, 第1巻, 69頁以下）と1822年の演説「古代の研究について」De antiquitatis studio（『小品集』第1巻, 101頁以下）参照。

のいずれでもない。われわれは文献学者としてプラトンのように哲学的に考察すべきではないが，それにもかかわらずプラトンの書物を理解すべきである。しかも単に形式を顧慮して芸術作品としてではなく，内容も顧慮して全体的に理解すべきである。というのは，説明というものはやはり本質的に文献学的であるが，それは内容の理解にも，しかもとりわけ内容の理解に，関係するからである。文献学者は，プラトンの『ティーマイオス』のような自然哲学的な作品[14]を，アイソーポス〔イソップ〕の寓話やあるいはギリシア悲劇とまったく同じように，理解する（verstehen）ことと説明する（erklären）ことができなければならない[15]。自然哲学を生み出す（produciren）ことは，文献学者の課題ではない。しかしこの学問のなかで生み出されているものを知って理解することは，自然哲学の歴史が文献学的に加工されなければならない以上，文献学者の課題である。同一のことは，その歴史的発展が同様に文献学的に探究される，倫理学全体にも当てはまる。しかし物理学と倫理学の個々の分野もまた，文献学によってそのように加工される。例えば，自然史と政治学がそうである。物理学的思弁や実験は，もちろん文献学の課題ではない。それは論理学的調査やあるいは政治的調査が文献

---

14) プラトン後期の著作である『ティーマイオス』（Τίμαιος, Timaeus）は，後世「自然について」という副題がつけられたことからもわかるように，この世界の森羅万象がいかにして生じたかを論じた宇宙論ないし宇宙開闢論である。そこにはアトランティス伝説，造物神デーミウルゴス（δημιουργός）による世界の創造，元素（ριζώματα），医学などについて記されている。この作品はプラトンの数多くの著作のなかでも，自然を論じた書物としては唯一のものであり，神話的な説話を多く含んでいるが，後世に与えた影響はきわめて大きい。

15) ベークもその博士論文審査に関与したところのW・ディルタイは，「理解」（Verstehen）と「説明」（Erklären）を根本的に区別し，前者を精神科学の，後者を自然科学の認識方式と見なしたが，この箇所が典型的に示しているように，ベークにおいてはまだそのような明確な方法論的区別は存在しない。ベークにおいては，Erklärung は大方の場合 Auslegung あるいは Interpretation とほぼ同義である。しかしベークとディルタイの中間に位置する歴史家のドロイゼン（Johann Gustav Droysen, 1808-1884）は，「人間の思惟の対象ならびに性質にしたがって，（哲学的ないし神学的）思弁の方法，物理的方法，歴史的方法という三つの可能的な学問の方法がある」と言い，それぞれの方法の本質を「認識すること，説明すること，理解すること」（zu erkennen, zu erklären, zu verstehen）としている。Cf. Johann Gustav Droysen, *Historik. Rekonstruktion der ersten vollständigen Fassung der Vorlesungen (1857) Grundriß der Historik in der ersten handschriftlichen (1857/1858) und in der letzten gedruckten Fassung (1882),* Textausgabe von Peter Leyh (Stuttgart-Bad Cannstatt: frommann-holzboog, 1997), 424.

学の課題ではないのと同じである。しかしプリーニウス[16]やディオスコリデース[17]やビュフォン[18]のような人の作品は文献学の対象である。行為することと生み出すこと，政治学と芸術理論はこれに関わっているが，文献学者には何の関わりもない。しかしかの理論によって生み出されたものを認識することは，文献学者に関わりをもっている。これにしたがえば，文献学の本来的な課題は，人間精神によって生み出されたもの，すなわち，認識されたものを認識すること（das Erkennen des vom menschlichen Geist Producirten, d.h. des Erkannten）であるように思われる[19]。所与の知識は文献学によっていたるところで前提され，文献学はこれを再認識（wiedererkennen）しなければならない。あらゆる学問の歴史はそれゆえ文献学的である。だがこれによって文献学の概念が汲み尽くされているわけではなく，むしろ文献学の概念は最広義の歴史学の概念と重なり合う。歴史学と文献学は，一般的な見解にしたがえば，密接な類縁関係にある。これについては，デーダーラインの『文献学と歴史学の間に存在する類似性について』[20]を参照されたい。ところで，もし歴史学と文献学を分離しようとするのであれば，後者には対象として

16) Gaius Plinius Secundus (23/24-79)。大プリーニウス。博物学者・著述家。

17) Dioskorides, Διοσκορίδης。より正しくはディオスクーリデース (Dioskurides, Διοσκουρίδης)。1世紀のローマの植物学者・医師。

18) Georges Louis Leclerc, Comte de Buffon (1707-1788)。フランスの博物学者・哲学者。

19) 「人間精神によって生み出されたもの，すなわち，認識されたものを認識すること」(das Erkennen des vom menschlichen Geist Producirten, d.h. des Erkannten)，あるいはよりコンパクトな「認識されたものの認識」(Erkenntniss des Erkannten) という，ベークのこの有名な定式は，ベーク自身は明言していないものの，ヘーロドトスの『歴史』第7巻152,3に，その先蹤となる事例を有している。「歴史学の父」と称されるヘーロドトスは，上記の箇所において，「わたしの義務とするところは，伝えられているままを伝えることにあるが，それを全面的に信ずる義務が私にあるわけではない。わたしのこの主張は本書の全体にわたって適用さるべきものである」と述べている（ヘロドトス著，松平千秋訳『歴史』下巻〔岩波書店，2007年〕，113頁）。この引用句の前半部分をギリシア語の原文で示すと，"Ἐγὼ δὲ ὀφείλω λέγειν τὰ λεγόμενα, πείθεσθαί γε μὲν οὐ παντάττασι ὀ φείλω" となるが，ここに出てくる "λέγειν τὰ λεγόμενα" という表現――これは「述べられたものを述べる」，「伝承されているものを伝承する」というほどの意味である――は，そのラテン語版ともいうべき "relata refero" という表現とともに，「認識されたものの認識」というベークの定式とピッタリ重なり合う。Cf. *Veni vidi vici. Geflügelte Worte aus dem Griechischen und Lateinischen*. Ausgewählt und erläutert von Klaus Bartels (Deutscher Taschenbuch Verlag, 2003), 20, 155.

20) Wilhelm Ludwig Döderlein, *De cognatione, quae intercedit philologiae cum hisotria* (Bern: Staempfli, 1816).

認識された歴史を，すなわち——伝承は1つの認識ではあるが，生起した事象の叙述ではないかぎり——生起した事象についての伝承の復原を，割り当てなければならないであろう。その場合，歴史記述は文献学の目的ではなく，歴史記述のなかに書き記された歴史認識を再認識することのみが，したがって歴史記述の歴史のみが，文献学の目的である。しかしそのような分離は実行され得ない。まずすべての歴史記述は資料に基づいているかぎり，次に歴史的行為そのものが1つの認識であるかぎり，すなわち，歴史的行為は歴史研究者が再認識しなければならない理念を含んでいるかぎり，むしろすべての歴史記述は文献学的なやり方をする。歴史的に生み出されたものは，行為へと移行した精神的なものである。歴史学はそれゆえ文献学から見かけ上，つまりその範囲に関して，異なっているにすぎない。なぜなら，前者は通常その主要事項にしたがえば政治的なものに限定され，爾余の文化生活を国家生活に結びつけて考察するからである。けれども文法学ですら歴史学的である。それは1つの民族の歴史的に生成した言語体系を，その発展全体において，あるいはそれの一定の段階において，叙述する。あらゆる恣意的かつ経験的に設定された制約を取り除き，考察に最高の普遍性を与えることによって，文献学的な活動の本質そのものに注目するとすれば，文献学は——あるいは同一のことが言えるが——，歴史学は認識されたものの認識（Erkenntniss des Erkannten）である。その場合，認識されたもののなかにはあらゆる表象も含まれている。というのは，例えば，詩歌や，芸術や，政治史において再認識されるのは，しばしばいろいろな表象のみだからである。そこにおいては，学問におけるように概念が書き記されることは部分的にすぎず，それ以外は表象が書き記されているが，文献学者はこうした表象を再認識しなければならない。かくして文献学においては，いたるところで所与の認識が前提されるので，文献学は伝達なしには存在することができない。人間精神はあらゆる種類のしるしと象徴において自己を伝達するが，それを認識して表現する最も適切なものは言語である。語られた，あるいは書き記された言葉を探究することは——文献学という名称が述べるように——，最も原初的な文献学的な衝動であって，その普遍性と必然性は，伝達なしには学問一般と生すらもがまずいことになるので，そこからしてもすでに明白であ

る。したがって，文献学は実際に生の第1条件の1つであり，最深の人間本性と文化の連鎖のなかに原初的なものとして見出される，1つの要素なのである。文献学は教養ある民族の根本衝動に基づいている。教養のない民族もフィロソフェイン（φιλοσοφεῖν）〔知を愛し求めること，哲学すること〕はできるが，フィロロゲイン（φιλολογεῖν）〔学問を愛すること，文献学を営むこと〕はできない[21]。

　文献学的な活動の本質を規定することを通して，われわれは一面的な概念を遠ざけてきた。そこで残っていることは，かかる一面的な概念がいかにして成立したのかを示すことだけである。しかしそれらはわれわれが提起した概念を構成する個々の契機への限定ということから容易に説明され得る。認識の最も普遍的な手段，あるいはむしろ単に理解の手段にとってのみならず，あらゆる認識活動にとっての純粋な複写は言語であるので，言語の神秘を究明することが文献学の第1の課題となる。というのは，言語をその自由と必然性とにおいてそれの究極の基礎にまで掘り下げて捉えることは，最高に評価できる課題であるが，実際に言語をそれの究極の基礎にまで掘り下げて捉えた人は，まさにそのことによってまたあらゆる人間的認識をも認識したことになるからである。けれども，認識の普遍的オルガノン[22]がまたあらゆる事柄に先立って認識されなければならない。そこからして，文献学を言語学として把握することは，当然のことであった。同様に，なぜ文献学そのものがその概念にしたがって一面的に古代に制限されたのかということを，われわれはいま理解する。こうしたことが起こったのは，近代は最初いまだに生産の過程に含まれており，したがってしっかりと締めくくることが

[21] φιλοσοφεῖν および φιλολογεῖν の訳語に関しては，実際のところかなり悩ましい。英語で言えば，φιλοσοφεῖν は本来 love knowledge, pursue knowledge, φιλολογεῖν は love learning, pursue learning ほどの意味であるが，両者の類似と相違がわかるように綺麗な日本語に置き換えるのは不可能に近い。

[22] オルガノンはギリシア語の ὄργανον に由来し，一般的には，「機関」ないし「道具」を意味するが，アリストテレスの後継者は論理学を哲学の一部門ではなく道具であると見なし，論理学をこの名で呼んだ。そこから，オルガノンはアリストテレスの論理学の諸著作を総括する名称となった。ところで，その場合の「道具」とはどういう意味かといえば，例えば大工が用いる物差しや墨縄のようなものである。鋸や鉋などは木材を直接切ったり削ったりする道具であるが，これに対して，物差しや墨縄は鋸や鉋を有効に使うための，線引き作業の道具である。論理学もそれに似て，学問探究や哲学的議論のための道具の，そのまた道具のようなものだという。

全然できないからであり，それにまた近代についての考察も，手元に直接的に存在することによって，それほど必然的なものとして執拗に迫ってこないからである。古代はこれに対して，遠く離れ，疎遠で，不変的で，断片的であり，それゆえより高度の再構成を必要としている。生産が相対的に終了した後に，ギリシア人のもとで最初の有意義な文献学が成立した。というのは，アリストテレスとともに古い時代は終結し，そして非常に有能で強力であったアレクサンドリア派の文献学が，いまや目の前で終了した古代についての省察に着手したからである。ほかにもルネサンスの時代に，新しく成立しつつあった文献学がギリシアとローマの古代へと注意を向けていたが，それは当時としてはこれが唯一古典的（klassisch）なものとして現れざるを得なかったからである。文献学が博識（Polymathie）であるということは，その概念から必然性をもって生じている。それは実際いかなる対象にも限定されていないからである。フィロロゴス（φιλόλογος）〔話し好きな，議論好きな，学問好きな〕という言葉が専門的に用いられて以来，すなわち，ギリシア人の間ではアレクサンドリア派のエラトステネース[23]以来，ローマ人の間ではアテイウス・フィロログス[24]以来，この側面が古代ではとりわけ浮かび上がってきた（スエートーニウス〔『名士伝』所収の〕「文法学者伝」10[25]。グラッフ「アテイウス・フィロログスについて」，『ペテルスブルク・アカデミー報告』第3巻[26]，121-122頁）。エラトステネースとアテイウスは，これ〔φιλόλογοςのこと〕によって普遍的な学者を自称しようと欲した

---

23) Eratosthenes, Ἐρατοσθένης（c.BC275-c.BC194）。ヘレニズム時代の博学多才な学者。

24)「アテイウス・フィロログス」（Ateius Philologus）という名前で後世に伝わる人物については，スエートーニウスが『名士伝』*De Viris Illustribus*（110頃）のなかの「文法学者伝」De Grammaticis において伝えていること以外は，あまり正確な情報が存在しない。スエートーニウスによれば，彼はアテネ生まれの自由人で，本名を Lucius Ateius Praetextatus という。紀元前1世紀後半のローマにおける最も有名な文法学者の一人で，ローマの有力な政治家・歴史家ガーイウス・サッルスティウス・クリスプス（Gaius Sallustius Crispus, BC86-BC34）の友人でもあったという。

25) Cf. Suetonius, *De Viris Illustribus*, The Loeb Classical Library, no. 38 (London: William Heinemann Ltd., 1965), 410-415.

26) Hermann Graff, „De Ateio Philologo: nobili grammatico latino," in *Bulletin de l'Akadémie Impériale des Sciences de St-Pétersbourg*, vol. III (St-Pétersbourg, 1861), 112-138, 145-153.

のであるが，それは特殊的な個々の学問の所有権を主張するのではなく，単に文法家や数学者等々でもなく，また哲学者でもなく，ロゴス（λόγος）の認識に，すなわちあらゆる現存の知識（Kunde）に従事する学者のことであった。スエートーニウス[27]が述べているように，アテイウスは自分をフィロログス（Philologus）と呼んだが，それは「彼が，この名を最初に要求したエラトステネースと同様，多種多様で雑多な教えによって評価されたからである」(quia sicut Eratosthenes, qui primus hoc cognomen sibi vindicavit, multiplici variaque doctrina censebatur)[28]。エラトステネースの場合には，当時の人々がいかに正しくこの名称を理解したかが明確に示される。彼は計り知れない学殖の持主で，大きな図書館の司書をしていたが，しかし仕事を手掛けたすべての分野のどの1つにおいても第一級の地位は確保せず，したがってベータ（成績B）という綽名を獲得した（『スーダ辞典』Suidas Lexicon[29]第1部，850頁，キュスター[30]と彼の注）。そこで博物館長は彼をそう〔フィロログスと〕呼んだのであった。各々の文献学者が，たしかに自分の専門では1番手であることはできるが，それ以外の個々の学問においては2番手，いわばベータであらざるを得ないということは，実際に文献学の概念に存している。かくしてアリストテレス以前の古代には，その時代は圧倒的に生産的であるので，本来の文献学者もいない。博学へと傾く傾向はさしあたり最も自然なものであったが，ただそれにもかかわらず，考察の仕

---

27) Gaius Suetonius Tranquillus (c.70-c.130/160)。ローマ帝政期の伝記作家・歴史家。代表作は『皇帝伝』De Vita Caesarum 8巻（2世紀初め）と『名士伝』De Viris Illustribus（110頃）。

28) 引用句を含む全文をJ.C. Rolfeの英訳で引いておけば，以下のようになる。
"He [i.e., Ateius] seems to have assumed the title of Philologus, because like Eratosthenes, who was first to lay claim to that surname, he regarded himself as a man of wide and varied learning." Suetonius, De Grammaticis 10, The Loeb Classical Library, no. 38 (London: William Heinemann Ltd., 1965), 413.

29) スーダ（Suida; Souida; Souda）は，10世紀中頃にコンスタンティノープルで編纂された最も重要なギリシア語の辞典ないし百科事典。かつてはスーイダースなる人物の著述・編集とされてきたが，今日では「城塞」，すなわち「無知に対する防壁」を意味する俗ラテン語にちなむ書名であるとの説が有力。稀語・難語・陰語の用例を多く含み，古代ギリシア研究の資料として重視される。

30) Ludolf Küster（1670-1716）。ドイツで生まれ，ケンブリッジで『スーダ辞典』Suidas Lexiconを編纂し，パリで没した文献学者。

方はあまりに経験的であり，またあまりにも無批判的なものにとどまっていた。文学（Literatur）においては，素材と形式はある程度統一されているように思われるので，言語学と博学はここでそれなりに考慮された。しかし文献学が文学の知識として把握されたとき，文法学と事柄の知識は協調的なものと見なされ，かくして厳密に受け取られて，文献学から排除された。文学は文献学の本源ではあるが，にもかかわらずそれは唯一の認識を含むものではなく，かかる認識は国家，芸術，学問等々のなかにも存している。しかしまさに文献学は認識されたものの認識に基づいており，そして民族の認識はとりわけその文学に表現されているので，文学史が一面的に文献学全体であると受け取られたことは，容易に説明される。批判が不遜にも文献学を名乗ることができたことも，容易に理解できる。というのは，なんと言っても認識されたものを認識する際に，批判はつねに活動し，頭脳は発明の才に対して優位を保持し，想像力は撃退されなければならないからである。文献学が慎重かつ勤勉そのもののバタヴィ人[31]の冷たい頭脳に委ねられたとき，とくにこのことが表面化した。しかし彼らの一面性ゆえに，批判は専制的に支配することはない。なぜなら，文献学は人間全体を要求すべきであり，人間のあらゆる能力を多面的に発展させるべきだからである。それゆえ，この見解の正反対も，つまり文献学は人間性の研究（Humanitätsstudium）であるという見解も，同じように文献学に属している。理性の形成，すなわち道徳性と美的・思弁的認識との形成は，人間性に属している。そして人間性が認識したものを認識することは，人間を知悉することによって，すなわち人間精神をそのあらゆる生産活動において知ることによって，とりわけこの目標へと導かれる。しかし批判がこの高次の努力によって生気を与えられて，人間性そのものをはじめて純化し，味気なさと平凡から，奇矯，空しい空想，そして自己欺瞞から，それを守るということは，まさに人間性に属している。かくしてわれわれは，以上に述べたすべての概念が，その一面性から取り出されて平和的な契りを結びつつ，文献学の概念のなかに入ってくるのを見るのである。

---

31) Vataver. [lat.] Batavi. 西ゲルマンの種族。ローマ帝政初期の文献学者・博学者のヒュギーヌス（Gaius Julius Hyginus, c.BC64-c.BC17）はこの種族の出身と言われている。

§2. ところで，われわれの定義にしたがえば，文献学は何か余分なものに思われないであろうか。つまり，《なされたことをなす》(actum agere),《判決されたものを判決する》(judicatum judicare) ことではなかろうか。それは生み出されたものを知ろうとするにすぎないので，まったく何も生み出さないように思われる。トリストラム・シャンディ[32]は文献学者に次のように話しかける。「学者の方々にお伺いを立てますが，われわれは未来永劫に，書いたものの嵩(かさ)だけはどんどん積み上げて行くものなのでしょうか——実質的な中身は一向ふえないのに？ ちょうど薬屋商売の者が，ただこちらの器からあちらの器に移す(うつわ)だけで，つぎつぎと新しい製剤をでっち上げるように，われわれもそのやり方で未来永劫に新しい著作をでっち上げて行くのでしょうか？ われわれはたった一つの同じ綱を，未来永劫によじったりまたよじれをもどしたりしつづけるさだめなのでしょうか——未来永劫に同じ道を——未来永劫に同じ速度で？ われわれは本当に永遠のいやはての日までも，働くべき日も休みの日も同じように，ちょうど修道僧たちが聖者の遺品を人に見せびらかすのと同じように——1つ——たった1つの奇蹟をすらそれらの品で行うこともなく，学問の遺品を見せびらかしつづける運命を負わされているのでしょうか？」[33]と。このことは肝に銘ぜられるべきであろうが，しかしそれは個々のものの伝承のみを目当てにする悪しき文献学者にしか当てはまらない。実際には文献学はより高

---

32) イギリスの小説家ローレンス・スターン (Lawrence Sterne, 1713-1768) の小説『紳士トリストラム・シャンディの生涯と意見』*The Life and Opinions of Tristram Shandy, Gentleman* の主人公。

33) この引用は，ベークのドイツ語テクストから自分で翻訳したものではなく，英語の原典に基づく朱牟田夏雄訳を借用している。『筑摩世界文學大系21 リチャードソン・スターン』(筑摩書房，1972年) 所収の，「紳士トリストラム・シャンディの生涯と意見」第5巻，第1章，491頁。なお，参考までに当該箇所を英語の原文で，以下に示しておく。

"Tell me, ye learned, shall we for ever be adding so much to the *bulk* -- so little to the *stock?* Shall we for ever make new books, as apothecaries make new mixtures, by pouring only out of one vessel into another? Are we for ever to be twisting, and untwisting the same rope? for ever in the same track -- for ever at the same pace ? Shall we be destined to the days of eternity, on holy-days, as well as working-days, to be shewing the *relicks of learning*, as monks do the relicks of their saints -- without working one -- one single miracle with them ?"

Laurence Sterne, *The Life and Opinions of Tristram Shandy, Gentleman*, vol. 5 (London: T. Becket and P.A. Dehont, 1761), 3.

次の目的をもっている。その目的は全認識とその部分を歴史的に構成することのうちに，またかかる認識のうちに表現されている理念を認識することのうちに存している。ここには純粋に生産しているとの思い違いをしている少なからぬ哲学におけるよりも，再生産という仕方での生産 (Production in der Reproduction) がより多くある。文献学においても生産能力はまさに大事なことであり，これなしには何一つ真に再生産できないし，再生産が学問的資本の大きな進歩であり真の増大であることは，すでに経験が示すところである。認識されたものを再認識して純粋に表現すること，時代の間違いや誤解を取り除くこと，全体としては現れていないところのものを全体へと統一すること，これらのことはすべておそらく《なされたことをなす》(actum agere) ことではなく，むしろ最高に本質的な何かであって，それなしにはすべての学問はただちに終焉に達するであろう。各々の学問においては，文献学的な才能すらもなければならない。その才能が終息するところでは，無知が登場してくる。文献学的な才能は理解（Verstehen）の源であるが，理解することはそんなに容易い事柄ではない。

　だがしかし，もしわれわれが文献学の本質をまったく無制限に，認識されたものの認識 (das Erkennen des Erkannten) に措定すれば，これは全面的には不可能なことであるように思われる。あらゆる制約を廃棄した後に，その概念を実行することはいかなる種類の人間精神にも到達不可能と思われる。しかし文献学は，実行する上でのこうした制約性を，ある程度包括的ないかなる学問とも，例えば〔そうした制約性〕にもかかわらず1つの学問として認知されている自然科学とも，共有している。学問の本質はまさに無限性に存している。素材が完全に限定されているところでのみ，〔目標に〕到達することは可能であるが，その場合ですら，〔実際には〕到達はほとんど可能ではない。無限性が終息するところでは，学問は終焉に達する。それにもかかわらず，到達不可能性はいわば長さと広さの面での拡張においてのみ起こる。ここでは無限の連続が与えられている。学問は深みの次元において完全に把握され得る。ひとは個別的なものに非常に深く沈潜できるので，ミクロコスモスにおいて全体を把握するように，個別的なものにおいてマクロコスモスを把握する。全体はあらゆる個々の理念において到達される。しかし

すべての理念を包括できる人は誰もいない。哲学においてと同様，文献学においてもこのことは名称のなかにすら表現されている。ピュータゴラースは，それがソフィア（σοφία）〔知，知恵〕を得ようとする努力にすぎないという理由で，まさにフィロソフィア（φιλοσοφία）〔知を愛し求めること，哲学〕という名称を考え出したと言われている。なぜなら，ソフィア（σοφία）をすでに完全にもっている人は，《哲学的探究をする》（philosophiren）ことをやめるからである。だが，これによって得ようと努力することはやんでしまうだろうという理由で，フィロソフィア（φιλοσοφία）はソフィア（σοφία）〔知，知恵〕になるはずだというのは，おそらく完全には正しくない。同様に，文献学はロゴス（λόγος）を完全には決してもっていない。それは，ロゴスを得ようと努力することを通して，フィロロギア（φιλολογία）なのである。かくしてそれはまた，フィロマテイア（φιλομάθεια）〔学問を愛すること，学識ないし知識への愛〕とも呼ばれてきた（ヴィッテンバハ[34]『雑録集』[35]第1巻への序言）。学問は，それが実現されているかぎり，そのすべての広がりにしたがって，その担い手の全体においてのみ，つまり幾千もの頭脳において，部分的に細切れになり，粉砕され，おそらくまたずれたりくずれたりした状態で存在する。しかし非常に多くの人々が学問に抱いてきたそのような大きな愛は，すでに次のような理念の実在性を保証する。その理念とは，人間精神が構築したものをその全体において再構築することにほかならない。そのような課題はまた統一的な力によっていかに解決され得るであろうか。ベントリー[36]，ヘムステルホイス[37]，ヴィンケルマン[38]といったような人が，それについて解決するところがいかに少なかっただろうか。書物においてというよりもむしろ人生にお

---

34) Daniel Albert Wyttenbach（1746-1820）。オランダで活躍したドイツ系スイス人の古典文献学者。

35) Daniel Albert Wyttenbach, *Miscellanea doctrina*, 3 Bde. (Amsterdam, 1809-17).

36) Richard Bentley（1662-1742）。イギリスの古典文献学者。ケンブリッジ大学のトリニティ・カレッジの校長を長く務め（1700-42），イギリスの古典学を著しく向上させた最大の功労者。

37) Tiberius Hemsterhuis（1685-1766）。オランダの古典文献学者。ギリシア古典の校訂，注釈，出版に従事した。

38) Johann Joachim Winckelmann（1717-1768）。ドイツの美術史家・美学者。古代美術史研究の創始者。

いて。というのは，これらの人々は素材を与えるだけで，形式の完成した姿は背景に留まっているからである。文献学は，あらゆる学問と同様，近似値〔問題の近似的解決〕を得ようとする無限の課題である。われわれは文献学においてつねに一面的に収集するであろうし，思弁との統一を決して全面的に実現しないであろう。というのは，ひとはまた一面的に思弁するであろうから。しかし未完成は決して欠陥ではない。ひとがそれを自分自身や他者に対して秘密にするときに，はじめてそれは真の欠陥となるのである[39]。

§3. 文献学の概念と外延は，それと爾余の学問との関係が正しく把握されるときに，はじめて完全に明確に認識される。文献学がその目標にしたがって手元に存在するすべての人間的知識の再認識と叙述であるとすれば，文献学は，この知識が哲学に根ざしているかぎり，精神の認識に関しては哲学と協調しており，ただその認識の仕方によってのみ哲学から区別される。すなわち，哲学は原初的に認識する，つまりギグノースケイ（γιγνώσκει）〔知る，認識する〕であるが，文献学は再び認識する，つまりアナギグノースケイ（ἀναγιγνώσκει）〔再び知る，再認識する；読む，朗読する〕である。これこそはギリシア語において《読むこと》（Lesen）の意味を正当に保持してきた言葉である。というのは，読むことは抜きんでて文献学的な活動であり，読もうとする衝動は文献学的な衝動の最初の表現だからである。このような再認識は，プラトンが『メノーン』において述べているように[40]，本来的なマンタネイ

39）〔原注〕1850 年の第 11 回文献学者集会の開会演説（『小品集』第 2 巻，189 頁以下），A・キルヒホフ氏をベルリン科学アカデミーの新入会員として歓迎するための演説（1860 年）（『小品集』第 3 巻，43-44 頁），ならびに 1829 年のベルリン講義目録へのプロオイミオン「最初における哲学の驚異の念について」De miratione philosophiae initio（『小品集』第 4 巻，322 頁以下）参照。

40）『メノーン』81C-D。「……魂がすでに学んでしまっていないようなものは，何ひとつとしてないのである。だから，徳についても，その他いろいろの事柄についても，いやしくも以前にもまた知っていたところのものである以上，魂がそれらのものを想い起こすことができるのは，何も不思議なことではない。なぜなら，事物の本性というものは，すべて互いに親近なつながりをもっていて，しかも魂はあらゆるものをすでに学んでしまっているのだから，もし人が勇気をもち，探求に倦むことがなければ，ある一つのことを想い起こしたこと――このことを人間たちは「学ぶ」と呼んでいるわけだが――その想起がきっかけとなって，おのずから他のすべてのものを発見するということも，充分あり得るものだ。それ

ン（μανθάνειν）〔学ぶ〕，つまり《創り出すこと》とは違って《学ぶこと》である。そして学ばれるところのものはロゴス（λογός），つまり与えられた知識（Kunde）である。かくしてフィロロゴス（φιλόλογος）とフィロソフォス（φιλόσοφος）は，素材におけるのではなく，見解と理解における対立である。けれどもこの対立は絶対的なものではない。というのも，あらゆる認識，つまりあらゆるグノーシス（γνῶσις）〔知識〕は，プラトンの深い洞察にしたがえば，より高次の思弁的見地から見るとアナグノーシス（ἀνάγνωσις）〔再知識〕だからであり，そして文献学は，哲学が正反対の手続きから到達するものへと，再構成的に到達しなければならないからである。文献学と哲学は相互に制約し合っている。なぜなら，ひとはおよそ認識することなしには，認識されたものを認識することができず，そしてまた他者が認識したところのものを知ることなしには，端的に認識へと到達することができないからである。哲学は概念から出発し，文献学は，哲学的対象の半分をなす，その素材（残り半分は自然である）を取り扱うに際して，偶然的に手元に存在するものから出発する。さて，哲学が概念から出発してあらゆる所与の歴史的状況に含まれている本質的なものを構成しようと欲するとすれば，それは歴史的現象の内的実態を把握しなければならない。だがそのためには，その本質的なもののまさに外的表現であるところの，こうした現象についての知識が無条件的に必要である。例えば，ギリシア民族がその偶然的な諸現象において知られていなければ，哲学はこの民族の精神を構成することができない。このために必要なのは，伝承されたものを正しく再生産することであるが，これは純粋に文献学的であって，哲学によってあまりにも容易に間違えられるものである。さらに哲学は，諸現象に含まれる本質的なものを指し示すためには，かかる諸現象を終点としなければならない。つまり，哲学が文献学を必要とするということは明白である。かくしてアリストテレスは『国制誌』*Politien*[41]を彼の

はつまり，探求するとか学ぶとかいうことは，じつは全体として，想起することにほかならないからだ。」『プラトン全集』第9巻，加来彰俊・藤沢令夫訳『ゴルギアス・メノン』（岩波書店，1974年），278頁．

41） アリストテレスがギリシアのポリスのほか異民族を含む，158篇の『国制誌』πολιτεῖαι を遺したことは古代から伝えられてきたが，現在では原本は失われてしまっている。

哲学的探究の歴史的な，つまりは文献学的な基礎として書き記したのであった。しかし逆に，文献学も哲学を必要とする。文献学は歴史的に構成するのであって，概念から構成することはしない。けれども，文献学の究極的な最終目標は，概念が歴史的なものにおいて現れ出ることである。文献学は構成作業における哲学的活動なしには，ある民族の認識の全体を再生産することができない。それゆえ，文献学は哲学のなかへみずからを解消する。実際，もしそれへと向かう方向性があらかじめ決まっていなければ，およそ概念は歴史的なもののなかに認識され得ないように思われる。アリストテレスが彼の政治学の基礎として，いろいろな国制についての文献学的な研究を必要としたとすれば，文献学者はふたたび歴史的研究を行う際の導きの糸として，アリストテレスが『国制誌』において与えたような，政治・哲学的な概念を必要とする。歴史的素材が，したがってまた文献学そのものが，決して単なる集合体であるべきでないとすれば，あらゆる学科においてそうであるように，素材は概念によって消化されなければならない。したがって，文献学もふたたび哲学的概念を前提とし，同時にそれを生み出そうと欲する。しかしこのことは自然科学においても同様である。自然科学は経験的に考察する学問として，哲学のもう1つの側面に対して，文献学の倫理学に対するのと完全に同じ関係を有している。一方の他方への解消ということが起こる。経験的研究と哲学的研究が正反対の行程を歩み，他方が始まるところで一方が終わるとすれば，乗法と除法のように，一方は他方を吟味するものである。哲学と文献学との一致点は，たしかにいたるところに見出されるが，しかしとりわけ歴史の哲学と哲学の歴史は，次のように評価されるべきである。すなわち，歴史の哲学〔歴史哲学〕は文献学に最も類縁的である哲学的な学問であり，そして文献学はその最高の見地においてみずから自身をこのなかへ解消する。これに対して，哲学の歴史〔哲学史〕は文献学的な学問であり，哲学は次のような仕方でこの学問のなかへと移行する。すなわち，哲学は歴史的に辿ってきたおのが行程を突き抜けて，文献学的な道の上でのみ可能なものを，最大の普遍性において最高度にアプリオリに構成するところまで進むことによって

である[42]。

　あらゆる爾余の諸科学は哲学と文献学とに根ざしている。というのは，これらの諸科学は一方では哲学を特殊な仕方で個別的目的に適用したものと見なされるだけか，あるいはそれらが純粋に理論的であるかぎり，哲学の分岐したものと見なされるだけだからである。しかし他方では，これら諸科学はみずからの歴史にその対象を有している。医学のすべての歴史，法学のすべての歴史的考察（それなしには例の諸科学の基本的伝達は不可能である），そして神学の大部分は，文献学的な性質をもっている。とはいえ，文献学そのものにおける認識されたものの認識と，文献学以外のあらゆる特殊科学において生起するそれとの間の相違は，相変わらず存在している。なるほど活動のうちにではないが，しかし目的のうちにである。文献学の目的は純粋に歴史的である。それは認識されたものの認識をみずから自身に対して客観的に立てる。これに対して，例の個別的諸科学や哲学そのものにおいて，ひとはまた認識されたものを認識するが，しかしそれはその上にさらに構築するためである。例えば，自然科学者は，自分がその上に基礎づける新しい成果を得るために，他の人々の研究を活用する。後者は文献学には何の関係もない。文献学の成果は即自的に歴史的なものそのものである。にもかかわらず，哲学がつねにあらゆる特殊的諸科学を必然的に総括しなければならないように，文献学もそのすべての素材を特殊的諸科学から受け取らなければならない。そしてこれら特殊的諸科学なしには，文献学もまったく存在しないのであるから，文献学はまたこれら諸科学と相互的に制約し合う。個別的諸科学が文献学的な活動を必要とするように，認識全体の再構成としての文献学もまた，認識のあらゆる個々の部分の認識を，したがってその分野があの全体を形づくるところの，個別諸科学の認識を要求する。法学者は，批判と説明とを通じて資料を認識するために，文献学を必要とする。しかし文献学者は，ある民族の法的諸関係を再構成するために，それどころか言語をすら理解するために，法概念を必要とする。文献学は自然科学の成果を知ることなしには，ある民族の文化

---

　42)〔原注〕1853 年の演説「学問，とりわけ実践的ならびに実証的なものに対するそれの関係について」Ueber die Wissenschaft, insbesondere ihr Verhältniss zum Praktischen und Positiven（『小品集』第 2 巻，83-84 頁）参照。

I 文献学の理念，またはその概念，範囲，最高目的

の大部分を理解しないであろう[43]。1861年の『プロイセン年報』所収のフリック「文献学と自然科学」[44]参照。

　さて，文献学がその対象において，たしかに哲学ならびに特殊的諸科学と落ち合うように思われる以上，こうした考えにしたがえば，文献学が特有の知識を有しているかどうかが問題である。世人の言うところでは，学識があるというのは，他の人々が知っていたことを沢山知っている人，沢山の本を読み，沢山抜粋し，きわめて多くのものを保持している人のことである。文献学者はこの範疇のなかに位置している。沢山保持している者もあれば，わずかしか保持していない者もあるが，しかし彼らは沢山抜粋する。知識一般が，それゆえ他の人々が知っていたことについての知識も含めて，知識一般が文献学者をつくるのではなく，解釈と批判の技術のみが，すなわち他人の知識を認識する手段の行使のみがつねに文献学である，と考える人々の場合には，事態はよりいっそう疑わしい状態にある。このように考える人々は，そのことによって他人の知識を知ることをみずから放棄し，そしてかの手段の行使は無意味なものである以上，彼らは文献学においては独自の知識をもたないので，それゆえ彼らはいかなる知識ももたないのである。しかしたとえひとが文献学に1つの知識を帰すとしても，単なる学殖という概念をそれに適用するかぎり，われわれ自身の申し立てにしたがえば，それは他人の知識にすぎない。他人の認識について思考することは，依然として欠如しており，そして校訂的批判は他人の認識を純粋に修復しようとするにすぎない以上，かかる校訂的批判においてすら思考はまだ存在しない。しかしながら文献学は，もしその目標が理念についての認識であるべきだとすれば，みずからの思考を一切放棄しない。というのは，他人の理念はわたしにとって理念ではないからである。それゆえ，まずもって掲げられるべき要求はこれである。すなわち，他人のものを自分のものになりつつあるものとして再生産すること（das Fremde als Eigenwerdendes

---

　43）〔原注〕1826年のラテン語の演説「哲学ならびに歴史学と爾余の学科との結びつきについて」De philosophiae et historiae cum ceteris disciplines conjunctione（『小品集』第1巻，140頁以下）参照。さらに1850年の第11回ドイツ文献学者集会の開会演説（『小品集』第2巻，191-192頁）参照。

　44）　Otto Frick, "Philologie und Naturwissenschaft," in Preußische Jahrbücher VII (1861), 129ff.

zu reproduciren）である。そうすればそれは外的なものにとどまらず，それによってまさに文献学の寄せ集め的状態も止揚されるようになる。しかし同時にまた，この再生産されたものを超越していることである。そうすればそれは自分のものになったにもかかわらず，ひとはふたたびそれを客観的に対向するものとしてもち，そして１つの全体へと形づくられた，この認識されたものの認識についての，１つの認識をもつようになる。かかる認識は次に，みずから自身の思考のなかでそれに然るべき場所を割り当て，そして認識されたものそのものとともにそれを同じ段階に置くことへと導かれるであろうが，これはおよそ価値判断によって生起することである。所与のものについてのあらゆる思考が判断であるように，文献学者の思考は復原的な批判のうちにではなく，このような価値判断のうちに存している。したがって，文献学はたしかに特有の知識をもっているのであり，そしてこれがあらゆる爾余の知識と相互に制約し合っていることが，まさにそれが他の諸科学と並列していることを証明している。

　ところで，もしすべての特殊的諸科学が哲学の下位に位置づけられているように思われるとすれば，そしてそれにもかかわらず，われわれが自然科学を哲学に対して文献学と同じ関係に置いたとすれば，この点に矛盾が存しているように思われる。というのは，その場合には，文献学は哲学と並列しているのではなく，それに従属していなければならないであろうから。しかし自然科学は，それが文献学と同じように，経験的かつ歴史的に構成するとき，それはまた自然に関係するかぎりでの，まさに哲学の裏面にすぎず，そして文献学以上に哲学の下位に位置づけられているわけではない。われわれは文献学が〔哲学の〕下位に位置づけられているのを見たが，それはつまり哲学がふたたび〔文献学の〕下位に位置づけられるように思われるようなやり方においてであって，その点にまさに並列関係があるのである。〔自然科学の哲学に対する関係もこれと同じである。〕文献学の独立した立場によってのみ，──のちほど示されるように──文献学の概念からそれの部分を完全に構成することと，同一の概念から方法を直接に生じさせることが可能となるのである。

§4. あらゆる恣意的な規定を遠ざけ，この学問の本来的な本質を見出すためには，まず文献学についての限定されていない概念を確立することが必要であった。しかし概念が限定されていなければいないほど，実行上の限定はますます沢山提供されている。必要な概念は，あれやこれやの学者によって実行される際の外延に対して，さしあたり恣意的な限界を受け取ることができる[45]。例の概念は絶対的なものであり，実行される際の外延は相対的なものである。かくして相対的な限定は，分野にしたがっても，例えば言語の文献学，文学の文献学，等々と，設定され得る。そのような解体は必然的であるとはいえ，これによってひとはその概念そのものの諸部分を相互に引き裂くことになる。別の限定は，その概念が時間と空間にしたがって現象化する，外的な現象形態にのみ関係する。つまりひとが相対的に閉じられた時代や，あるいは民族のみを考察の対象にするときがそうである。かくして古代の文献学と近代の文献学，東洋の文献学あるいは西洋の文献学，ローマの文献学，ギリシアの文献学，インドの文献学，ヘブライの文献学，等々が得られる。そのような区分は文献学の本質によりふさわしい。ライヒャルト[46]（『文献学の区分』[47]，69頁）は，古代に関して非常に正当にもこう述べている。「古代学は，文学史でも，芸術史でも，宗教史，等々でもなく——そのような歴史は，文献学がなくてもすでにある——，あらゆるこれらの契機の相互浸透と共同作用からなる民族の生活史である」。各々の特殊科学は，歴史的に叙述されるとき，1つの発展の線において延びている。文献学はこうした諸々の線を悉く1つの束に総括し，そしてそれらを中心点たる民族精神から，円の半径のごとくに解析する。

まさに古代に自己を限定することがいかに自然なことであるかは，上（18-19頁）に示した通りである。それ以外に，古典的なものはとりわけ

---

45)〔原注〕「王立プロイセン科学アカデミーの新入会員としてのハウプト氏とキーパート氏の挨拶に対する演説」die Rede zur Begrüssung der Herrn Haupt und Kiepert als neu eingetretener Mitglieder der Königlich Preussischen Akademie der Wissenschaften (1854)（『小品集』第2巻，433頁以下）参照。

46) Hans Reichardt（生没不詳）。テュービンゲンの神学寮の司書を務めた。

47) Hans Reichardt, *Die Gliederung der Philologie* (Tübingen: Ludwig Friedrich Fues, 1846). なお，ベークはライヒャルトのこの書を「卓越した書物」として高く評価し，後段においても何度か言及しているが，にもかかわらずそれを「非学問的」（unwissenschaftlich）と見なしている（105-106頁参照）。

知る価値があり，またギリシア人とローマ人の文化はわれわれの全教養の基礎であるので，古典的古代についての文献学はふたたび事柄の本質に即した部門を形づくる。さて，われわれは文献学の爾余の分枝が同等の権利を有することをはっきりと認めつつ，以下の考察を古典的古代に限定することを，しかも限定の意識をもって受け入れる。かかる限定は外的根拠から正当化されるが，それ自体としては偶然的なものである。しかしその限定の内部において，われわれは無限定な概念にしたがう。方法と構成とはかかる概念からのみ生じるからである。

§5. 文献学的な研究の概念と外延が確定されたあとで，われわれはそれの目的を調べなければならない。けれども，まずこの研究に付されたさまざまな名称を考察することが得策であろう。というのは，こうした名称は，人々がその研究のもとでこれまで追求してきた諸努力について，解明を与えるからである。文献学の名称については，わたしはすでに上で，そこから概念の諸関係を基礎づけるために，あらかじめ若干のことを語らなければならなかった。フィロロゴス（φιλόλογοϛ）——フィロロゴス（φιλολόγοϛ）ではなく[48]——とフィロロギア（φιλολογία）〔文献学〕いう言葉は，まずプラトンに見出される。彼はそれをまだ専門的な意味で用いていないが，しかし事柄に即して考えれば，エラトステネースにおいて専門的な表現のなかに見出されるものと同一のことがすでに意味されている。すなわち，言語の知識（Sprachkunde）ではなく，認識されたものの認識であるところの，知識一般を獲得しようとする努力のことである。ロゴス（λόγοϛ）というのはまさに知識（Kunde），とりわけ伝統によって獲得された知識であり，これは本来真に文献学的な知識であって，その主要な源泉は文学である。そこからロゴグラフォイ（λογογράφοι）〔散文作家〕やロギオイ（λόγιοι）〔物語り手，年代記作者〕は，アオイドイ（ἀοιδοί）〔歌い

---

48) フィロロゴス（φιλόλογοϛ）とフィロロゴス（φιλολόγοϛ）の相違——傍点は訳者が便宜的に付したものである——は，アクセントの置かれている位置の違いであるが，antepaenultima にアクセントが置かれている前者が，通常の意味でのフィロロゴスであるとすれば，paenultima にアクセントが置かれているパロクシトーンの後者は，知恵や理性としてのロゴスへの愛好ではなく，言葉としてのロゴスへの愛好を意味し，そのかぎりでは φιλόσοφοϛ と対立するものと言えよう。

I 文献学の理念，またはその概念，範囲，最高目的　　　33

手〕やあるいはポイエータイ（ποιηταί）〔詩人〕と異なって，早期から知識の伝承者を意味していた。後者は歴史的伝統ではなく，神話を取り扱い，歴史的にではなく詩的に造形する者たちで，本来的な意味でのソフィア（σοφία）〔知，知恵〕とは異なっていた。プラトンは，『パイドロス』236E[49]，『ラケス』188C[50]，『テアイテートス』161A[51]，『国家』9巻582E[52]において，学問的伝達への欲求ならびに学問的伝達の喜びについて，フィロロゴス（φιλόλογος）とフィロロギア（φιλολογία）を用いている。プラトンにおいては（『法律』第1巻641E[53]），アテーナイ人がフィロロゴイ（φιλόλογοι）〔言論好き〕と呼ばれ，アリストテレスでは『弁論術』第2巻第23章[54]において，スパルタ人が「少しも言論を愛する者でない」（ἥκιστα φιλόλογοι）と呼ばれている。それは彼らが非哲学的であるというのではなく——彼らはもとよりその質ではなかった——，多様な伝達を受け取ることができないという意味である。アリストテレスの『問題集』第18巻には，「フィロロギアに関するかぎり」〔ὅσα περὶ φιλολογίαν〕[55]とあり，提起されている問いは〔本

49）『パイドロス』236E。「ソクラテス　まいった！ひどい男だ，話ずきの男を命令どおりに動かす秘訣を，まんまと発見しおったな。」『プラトン全集』第5巻，鈴木照雄・藤沢令夫訳『饗宴・パイドロス』（岩波書店，1974年），154頁。

50）『ラケス』188C。「ラケス　話（議論・言葉）というものにつきましては，ニキアス，私の態度は一つなのですが，もしよければ一つでなく二つだと言ってもよろしい。じっさい私は，話〔を聞くこと〕の好きな人間にも，話〔を聞くこと〕の嫌いな人間にも，見られるでしょうからね。」『プラトン全集』第7巻，北嶋美雪・山野耕治・生島幹三訳『テアゲス・カルミデス・ラケス・リュシス』（岩波書店，1975年），132頁。

51）『テアイテートス』161A。「ソクラテス　何のことはない，あなたは，テオドロス，言論狂ですよ，それもお人よしの！……」『プラトン全集』第2巻，水地宗明・田中美知太郎訳『クラテュロス・テアイテトス』（岩波書店，1974年），236頁。

52）『国家』第9巻582E。「「必然的に」と彼は言った，「知を愛し言論（理）を愛する人が賞める事柄こそが，最も真実であるということになります。」『プラトン全集』第11巻，田中美知太郎・藤沢令夫訳『クレイトポン・国家』（岩波書店，1976年），661頁。

53）『法律』第1巻641E。「ギリシア人一般の見るところによれば，わたしたちの国は言論好きでおしゃべり，ラケダイモンとクレーテーは，前者は寡言，後者は饒舌より思慮の豊かさを養っている，とされています。」『プラトン全集』第13巻，向坂寛・森進一・池田美恵・加来彰俊訳『ミノス・法律』（岩波書店，1976年），94頁。

54）『弁論術』第2巻第23章。「……またラケダイモンの人たちはキロンを，自分たちは少しも言論を愛する者などではなかったが，元老院の一員にさえしたし，……。」『アリストテレス全集』第16巻，山本光雄・斎藤忍随・岩田靖夫訳『弁論術・アレクサンドロスに贈る弁論術』（岩波書店，1977年），179頁。

55）この部分は邦訳では，「学習に関する諸問題」となっているが（『アリストテレス

を〕読むこと，弁論学，文体論，物語に関係する。したがって，ここでのこの表現はすでにほとんど専門的な意味をもっており，〔本を〕読むことについてのわれわれの注釈が裏づけられる。古い言語の用法に関しては，プリューニコス[56]（ロベック[57]，392頁）において，「ロゴスを愛し，かつパイデイアのことで一所懸命になったフィロロゴス」（φιλόλογος ὁ φιλῶν λόγους καὶ σπουδάζων περὶ παιδείαν）と言われている。文献学とフィロマテイア（φιλομάθεια）〔学問愛，知識愛〕との同一性は，すでに上で触れておいた。もちろんプラトン（『国家』第2巻376B）にとって，フィロマテス（φιλομαθές）〔学問を愛好すること〕とフィロソフォン（φιλόσοφον）〔知を愛すること〕は同一である。プラトン的見解にしたがえば，文献学にはフィロドクソン（φιλόδοξον）〔名誉愛，栄誉心〕がより合致しているが，しかしもちろんそれは，文献学がいかなる理念も認識しない場合に限られている。われわれの見解にしたがえば，文献学は理念を認識すべきであるので，プラトン的な概念にしたがえば，それは哲学に属し，したがってそのかぎりではフィロマテス（φιλομαθές）〔学問を愛好すること〕もそれに帰属することになるであろう。エラトステネース以来その名称は博学（Polymathie）を表したが，そのときには哲学もまた含まれた。われわれがプラトンにおいて見出すのと同じ意味で，ストラボーンはこの表現を（ディオドーロス[58]『図書館』第12巻，53におけるように）アテーナイ人に適用しているが，彼はその会員にはあらゆる種類の学者，つまり単に文法学者ではなく，数学者，物理学者，等々，それどころか哲学者もいた，アレクサンドリアの学芸館(ムウセイオン)について語り（ΓΕΩΓΡΑΦΙΚΟΝ, Book XVII, C 794）[59]，彼らを「学

全集』第11巻，戸塚七郎訳『問題集』〔岩波書店，1977年〕，250頁）〕，英訳では"Problems concerned with Studiousness"と訳されている（The Loeb Classical Library, no. 316）。これらの近代語訳からもわかるように，ここでのφιλολογίαは，いわゆる「文献学」ではなく，「勉強好きなこと」，「学問に励むこと」を意味している。

56) Phrynichos, Φρύνιχος。前6世紀後半から5世紀前半に活躍したアテーナイの悲劇詩人。

57) Christian August Lobeck（1781-1860）。

58) 〔ギ〕Diodoros ho Sikeliotes, Διόδωρος ὁ Σικελιώτης〔ラ〕Diodorus Siculus (c.BC90-c.AD27)。紀元前1世紀後半のギリシアの歴史家。40巻よりなる《図書館 Bibliotheke》(Bibliotheca Historica)の名で呼ばれる世界史を著したが，その大部分は現在では失われている。

59) Cf. *The Geography of Strabo*, The Loeb Classical Library, no. 267 (London: William

I 文献学の理念，またはその概念，範囲，最高目的　　　　35

芸館に関与している学問好きな男たち」(οἱ τοῦ Μουσείου μετέξοντες φιλόλογοι ἄνδρες) と名づけている。彼はここでエラトステネースよりもより広範に，フィロロゴイ (φιλόλογοι) を学者一般と見なしている。後代の人々においては，フィロソフォス (φιλόσοφος) とフィロロゴス (φιλόλογος) の概念は，完全に対立するものになっている。かくしてわれわれはこの対立がセネカの書簡のなかで言表されているのを見出すが，そのなかで彼は博学者としての文献学者をからかっている (108 §29ff.)。プロティノスは，ロンギーノス[60]について語ったが (ポルピュリオス[61]『プロティノスの一生と彼の著作の順序について』De vita Plotini. c. 14 およびプロクロス[62]『ティーマイオスについて』In Timaeum I, 27B)，彼が語った理由はそれとは関係しておらず，主として以下の点に存していた。すなわち，彼はロンギーノスを寓意的・思弁的に解釈せず，ただ単純に冷静な解釈者とみなしたのである。曰く，「ロンギーノスはたしかにフィロロゴス〔愛言者，文献学者〕ではあるが，決してフィロソフォス〔愛知者，哲学者〕ではない」(φιλόλογος μὲν ὁ Λογγῖνος, φιλόσοφος δὲ οὐδαμῶς)。ロンギーノスの「フィロロゴスたちの交わり」(Φιλολόγων ὁμιλίαι) は存在したし，そしてエウセビオスはポルピュリオスの「フィロロギアに関する講義」(φιλολογικὴ ἀκρόασις) を引用している (『福音の準備』Praeparatio Evangelica X, 3)。彼らは全般的な文学に通じていたと思われる。学識に富み，かつ無数の実例を含んでいるレールスの論文「フィロロゴス，グラマッティコス，クリティコスの語彙について」を参照のこと。この論文は彼の編著『より正しく修正されたヘーロディアーヌスの3通の手紙』のうしろに語録 (Analecta) の第1として収録されている[63]。

Heinemann Ltd., 1963), 34-35.
　60)　〔ギ〕Dionysios Kassios Longinos, Διονύσιος Κάσσιος Λογγῖνος 〔ラ〕Dionysius Cassius Longinus (c.213-273)。ギリシア系の著述家・修辞学者・哲学者。
　61)　〔ギ〕Porphyrios, Πορφύριος 〔ラ〕Porphyrius (c.234-c.305)。ギリシアの哲学者。ローマで師のプロティノスの著作を出版し，新プラトン主義哲学の普及に尽力した。
　62)　〔ギ〕Proklos ho Diadokhos, Πρόκλος ὁ Διάδοχος 〔ラ〕Proclus (410/412-485)。ギリシアの哲学者。新プラトン主義の最後の偉大な代表者としてアテーナイで教え，キリスト教に反対してギリシア思想を強く擁護した。
　63)　Karl Ludwig Lehrs, De vocabulis Φιλόλογος, γραμματικός, κριτικός (1838), in Herodiani scripta tria emendatiora, accedunt analecta (Königsberg: Samter, 1848)。なお，ヘー

フィロロギア（φιλολογία）という名称は、いずれにせよ最も特徴的なものである。ローマ人の間では、それが普遍的な学識を、しかも哲学との対比で、表現するかぎり、文献学を表示するために、litterae〔学問，学識，教養〕という名称もまた用いられる。「分別があり，知恵を愛し，勉強熱心な」(sapiens et sapientiae amans, studiosus) という意味では、誰でも哲学者であることはできるが、しかしその場合、彼が litteratus〔教養のある，学識のある〕であるわけではない。かくしてエピクーロスは「分別はあるが博学ではない人」(vir sapiens non litteratus) であった。ひとは litteratus であることなしに humanus〔人間らしい，気品のある，教養のある〕であることすらできる。eruditus〔教養のある，該博な〕は ferus〔野蛮な，粗悪な〕や immanis〔野蛮な，粗暴な〕と対立している。doctus〔教えられた，（ギリシア学に）精通した〕は imperitus〔未経験の，…に通じていない〕と対立している。けれども、両者はしばしば、スエートーニウスの〔『ローマ皇帝伝』第4章の〕「カリグラ」53における eruditio〔博学，博識〕のように、たしかに litterae に関係づけられる[64]。litteratura はそれゆえ広義の文献学である。それは、もちろんさしあたり言語の知識を表す grammatica〔言語，文法の研究〕が、後に一般に litterae を表すのと同じである。グラマッティコス（γραμματικός）〔読み書きに堪能な，読み書きに精通している〕は学者一般、つまり学問的な教養を有する者を表す。グラマッティステース（γραμματιστής）は〔小学校の〕言語教師である。ところで、若干のラテン人はグラマッティステース（γραμματιστής）を litterator〔半可通〕と呼んでいる。litteratus〔教養のある，学識のある〕

ロディアーヌス（〔ギ〕Ailios Herodianos, Αἴλιος Ἡρωδιανός〔ラ〕Aelius Herodianus〔c.165/179-c.250〕）とは、アレクサンドリアに生まれて、ローマで活躍したローマ時代の最も有名な文法家のひとり。

64) ベークが言うとおり、Suetonius の *De Vita Caesarum* の第4巻 Gaius Caligula 53 には、"Ex disciplinis liberalibus minimum eruditioni, eloquentiae plurimum attendit, quamtumvis facundus et promptus, utque si perorandum in aliquem esset." とある。Suetonius, *De Vita Caesarum*, The Loeb Classical Library, no. 31 (London: William Heinemann Ltd., 1964), 484-485. なお、この部分を邦訳で示すと、「教養学芸のうち、カリグラは詩文学にほとんど関心を示さず、雄弁術に多くの時間をさく。確かに彼は弁がたち、臨機応変に話ができた。確かに自己を主張せねばならぬときには、特にそうであった。」（スエトニウス著、国原吉之助訳『ローマ皇帝伝』下巻〔岩波書店，1986，67頁〕）となる。

は彼らにとってグラマッティコス（γραμματικός）と同じである。前者は「学問をかじってはいるが，学識が完全ではない」（non perfectus litteris, sed imbutus）ということであり，また「卑しい，金で買える」（servus, venalis）ということでもあり得た（スエートーニウス〔『名士伝』De Viris Illustribus 所収の〕「文法家伝」4)[65]。けれどもこの言語用法は一般的ではなく，そして litterator〔文法家〕は litteratus〔文字を書き表した，（転意）学識ある〕と同じ意味で用いられる。litterae とグラマタ（γράμματα）〔γράμμα の複数形。γράμμα は 1. 図，図柄，2. 文字，音符，3.〔pl. で〕書かれたもの，文書，などを表す〕は，〔フィロロギア（φιλολογία）という〕この言葉そのものとほとんど同じくらい，純粋にフィロロギア（φιλολογία）の概念を含んでいる。但し，ロゴス（λόγος）が本源的なもの，しるしとしてのグラッマ（γράμμα）の基礎となっているものである。セネカは上で引証した書簡（108）において，Philosophus と Philologus と Grammaticus を区別している。Grammaticus ということで彼が理解しているのは言語学者であり，博学者という意味での Philologus ということで理解しているのは，あらゆる学問において風変わりなものを探し求める，骨董品の商人である。これに対してクィンティリアーヌス[66]は，文法論に完全に文献学の概念を与えている（II. 1, 4）。なぜなら，文法論は彼においては「正しい話し方の原則を除く，ほとんどすべての最高の技術についての知識」（praeter rationem recte loquendi prope omnium maximarum artium scientiam）を包括しているからである。アリスタルコス[67]以降のギリシアの技巧家たちが，グラマティケー（γραμματική）という名称のもとに，大抵は言語学と著述家の解釈および批判とを統合して以来，この言葉はこうした広いひろがりで，しばしばそしてすでにギリシア人の間で，理解されたのであった。クラッセン『初心者にとってのギリシア語文法について』[68]，81 頁，お

---

65) Cf. Suetonius, *De Viris Illustribus*, The Loeb Classical Library, no. 38 (London: William Heinemann Ltd., 1965), 402-403.
66) Marcus Fabius Quintilianus（c.30/35-c.100 頃）。ローマの著名な修辞学者・弁論術教師。
67) Aristarkhos, Ἀρίσταρχος（BC217/215-BC145/143）。サモトラーケーのアリスタルコス。ヘレニズム時代の著名な文献学者。
68) Johannes Classen, *De grammaticae Graecae primordiis* (Diss. Bonn, 1829).

よびマイアー[69]の1842-43のハレ大学講義目録へのプロオイミオン(『学問的小品集』[70]第2巻，20頁以下）参照。

　文献学に対するもう1つの表現は，革新者たちによってはじめてつくり出されたものであり，いわゆる Humaniora〔古典人文学〕の概念がそれである。けれどもこれはとりわけ古典著作家を読むことを言い表すべきもので，したがってあまりにも一面的である。それと同時に他方では，それはその本来的な意味にしたがえば，あまりにも多くのことを語る。humanitas〔フマニタス，人間性〕とは人間の本性，つまり動物的なものとは対立している純粋に人間的なものである。さて，普遍的な教養というものは，動物も追い求める利益追求からは自由であるが，これは人間を本来的に人間にするので，ひとはこれを目標とする研究を studia humanitatis〔フマニタス研究，古典的人間教養研究〕と名づけた。〔だが，〕本来の認識と再生産との対立がそこには存在しないので，この表現を文献学に適用するのは行き過ぎである。その語法については，ヨーハン・アウグスト・エルネスティ[71]の『画定されるべき古典人文学研究の境界線についての予行演習』[72]と『キケローの鍵』[73]のフマニタスの項の抜粋を参照されたい。古代人はなるほど studia humanitatis とは言ったが，humaniora とは言わなかった。それにまた，humanitas そのものと同様，本来は類概念であるところのこの概念は，いかなる比較変化も許容しない。したがって，この表現はおそらく中世にはじめて成立

---

69) Moritz Hermann Eduard Meier (1796-1855)。

70) Moritz Hermann Eduard Meier, *Opuscula Academica,* 2 Bde. (Halis Saxonum: Orphanotropheum, 1861-63).

71) Johann August Ernesti (1707-1781)。ドイツのプロテスタント神学者・古典文献学者。

72) Johann August Ernesti, *Prolusio de finibus humaniorum studiorum regundis* (Leipzig: ex officina Langenheminiana, 1738). なお，ベークの原文では "Jo. Aug. Ernesti, *Progr. de finibus humaniorum studiorum regundis 1738*" となっているが，これは明らかな間違いである。

73) 『キケローの鍵』*Clavis Ciceroniana* と呼ばれているものは，より正確には，「キケローの鍵，ないしキケローの著作に関する文献学的・批判的な事項と用語の索引」(Clavis Ciceroniana sive indices rerum et verborum philologico-critici in Opera Ciceronis) と名づけられているもので，エルネスティが編纂した『キケロー全集』*Opera Omnia ex recensione Jo. Augusti Ernesti, cum eiusdem notis et clave Ciceroniana* (Halle, 1774) に収められている。これは今日でも非常に価値の高いものと見なされている。

I 文献学の理念，またはその概念，範囲，最高目的

したものであろう。ヴォルフ[74]『古代研究の学芸館』[75]第1巻，12頁〔＝『小品集』第2巻[76]，815頁注。〕

同様に，たとえ二三の国民がこの名称に広範な外延を与えていようとも，批判という名称も，あるいは，英国人が使用している表現である classical learning〔古典学〕や，最後に，フランス人はいまではそれに代えて littérature〔文学，文芸〕と言うが，belles lettres〔文芸〕も，文献学全体にとっては不十分である。ライプニッツは，すべての哲学者のなかでも最も偉大な文献学者であり学者であったが，彼はわれわれが文献学に付与している意味を，学殖〔Erudition〕という言葉とほぼ結びつける。彼の見方によれば[77]，学殖はわれわれが人間について学ぶところのものに，つまり事実に関する事柄（quod est facti）に関係し，哲学は理性あるいは法に関する事柄（quod est rationis sive juris）[78]に関係する。

§6. さて，われわれはそのさまざまな側面がさまざまな名称で暗示されている，文献学的研究の目的と応用を調べている。文献学は学問であるとの要求を立てる。しかし同時に，古代を歴史的に構成すること自体が芸術的なことである以上，それはひとつの技術（Kunst）である。まったく同様に，哲学でいう弁証法はひとつの技術である。しかし学問

---

74) Christian Friedrich August Wolf (1759-1824)。ドイツの古典学者。ハレ大学でベークを指導し，のちにベルリン大学で同僚となる。『古典学の叙述』*Darstellung der Alterthumswissenschaft nach Begriff, Umfang, Zweck und Werth* (1807) は古典学研究のパイオニア的著作として名高い。

75) *Museum der Alterthumswissenschaft,* herausgegeben von Christian Wilhelm Friedrich August Wolf und Philipp Carl Buttmann, 2 Bde. (Berlin, 1807 u. 1810).

76) Friedrich August Wolf, *Kleine Schriften in lateinischer und deutscher Sprache*, herausgegeben durch G. Bernhardy, II. Deutsche Aufsätze (Halle: Verlag der Buchhandlung des Waisenhauses, 1869).

77) ベークが念頭に置いていると思われるライプニッツの言葉は，以下のごとくである。「そして理性あるいは法に関する事柄が事実に関する事柄と相異するように，そのように哲学はたしかに学殖と相異する」（et sic quidem philosophia ab eruditione differt, quemadmodum id quod est rationis sive juris, ab eo quod est facti）。Gottfried Wilhelm Leibniz, *Die philosophischen Schriften*, herausgegeben von G. I. Gerhardt, Band 3 (Berlin: Weidmannsche Buchhandlung, 1887; Nachdruck, Hildesheim, Zürich, New York: Georg Olms Verlag, 1996), 14.

78) 〔原注〕1839年の演説「文献学的批判に関するライプニッツの見解について」Ueber Leibnizens Ansichten von der philologischen Kritik（『小品集』第2巻，245頁以下）参照。

の目的[79]は，アリストテレスが言うように，知ないし認識そのものである。古代をその全体の広がりにおいて認識することは，それゆえかかる文献学の唯一の目的であり得るが，しかしこのことは決して月並みのことではない。というのは，それは人間精神が何千年にもわたってもたらしてきたもののうちの，最も高貴なものを認識することであり，また神的ならびに人間的事柄の本質に対する深遠かつ遠大な洞察をもたらすからである。たとえ個々の点において，近代がそれを大幅に発展させたとしてもである。ひとはここで人間的認識や人間的諸関係の営み全体を捉えることを学び，人間の本質的な利害を超越したひとつの領域に自己を定位するのである。そこにおいては，現在のはるか背後に存在しているがゆえに，あらゆる情熱が沈黙し，それゆえ公平無私な判断が可能である。シェリングは正当にも次のように言う（「学問的研究の方法に関する講義」76頁）。すなわち，文献学者は「芸術家と哲学者とともに最高の段階に立っている。あるいはむしろ，〔芸術家と哲学者の〕両者は文献学者において相互に混ざり合う。文献学者の果たすべき本務は，芸術ならびに学問の作品を歴史的に構成することであるが，文献学者はそれらの歴史を生き生きとした直観で把握し叙述しなければならない」[80]。このような考えは，たとえその広がりにおいてはそうでないとしても，その精神においては全面的に，わたしの考えに非常に近い。このような目的にしたがって形成されるとすれば，古典的古代に関する文献学は疑いなく満足のいく研究となるであろう。われわれの時代の覚醒された生産性ゆえに，文献学は満足感の欠如を後に残したが，かかる満足感の欠如というものは，このような高められた見解によって取り除かれる。文献学が多様な事柄からなる広範な領域を提供することは，以上に述べたことにもちろん含まれている。しかし学問としては，文献学はすべてのものを統一性のもとにもたらさなければならない。というのは，あらゆる学

---

79)　〔原注〕1817年の演説「学問および学術的教育の目的と特質について」De fine et ingenio doctrinae disciplinaeque academicae（『小品集』第1巻，38頁）参照。さらには1853年のドイツ語の演説「学問，とりわけ実践的ならびに実証的なものに対するそれの関係について」（『小品集』第2巻，84頁以下）参照。

80)　F. W. J. Schelling, *Schellings Werke.* Nach der Originalausgabe in neuer Anordnung herausgegeben von Manfred Schröter, Bd. 3, *Schriften zur Identitätsphilosophie, 1801-1806*, 3. unveränderte Aufl. (München: C. H. Beck'sche Verlagsbuchhandlung, 1977), 268.

問は存在するものを，単にそのばらばらな状態においてのみならず，その統一性において，つまりあらゆる個別的なものの連関において，示すものだからである。だが，統一性を生み出すものはもっぱら理念のなかにある。素材は徹底的に多様で拡散している。それゆえ，学問は存在するものがそのうちに存している理念を形づくり，そしてかかる理念の連関を示さなければならない。解釈と批判がばらばらの営みとしてなされるときにのみ活動しているような，対象あるいはむしろ素材についての孤立した考察は，したがってあらゆる学問性をなしで済ます。それにもかかわらず，統一性はここではアプリオリな演繹法によって生み出されはしない。というのは，文献学の前にある多様なものや経験的なものは，そのような演繹を行う能力をもってもおらず，またかかる方法は文献学的でもないからである。むしろ所与のものを多様な仕方で貫き通し，そして全体を実際に統一へと形づくる理念は，帰納法によって示されなければならず，そのようにして個別的なものは学問的連関へともたらされなければならない。こうした統一性へと到達するためには，キケローの『弁論家について』第 1 巻 5 以下によれば雄弁のために多くのことが必要なように[81]，もちろん多くのことが必要である。純粋な心，あらゆる善と美とにのみ開かれた感覚，最高のものと超感覚的なものに対しても最小のものに対しても等しい感受性のあること，悟性の鋭利さと結びついた感情と想像力，感情と思考との，あるいは生と知との調和的な相互的陶冶——こうしたことはいかなる学問にとっても，そしてまた文献学にとっても，不断の勤勉さと並んで，真の研究の根本条件である[82]。しかしまた，それは多くの互いに対立する活動を要求するので，この課題はますます困難である。かくして批判はドグマティックに叙述する精神ならびに理念を把握する精神[83]に対しても，空想に対して

---

81)　『キケロー選集 7 修辞学 II』（岩波書店，1999 年）11-13 頁参照。

82)　〔原注〕1823 年のラテン語の演説「学殖の徳について」De eruditorum virtute（『小品集』第 1 巻，112 頁以下）参照。

83)　「ドグマティックに叙述する精神ならびに理念を把握する精神」（dem dogmatisch darstellenden und dem Ideen auffassenden Geiste）は，少し下では「直観的に措定する精神」（des anschauenden setzenden Geistes），あるいは端的に「精神」（dem Geiste）と言い換えられているが，ベークがここで念頭に置いているのは，「蔓延している思弁」（überhandnehmende Speculation）という表現からも推測されるように，おそらくヘーゲル哲学に代表される思弁的な精神のことであろう。

も徹底的に対立する。それどころか批判によってその鋭さを失った記憶に対してすら対立する。それゆえ，このようにして一刀両断的な悟性と直観的に措定する精神との不断の戦いが生じる。というのは，批判家がしばしば他者の思想を否定するように，後者が措定するものを，前者はふたたび否定しようとするからである。文献学における百般の事例がこうしたことを示している。そこにおいて個々人は正しい直観によって深い思想を措定するが，単に批判的に組織化された頭脳は，そうした思想を再び否定してしまうのである。均衡がとれることは稀である。多くの人はあらゆる理念，あらゆる構成に対して，真に烈しい怒りを覚えており，非直観的な批判のなかにのみ自分たちの名声を求める。さらには，博覧（Polyhistorie）もまた〔直観的・思弁的な〕精神に徹底的に対立しており，そして批判はかかる博覧によって同様にその威力を失う。それは蔓延している思弁によって，ひとが博覧に対してふたたび鈍感になるのと同じであるが，この蔓延している思弁は，小さいもの，はっきり限界づけられたもの，個別的なものを軽視し，より大きな普遍的な理念のみを捉えようと欲する。だが，普遍的なものと特殊的なものの統一がはじめて正しい認識を保証するのである。言語感覚（Sprachsinn）もまた現実的なものへの方向性とつねに闘っている。ジャン・パウル[84]が言うように，「事柄の貧困からひとは好んで言葉に寄りかかり，これを分解し分析する」。それゆえ，ひとはまたしばしば最も学識に富んだ文献学者において，事柄の知識が著しく欠如していたり貧しかったりするのを見出す。逆に素材にのみ関心を向けている人は，言語が与える認識のデリケートな形式を普通は軽視する。というのは，事柄と言葉は核心と外皮のようなものではなく，両者はお互いに密接に結びついているからである。精神と嗜好とをより自由に形成しようと努める人文主義（Humanismus）は，まさに文献学の領域において，個別的なものに執着するにもかかわらず，必然的な，過度の瑣末主義（Mikrologie）と鋭く衝突する。というのは，ひとは文献学において，小さなことをなおざりにすることによって誤謬に陥りたくなければ，ある程度衒学的（pedantisch）でなければならないからである。最後に，文献学にお

---

[84] Jean Paul（1763-1825）。ドイツの作家。ゲーテやシラーの同時代人で，独自の深遠な作品世界は，とくに上流の婦人に熱烈な読者を見出した。

I　文献学の理念，またはその概念，範囲，最高目的　　43

いて，古代と近代との闘争に決着がつく。古代に対する純理論的な関心に対して，現代ならびに実践的な生の諸要求はその権利を主張する。しかし爾余のあらゆる諸対立においてと同様，ここでもまた仲介は可能である。古代の諸理念は，近代的な思惟との生き生きとした関係のうちに置かれなければならないし，また置かれることができる。そしてそのとき近代的な思惟に純化的作用を及ぼす。ひとはここからして，文献学が精神の多面的な形成を必要とし，またそれを与えるということを認識する。

　目的に関するものとは異なる問いは，益（Nutzen）ないし応用（Anwendung）に関する問いである。すべての学問は認識という益を有しているが，魂ならびに心の明瞭性，平穏，および強さはかかる認識に源を発している。最高の益そのものは真，美，善のうちに存している。正しい認識から正しい行為は生ずる[85]。さて，もし文献学が大きくかつ高度な教養を有する民族の全認識を，その実践的認識をも指し示すとすれば，それは偉大な，古典的教養を有する政治家たちが証明してきたように，実践的行為にも益をもたらすであろう[86]。われわれの時代の政治家にこの教養が欠如していることは，十分敏感に示されている。まさにわれわれの時代にとって，古代は政治の面で啓発的である。そこではすべての原理はまったく明瞭な状態にある。目下，実に多くのへぼ学者たちは古典的文献学についてつまらぬことを語る。彼らは言う，中世ならびに現代に至るまでの近代的発展の全時代は古典的文献学を凌駕する，と。このことは，古代が近代的発展と関連がないと仮定するときに

---

85)　〔原注〕1824 年のラテン語の演説「活発かつ力強い学問について」De vegete et valida scientia（『小品集』第 1 巻，121 頁以下）と，1853 年のドイツ語の演説「学問，とりわけ実践的ならびに実証的なものに対するそれの関係について」（『小品集』第 2 巻，86 頁以下）参照。さらには，1813 年のベルリン大学講義目録へのプロオイミオン「善人以外の誰も完全な演説家ではあり得ない，というキケローの見解について」De Ciceronis sententia, oratorem perfectum neminem posse esse nisi virum bonum（『小品集』第 4 巻，65 頁以下），1834/35 年の「学問研究の真正の益について」De genuine atrium studiorum utilitate（『小品集』第 4 巻，397 頁以下），1837/38 年の「正しく制御されるべき，活動的，観想的，快楽的という生の 3 原則について」De tribus vitae sectis, activa, contemplativa, voluptaria recte temperandis（『小品集』第 4 巻，426 頁以下），および「学問研究において守られるべき魂の自由について」De libertate animi in atrium studiis tuenda（『小品集』第 4 巻，524 頁以下）参照。

86)　〔原注〕1828 年のラテン語の演説「教育と国家との間に存在する原則について」De ratione quae intercedat inter doctrinam et rempublicam（『小品集』第 4 巻，157 頁以下）参照。

のみ，意味をもっている。ヴィルヘルム・フォン・フンボルト[87]は，まことに時代の頂点に立っており，その時代に，重大なる事態に，またあらゆる重要な出来事に介入した人物であったが，彼の弟[88]がわたしに語ったところでは，いかなる備忘録も遺さなかった。その理由は，彼はこのような惨めな状態にはとどまりたくなく，むしろそうすることには時間がかかっても，その時間をつかってギリシア人とローマ人を学ぶことを好んだからである[89]。古代は真の政治的自由とそれの真正の原理を教示する。それは絶対主義と衆愚政治が唾棄すべきものであることを示す。古代を政治的に学んだことのある人は，両極端のいずれも信奉できないし，専制政治も社会主義や共産主義の夢も信奉できない。古代がすでにそのような夢を見尽くして克服しているからである。古代世界の共和制は，若干の人々が考えるように，危険なものではない。但し，ひとがその基礎となっている自由の感情を有害なものと見なす場合は別であるが。愛国主義に関しては，ヘルバルト[90]が彼の一般教育学[91]の85頁でこう述べている。「ヨーロッパ的愛国主義を思い浮かべ，ギリシア人とローマ人をわれわれの先祖として，また分裂を党派精神の不幸なしるしとして考えてみよ。彼らはかかる党派精神によって消滅せざるを得

---

[87] Karl Wilhelm von Humboldt（1767-1835）。ドイツの新人文主義の代表者。プロイセンの政治家・言語学者。言語を人間精神の発現として捉え，言葉の創造性を強調した。1810年にベルリンに新設された大学は，圧倒的に彼の構想と尽力によっている。

[88] アレクサンダー・フォン・フンボルト（Alexander von Humboldt, 1769-1859）のこと。長年パリに住んでいた彼は，1827年パリからベルリンに居住地を移すと，兄ヴィルヘルムを介して間もなくベークとも親しくなった。彼は地理学者として，古代の地理学や天文学をより詳しく究明しようと考えていたので，ベークの古代学の知識に深い関心を抱き，両者の間には親密な学問的交流が始まった。彼は古代学の基礎を学ぶことを熱望し，1833/34年の冬学期にベークの講義を熱心に聴講した。二人の間で交わされた書簡は一昨年刊行されたので，彼らの深い交流については今後の研究課題である。Alexander von Humboldt/ August Böckh, *Briefwechsel*, herausgegeben von Romy Werther unter Mitarbeit von Eberhard Knobloch (Berlin: Akademie Verlag, 2011) 参照。

[89] 〔原注〕1835年のヴィルヘルム・フォン・フンボルトへの追悼の辞（『小品集』第2巻，211頁以下）参照。さらには，「フリードリヒ大王の古典研究について」Ueber Friedrich's des Grossen klassische Studien（1846年の演説）（『小品集』第2巻，336頁以下）参照。

[90] Johann Friedrich Herbart（1776-1841）。ドイツの哲学者・教育学者。教育の目的を倫理学に，その方法を心理学に求め，教育学をはじめて体系化した。

[91] Johann Friedrich Herbart, *Allgemeine Pädagogik aus dem Zweck der Erziehung* (Göttingen: Röwer, 1806).

Ⅰ　文献学の理念，またはその概念，範囲，最高目的　　　45

なかったのである。……われわれは古代へ立ち返ろうではないか！」[92]。さらには，ひとは古典文献学におけるキリスト教的意識の欠如を口にする。これについてわたしは考える，文献学は学問であるが，キリスト教はドグマティックに考察すれば，ひとつの実定宗教である，と。例えば，15世紀の中葉のように——そこでは実際にゲミストス・プレトン[93]が，『律法の書』Νόμων συγγραφή（第1858項）のなかで，古代の祭儀を復原しようと欲したが——，文献学が意図的にキリスト教に背を向けていると信じる人は誰もいない。古代の研究は迷信に，つまり偽りのキリスト教に背を向けることしかできない。学問と実定宗教はまったく異なった領域に位置している。数学，化学，あるいは天文学がキリスト教的意識とあまり関係がないように，文献学もあまり関係がない。文献学はそれ自体のうちにその本質を有している。文献学者はキリスト教徒であり得るし，逆にキリスト教徒は文献学者であり得るが，しかし両者はそれぞれ別物である。実際，大抵の人は文献学者がいなくてもキリスト教徒であり得るし，そしてユダヤ教徒やイスラム教徒は有能な文献学者であった。ひとはすべての事柄を相互に混同してはならない。文献学はこの点では完全に哲学と一致している。それゆえ，文献学はたしかに反キリスト教的ではないが，キリスト教によって再生されなければならない，という見解もまた適当ではない。ひとは学問を徹底的に宗教から独立させておかなければならない。さもなければ，ひとは必然的に今日の時代概念の際限なき混乱へと至る。実際，今日の時代概念の際限なき混乱は，数学や自然科学ですらもキリスト教的精神において捉えようとする。キリスト教的見地から古代の研究を論駁する人たちを，最も見事に論破しているのは，聖バシレイオス[94]がそこで古典研究を推奨し

---

92)〔原注〕1811/12年のベルリン大学の講義目録へのプロオイミオン「ギリシア人において学芸と祖国の間に存在している，われわれのものとは異なる，原則について」De ratione quae inter artes et patriam intercedat apud Graecos a nostra diversa（『小品集』第4巻，39頁以下）参照。

93)　Georgios Gemistos Plethon（c.1355-1450/52）。ビザンツのプラトン学者。コンスタンティノープルで教育を受け，のちにギリシアのミストラで，プラトンのアカデーメイアを範とする学校を指導した。1439年にはフィレンツェを訪れて，コスモ・デ・メディチにアカデーメイアの再興を説いた。

94)〔ギ〕Basileios (Kappadokia), Βασίλειος〔ラ〕Basilius（c.329-379）。カッパドキア3教父の1人。ニュッサのグレゴリウスの兄。生涯修道生活を行い，教理史上は半アレイオ

ている，彼の書物『若人に』λόγος ὁ πρὸς τοὺς νέους[95]と，バシレイオスへの追悼演説におけるナジアンゾスのグレゴリウス[96]である。ひとはこれについて，ならびにキリスト教的見地からの古典研究の敵視について，ヘルマン・デルゲンスの書物『聖バシレイオスと古典研究』[97]から優れた情報を得ることができる。但し，惜しむらくは，この書物は文意が不明確で文章として推敲が足らないことである[98]。

　文献学が教養一般に対してもたらす益から，いまやとくに文献学を学校の授業に応用することにおけるその教育学的価値が生じる[99]。われわれの時代には，非常に多くの教育学的問いが話し合われてきたし，またひとの行うすべてのことについて説明しようと正当にも努力されているが，ひとはこの時代に，なぜ古代の研究が学校の授業の主要部分を，それどころか最も卓越した部分をなすのか，という問いを提起し

ス主義とニカイア信条との和解に尽力した。

　95）原著の正式なギリシア名は，Πρὸς τοὺς νέους ὅπως ἂν ἐξ Ἑλληνικῶν ὠφελοῖντο λόγων であるが，一般的には15世紀にレオナルディ・ブルーニ（Leonardi Bruni）がラテン語に訳した書名（Ad adolescentes; ed. R. J. Deferrari/ M. R. P. McGuire, LCL, 1934; Migne, Patrologia, ser. graeca 31, 563-590）で知られている。最近のテクストとしては，N. G. Wilson (ed.), Saint Basil on the Value of Greek Literature (London: Duckworth, 1975).

　96）〔ギ〕Gregorios Nazianzos, Γρηγόριος Ναζιανζός〔ラ〕Gregorius Nazianzenus（c.329-389）。バシレイオス，ニュッサのグレゴリウスとともに，カッパドキア三大教父の一人。バシレイオスとは無二の親友で，彼とともにオリゲネスの著作の抜粋である『フィロカリア』を編纂した。

　97）Hermann Dörgens, Der heilige Basilius und die klassischen Studien (Leipzig: Dyk'sche Verlagshandlung, 1857).

　98）〔原注〕1846年のラテン語の演説「文学，哲学，そしてことに古代学の現今の状況について」De litterarum, philosophiae imprimis et antiquitatis studiorum conditione praesenti（『小品集』第1巻，328頁以下），第11回文献学者集会の開会演説（『小品集』第2巻，194-195頁），「学問，とりわけ実践的ならびに実証的なものに対するそれの関係について」（『小品集』第2巻，91頁以下），1839年の演説「文献学的批判に関するライプニッツの見解について」Ueber Leibnizens Ansichten von der philol. Kritik（『小品集』第2巻，250頁），1861年の演説「国王ヴィルヘルム陛下が陥られた困難な状況について」Ueber die Schwierigkeiten, unter denen S. Maj. Der König Wilhelm den Thron bestiegen hat（『小品集』第3巻，88頁）参照。

　99）〔原注〕1819年のラテン語の演説「完全な人間性へと形成されるべき人間について」（『小品集』第1巻，74-75頁），1822年の「古代研究について」（『小品集』第1巻，106頁以下），1826年の「哲学ならびに歴史学と爾余の学科との結びつきについて」（『小品集』第1巻，142-143頁），1832年の「公的機関によって伝播されるべき慣習・文学・芸術について」De moribus litterisque et artibus publica institutione propagandis（『小品集』第1巻，202頁以下）参照。さらには，第11回文献学者集会の開会演説（1850）（『小品集』第2巻，187-188，195頁以下）参照。

た。ひとはその答えを見つけたと思った。すなわち，こういうことがもともと起こったのは，近代の全学問がいわゆる文芸復興（restauratio litterarum）[100]によって古代から発展してきたからである，と。だが，いまや近代の学問は独立していると仮定されている。したがって，ひとが独自の教養と独自の知識に到達したのち，古代によるあのような模範が何のために今なお必要なのかわからなかった。そこからひとは，それにもかかわらず，古代の研究としての文献学が学校の授業の基礎であり続けるべき理由を示す，別の原理を探したのである。かくしてひとは，一方では数学によって，他方では古典的言語――なぜ古典的言語に限定され，なぜ近代的言語によらないのかは，あまりよくわからない――によって獲得されるべき，いわゆる形式的教養（formale Bildung）という見解に到達した。古代からは言語以外に多くのものが獲得され得るということ，すなわち，古代に由来する，歴史や地理や他の専門知識など，多くの事柄もまた形式的教養を与えるということを，ひとは考慮に入れなかった。形式的教養の原理は，もちろん古代の研究によって到達されるものではあるが，にもかかわらず，われわれの時代の教養と一見して不釣り合いな状態になってしまったので，それはわれわれの学校の授業のなかにあの研究の歴史的に与えられた立場を基礎づけるための，単なる急場しのぎに過ぎないと，ひとは軽く考えている。こうした見解は全面的に支持しがたい。ギリシア人たち自身が行ったように，ひとは自国の言語によって，数学や哲学や詩歌によってみずから教養を身につけることができる。もし古代の研究が3世紀前のようにもはやわれわれの知の源泉ではなく，われわれの知が今や独立しているということが真

---

100) restauratio litterarum は，文字通りに訳せば，「文学（学問・教養）の復興」という意味であるが，おそらくこれは，今日われわれが「ルネサンス」（Renaissance）という語で理解しているものと実質において大差がないと思われる。一般に，「ルネサンス」という概念は，1855年フランスの歴史家ジュール・ミシュレ（Jules Michelet, 1798-1874）が，『フランス史』Histoire de France の第7巻にこの名をあてたことに端を発する，と言われている。その後1860年，スイスの歴史家ヤーコプ・ブルクハルト（Jakob Burckhardt, 1818-97）が名著『イタリア・ルネサンスの文化』Die Cultur der Renaissance in Italien: Ein Versuch を上梓したことによって，この概念は学術世界で不動のものとなったが，ベークの講義は「ルネサンス」概念が普及する以前になされていることに注意を払う必要がある。ベークが用いた restauratio litterarum という表現が当時どの程度定着していたかは，訳者には不明であるが，この表現は例えばダニエル・ハインシウス（Daniel Heinsius, 1580-1655）のなかに見出せるし，18世紀の複数の文献においても確認できる。

実であるとすれば，ひとは古代の研究を授業から排除して，例の別のより身近な教育手段でもってそれを置き換えなければならない。しかし実情はそうではない。依然としてすべての歴史はその半分は古代に基づいている。あらゆる体系の歴史を，つまり発端からの哲学の生成を，新たに生き抜かなかった人は，依然として誰も正規の哲学者になり得ない。古代の詩歌の作品は依然として他のすべてのものよりも高尚である。それについての表面的な知識をもつ人が，このことをわからないだけのことである。依然としてどこにおいても古代におけるよりも高尚な精神は支配していない。最高に発展した状態にある若干の学問を排除すれば，とくに工学と一般に自然科学——精神の歴史としての文献学もそれとはあまり接触しないが——を排除すれば，あらゆるわれわれの知識は依然として古代に根ざしている。キリスト教は古代世界以外のどこで成立したのであろうか。古代の生に精通することなくして，誰が自分の基礎を，誰が自分の最初の生——そこへと立ち帰ることがみずからの復古の本来的な源泉である——を，誰が自分の命題をみずから理解することができるであろうか。たとえそれからどんなに大きな変化が生じていようと，ローマ法が相変わらずわれわれの法制度の基礎であることを，誰が否定できるであろうか。もし彼が単なる開業医や粗暴な経験主義者でないのであれば，いかなる医者が古代を軽蔑できるであろうか。隠された宝が依然としてそこにしばしば眠っている。要するに，今日でもなおあらゆる学科の基礎となっているのは，われわれが古代と名づける歴史的研究のこの部分であり，それは幾千の分野でわれわれの教養ともつれ合い絡まり合っている。それに劣らず評価されるべきなのは，またこの研究が有している道徳的価値である。いたるところで古代は，純粋に人間的な，先入見から自由な，精神的な，恥ずべきこと（αἰσχρόν）から遠ざかった見解を与え，そして人間を自由にする。ちなみに，先に述べた通り，われわれは形式的教養に対するその価値を否定するものではない。そしてわれわれは，古代の研究は〔研究するには〕最適の対象であり，そこで失われたものが再認識され得るのであるが，かかる研究によって学問的活動の完全に1つの面が，つまりあらゆる学問に対する文献学的活動が，予行演習されるのである，と主張する。これがあらゆるその種の研究の最良の予行演習（προγυμνάσματα）であるが，し

かし主要な重要さは実際的側面に置かれるべきである。古代はあらゆる学科の端緒と根源，つまり原始的概念と人類のいわゆる前知識を含んでいる。これは当然のことながら学校教育にとってまさに要素としてとくに適している。端緒はまさしく非常に重要である。通常は端緒のなかに最も精神的なもの，アルケー（ἀρχή）〔始源のもの〕，原理が存在しているが，こうしたものはひとがかならずしも再び端緒へと立ち帰らないとき，しばしば後続の時代には曇らせられる。われわれの文学は古代によってのみ偉大なものになった。ジャン・パウルはどこかでこう言っている，「もし若人が前もって偉大なるいにしえの時代と人間の静寂な神殿を通り抜けて，後代の生の年の市へと辿り着かないとしたら，現下の人類は究めがたいほど深く沈没していたことだろう」，と。それでいてジャン・パウルは完全なる近代人である。ティエール[101]はこう言っている，「若者たちにギリシア語とラテン語を教えることによって教示できるものは，単に言葉にすぎないのではない。それは高貴で高尚な事柄である。それは単純で，偉大で，消しがたいイメージのもとで示される人類の歴史である。われわれの世紀と同様，1世紀間若者を古代の美の源から，あるいは端的に美の源から遠ざけることは，われわれの道徳的低下を加速させること以外の何物でもないであろう。若者を嵐が吹き荒れることもなく，平和的で，健康的な避難所のような古代に放置しておこうではないか。その場所は間違いなく彼らを新鮮かつ純粋に保つであろう」。あらゆる教養ある民族の精神的財産であり，そして古代人からわれわれへと継承されてきた思想，つまり教養ある人類一般の根本的見解は，言葉と同時に吸収されるのである。但し，欠点はもちろん払拭されるべきである。われわれは適度で，ある程度自立した教養を達成した今，われわれがその助けを借りてそれを達成したところの古代人なしで済ますことができると考える人は，屋根ができてしまえば苦もなく土台をないがしろにできる，と考えている〔ようなものである〕。

　さて，以上のような限定のもとでの文献学が，ほとんどすべての学科の補助学（Hülfswissenschaft）として応用されている理由も，われわれの教養に対する古代研究の態度のなかに見出される。文献学と哲学は，

　　101）　Louis-Adolphe Thiers（1797-1877）。フランスの政治家・歴史家。主著は『フランス革命史』*Histoire de la Révolution française* 全10巻（1823-27）。

もともと実践的な方向性をもたずに、ただ認識のために成立した。両者はのちに実践的になりもしたが、それはすべての学問が実践に影響を及ぼすからである。これに対して、爾余の学問はもともとは実践的なものであったし、ただちに生に関連づけられてきた。それらが理論的になり、それ自体のために営まれるようになるのはあとになってからであり、それも実践的なものを基礎づけるためにはじめてそうなったのである。したがって、このような関係でいえば、哲学と同様、文献学は、個々の学科がこれらのうちにその歴史的基礎を有しているかぎりにおいてのみ、補助学として立ち現れることができる。神学者、法律家、政治家については、このことは最も納得のゆくところである。建築術と造形芸術にとっては、少なくとも古典的文献学の一部分は不可欠である。数学的諸科学と自然科学にとっても同様である。

文献学はその方法論によって第3の副次的目的を達成する。というのは、その方法論とは、認識についての認識、すなわち理解（Verstehen）一般の理論を表しているからである。理解はすべての学問において応用へと至る、難しい技術である。というのは、すべての学問の発展と応用は共同作業によって起こるのであり、それゆえ一緒に仕事をしている学者たちの相互的了解を必要とするからである。そのかぎりでは文献学は、すべての学問にとって方法的予備教育（eine methodische Propädeutik）[102]なのである。

文献 文献学の理念、目的、応用については、かぎりなく多くのことがすでに記されている。際立ったものを取り出せば、ツェル『われわれの時代にとっての古典文学研究ならびに古代学の重要性と意義についての考察』[103]――ヴェルカー『文献学の意義について』[104]――ボイムライ

---

102) 「予備教育」（Propädeutik）というのは、古典ギリシアの「エンキュクリオス・パイデイア」（ἐγκύκλιος παιδεία）に由来するものである。ベークはこれに続く II において、エンツィクロペディーの概念を説明するくだりで、これについても言及しているので、詳しい説明はここでは省くが、プラトンでは、算術・幾何学・立体幾何学・天文学・和声学という全般的分野が、哲学的認識に至るための予備的訓練（προπαιδεία）と見なされていた。これがやがてローマに引き継がれて、《artes liberales》の理念を形づくるのである。

103) Karl Zell, *Betrachtungen über die Wichtigkeit und Bedeutung des Studiums der klassischen Literatur und Alterthumskunde für unsere Zeit* (Freiburg: Groos, 1830).

104) Friedrich Gottlieb Welcker, „Ueber die Bedeutung der Philologie" (1841), in *Kleine*

I 文献学の理念，またはその概念，範囲，最高目的　　51

ン『理想的教養に対する古典研究の意義』[105]——ヘルプスト『現代における古典的古代―歴史的考察―』[106]——O・ヤーン「ドイツにおける古代研究の意義と位置」[改訂されて論集『古代学から』1-50頁に収録][107]——デーダーライン『公開講演』（そのなかの「われわれの時代に対する文献学の関係について」）[108]——ゲオルク・クルツィウス『文献学の歴史と課題について』[109]——エルンスト・クルツィウス『ゲッティンゲン祝賀講演』（そのなかの「文献学の仲介的職務」と「ギリシア文化の世界進出」）[これはまた『古代と現代』第 1 巻のなかに復刻されている][110]。[W・クレム『古典的文献学の課題と位置，とりわけ対照言語学との関係について』[111]——B・シュミット『古典的文献学の本質と位置について』[112]——L・ランゲ『ギムナジウム教師の職業に対する大学における古典的文献学の研究の関係について』[113]——F・ヘーアデーゲン『文献学の理念』[114]——Fr・リッチュル『文献学的小品集』そのなかの「文献学の最

Schriften zur griechischen Literatur, 3. Teil (Bonn: Georgi, 1861), 1-16.

105) Wilhelm Friedrich Ludwig von Bäumlein, *Die Bedeutung der klassischen Studien für eine ideale Bildung* (Heilbronn: Verlag von Johann Ulrich Landherr, 1849).

106) Wilhelm Herbst, *Das klassische Alterthum in der Gegenwart, eine geschichtliche Betrachtung* (Leipzig: B. G. Teubner, 1852).

107) Otto Jahn, „Bedeutung und Stellung der Alterthumsstudien in Deutschland," in *Preußische Jahrbücher* 4 (1859), 494-515; umgearbeitet in der Sammlung *Aus der Alterthumswissenschaft* (Bonn: Marcus, 1868), 1-50.

108) Ludwig Döderlein, *Oeffentliche Reden* (Frankfurt am Main & Erlangen: Heyder & Zimmer, 1860) (darin: „Ueber das Verhältniss der Philologie zu unserer Zeit. Eröffnungswort bei der zwölften Philologenversammlung, gesprochen am 27. September 1851" [144-157]).

109) Georg Curtius, *Über die Geschichte und Aufgabe der Philologie. Ein Vortrag* (Kiel: Verlag von Ernst Homann, 1862).

110) Ernst Curtius, *Göttinger Festreden* (Berlin: Hertz, 1864) (darin: „Das Mittleramt der Philologie" [3-51] und „Der Weltgang der griechischen Cultur "[52-78]). [Auch abgedruckt in *Alterthum und Gegenwart: Gesammelte Reden und Vorträge*, I. Band (Berlin: Wilhelm Hertz, 1875; 3. Aufl., 1882), 1-21，59-77.]

111) Wilhelm Clemm, *Ueber Aufgabe und Stellung der klassischen Philologie, insbesondere ihre Verhältniss zur vergleichenden Sprachwissenschaft* (Giessen: Ricker, 1872).

112) Bernhard Schmidt, *Über Wesen und Stellung der klassischen Philologie. Rede bei der öffentlichen Feier der Uebernahme des Prorectorats der Universität Freiburg* (Freiburg im Breisgau, 1879).

113) Ludwig Lange, *Über das Verhältniss des Studiums der klassischen Philologie auf der Universität zu dem Berufe der Gymnasiallehrer* (Leipzig: J. C. Hinrichs'sche Buchhandlung, 1879).

114) Ferdinand Heerdegen, *Die Idee der Philologie. Eine kritische Untersuchung vom philologischen Standpunkt aus* (Erlangen: A. Deichert, 1879).

近の発展について」と「文献学的研究の方法について」[115]。H・ウーゼナー『文献学と歴史学』[116]。]

---

115) Friedrich Ritschl, *Kleine philologische Schriften*, V. Band. *Vermischtes* (Leipzig: B. G. Teubner, 1879). Darin: „Ueber die neueste Entwickelung der Philologie" (1-18) und „Zur Methode des philologischen Studiums" (19-37).

116) Hermann Usener, *Philologie und Geschichtswissenschaft* (Bonn: Verlag von Max Cohen und Sohn, 1882).

II
とくに文献学に関連しての
エンツィクロペディーの概念

　§7. 文献学の理念を議論したのち,われわれはエンツィクロペディーということで何を理解するのかを,まず説明しなければならない。そしてその次に,この概念を文献学との関係において考察しなければならない。われわれは文献学的なやり方にしたがって,この言葉の意味から出発する。シュタンゲ[1]の『神学的雑録』[2]第1部, No.6, 166頁以下は,この名称について書かれた論文を収録しているが,そのなかで彼はこう主張している。エンツィクロペディーというこの名称は,エンツィクロペディーがもたなければならない連関を表示している,と。これは広く流布している見解である。ギリシア語の表現はエンキュクリオス・パイデイア (ἐγκύκλιος παιδεία) である。というのは,エンキュクロパイデイア (ἐγκυκλοπαιδεία) はクィンティリアーヌス〔『雄弁家教育論』〕第1巻第10章における間違った異文にすぎないからである[3]。さて,エン

---

　1) Theodor Friedrich Stange（1742-1831）。プロテスタント神学者。ハレ大学教授。
　2) Theodor Friedrich Stange, *Theologische Symmikta* (Halle: Johann Christian Hendel, 1802-1805).この書は3部からなり,第1部 (Tl. 1) と第2部 (Tl. 2) は1802年に,第3部 (Tl. 3) は1805年に出版されている。
　3) 参考までに The Loeb Classical Library におけるクィンティリアーヌスの当該テクストを引けば,以下のようになっている。"Haec de grammatice, quam brevissime potui, non ut omnia dicerem sectatus, quod infinitum erat, sed ut maxime necessaria. Nunc de ceteris artibus quibus instituendos priusquam rhetori tradantur pueros existimo strictim subiungam, ut efficiatur orbis ille doctrinae quem Graeci encyclion paedian vocant." 編訳者のドナルド・A・ラッセルは,異文のことには触れることなしに, "encyclion paedian" というこの表現が "encyclopaedia" の語源となったと注記している。Quintilian, *The Orator's Education Books 1-2*, The Loeb Classical Library no. 124, edited and translated by Donald A. Russell (Cambridge, Mass.: Harvard University Press, 2001), 212-213.

キュクリオス（ἐγκύκλιος）という言葉は，早期に円環運動から生じたもので，例えばアリストテレスの『気象学』I, 2, 339ª 12[4)]がそうである。だが円環運動は完全にそれ自体において閉じられているので，「エンツィクリッシュな教化」(eine „encyklische Belehrung") とは，概念的にそれ自体において完結しており，1つの学科（Disciplin）あるいは学問の全範囲を関連づけて一通り叙述するやり方を意味することになろう。しかしながら，パイデイア（παιδεία）と結合すると，エンキュクリオスはつねに異なった意味をもつ。若者が人間性に関心をもって習得しなければならぬようなすべてのことを，ギリシア人はエンキュクリオス・パイデイア（ἐγκύκλιος παιδεία），エンキュクリア・マテーマタ（ἐγκύκλια μαθήματα），あるいはパイデウマタ（παιδεύματα）〔教えられる内容，教科〕と名づけた。それはさしあたり通常の範囲の教養に属する事柄の総体である。但し，その際に何らかの仕方で1つの体系的な連関が考えられているのではない。エンキュクリオスという言葉は，ヘーシュキオス[5)]がそれを「エンキュクリア——生活に取り囲まれ，慣れ親しんでいるもの」（ἐγκύκλια. τὰ ἐγκυκλούμενα τῷ βίῳ καὶ συνήθη）と説明しているように，もともと「通常のもの」という意味をもっている。イソクラテース[6)]（III, 22）は，「エンキュクリオスな出来事と日毎の出来事とにおいて」（ἐν τοῖς ἐγκυκλίοις καὶ τοῖς κατὰ τὴν ἡμέραν ἑκάστην γιγνομένοις）と述べて，通常の事物の循環と日常的な事物の循環とを結合している。すでにアルコン[7)]のエウクレイデス以前に，通常の規則的な支出という意味でのエンキュクリア・アナローマタ（ἐγκύκλια ἀναλώματα）〔通常の支出〕が，碑文のなかに存在し

---

4) ベークが挙げているこの数字は，ベッカー版の頁数であるが，邦語訳で引用すれば下記の通りである。「円環的に移動する諸物体〔諸星〕の自然がそれから組成されている諸物体〔諸星〕の1つの始源について，さらにまた，その他の4つの始源による4つの物体〔元素〕についてもさきに規定された。」『アリストテレス全集』第5巻，泉治典・村治能就訳『気象論・宇宙論』（岩波書店，1976年），4頁。

5) Hesykhios, Ἡσύχιος（生没不詳）。5世紀のアレクサンドリアで活躍した文法学者・辞書編纂家。古代ギリシア方言語彙を含む辞典 Ὁ σχολαστικός を執筆したが，現存するものは15世紀の写本にムスルスが注を加え，省略や付加をを施したもの。

6) Isokrates, Ἰσοκράτης（BC436-BC338）。アテーナイの修辞学者・政治評論家。

7) 古代ギリシアの都市の執政官。アテーナイなどの複数制の最高官職で裁判・軍事・祭儀・立法などをつかさどった。

ている[8]。同様に，エンキュクリオイ・レイトゥールギアイ（ἐγκύκλιοι λειτουργίαι）〔規則的な公への奉仕〕や，エンキュクリオス・エイコステー（ἐγκύκλιος εἰκοστή）〔規則的な税金〕も存在する。アリストテレスの作といわれている国家の経済に関する書物では，タ・エンキュクリア（τὰ ἐγκύκλια）〔日常的な事柄〕は日常的な流通を意味している[9]。アリストテレスの『政治学』第 1 巻第 7 章，1255^b 25 では，奴隷のエンキュクリア・ディアコネーマタ（ἐγκύκλια διακονήματα）〔日常の奉公の仕事〕について語られている。これはつまり通常の日常的な奉仕，通常の業務範囲のことである。同様に，第 2 巻第 5 章，1263^a 21 のエンキュクリオイ・ディアコニアイ（ἐγκύκλιοι διακονίαι）〔日常の用事〕と，第 2 巻第 9 章，1269^b 35 のタ・エンキュクリア（τὰ ἐγκύκλια）〔日常生活に属すること〕は，日常的な職業範囲に存しているところのものである。アリストテレスの名前で保存されている『問題集』は——これらは学問的連関をまったく欠いているが——，ゲッリウス[10]の『アッティカの夜』Noctes Atticae 第 20 巻第 4 章においては，エンキュクリア・プロブレーマタ（ἐγκύκλια προβλήματα）〔世間一般の諸問題〕と名づけられる。その理由はそれがありふれた表象の圏域に存しているいろいろな問いを取り扱っているからである。つまりそれは通俗的な学問的諸問題ということである。アリストテレスはエンキュクリア・フィロソフェーマタ（ἐγκύκλια φιλοσοφήματα）〔世間一般の哲学的論議〕[11]を執筆した。これは保存されている『問題集』と同一のものではなく（シュタール『アリストテリア』[12]，II, 278 頁と 279 頁参照），対話的

8）〔原注〕『アテーナイ人の国家財政』第 2 版，第 2 巻，237 頁。

9）〔原注〕『アテーナイ人の国家財政』第 2 版，第 1 巻，412 頁。エンキュクリオス（ἐγκύκλιος）という言葉全般に関しては，ブットマンのパピルス文書の説明に対するベークの注釈（『ベルリンアカデミー論文集』[1824], 97 頁）参照。

10）Aulus Gellius（123 頃 -165）。ローマの文法家。彼の唯一の著作『アッティカの夜』Noctes Atticae（20 巻）は，彼がギリシアに滞在した冬の夜に材料を集めて書いた論集で，古代の言語と文学，習慣，法律，哲学，自然科学などに関する注釈や雑多な情報を含んでいる。

11）アリストテレスの『天体論』（περὶ οὐρανοῦ, De caelo）279a30 には，"ἐν τοῖς ἐγκυκλίοις φιλοσοφήμασι" という表現が見出されるが，邦訳ではこの箇所は「世間流布の哲学談議」と訳されている。『アリストテレス全集』第 4 巻，村治能就・戸塚七郎訳『天体論・生成消滅論』（岩波書店，1976 年），40 頁。

12）Adolf Stahr, *Aristotelia*, 2 Bde. (Halle: Verlag der Buchhandlung des Waisenhauses, 1830-1832).

な書物であった（ベルナイス『アリストテレスの対話』[13], 93 頁以下, とくに 123 頁以下）[14]。だがここからして, この表現は明らかに, ヴェルカーの『一連の叙事詩的作品』[15], 第 1 巻, 49 頁がそれを説明しているように, 諸学問の通俗的な全体を表示するものではなく, 通俗的な哲学的論議（populäre Philosopheme）[16]を指し示しているにすぎない。それゆえ, 一般的な語法に対応して, エンキュクリア・パイデウマタ（ἐγκύκλια παιδεύματα）は, 例えばプルータルコス[17]の『少年たちの教育について』de educatione puerorum 第 10 章に見出されるように, まずもって通常の教育手段のことである。以上の根本的意義からそのときさらに帰結してくることは, エンツクリッシュな教育は, 全般的なものとして, 特殊的な専門教育ないし職業教育とは対置されるということである。かくしてストラボーンは〔『地理書』〕第 1 巻第 22 章で次のように言う。すなわち, 歴史叙述において, ひとは「政治家を全面的に無教養な人ではなくして, エンキュクリオスでかつ自由人や哲学学徒の場合に普通でもある教育課程に与った人」（πολιτικὸν οὐχὶ τὸν παντάπασιν ἀπαίδευτον, ἀλλὰ τὸν μετασχόντα τῆς τε ἐγκυκλίου καὶ συνήθους ἀγωγῆς τοῖς ἐλευθέροις καὶ τοῖς φιλοσοφοῦσιν）[18]と呼ぶ, と。いまやひとは全般的な教育, すなわちすべての自由人に必要不可欠な教育に, 万有についての一定の, 決して深く掘り下げられていない知識を数える。それによれば, エンツィクロペディーはあらゆる知についての全般的な知識, つま

---

13) Jacob Bernays, *Die Dialoge des Aristoteles in ihrem Verhältnisse zu seinem übrigen Werke* (Berlin: Hertz, 1863).

14) ここで言及されている書物は, 現存してはいないものの, 幾つかの断片からその存在が確実視されている, 『哲学について』（Περὶ φιλοσοφίας）と称される 3 巻本の書物のことであろう。『アリストテレス全集』第 17 巻, 今道友信・村川堅太郎・宮内璋・松本厚訳『詩学・アテナイ人の国制・断片集』（岩波書店, 1977 年）, 625-656, 844-855 頁参照。

15) Friedrich Gottlieb Welcker, *Der epische Cyclus oder die hometischen Dichter*, 2 Bde. (Bonn: Weber, 1835-1849; 2. Aufl., 1849-1865).

16) Philosophem はギリシア語の "φιλοσοφήμα" に由来しており, 一般的に, 「哲学的な論議」, 「哲学的主張」, 「哲学上の学説」などを意味する。例えば, アリストテレスの『トピカ』（Τοπικά, Topica）VIII, 11, 162a15 にこの語が見出される。

17) Plutarchos, Πλούταρχος（c.46-120 以後）。古代ギリシアの哲学者・著述家。プラトン哲学の流れを汲み, 博覧・多識で知られ, ローマ, アレクサンドリア, ギリシアなどを講義しつつ遍歴した。主著は『英雄伝』（対比列伝）。

18) Strabo, *The Geography of Strabo*, Vol. I, The Loeb Classical Library no. 49, edited and translated by Horace Leonard Jones (Cambridge, Mass.: Harvard University Press, 1917), 46-47.

II とくに文献学に関連してのエンツィクロペディーの概念　　57

りクィンティリアーヌス〔『雄弁家教育論』〕第1巻第10章が訳しているように，学識の円環（orbis doctrinae）[19]を意味している。そこでウィトルーウィウス[20]はこの言葉を次のように用いる（第6書への序文）。「両親はわたしが技術に精通するよう気を配り，しかもその技術は文学やすべての学識のエンキュクリオスな教育なしには検証されえないものである」（Me arte erudiendum curaverunt et ea quae non potest esse probata sine litteratura encyclioque doctrinarum omnium disciplina）[21]，と。たしかにウィトルーウィウスは，第1書第1章ではあらゆる学科の連関を指し示している。「すべての教育は相互に内容の連絡交流をもっている」（omnes disciplinas inter se conjunctionem rerum et communicationem habere）[22]。そしてこれに関係して，「エンキュクリオスな教育は，実に，一個の人体のようにその肢体から構成されている」（encyclios disciplina uti corpus unum ex his membris est composita）[23]と述べている。しかし彼は，このようなエンツィクリッシュな教育のなかには，すべての学科の全般的要素のみが存していることを示唆している。要するに，この理念は「すべてのことにおいて何か」（in omnibus aliquid）ということであるが，しかしながらそこから「全体において何物でもない」（in toto nihil）ということは帰結しない。すべてのことにおいて何かを知らない人は，何事においても何かを知り得ない，と古代の人々は考えた。彼らのエンキュクリオス・パイデイア（ἐγκύκλιος παιδεία）はそこに由来す

19）　前述の注119で示したように，この語句を含む原文は，"orbis ille doctrinae quem Graeci encyclion paedian vocant" であり，英訳では "the course of learning which the Greeks call enkyklios paideia" となっている。Quintilian, *The Orator's Education Books 1-2*, 212-213.

20）　Marcus Vitruvius Pollio（生没不詳）。前1世紀のローマの建築家・建築理論家。アウグストゥスに献呈された10巻本の『建築書』 *De Architectura* は，何世紀にもわたって建築学分野の究極的権威と見なされた。

21）　*Vitruvius on Artitecture*, vol. I, The Loeb Classical Library no. 251, edited and translated by Frank Granger (Cambridge, Mass.: Harvard University Press, 1931), 17. 森田慶一訳註『ウィトルーウィウス建築書』（東海選書），東海大学出版会，1979年，146頁参照。

22）　Ibid. 同上，7頁参照。

23）　森田訳では「学問全体は，実に，一個の人体のようにその肢体から構成されている」（普及版7頁）となっており，"encyclios disciplina" は "omnes disciplinas" とほぼ同義に解釈されているが，英訳者は次のようにその違いを正確に訳文に反映させている。"When, however, it is perceived that all studies are related to one another and have points of contact, they will easily believe it can happen. For a general education is put together like one body from its members" (7).

る。

　さて，もしエンツィクロペディーという名称が1つの学問に適用されるのであれば，それは首尾一貫して，その学問のいろいろな特殊的な部分に対して，この学問についての全般的な叙述を表わす。連関は必ずもそれと結びついてはいない。それゆえ，まったくアルファベット順のエンツィクロペディーを作り上げることもできる。わたしはそれによって，エンツィクロペディーはいかなる連関ももつことができないなどと，言うつもりはない。エンツィクロペディーとしては，それは連関をもたないと言っているにすぎない。しかし1つの学問のエンツィクロペディーそのものが，学問として叙述されるべきであるとすれば，もちろんそのなかにはきわめて厳密な連関がなければならない。このことは学問一般の本質に存しているが，しかしそれはとくにそのようなエンツィクロペディーにおいて立ち現れてこなければならない。なぜなら，まさに連関がそれに基づいている，一般的なものは――というのは，特殊的なものは一般的なものによって結合されるからであるが――，際立ったものだからである。文献学がこのような仕方で全体として叙述されるということは，個々の部分が――まさに非常に多くの断片がばらばらになるように――さまざまな頭脳に分割されていればいるほど，ますます必要である。

　エンツィクロペディーの叙述において，どの程度個別的なものに踏み込まなければならないかというその尺度は，学問的には規定することができない。可能性と目的とがそれを規定するのである。ひとはエンツィクロペディーを非常に詳細かつ究明的に構想することができる。そうすれば最も偉大な学者をも教示するものとなる。しかし逆に，ひとはそれをまったくの初学者向けに当て込むこともできる。というのは，一般的なものはここでは，相対的には，モノグラフィー的論述との対比においてのみ理解されるからである。われわれがこれを加工する際の主要目的は，文献学の学問的連関についての意識を生み出すことである。われわれはそれゆえ，実行する上で一定の中道路線を固守し，そしてがらくた的なメモをかき回すことではなく，つねに本質を目指すであろう。

III

文献学的な学問のエンツィクロペディーについての従来の試み

§8. **文献** 理念と普遍的なものへと向けられた，ドイツ人の包括的な精神は，他の多くの学問においてと同様，ここでも結合し整理し始めた。要するに，文献学的諸学問の総体を描き始めた。文献学のエンツィクロペディッシュな叙述の最初の試みは，ハンブルクのヨーハン・ヴァン・デア・ヴォヴェーレン（ヴォヴァー，ヴォウヴァー，またはウォウェリウス）[1]の書物『博学についての論攷──古代研究についての完全な著作の断片』──最初にハンブルクで1604〔3〕年に編集され，最終的にヤーコプ・トマジウスによって1665年に編集されたもの[2]──とグロノウィウス[3]の『ギリシア古代の宝物』[4]の第10巻のなかに見出される。ヴォヴァーは，国務においても偉大であり，その学殖を別としてもリベラルな見識によって卓越していた人物であった。この書物はもともと博学を擁護するために書かれたものであるが，それは人々がヴォヴァーを文法学者として扱ったからである。さて，この著作は文献学についての真に包括的な叙述を提供するものではないが，それにもかかわらず，いまここで言及する価値がある。もちろんそれは，体系としては批判に耐えないようなつくりになっている。たしかにそれは，一貫して確固とし

---

1) Joannes Wouweren (Johann von Wowern/ Johann van der Wowern/ Johannes Wouweren/ Ioannes Woverus) (1574-1612)。ルネサンス期のドイツの人文主義者・古典文献学者。

2) Ioan A. Wovver, *De polymathia tractatio. Integri Operis de studiis veterum ἀποσπασμάτιον* (Hamburg: Frobenius, 1603; Lipsia, 1665).

3) Jakob Gronovius (1645-1716)。ドイツの古典学者。

4) Jakob Gronovius, *Thesaurus Graecarum Antiquitatum,* 13 Bde. (Lyon, 1697-1702; 2. Aufl. Venedig, 1735).

た概念と豊富な学識を含んでいるが，しかしそこには体系的な精神が欠けている。ヴォヴァーはその時代の最も体系的な頭脳の持ち主の1人ではあったが，それにもかかわらず，そのような体系的精神はまだその時代のものとなっていなかった。とはいえ，後代の人々がないがしろにすべきではなかったようなものが，彼においては見出される。例えば，彼が修辞学をみずからの博学へ引き入れるやり方である。──異なった精神で考えられているのが，ヨーハン・マッティアス・ゲスナー[5]の『普遍的な学識，ことに文献学的・歴史学的・哲学的な学識，ならびに講義の活用へと導く序論の原案』[6]である。本書の第4版は，ヨーハン・ニコラウス・ニクラス[7]によって，みずからの講義を添えた2分冊のかたちで，1784年にライプツィヒで出版されている。これは実際に卓越しており，非常に興味深い書物であるが，それはその専門の最も偉大な学者の1人が，もちろんいろいろな逸話や冗談や悪ふざけなどをふんだんに交えながら，その時代の精神にしたがって自由に講義しているのを，そこに聴くことができるからである。表題がただちに示しているように，本書は体系的な要求をなすことはできない。それにまた文献学にもっぱら関わるものではなく，むしろ一般的なエンツィクロペディーであり，学問習得のための手引きである。──エシェンブルクの『古典文学のハンドブック』[8]は，文献学の学問的養成にとっては意義を欠く教科書であり，ここで言及する価値はほとんどない。──この時点にいたるまでは，ひとはエンツィクロペディーという名称については考えていなかったが，もちろんこの名称は基本的にまったく偶然的なものである。この名称を一定の概念をもって最初に流通させたのは，フリードリヒ・アウグスト・ヴォルフである。彼は1785年以降ハレで，「古代研究のエンツィクロペディーと方法論」という名称のもとに講義を行

---

5) Johann Matthias Gesner (1691-1761)。ドイツの古典学者。アンスバッハやライプツィヒのギムナジウム校長を務めたのち，ゲッティンゲン大学創立とともに，1734年，修辞学の教授に就任。

6) Johann Matthias Gesner, *Primae lineae isagoges in eruditionem universalem, nominatim philologiam, historiam et philosophiam, in usum praelectionum ductae* (1. Ausg., Leipzig, 1756).

7) Johann Nicolaus Niclas (1733-1808)。ドイツのギムナジウム校長。

8) Johann Joachim Eschenburg, *Handbuch der klassischen Literatur* (Berlin, 1783; 8. Auflage von L. Lütcke, 1837).

III　文献学的な学問のエンツィクロペディーについての従来の試み　　61

い，文字に書かれたものとしてはさしあたり非常に不完全ながら，未完のままになった数枚の草稿「ギリシアの古美術品」（ハレ，1787年）において，その内容を議論した。──彼の弟子たちは彼の理論を性急に公にしたが，このことはとくにフューレボルンの『文献学のエンツィクロペディーないし古典文学研究への序論の原案』[9]について当てはまる。──まさにだからこそ，エアドゥイン・ユリウス・コッホの『あらゆる文献学的学問のエンツィクロペディー』[10]に触れられたい。コッホの見解は，ズルツァーの手短な諸学問の総括の中に，またコッホの『大学研究に対する手引き』[11]，64-98頁のなかにも見出せる。──最後に，ヴォルフ自身は，もちろん約束していた大部の著作においてではなく，「古代学研究の叙述」という表題でヴォルフとブットマン[12]共編の『古代学の博物館』[13]第1巻に収録されている短い概要において，彼の見解を完全に公にした［＝『小論集』第2巻（1869），808頁以下］。──ヴォルフの死後，彼の諸々の講義はシュトックマンによって編集され，『フリードリヒ・アウグスト・ヴォルフの文献学のエンツィクロペディー』[14]として出版された。1845年にいたるまでの文献の概観を備えた第2版は，1845年にヴェスターマンによって編集出版された。これ以外に，ギュルトラーによって編集出版されたもの（ライプツィヒ，1831; 21839）[15]もある。──ヴォルフの書物と同時に，シャーフの『古

---

9) Georg Gustav Fülleborn, *Encyclopaedia philologica seu primae lineae isagoges in antiquarum litterarum studia* (Vratislaviae, 1798; neue Auflage von Kaulfuss, 1805).

10) Erduin Julius Koch, *Encyklopädie aller philologischen Wissenschaften an allen Facultäten* (Berlin, 1793).

11) Erduin Julius Koch, *Hodegetik für das Universitätsstudium* (Berlin: Frankesche Buchhandlung, 1792).

12) Philipp Karl Buttmann（1764-1829）。ドイツの古典学者。ベークのベルリン大学における同僚。

13) Friedrich August Wolf und Philipp Buttmann (Hrsg.), *Museum der Alterthumswissenschaft*, Bd. 1 (Berlin: Realschulbuchhandlung, 1807); Bd. 2 (Berlin: Realschulbuchhandlung, 1810).

14) Friedrich August Wolf, *Friedrich August Wolf's Encyclopaedie der Philologie*. Nach dessen Vorlesungen im Winterhalbjahre von 1798-1799 herausgegeben von S. M. Stockmann (Leipzig: Die Expedition des europäischen Aufsehers, 1831).

15) Friedrich August Wolf, *Vorlesung über die Encyclopädie der Alterthumswissenschaft*, herausgegeben von J. G. Gürtler (Leipzig: Lehnhold, 1831; ²1839).

典古代学のエンツィクロペディー』[16)]が現れた。その第1部は3つの小区分に分かれ，ギリシア人とローマ人の文学史と，両民族の神話を含んでおり，第2部も同様に3つの小区分に分かれ，ギリシア人とローマ人の古代美術と両民族の芸術史を含んでいる。そのような著作はひとしくみずからを学問的でないものと予告し，そして第1版ではあらゆる事柄に関して，きわめて多くの間違いや，とんでもなくひどい誤解を含んでいる。さまざまな小区分は当該学科の概要であり，本来はエシェンブルクの書物同様，上級の学識ある学生向けのものであり，個々に6回の版を重ねている。――これに対して，アストの『文献学の概要』[17)]は，学問的な趣をもって登場している。間違いなくそこには多くの長所が見られるが，しかしこの才気溢れる人物のすべての書物におけると同様，過度に熱狂的なところと気取ったところがある。万事に通じているとの自惚れのみが，これらの書物を台無しにしてしまっている。――エンツィクロペディーの最良の作品は，ヴォルフ的な見地から出発しているベルンハルディーの『文献学のエンツィクロペディーのための基本線』[18)]である。――アウグスト・マッティアエは，『文献学のエンツィクロペディーと方法論』を遺作として残したが，これは彼の死後息子によって編集出版された[19)]。――そののち30年代にはさらに，サミュエル・フリードリヒ・ヴィルヘルム・ホフマンの『古代学』[20)]と，カール・ゲルハルト・ハウプトの『一般的な学問的古代学ないし古代の具体的精神の発展とその体系』[21)]が出版された。――才気に富んだ仕方で叙述された，珍しい種類のエンツィクロペディッシュな著作は，ブレーメンのギムナジウム校長のヴィルヘルム・エルンスト・ヴェーバーによる『古典古代

---

16) Johann Christian Ludwig Schaaff, *Encyclopädie der classischen Alterthumskunde, ein Lehrbuch für die oberen Classen gelehrter Schulen*, 2 Bde. (Magdeburg, 1806-1808).

17) Friedrich Ast, *Grundriß der Philologie* (Landshut: Krüll, 1808).

18) Gottfried Bernhardy, *Grundlinien zur Encyklopädie der Philologie* (Halle: Eduard Anton, 1832).

19) August Heinrich Matthiae, *Encyklopädie und Methodologie der Philologie* (Leipzig: Weidmannsche Buchhandlung, 1835).

20) Samuel Friedrich Wilhelm Hoffmann, *Die Alterthumswissenschaft. Ein Lehr- und Handbuch für Schüler höherer Gymnasialclassen und für Studierende* (Leipzig: Hinrichs, 1835).

21) Carl Gerhard Haupt, *Allgemeine wissenschaftliche Alterthumskunde oder der concrete Geist des Alterthums in seiner Entwickelung und in seinem System*, 3 Bde. (Altona: J. F. Hammerich, 1839).

III 文献学的な学問のエンツィクロペディーについての従来の試み　　63

学，ないしギリシア人とローマ人の内面生活に関する地理的見解ならびに最重要契機についての概観的叙述――序論に簡潔な文献学の歴史を付す』である。諸学問と諸学芸の新しいエンツィクロペディーのなかでは，第 4 巻がとくに復刻されている[22]。けれども，非常に大衆受けしているのは，本来的に古典美術品だけである。――［E・ヒューブナー『古典的文献学の歴史とエンツィクロペディーに関する講義の概要』[23]。――S・ライナッハ『古典文献学のマニュアル』[24]。――『個々の学科の歴史と方法論をとくに顧慮しつつ体系的に叙述された古典古代学のハンドブック』[25]。――イーヴァン・ミュラー編『古典古代学ハンドブック』所収の L・ウルリクス「古典古代学の基礎づけと歴史」[26]。］

　アルファベット順のエンツィクロペディーのなかでは，わたしとしては以下のものを挙げる。ヘデリヒ『事典』[27]。――フンケ『新事典』[28]。『小事典』2 部，第 2 版（ハンブルク，1818 年）という表題での同書の抜粋版。――クラフトとコルネリウス・ミュラー『事典――フンケの小事典の全面改定版』[29]。――パウリーの死後クリスティアン・ヴァルツとトイフェルによって継続された，アウグスト・パウリー『古典古代学事

---

22) Wilhelm Ernst Weber, *Klassische Alterthumskunde, oder übersichtliche Darstellung der geographischen Anschauungen und der wichtigsten Momente an dem Innenleben der Griechen und Römer, eingeleitet durch eine gedrängte Geschichte der Philologie* (Stuttgart: Franckh, 1848).

23) Emil Hübner, *Grundriss zu Vorlesungen über die Geschichte und Encyklopädie der klassischen Philologie* (Berlin: Weidmann, 1876).

24) Salomon Reinach, *Manuel de philologie classique, d'après le triennium philologicum de W. Freunde et les derniers travaux d'érudition* (Paris: Hachette, 1880 ; 2. Aufl., 1883-84, 2 Bde.)

25) *Handbuch der klassischen Alterthumswissenschaft in systematischer Darstellung mit besonderer Rücksicht auf Geschichte und Methodik der einzelnen Disciplinen*, herausgegeben von Iwan Müller I. 1. II. (Nördlingen: C. H. Beck'sche Verlag, 1885).

26) Ludwig von Urlichs, „Grundlegung und Geschichte der klassischen Alterthumswissenschaft," in *Handbuch der klassichen Alterthumswissenschaft*, in Verbindung mit einem Anzahl Gelehrten herausgegeben von Iwan Müller, Bd. 1 (Nördlingen: C. H. Beck'sche Verlag, 1885), 1-126.

27) Benjamin Hederich, *Reales Schullexikon*, 2 Bde. (Leipzig: Gleditsch, 1748).

28) Carl Philipp Funke, *Neues Realschullexikon*, 5 Bde. (Braunschweig: Schulbuchhandlung, 1805).

29) Friedrich Karl Kraft und Cornelius. Müller, *Real-schullexicon. für die studierende Jugend. Ein Hilfsmittel zum Verständnis der alten Classiker*, 2. starke Bände (Hamburg: Hammerich, 1846-1853; ²1864).

典』[30]。──チャールズ・アントン『古典学辞典』[31]，上製の大八折版，内容豊富な著作。──多くの教師と一体となってフリードリヒ・リュプカー博士によって編集された『ギムナジウム向けの古典古代事典』(大八折版)[32] [M・エアラーによる第5版，1877年。第6版，1882年]。

わたしは従来なされた体系的試みの性格と計画をまず考察した。真っ先に主要なものとして考察の対象になるのは，その理解が文献学の発展にとって決定的なものとなっている，フリードリヒ・アウグスト・ヴォルフである。われわれは業績が部分的には非常に貧弱である弟子たちには関わらず，師自身にのみ立ち帰る。先に挙げた書物，つまり『古代学の博物館』において，彼はみずからの見解を一般的に議論し，同時にその末尾で古代学のすべての部分の展望を与えた。これらの部分の配置と連関は，まさにそれを通して学問が1つの全体へと形成されなければならないがゆえに，エンツィクロペディーの建設において本質的なものである。われわれはそれゆえ，われわれがどの程度ヴォルフに与することができるのかを検証するために，より詳しくこれを論じなければならない。彼の計画にしたがえば，古代学は24の主要部分を含んでいる。

 I. 古代人の哲学的言語論。2つの古代言語の原則。II. ギリシア語の文法。III. ラテン語の文法。IV. 文献学的解釈技法の原則。V. 批判と改訂技法。VI. 散文と韻文の作文の原則，ないし文体と韻律の理論。
 VII. ギリシア人とローマ人の地理学と天体学。VIII. 古代の普遍史。IX. 古代の年代誌と歴史批判の原則。X. ギリシアの古美術品。XI. ローマの古美術品。XII. 神話。
 XIII. ギリシア人の文学史（文学の外的な歴史）。XIV. ローマ人の文学史（文学の外的な歴史）。XV. ギリシア人の弁論術と学問の歴

---

 30) August Pauly, *Real-Encyklopädie der klassischen Alterthumswissenschaft,* nach Pauly's Tode fortgesetzt von Chr. Walz und Teuffel, 6 Bde. (Stuttgart, 1839-1852); I. Band, 2. Aufl. 1864-66.
 31) Charles Anthon, *Classical Dictionary* (New York: Harper & Brothers, 1843).
 32) Friedrich Lübker, *Reallexikon des klassischen Alterthums für Gymnasien* (Leipzig: B. G. Teubner, 1851).

史。XVI. ローマ人の弁論術と学問の歴史。XVII. 両国民の模倣術についての歴史的注釈。

XVIII. 芸術ならびに技術の考古学への手ほどき，ないし古代人の絵画と芸術作品への注釈。XIX. 考古学的芸術論ないし古代の描写芸術ならびに造形芸術の原則。XX. 古代の一般的芸術史。XXI. 古代の建築術の知識と歴史への手ほどき。XXII. ギリシア人とローマ人の古銭学。XXIII. 金石学。

XXIV. ギリシアならびにラテンの文献学と爾余の古代学の文学史と文献目録。

　ヴォルフは，実際に与えられているようないろいろな学科を，心地よく思われる配置にしたがって，1つの花輪に編んだのであった。わたしはいまこれについての判断を述べるが，それによってヴォルフについてではなく，支配的な見解についての判断を述べるものである。というのは，これが支配的な見解であるということは，たとえ個々の点では彼の編成から逸脱しようとも，ひとがそれをもってその展望を甘受してき，今日でもなおこの分野におけるヴォルフの業績に対して抱くところの，驚嘆を示しているからである。編成されている内容が，実際に学科であるのかどうか，個々の内容が一定の概念的統一を有しているのかどうか，最後に，それらが実際にも文献学という共通概念に属するのかどうかということは，批判の俎上に載せて考量されなければならない。しかし編成されている個々の学科にも，それらが構成すべき全体にも，学問的な連関が欠けている。もしヘーゲルが文献学を寄せ集め（Aggregat）だと説明するのであれば[33]，この判断はヴォルフの叙述に基づいているように思われる。ヴォルフは文献学を，「ギリシア人とローマ人の行動と運命，政治的，学術的，家政的状態，その文化，言語，芸術と学問，習俗，宗教，国民的性格と思惟方法をわれわれに知らしめ，かくしてわれわれが，彼らからわれわれへと伝えられた作品を根本的に理解し，そ

---

[33] ヘーゲルは，文献学を単なる「知識の寄せ集め」（Aggregat von Kenntnissen）と見なし，それを自立した学科（Disziplin）とは認めなかった。Georg W. F. Hegel: "Einleitung zur 1. Aufl. der Enzyklopädie der philosophischen Wissenschaften," *Hegel Jubiläumsausgabe*, Bd. 6 (Stuttgart: Fr. Fromanns Verlag, 1968), § 10, 27.

の内容と精神への洞察をもちつつ，古代の生活を現前に思い浮かべ，それを後代ならびに現代の生活と比較しながら享受するのが巧みになるところの，知識と報告の総体」(30 頁 [=『小論集』第 2 巻 (1869) 826 頁])と記している。彼はいろいろな学科をまず共通概念において指し示し，導き出し，構成する代わりに，それを出来上がったものとして仮定している。ここには諸概念を形づくる上での完全な無能さ——文献学者においては異例ではないが——が示されている。もちろん 24 の部分の配置のなかに一定の計画があることを見誤ることはできない。それらはヴォルフ自身によってグループにまとめられる。第 1 グループ I – VI は，オルガノンないし一般的部分であり，もっともらしく整理されているが，しかし欠陥がないわけではない。とくに No. VI はあまりにも漠然としている。韻律論それ自体は，音楽でいう作曲法に相当する言語的教説の一部にほかならない。散文的文章構成は，一部は文法学の継続にすぎず，しかし別の部分は論理学，修辞学，あるいは詩学であり，そしてこれはふたたび美学に属している。それゆえ，ここには明確な学問的配置は存在しない。さらに文章構成の原則が整うのが遅すぎる。文章構成の原則は文法学の直後に設定されるべきであり，それは文法学を拡大したものにすぎない。しかし解釈と批判の原則 (IV と V) は，両者とは本質的に異なっている。解釈と批判の原則は，対象についての単なる反省に関係しているが，これに対して文章構成の原則ならびに文法学は，書物そのものの基礎となっているからである。第 1 グループはそれゆえ経験的所与に関して，偶然性と外的快適さにしたがって配置されている。No. VII – XII は第 2 のパートを形づくる。これは文学，芸術ならびに学問に関連した歴史を含んでいるが，しかし現実的な連関を欠いている。地理学 (VII) は，土地を知るようになるためには，もちろん歴史に先んじていよう。しかし天体学は何をなすべきであろうか。だが，歴史の基礎としての古代の地理学は，客観的に存在していた通りに，与えられなければならない。すなわち，土地が書き記されなければならないのである。しかし古代人が地理学について考えたことは，ここには属しておらず，むしろヴォルフが No. XV と XVI ではじめて引証しているところの，学問の歴史に属している。これと結びついているのがまた天体学であるが，これは明らかに地理学に並置されているにす

ぎない。なぜなら，ヴォルフはこれを主観的な意味で古代人の学問として，われわれの洞察によればそうであったような，国についての客観的な叙述からはっきり区別しなかったからである。このような混乱にきっかけを与えたのは，とくに人々が従来過度の重きを置いた，いわゆるホメーロス的な地理学と神話的な天体論である。しかしこれらは神話と学問の歴史とに属する。この両者は，ヴォルフでは4つの番号にバラされて存在しているが，それにもかかわらず非常に親近的である。No. VIIIの「古代の普遍史」に続くのは，年代誌と歴史批判である。だが，前者すなわち歴史の時間的なオルガノンは，空間的なオルガノンとしての地理学に属する。歴史批判は批判一般と落ち合うので，とくに挙げられることはなかった。しかしいずれにせよ，それは歴史以前の，それどころか地理学と年代誌以前の単なるオルガノンとして立てられなければならなかった。というのは，これらのものは実質的な性格をもったものだからである。ギリシアとローマの古美術品と両国民の神話がこれに続く。ここにはどこにも連関がない。古美術品の概念はまったく無効であるということ，その概念は実在性も，限界性も，最低限の規定性ももたないということを，のちほど証明しようと思う。なぜかといえば，古美術品は文学からも，政治史からも，神話からも，あるいは芸術と学問の歴史からも，本質的に区別されていないからである。学問的な計画にとっては，古美術品は完全に排除されなければならないか，あるいは文献学の実質的部分全体を占めるような広がりを保持しなければならない。神話もヴォルフにおいてはまったく孤立している。一部にはそれは祭儀としての宗教の歴史であり，したがって異なった仕方でそれに属しているし，一部には学問，それも国民の原始的学問であり，したがって No. XV と XVI に属する。第3グループの XIII － XVII には，弁論術と諸学問が入り交じって編み込まれている。しかし後者は，あらゆる技術をひっくるめてと同じくらいに種々さまざまであるので，ある程度区別されなければならない。すべての学問に関わるのが哲学であるが，それゆえこれは上位に位置し，個々の学問はその下に位置すべきであろう。次に芸術の歴史と，いまやあらゆる個々の芸術が続かなければならない。したがって，ここに最大の紛糾がある。弁論術の歴史は単に言語で表現された美的形式の歴史，つまり文学史である。それと併走する「外的」

な文学史なぞは決して文学史ではない。模倣的芸術についての歴史的注釈（XVII）は，ヴォルフの規定にしたがえば（65頁 [=『小論集』第2巻 (1869) 847頁]），弁論術と造形芸術との中間に位置する諸々の芸術，すなわち音楽，朗読，舞踊[34]，演劇，についての若干の暗示を含んでいる。さて，第4グループの No.XVIII – XXIII は造形芸術の歴史を含む。ここで最初に入り込んでいる記念碑についての注釈（XVIII）は，それ自体としては単なる素材であって，決して学科をなすものではない。そして考古学的な芸術論（XIX）は，オルガノンとして前面に立たなければならないが，その場合にはそれは美学に属しているという。しかしながら，美学はそれ自体としては哲学的であり，そして歴史的に把握されるときにのみ，歴史的現象における芸術理念の証明として文献学的である。そして古代の芸術の一般的な歴史（XX）と，その次にふたたび特殊的なものに舞い戻って（XXI – XXIII），建築術の歴史，古銭学，そして金石学が続く。かくして特殊的な芸術史からは，彫刻や絵画などの歴史が欠落しているが，これらの歴史は考古学的な芸術論のなかには登場することができないものである。古銭学の対象となる碑文は同様に文学的であり，そして硬貨そのものは，一部は単にテクネー・バナウソス（τέχνη βάναυσος）〔手先の技術，職人わざ〕であり，一部は単に貨幣として，そして最終的に単に造形美術として考察されるべきものである。したがって，それは完全には造形芸術の歴史には属していない。これらのなかで造形芸術の歴史に属するものは，例えば宝石彫磨術ほどの大きな分野を持ち得ない。けれども，ひとは学問をその素材にしたがって，刻印された金属片の学と定義しようとは思わない。最後に，金石学は，それが書物に関係するかぎり，ならびに書物の考古学全体ないし古文書を扱う古文書学に関係するかぎり，本来的には文学史の一部で

---

34) ここに「舞踊」と訳出した Orchestik は，ギリシア語の ὄρχησις〔踊り〕に由来し，Tanzkunst〔1．舞踊芸術　2．舞踊の技術〕を意味する（cf. J.G. Krünitz, *Oeconomische Encyclopädie* [Berlin: Pauli, 1773-1858], Tl. 179, S. 631ff.）。プラトンはしばしば「歌（ᾠδή, μέλος）と踊り」を対にして語り，例えば『法律』VII, 803E では「歌と踊りを楽しみながら生きるのが，神の玩具としての人間の正しい生き方」であると述べている。また「歌舞は踊りと歌からなる」（『法律』II 654B）とあるように，両者をいわば統合したものが「歌舞」（χορεία）である。いずれにせよ，古来より Musik（音楽）と Orchestik（舞踊）は密接に結びついているが，ベークはみずからの文献学の体系において，「体操術」（Gymnastik）をさらに加えて，この3つのものを「運動的美術」（Künste der Bewegung）と見なしている。

ある。芸術のモニュメントに関しては，それは金石学の対象ではない。No. XXIV は最初であり，また文献学についての省察として最後でもあり，かかるものとしていわば文献学の文献学である。われわれの批判を総括するとすれば，この最も有名な文献学者がいかにしてこのように書くことができたのか，そしていかにしてひとはいまなおそれを賛美することができるのか，ほとんど理解できない。物理学者はこの分類ではさらに先に進んでいる。けれども，この分類の何が問題なのだろうか。わたし自身は通常はこの手の単なる概念的なるものをあまり評価しないが，しかしここでは明らかにそれが問題となっている。というのは，文献学は古代全体の認識を与えるべきだからである。しかし，もしひとがあるときは研究の諸オルガノンを実質的な部分と混同し，またあるときは事柄についてのわれわれの学問と古代人のそれとを混同し，しかるのちただ単に偶然が，あれこれの文献学者において，あれこれの点の発展を促進させたとか，あるいは阻害したという理由で，ふたたび非本質的な点を非常に強調し，他の本質的な点を抑圧するとすれば，古代を明確に眺めることがいかにして可能であろうか。厳密な学問的手続きによって見出された本質的な点は，際立たせなければならないし，また一般的なものと特殊的なものの統一が，そして一般的なもののなかにある特殊的なものの生命が，つねに明確になるような仕方で，叙述されなければならない。学問はそのようにしてのみ組織化されることができるが，これこそヴォルフ的な叙述によっては生じない当のものである。エンツィクロペディーについてのヴォルフの書物は，学問を実際に熟知している人，文献学的技法における達人，そして才気溢れる人物を指し示している。但し，学問の建設にとっては，それを快く認めることはできない。

　次に，アスト[35]的な見方を検証してみよう。アストはより学問的な性向をもって物事を始める。彼は理論的な文献学と実践的な文献学とを区別し，後者を自由な人間形成のための研究としている。この区別は──われわれがすでに見たように──それ自体として根拠のあることであるが，しかしわれわれの学問的叙述には属さないし，また排他的な対立をなすものでもない。理論的な文献学を彼は4つの部分に分けて

---

35)　Georg Anton Friedrich Ast（1778-1841）。ドイツの哲学者・文献学者。ランズフート大学（ミュンヘン大学の前身）教授。

いる。すなわち，1) 政治史，2) 古代学，3) 詩的領域あるいは神話とすべての芸術，4) 諸学問と哲学である。何がこの区分に関して正しいかは，われわれの探究の経過が示すであろう。われわれはこのような古代の美術品に対する立場に暫定的に反対の意を表明する。上述したように，われわれはこのような立場を明確なものとして，政治史から区別されたものとして決して認めることができないからである。ちなみにアストは，好ましからぬ無味乾燥な形式主義によって，彼の本の有用性を曇らせてしまった。彼は解釈学と批判のほかに，文法を文献学のオルガノンに数えている。哲学におけるオルガノンは論理学，つまり哲学的機能に関する教理である。だが，文献学者にとって文法は同様のものなのだろうか。

　ベルンハルディー[36]は，エンツィクロペディーにおいて文献学の要素とオルガノンとを区別するが，その区別は奇妙である。彼において第1の部分を形づくっている要素は，解釈学と批判である。第2の部分たるオルガノンは文法である。第3の部分を形づくっているのは現実的諸科学であり，しかも a) 文学史，b) 地理学，c) 年代誌と古代美術品を伴う歴史，d) 神話である。第4の，そして最後の部分としては，彼は文献学の「付けたり」を挙げている。すなわち，a) 芸術史と古銭学ならびに金石学，そして b) 文献学の歴史である。ここには確固たる体系，概念的な区別は全然存在しない。なぜ哲学史は排除され，地理学は排除されないのであろうか。とくに奇異なのは現実的諸科学と付けたりの区別である。その区別は広く流布している見方に基づいており，それによれば芸術の考古学は本来的には文献学には属さない。しかしだからこそ，ここで文献学の歴史すらも併記されているのである。

　マッティアエは彼のエンツィクロペディーにおいて，解釈学と批判を文献学の目的として立てている。爾余のすべては単に手段として仕えるものであり，そしてこの手段は彼にとって言語学と考古学である。解釈学と批判は実践的な部分を形づくり，手段の総体は理論的な部分を形づくる。これ以上の概念の錯綜はほとんど達成され得ない。素材は単に形

---

36)　Gottfried Bernhardy（1800-75）。ドイツの文献学者。ベルリン大学におけるベークの学生。1829年，ハレ大学の教授ならびに文献学ゼミナールのディレクターに就任し，1844-75年にはハレ大学の図書館長も務めた。

III 文献学的な学問のエンツィクロペディーについての従来の試み　71

式的な活動によって究明されるものであるが，その活動の基礎づけは，たしかに実践的な，すなわち実行的な活動についての理論である。しかしそれは文献学の実践をなすものではない。文献学の実践をなすものは，文献学を教育などに応用するところに存している。そしてこれを実行することは目的でもあり得ず，むしろ目的は認識がそれへと赴くところの，探し当てられるべきものである。しかし手段の概念を理論的な部分として表示することは，さらに奇異である。手段としては，それは他の学問分野から構成されている題目(レンマ)にすぎないであろう。だがひとはいかにしてそのような題目を学問分野の理論と見なすことができるであろうか。学問分野はそれ自体のうちにみずからその理論をもっていなければならない。明らかに事態はまさに逆転させられるべきである。解釈学と批判が形式的活動であり，そしてこの活動はマッティアエが手段と名づけるものに対する手段である。それは目的であり，かつ実質的なものである。だが両者は理論的である。実践的なものとは，理論がそれに適用されるところの，第3のものである。それ以外の点では，マッティアエは彼の見方を基礎づけておらず，むしろそれを提示することで満足している。

　さて，わたし自身の体系を叙述する前に，わたしとしてはエンツィクロペディーから2つのものを分離しておかなければならない。これは通常はエンツィクロペディーと混同されているもので，すなわち*方法論*（Methodologie）と*文献目録*（Bibliographie）である。

IV
エンツィクロペディーと方法論の関係

　§9. もしエンツィクロペディーそれ自体を方法論（Methodik）[1]と見なそうとすれば，とんでもない思い違いであろう。エンツィクロペディーは純理論的な学問的目的をもっており，方法論は別の目的をもっている。すなわち，いかにして理論を獲得しなければならないかを教示することである。エンツィクロペディーは学問の連関を示す。それは大まかなタッチと筆遣いで全体を描く。しかし1つの学問を学ぼうとする人は，ただちに全体へと辿り着くことはできない。エンツィクロペディーはまた，例えばひとが諸学科をエンツィクロペディッシュな秩序にしたがって学ぶということによって，方法論の代わりをすることはできない。万が一このようなことが可能であるとしても，それは目的に反したことであろう。エンツィクロペディーは最も普遍的〔一般的〕な概念から出発する。学生はそこから出発することはできず，むしろ正反対の歩みをしなければならない。エンツィクロペディーは普遍的なものから導出し説明するのに対して，学生は真っ先に個別的なものを理念の基礎ならびに素材として知るようにならなければならない。そして単に生

　1） ここではMethodologieとMethodikを区別せずに，どちらも「方法論」と訳したが，厳密に言えば，若干のニュアンスの相違がある。Methodikの方はギリシア語のμεθοδική (τέχνη) に由来し，原義は「計画的な処置の技術」（Kunst des planmäßigen Vorgehens）というほどの意味である。そこからこの語は，1. "Wissenschaft von der Verfahrensweise einer Wissenschaft", 2. "Wissenschaft von den Lehr- u. Unterrichtsmethoden", 3. "festgelegte Art des Vorgehens" という意味になる。これに対してMethodologieはμέθοδοςとλόγοςの合成語で，"Lehre, Theorie der wissenschaftlichen Methoden" という意味を表す。*Duden. Das großen Wörterbuch der deutschen Sprache in 8 Bänden*, Bd. 5 (Mannheim: Dudenverlag, 1994), 2253.

かじりの知識を身につけようとするのではなく，本当に自分自身で学問を身につけようとするのであれば，学生はここからはじめて普遍的なものへと上昇することができるのである。このことは文献学の概念から生じている。というのは，歴史的研究においては，普遍的なものは結果であるべきだからである。しかしエンツィクロペディーはすぐにこの結果を与える。

　まずもって学問の展望を，つまりエンツィクロペディーを自分のものとし，そののちに徐々に特殊的なものへと下っていこうと欲する人は，決して健全かつ正確な認識には到達せず，むしろ意識が拡散し，多くの事柄についてあまり知らないということになるであろう。シェリングは学術的研究の方法論において，きわめて正しく次のように述べている。すなわち，歴史の研究において普遍史的展望から出発することは，最も役に立たないし破滅的なことである，なぜかといえば，そこにはただいろいろな専門があるだけで，価値のあるものは何もないからである，と。彼は歴史学においてはまず1つの期間を正確に学び，そしてここから徐々にあらゆる方向へと広げていくことを提案している。それと似た歩みは，最も一般的意味において，たしかに歴史学と落ち合う文献学にとって，方法的にいって唯一正しいものである。学問においてはあらゆることは似通っている。学問そのものは無限であるが，それにもかかわらず，学問の体系全体は同調し合い対応し合っている。好きな方向に位置を取ってもよいが，但し，重要なものないし価値あるものを選ぶとしたら，完全な理解に到達するためには，ひとはこの出発点からあらゆる方向へと広がらなければならない。ひとは各々のものから全体へと駆り立てられる。その際，正しく物事を始め，力と精神と熱意を持ち合わせることのみが重要である。そのような出発点のさまざまなものを選び，そこから全体へと突き抜けようと尽力すれば，それだけたしかにこの全体を把握し，同時にそれだけ豊かに沢山の個々のものを理解するであろう。したがって，個々のものに深く沈潜することによって，ひとは一面的になる危険性を最も容易に回避できる。それはいろいろな学問分野を次々と結び合わせることで，それぞれの専門における探究がふたたび多くの他の探究へと滲入するからである。これに対して，あらゆる学科における最も普遍的な成果を摘みとることによって，最初からエンツィク

ロペディッシュな多面性のみを得ようと努めると，1つのものから他のものへとすばやく飛び移り，何1つ根本的に知るようにならないのが常である。

　オランダの偉大な文献学者たちは，古代全体を年代順に学ぶ前に書くので，ひとはさながら街道を旅して回っているようで，毎日一定数の距離を進むが，これはわずかのことしか教えない旅の仕方である。オランダ人が実際にも外的に収集してきただけだったように，このような直線的なやり方は事物の本質へと導かない。唯一正しい方法は循環的な方法であり，その方法においてひとはすべてのことを1つの点に遡源して関係づけ，この点からあらゆる側に向かって周辺へと移る。これによってひとは着手するすべてのことを，しっかりと真剣に着手する技能を獲得する。ひとは対象により長く留まるので，より良く判断を行使する。ひとは一般的な研究をする場合よりも，より多くの名人芸を獲得する。そのような一般的な研究をすると，それによって他方でふたたび，あたかも多くを知っているかのような思いや，非常に不幸なもの好き(πολυπραγμοσύνη)[2]が促進される。

　しかしエンツィクロペディーと方法論はまったく異なっているが，それにもかかわらず，両者を結合することは非常に良いことである。というのは，まずわれわれは個々のものを学ぶ方法を，あたかも他のものに心を煩わせずに最上のものを企てることができる，といった意味で賞賛したのではないからである。こんなことをすれば実際には，早期に追放しなければならない，ひどく嫌な一面性が生ずることになろう。というのは，そのような一面性はいとも容易に定着し，そこから各自が自分の学科を最高のものとし，他のすべてのものを価値のないものと見なす，例の自己についての過大評価が生ずるからである。ひとはそれゆえ，エ

---

[2] *A Greek-English Lexicon*, compiled by H.G. Liddell and R. Scott, revised by H. S. Jones (Oxford: Oxford University Press, 1990) によれば，この語は πολυπραγμονέω〔1. あれこれと忙しくする。2. お節介をやく，干渉する。3. ものを知りたがる，詮索好きな。〕という動詞から派生した名詞で，第一義的には "curiosity, officiousness, meddlesomeness" という意味であるが，のちに "search after knowledge" という意味も表すようになったと記されている。ここでは前後の文脈から容易にわかるように，否定的な意味がきわめて濃厚なので，学問的探究へとつながる好奇心とは区別して，余計なことにあれこれと手を出す「もの好き」という意に解した。

ンツィクロペディーが与える展望を，特殊で厳密な研究を矯正するものとして利用しなければならない。ひとはエンツィクロペディーを，特殊で厳密な研究との関連において，そしてそれと並んで，自分のものとするからである。エンツィクロペディー自体がこれに対して方法的な指導を与えなければならない。

ちなみに，エンツィクロペディーは，ひとが個々に捉えるものの普遍的な学問的連関を見出すことを教えるので，それはまた学問研究者を刺激して，さもなければ嫌悪感を催させるような，個別的なものへとさらに前進するよう仕向ける。というのは，連関は精神が欲求するものだからである。多くの人はそのことを意識せずに文献学を営んでいる。もし彼らが自分たちのやっていることを意識するようになれば，頭が良ければその研究を投げ捨てることだろう。なぜなら，彼らは自分たちが行っている仕事にいかなる基礎も，いかなる連関も見出さないであろうから。文献学は，あらゆることが1つの理念によって貫き通されているために，学問的に形成されなければならない。そうでなければ，それは長期的な満足を保証できない。わたし自身は高次の見解を見出すまでは，しばしば頭が混乱していた。立ち入った特殊的研究に基づいて，全体の連関についての意識が獲得されれば，そのときエンツィクロペディッシュな展望についての完全な理解は，文献学的研究の精華になるであろう。しかし同時にそのような展望によって，ひとはとくに究明しようとしている当のものを，研究期間中に，より大きな確かさをもって選び出せる立場に身を置くであろう。

こういう次第で，もしエンツィクロペディッシュな研究が特殊的研究と並んで行かなければならないとすれば，方法論の原則を挙げる場所としては，〔文献学の〕実践そのものを除けば，エンツィクロペディーほどふさわしい場所は存在しない。エンツィクロペディーの形式的部分は完全に方法的である——その部分は文献学的研究そのものの方法を教える——。学問を自分のものにする方法を教えるべき方法論は，それに続いて諸々の規定をそれに連結させなければならない。したがって，そこに含まれている学問分野を，早い時期にあるいは遅い時期に学ばな

IV　エンツィクロペディーと方法論の関係

ければならないのかどうか，さらにはそれをいかにして，またいかなる補助手段を用いて学ばなければならないのかは，それぞれの節で付言するのが最も良いであろう。そのようにエンツィクロペディーと結合されることによってのみ，方法論は学問的に基礎づけられる。ひとはどのようにして，できるだけ容易にかつ根本的に，それを自分のものとしてきたのかということを，同時に認識することによって，学問とは理論的にいかなるものであるのかについて，1つの表象を得るのである[3]。

---

3)　〔原注〕ベルリン講義目録への以下のプロオイミオン（『小品集』第4巻）参照。1835年の「研究方法の正しい論拠について」De recta artium studiorum ratione（400頁以下），1836年の「精神が研究方法に過度に引き裂かれないように用心すべだということ」Cavendum esse ne in atrium studiis nimium distrahatur animus（413頁以下），1839/40年の「研究を策定する上での選択について」De delectu in studiis instituendo（471頁以下）。

V

研究全体の資料と補助手段について
── 文献目録 ──

---

　§10. エンツィクロペディーは学問の体系を作り上げ，方法論はいろいろな部分を学ぶ学び方を述べる。しかし研究は資料に基づく研究である。資料は古代から存在しているすべてのもののうちに存している。それゆえ，言語，慣習，政治制度という生ける伝統以外に，いろいろな造形芸術作品や産業作品のうちに，そして大量の保存されている書物の全体のうちに存している。文献学という名称がすでに暗示しているように，主たる資料は大量の保存されている書物である。残存している芸術品についての知識は，一部は自分の直観によって，一部は模倣品によって，また博物館展示物分類学や考古学的地理学や地形学に基づいて獲得されなければならない。したがってここでも，他の資料の場合に負けず劣らず，ふたたび文書的認識が考察の対象となる。さて，資料についての知識は方法論のなかにもエンツィクロペディーのなかにも直接的には含まれていない。前者は諸規則を含み，後者は諸原則を含む。フリードリヒ・アウグスト・ヴォルフは，問題の知識の主要部分たる文書的情報を，彼の草案のなかの No. XXIV において，特別な学問分野として挙げている。といっても，それは決して学科ではなく，資料についての全知識と同様，個々の学科にとっての必然的前提にすぎない。文献目録は一般的には明らかに学問ではなく，学問に対する文書的資料を指し示すものにすぎない。ひとはたしかにそれを図書館学として，あるいは図書館学の一分枝として，表示してきた。しかしながら，図書館学は文書保管学と同じくらい存在しない。両者には首尾一貫した理念が欠けているからである。

それゆえ，文献目録は学問の外にある研究の補助手段としてのみ見なすことができる。文献目録がエンツィクロペディーにおいて考慮されるべきかどうかはわからない。学問的と称する少なからぬ叙述は，書物の表題以外の何物からも成り立っていないし，他の叙述に置いては資料が挙げられることすらない。1番目の種類のエンツィクロペディーは必然的にその本来の目的を果たさない。これに対して，別の種類のエンツィクロペディッシュな叙述は素晴らしい概念展開を含み，真に精神的な教化を保証することができる。しかしそれは学問においてすでになされていることを，そこから十分に見てとれないという欠点をもっている。それゆえ，研究の現状を表示するためには，エンツィクロペディーの各節において，文献目録を付加することが目的に適っている。このことは方法論的理由からも同時に必要である。というのは，いかにして学問を自分のものにしたかを述べるためには，ひとは資料と補助手段にも注意を向けなければならないからである。

文献 ひとは文献目録の知識をなによりも図書館および書店で自分自身の目で見ることによって獲得しなければならないし，雑誌やカタログからいつも最新の情報を得なければならない。この目的達成の一助として，つぎに書誌学的手段を載せておく。

1. このためにはまず一般的な著作が必要である。若干のとくに重要な著作を挙げておこう。ベールの非常に優れた『歴史的＝批判的辞典』4巻本[1]。——イェハー『一般的学識辞典』，1784-87年にアーデルンクに，そののちロータームントによって継続され，4巻本として刊行されている[2]。——ハンバーガー『世界の初めから1500年までの最も高貴な著作家たちについての信頼できる報告』4巻本[3]。——サクシウス『読み書き語彙あるいは歴史的・批判的用語集』8巻本（1775-1803）[4]。——

---

1) Pierre Bayle, *Dictionnaire historique et critique*, 4 Bde., 4. Aufl. (Amsterdam : P. Brunel, 1730).

2) Christian Gottlieb Jöcher, *Allgemeine Gelehrtenlexikon*, 4 Bde. (Leipzig, 1751-52).

3) Hamberger, *Zuverlässige Nachrichten von den vornehmsten Schriftstellern vom Anfang der Welt bis 1500*, 4 Bde. (Lemgo, 1756-64).

4) Christophorus Saxius, *Onomasticon literarium, sive nomenclator historico-criticus. Praestantissimorum omnis aevi scriptorium.* Trajecti ad Rhenum, 8 Bde. (1775-1803).

V 研究全体の資料と補助手段について 81

エアシュ『1785年から1800年までの文学の一般的参考文献』8巻本[5]。──エーバート『一般的書誌学的辞典』2巻本[6]。──モイゼル『学識あるドイツ』(エルシュとリンドナーによって継続)23巻本[7]。──[W・ハインシウス『一般的書籍事典,または1700年から1879年までに出版されたすべての書籍の完全なアルファベット順の索引──ドイツおよび言語と文学によってドイツと親戚関係にある国々で印刷されたもの』16巻本[8]。──ヒンリヒス『1797年から1832年末までに実際に出版されたすべての書籍の完全なアルファベット順の索引』(現在まで年2冊のペースで継続)[9]。]──カイザー『1750年から1876年までにドイツと近隣諸国で出版されたすべての書籍を含む完全な書籍事典』20巻本)[10]。フランス人もイギリス人も類似の著作を大きな広がりで有している。

2. 文献学に関する特殊な書誌学的著作。ヨーハン・アルベルト・ファブリキウス『古代の文献目録』(1713)第3版,2巻本[11];『ギリシア文献目録』14巻本,ハーレスによって新たに編集,12巻本(未完)[12];『ラテン文献目録』(1697),第5版,3巻本(1721-22),エルネスティによって新たに編集,3巻本[13];『中期および末期のラテン文献目録』6巻

---

5) Johann Samuel Ersch, *Allgemeines Repertorium der Literatur für die Jahre 1785 bis 1800*, 8 Bde. (Jena & Weimar, 1793-1807).

6) Friedrich Adolf Ebert, *Allgemeines bibliographisches Lexikon*, 2 Bde. (Leipzig, 1821-30).

7) Johann Georg Meusel, *Gelehrtes Deutschland*, fortgesetzt von Johann Samuel Ersch und Johann Wilhelm Sigismund Lindner, 23 Bde. (Lemgo: Meyersche Hof-Buchhandlung, 1796-1834).

8) Wilhelm Heinsius, *Allgemeines Bücher-Lexikon oder vollständiges alphabetisches Verzeichniß aller von 1700 bis zur Ende 1815 erschienenen Bücher, welche in Deutschland und in den durch Sprache und Literatur damit verwandten Ländern gedruckt worden sind*, 16 Bde. (Leipzig: Johann Friedrich Elebitsch, bis 1881).

9) Johann Christian Hinrichs, *Vollständiges alphabetisches Verzeichniss aller Bücher, welche von 1797 bis Ende 1832 wirklich erschienen sind* (Leipzig: Hinrichssche Verlagshandlung, n.d.).

10) Christian Gottlob Keyser, *Vollständiges Bücherlexikon, enthaltend alle von 1750 bis Ende 1876 in Deutschland und den angrenzenden Ländern erschienenen Bücher*, 20 Bde. (Leipzig: Tauchnitz Verlag, 1834-1877).

11) Johann Albert Fabricius, *Bibliographia antiquaria* (Hamburg: Johannnes Carolus Bohn, 1713).

12) Johann Albert Fabricius, *Bibliotheca graeca*, 14 Bde. (Hamburg: Theodor Christoph, 1705-28); neu herausgegeben von Adolf Gottlieb Christoph Harless, 4. Aufl. (Hamburg, 1790-1838; reprint, Hildesheim: Georg Olms Verlag, 1966-70).

13) Johann Albert Fabricius, *Bibliotheca latina* (1697); 5. Aufl., 3 Bde. (Hamburg, Benjamin Schiller, 1721-22); neu herausgegeben von Ernesti, 3 Bde. (Leipzig: Weidmann, 1773-74).

本, マンシによって新たに編集[14]。──エルシュ『18 世紀中葉以降最近の時代に至るまでの文献学, 哲学, および教育学の文献』(1812)[15]。この書の第 3 版として出版されたのが, ガイスラー『18 世紀中葉から最近の時代に至るまでのドイツ人の文献学的文献の書誌学的ハンドブック──ヨーハン・ザームエル・エルシュにしたがって体系的秩序において編集されたもの』[16]である。──クレプス『文献学者および学識ある教師のための文献学的書誌学のハンドブック』2 巻本[17]。──シュヴァイガー『古典文献目録のハンドブック』第 1 巻第 2 巻[18]（内容が非常に充実している）。──ヴェーバーとハネッセ『古代学の参考文献（1826, 27, 28 年の文献）』3 巻本[19]。──ワーグナー『古典文献目録概要』[20]。──ミュールマンとイェニケ『古典的文献学とそれに関係する教育学的書物の文献目録』3 か年分[21]。──エンゲルマン『ギリシアおよびラテンの古典著作家叢書』[22]［第 8 版, E・プロイス編集, 第 1 部：『ギリシア著作家──1700 年から 1878 年の終わりまでの文献を含む』。第 2

14) Johann Albert Fabricius, *Bibliotheca latina mediae et infimae aetatis* (Hamburg, 1734-46); neu herausgegeben von Johanne Dominico Mansi (Padua: Florentiae, 1754).

15) Johann Samuel Ersch, *Literatur der Philologie, Philosophie und Pädagogik seit der Mitte des 18. Jahrhundert bis auf die neueste Zeit* (Leipzig: F. A. Brockhaus, 1812; 2. Aufl., 1822).

16) *Bibliographisches Handbuch der philologischen Literatur der Deutschen von der Mitte des 18. Jahrhundert bis auf die neueste Zeit.* Nach Johann Samuel Ersch in systematischer Ordnung bearbeitet und versehen von Christian Anton Geissler (Leipzig: F. A. Brockhaus, 1845).

17) Johann Philipp Krebs, *Handbuch der philologischen Bücherkunde für Philologen und gelehrte Schulmänner*, 2 Bde. (Bremen: Johann Georg Heyse, 1822-23).

18) Franck Ludwig Anton Schweiger, *Handbuch der klassischen Bibliographie*, 2 Thle in 3 Abthl. (Leipzig: Friedrich Fleischer, 1830-34).

19) Carl Friedrich Weber und Carl Ludwig Hanesse, hrsg., *Repertorium der klassischen Alterthumswissenschaft*, 1 Bd., *Literatur des Jarhes 1826;* 2. Bd., *Literatur des Jahres 1827;*, 3. Bd., *Literatur des Jahres 1828* (Essen: G. D. Bädeker, 1832-34).

20) Friedrich Wilhelm Wagner, *Grundriss der klassischen Bibliographie. Ein Handbuch für Philologen* (Breslau: Georg Philipp Aderholz, 1840).

21) Gustav Mühlmann und Eduard Jenicke, *Repertorium der klassischen Philologie und der auf sie sich beziehenden pädagogischen Schriften, 3 Jahrgänge* (Leipzig: Verlag von Ludwig Schumann, 1844-47).

22) *Bibliotheca scriptorium classicorum et Graecorum et Latinorum. Alphabetisches Verzeichniss der Ausgaben, Uebersetzungen und Erläuterungsschriften der griechischen und lateinischen Schriftsteller des Alterthums, welche von 1770 bis Ende 1858 besonders in Deutschland gedruckt worden sind*, herausgegeben von Wilhelm Engelmann (Leipzig: Verlag von Wilhelm Engelmann, 1858).

V 研究全体の資料と補助手段について

部:ラテン著作家[23)]。──[同一のタイトルのもとで,この索引は C・H・ヘルマンによってさらに(1858 年から 1869 年を含むところまで)拡張されている[24)]。これに対するクルースマンによる 1873 年半ばまでの補足と継続[25)]]。──エンゲルマン『文献学叢書』,第 3 版[26)]。──[C・H・ヘルマン『文献学叢書』[27)]。]──ルプレヒト『文献学叢書』,ミュルデナー[とエーレンフォイヒター]によって継続される[28)]。──[C・ボイゼン『1867-1876 年のギリシアおよびラテンの著作家に関係する文献についての書誌学的概観』。文献学者に関しては E・フォン・ロイチュによる。──カルヴァリー『古典文献学叢書』I-XIII[29)]。ブルジアン[30)]に

---

23) *Bibliotheca scriptorium classicorum*, herausgegeben von Wilhelm Engelmann. Achte Auflage, umfassend die Literatur von 1700 bis 1878, neubearbeitet von E. Preuss, erste Abtheilung: Scriptores Graeci (Leipzig: Verlag von Wilhelm Engelmann, 1880ff.); zweite Abtheilung: Scriptores latine (Leipzig: Verlag von Wilhelm Engelmann, 1882ff.).

24) *Bibliotheca scriptorium classicorum et Graecorum et Latinorum. Verzeichniss der vom Jahre 1858 bis incl. 1869 in Deutschland erschienenen Ausgaben, Uebersetzungen und Erläuterungsschriften der griechischen und lateinischen Schriftsteller des Alterthums*, herausgegeben von Carl Heinrich Herrmann (Halle: Verlag von C. H. Herrmann, 1871).

25) Rudolf Klussmann, *Supplement zu C. H. Herrmann's Verzeichniss (Halle 1871) zugleich Fortsetzung desselben bis Mitte des Jahres 1873* (Halle: Verlag von C. H. Herrmann, 1874).

26) *Bibliotheca philologica oder Alphabetisches Verzeichniss derjenigen Grammatiker, Wörterbücher, Chrestomathien, Lesebücher und anderer Werke, welche zum Studium der griechischen und lateinischen Sprache gehören, und vom Jahre 1750, zum Theil auch früher, bis zur Mitte des Jahres 1852 in Deutschland erschienen sind*, herausgegeben von Wilhelm Engelmann, 3. Umarbeitete und verbesserte Aufl. (Leipzig: Verlag von Wilhelm Engelmann, 1853).

27) *Bibliotheca philologica, Verzeichniss der vom Jahre 1852 bis Mitte 1872 in Deutschland erschienenen Zeitschriften, Schriften der Akademien und gelehrten Gesellschaften, Miscellen, Collectanen, Biographien, der Literatur über die Geschichte der Gymnasien, über Encyklopädie und Geschichte der Philologie, und über die philologischen Hülfswissenschaften*, herausgegeben von Carl Heinrich Herrmann (Halle: Verlag von C. H. Herrmann, 1873).

28) *Bibliotheca philologica oder geordnete Uebersicht aller auf dem Gebiete der classischen Alterthumswissenschaft wie älteren und neueren Sprachwissenschaft in Deutschland und dem Ausland neu erschienenen Bücher*, herausgeben von W. Müldener [und Ehrenfeuchter] (Göttingen: Vandenhoeck & Ruprecht, 1848-82); fortgesetzt von A. Blau und M. Heyse bis 1886. 39. Jahrg.

29) *Bibliotheca philologica classica. Verzeichniss der auf dem Gebiete der classischen Alterthumswissenschaft erschienenen Bücher, Zeitschriften, Dissertationen, Programm-Abhandlungen, Aufsätze in Zeitschriften und Recensionen*, Jarhgang I-XIII. (Berlin: Verlag von S. Calvary & Co., 1874-1886).

30) Konrad Bursian(1830-1883)。ドイツの文献学者。ライプツィヒ,テュービンゲン,チューリヒ,イェナ,ミュンヘンの大学教授を歴任。

よる古代学の進歩についての年次報告の一部をなす。]

とくに重要なのは写本の知識である。かなり古い時代の写本の最も完全な索引は，モンフォコン『写本叢書のなかの新しい叢書』2巻本[31]である。われわれの世紀の類似の著作は，ヘーネル『フランス，スイス，ベルギー，英国，スペイン，ポルトガルの図書館で保存されている写本のカタログ』[32]である。——さまざまな図書館の写本についての特別な書物は，前述の一般的な書誌学的著作のなかに記載されている。——古い印刷本の最も包括的な集成は，メテール『活版印刷術の年代記』5巻本[33]と，パンツァー『活版印刷術の年代記』11巻本[34]である。後者はそれなりの仕方で古典的な著作である。

博士論文と学報は部分的には前述の一般的著作のなかで，例えばエンゲルマンの著作のなかで，顧慮されている。こうした書物を独自に収集したものが，ロイス『読み書きに関する組合によって刊行された論文の文献目録』2巻本，四折版[35]である。——フォン・グルーバー『プロイセンの学校で刊行された1825-37年の学報に掲載されたすべての論文についての索引』[36]。——ウィニエフスキー『1825-1841年に刊行されたプロイセンのギムナジウムとプロギムナジウムの学報に含まれている論文，講話，詩の体系的な索引』（ミュンスター，1844）[37]。——G・ハーン『プロイセンのギムナジウムとプロギムナジウムで1842-50年に刊行された学報に含まれている論文，講話，詩についての体系的に整理された

---

31) Dom Bernard de Montfaucon, *Bibliotheca bibliothecarum manuscriptorum nova*, 2 Bde. (Paris, 1739).

32) Gustav Friedrich Hänel, *Catalogi librorum manuscriptorum, qui in bibliothecis Galliae, Helvetiae, Belgii, Britanniae M., Hispaniae, Lusitaniae asservantur* (Leipzig, 1830).

33) Michael Maittaire, *Annales typographici*, 5 Bde. (Haag: Fratres Vaillant, 1719-25).

34) Georg Wolfgang Franz Panzer, *Annales typographici*, 11 Bde. (Nürnberg: Johann Eberhard, 1793-1803).

35) Jeremias David Reuss, *Repertorium commentationum a societatibus litterariis editarum*, 2 Bde. (Göttingen: Henrich Dieterichs, 1810).

36) Johannes von Gruber, *Verzeichniss sämmtlicher Abhandlungen in den auf preussischen Gymnasien erschienenen Programmen von 1825-37, nach dem Inhalte wissenschaftlich geordnet* (Berlin, 1840).

37) Franz Winiewski, *Systematisches Verzeichniss der in den Programmen der preussischen Gymasien und Progymnasien, welche in den Jahren 1825-1841 erschienen sind, enthaltenen Abhandlungen, Reden und Gedichte* (Münster: Friedrich Regensberg, 1844).

V 研究全体の資料と補助手段について 85

索引』[38]。1851-1860 年間の索引[39]。――グーテネッカー『1823/24 学年から 1859/60 学年の終わりに至るまでのバイエルンのリュツェーウム，ギムナジウム，およびラテン語学校のすべての学報と機会書についての索引』[40]。――J・テアベック『1864-68 年にすべての教育機関の学報において刊行された論文の整理された目録』[41]。――［グートシャー『オーストリアとハンガリーのギムナジウムと実業ギムナジウムによって 1850-67 年に刊行された学報の学問的内容についての体系的に整理された索引』2 分冊[42]。――F・ヒューブル『オーストリア＝ハンガリーで 1850－73 年，プロイセンで 1852 年以降，そしてバイエルンで 1863－67 年に刊行された中等学校の学報に含まれている論文の体系的に整理された目録』[43]。――カルヴァリー『学報と博士論文, および書籍販売業を通じてのそれらの販売。第 23 回ドイツ文献学者学術大会のためのベルリンのカルヴァリー出版社による提案。1863 年に刊行された学報と博士論文の索引付き』[44]。――同上『1864-68 年の大学書籍と学校書籍の索

---

38) Gustav Hahn, *Systematisch geordenetes Verzeichniss der Abhandlungen, Reden und Gedichte, die in den an den preussischen Gymnasien und Progymnasien 1842-50 erschienenen Programmen enthalten sind* (Salzwedel: J. D. Schmidt, 1854).

39) Gustav Hahn, *Systematisch geordenetes Verzeichniss der Abhandlungen, Reden und Gedichte, die in den an den preussischen Gymnasien und Progymnasien 1851-60 erschienenen Programmen enthalten sind* (Salzwedel: J. D. Schmidt, 1864).

40) Joseph Gutenäcker, *Verzeichniss aller Programme und Gelegenheitsschriften der bayerischen Lyceen, Gymnasien und lateinischen Schulen vom Schuljahr 1823/24 bis zum Schluss des Schuljahrs 1859/60* (Bamberg: Buchner'sche Buchhandlung, 1862); fortgesetzt von J. G. Zeiss und umfasst die Schuljahre 1860/1 bis 1883/4. Landshut 1874 f. und 1885. 4 u. 8.

41) J. Terbeck, *Geordnetes Verzeichniss der Abhandlungen, welche in den Schulschriften sämmtlicher an dem Programmentausche Theil nehmenden Lehranstalten vom Jahre 1864—68 erschienenen sind* (Progr. v. Rheine) (Münster, 1868).

42) Johann Gutscher, *Systematisch geordnetes Verzeichniss des wissenschaftlichen Inhalts der von den österreichischen und ungarischen Gymnasien und Realgymnasien 1850-67 veröffentlichten Programme*. 2 Theile (Marburg in Öst: Janschitz, 1868 u. 69).

43) F. Hübl, *Systematisch-geordnetes Verzeichniss derjenigen Abhandlungen und so weiter, welche in den Mittelschulprogrammen Österreich-Ungarns seit 1850-73 und in jenen von Preussen seit 1852 und von Baiern seit 1863-67 enthalten sind*, 2 Theile (Czerowitz und Wien, 1869 und 74).

44) Calvary, *Die Schulprogramme und Dissertationen und ihr Vertrieb durch den Buchhandel. Ein Vorschlag an die dreiundzwanzigste Versammlung deutscher Philologen und Schulmänner von der Buchhandlung von Calvary u. Comp. In Berlin. Nebst einem Verzeichniss der im Jahre 1863 erschienenen Programme und Dissertationen* (Berlin: Verlag von S. Calvary & Co., 1864).

引』[45)]。──1876年以降，ライプツィヒのトイプナー出版社がドイツの学報と大学書籍の交換と販売を仲介している。目下，『高等学校の統計的年報』というタイトルでトイプナーから刊行されている，ムシャッケの学校暦は毎年，学報についての体系的に整理された索引を含んでいる。]

---

45) Calvary, *Verzeichnisse der [aus den Jahren 1864-68 erschienenen] Universitäts- und Schulschriften als Habilitationsschriften und Dissertationen der philosophischen Facultäten, Schulprogramme und Reden, sowie anderer zu diesen Gebieten gehöriger Monographien*, (Berlin: Verlag von S. Calvary & Co., 1865/69).

VI

われわれの計画の草案

---

§11. 文献学の学問的構築が成就すべきであるとすれば、文献学のいろいろな部分と、したがって発展の全行程は、概念から生じて来なければならないが、このことは前の箇所ですでにしばしば述べたところである。通常作り上げられ、また偶然的に形成されてきたような学科は、それらが実際に学科であり、概念を欠いた単なる寄せ集めではないかぎりにおいてのみ、そのような導出作業においてみずからの位置を主張することができる。われわれによって提起された概念にしたがえば、文献学は認識されたものの認識（die Erkenntniss des Erkannten）、すなわち所与の認識の再認識である。認識されたものを再認識することは、しかしそれを理解すること（verstehen）を意味する。ちょうど哲学が論理学、弁証法、あるいは——エピクーロス主義者がそれを呼んだように——基準学（Kanonik）[1]において、認識の作用そのものと認識活動の諸契機を考察するように、文献学も理解（Verstehen）の作用と理解（Verständniss）の諸契機を学問的に探究しなければならない。そこから成立する理論、つまり解釈学的なオルガノンは、一般的な論理学を前提しているが、しかしそれは論理学から分岐した自立的な、その特殊な一分枝である。そのほかに、分献学的活動から生じて来るのは、理解の産物たる内容である。つまり哲学において、哲学的認識の内容を詳述

---

1)「基準学」(Kanonik) は、ギリシア語の "κανών" に由来するが、ギリシア語のカノンの原義は「真っ直ぐな棒」であり、そこから基準、規範、規則といった意味が派生してくる。ベークがここで述べているように、エピクーロスと彼の学派は論理学を「基準学」(Kanonik) と名づけた。

する現実的諸学科が，論理学に向かい合って立っているように，理解されたもの（das Verstandene）を考察することである。それによって，文献学の概念から必然的に２つの主要部分が生ずるが，この２つの部分で文献学は完全に汲み尽くされる。第１の部分は形式的（formal）である。というのは，文献学の形式はその本来的作用ないしその機能を叙述することだからである。他の部分は実質的（material）である。というのは，それは学問によって形成された全素材（Stoff）を含んでいるからである。もしわれわれが，これらの主要部分をふたたび概念そのものからさらに分割すれば，われわれは何らかのさらなる添加物なしに，つまり外から何かを付け足したり，何かを抜き取ったりすることなく，この概念の内容全体を見出すであろう。もし他の何らかの定義からではなく，この定義だけからいろいろな部分を，つまり形式的な主要部分が叙述する諸活動を，完全に導き出せるのであれば，それはわれわれの第１の定義の正しさにとっての確かな検証になるであろう。さて，これら２つの主要部分の各々のさらなる区分へと移る前に，われわれはまず両者の相違と相互関係をより厳密に論究しようと思う。

§12. 形式的部分は，理念にしたがって最初からその産物として存在するところの，文献学的活動を考察する。それゆえ，叙述においてはこの部分が先行しなければならない。その実行においては，形式的機能の優位性はそれほど反論されていないわけではない。理解の大抵の契機にとっては，すでに多数の所与の産物が前提される。例えば，１つの書物を理解するために，各々の場合に，言語と文学史の知識が，しばしばそれに加えて，さらに歴史学や芸術史の知識などが必要である。そこで非常に頻繁に，それどころかほとんどいたるところで，資料の大きな部分が形式的機能の有効性に対して与えられていなければならない。文献学的な芸術家の課題は，まさにこの見せかけの原理の請求（petitio principii）[2]を，あるいは事柄そのもののうちにある円環を，解決することに存している。したがって，形式的部分に属しているものと，実質的部分に属しているものは，ひとが各々の場合に理解のために用いるもの

---

2) 「原理の請求」（petitio principii）とは，これからはじめて証明されるべき未証明の命題を，証明の根拠として前提する誤りのこと。

にしたがって規定されはしない。というのは，探し求められるすべてのものは，ふたたび理解のための手段となるからである。わたしはほかならぬ文法に関してこのことに気づく。ひとは理解するために言語を用いるので，文法をオルガノンに数えてきた。しかしこれに関して，あ・ら・ゆ・る・ものをオルガノンに数えることができるということを，ひとは熟慮してこなかった。再認識されるべきものが言語で書き記されている以上，言語そのものを，したがってまたその文法的形式を理解することは，明らかに文献学の課題である。真実の関係は，学問がその課題を根本から解決しなければならないところで，最も明白に現れる。例えば，これはエジプトの文献学においてその通りである。ここには言語はまったく与えられておらず，それはまず見出されなければならない。それゆえ，言語はいかにしてオルガノンに属することができるであろうか。当然のことながら，同様のことは古典的言語においてもまた起こる。但し，ここでは文法的伝承が助け船を出すので，それはそれほど目立った仕方では起こらない。とはいえ，事態は何も変わりはしない。言語的なものはみずから考察の対象である。文法はまずは文献学的活動の産物であり，それゆえ形式的部分には属さない。古代の諸言語は，文献学によって再構成されるべき，古代の産物である。それは古代における認識されるべき民族そのもののうちに存しており，したがって文献学者にとって，彼らの活動の材料である。もちろん，言語は他のものと比較すればより形式的な要素である。しかし形式的というのは，対象にとってであって，考察者の主観的活動にとってではない。後者のみが文献学の形式的部分において叙述されるのであり，古代においてみずから認識の形式であるところのものが叙述されるのではない。その広がり全体における文法的理・解・の理論と，また言語自体の理解の理論のみが，オルガノンに数えられるべきである。同時に，文献学者はより多く現実に関わるべきか，それとも言語に関わるべきかといった論争は，これによって調停されている。言語は，文献学が考察しなければならない事柄に，みずからともに属している。そして文献学者によって追構成されつつ，事柄として認識されなければならない。それによって文法は文献学の実質的部分の系列

に入る[3]。

§13. 根本的概念がそのようにして，従来の体系的試みにおいてなされていたよりも，より明確に選別されたのち，われわれは2つの主要部分をさらに区分する作業へと進む。われわれは形式的部分でもって始める。この部分は形式的機能の諸契機にしたがってのみ区分され得る。それは理解の理論を含んでいる。しかし理解は一方では絶対的であり，他方では相対的である。すなわち，ひとは各々の対象を一方ではそれ自体として，他方では他との関係において理解しなければならない。後者は個と全体の関係，あるいは他の個との関係を確定することを通して，あるいは理想との関係を通してなされる，1つの判断を媒介として行われる。絶対的理解を扱うのは解釈学（Hermeneutik）であり，相対的理解を扱うのは批判（Kritik）である。あらゆる種類の解釈，つまり文法的解釈，論理的解釈，歴史的解釈，美的解釈と，あらゆる種類の批判，つまり高等批判，下等批判などは，このなかに含まれている。そしてここで最も完全な列挙がなされる。というのは，〔文献学の〕概念にしたがえば，文献学のすべての形式的なものがこの2つの部分によって包含されないことは，絶対に不可能だからである。絶対的なものと相対的なものの対立は，理解の概念そのものから生じているし，文法的なもの，論理的なもの，等々の差異は，素材的な諸関係から生じている。しかしもし理解の一般的な相違が問題であるならば，ひとは対象の相違においてではなく，理解そのものにおいてそれを証明しなければならない。

解釈学と批判は，当然のことながら，理解の諸原則を発展させるだけである。それを実行し実現するのは文献学的技法である。

文献学の実質的部分は，形式的活動によって突きとめられた，認識されたものの認識を含んでいる。認識されたものがきわめて多様であるように，文献学の対象も，したがってこの部分の節も，きわめて多様である。だがしかし，上述したように，1つの民族の認識は単にその言語や文学のなかに保管されているのではない。そうではなく，1つの民族の，

---

3)〔原注〕この思想はゴットフリート・ヘルマンに反対して，「アテーナイ人の会計検査委員と執務審査官について」Ueber die Logisten und Euthynen der Athener の論文の序文において，論争的にさらに仕上げられている。『小品集』第7巻，264頁以下。

VI　われわれの計画の草案

身体的ならざる倫理的ならびに精神的な全活動は，一定の認識の 1 つの表現である。あらゆるものにおいて，表象あるいは理念がはっきりと現れている。なるほど概念的にではないが，しかし感覚的直観に埋め込まれた仕方で，芸術が理念を表現しているということは，明白である。それゆえ，ここにも 1 つの認識と芸術家の精神によって認識されたものとが存在している。そしてこの認識されたものは，文献学的・歴史的な考察，芸術の解釈，芸術史において再認識される。同様のことは，国家生活と家族生活にも当てはまる。実践的生活のこれら 2 つの側面の配置においても，いたるところで各民族の内的本質，表象，それゆえ認識が発展されている。家族の理念は，各民族において，家族の歴史的発展のうちに特有の仕方で表現される。そして国家の発展において，民族のあらゆる実践的理念が実現されたかたちで現れる。家族生活と公共生活において理念がどのようにして実現されているのか，したがってそこにもまた認識が潜んでいる。そして民族は，その実現におけるこの理念そのものを，大なり小なりの意識をもって，民族によって認識されたものだと言ってきた。当然のことながら，あらゆる理念は学問と言語において最も明白に自覚された仕方で表現されている。そうだとすれば，あらゆる精神生活と行為は認識されたものの領域を形づくる。したがって，文献学は各民族において，その精神的発展全体，その文化の歴史を，それのあらゆる方向にわたって叙述しなければならない。これらすべての方向のうちにロゴス（λόγος）が含まれているが，実際の色合いにおけるこのロゴスは，すでに文献学の対象である。教養ある民族においても，ロゴス自身が，すなわち自覚的な認識と反省が，あらゆるものの上に広がっているので，これらは二重の関係において文献学的考察の支配下にある。古代の文献学はしたがって，認識の素材として，古代の歴史的現象全体を含んでいる。同様のことは，実質的部分においても，その全面的な特有性にしたがって，みずから自身のうちで完結された有機体として認識されるべきである。すなわちその非身体的な生，生成，成長，そして消滅にしたがってである。さて，考察に有利に働き，かつ本質的関係を表現する形式でこれをなすためには，素材が彼らに畏敬の念を起こさせたとはいえ，ひとはまずそうした非学問的な学者たちによってつくられた，あの恣意的な境界やバリケード──ひとは個々の学科に対し

て，こうした境界やバリケードを，荒っぽく，概念のかけらもないようなやり方ではめ込んできたのである——を悉く取り壊さなければならない。そしてしかるのち，厳密な建築術と弁証法にしたがって，学科を諸概念から主要な点に向かって新たに構築しなければならない。しかしそれによってだけでは，この部分はまだ学問的にはならず，むしろこれらの個別の事柄が悉く統一性のもとで把握されていることによって，はじめて学問的になるのである。あらゆる特殊的なものがそこに含まれているような，共通のものが見出されなければならない。これは哲学者が民族あるいは時代の原理（Princip）と名づけている当のものである。それは民族の存在全体の最内奥の核である。それは何か他のものではあり得ない。というのは，あらゆる他のものは，外から取り入れられたもので，おそらく異質なものだからである。個別の事柄はこの原理から演繹されるべきではない。そんなことは歴史的な事柄においては不可能である。しかし個別な事柄は普遍的な直観から生じてくるべきであり，そしてかかる普遍的な直観は，ふたたび個々の部分で実証されなければならない。それは〔いわば〕身体にとっての魂であり，ギリシア人が正当にも魂と名づけているように，1つにまとめ上げ配置する原因として，地上的な素材に浸透している。すなわち，このように魂を吹き込まれることによって，学問はまさに有機的になるのである。したがって，実質的な部分はそのような普遍的な直観をもって始まる。そしてそれは，古代の文献学においては，古代の理念そのもの以外のものではあり得ない。そしてかかる古代の理念から，つぎにふたたび両国民の特質が生じる。これが一般的な部分あるいは一般的な古代論である。一般的な古代論の課題は，もちろん，完全には到達されることのできない理想にすぎない。なぜなら，すべての個別的な事柄を全体的直観へと結びつけることは不可能だからである。しかし少なくとも努力はその方向へと向かわなければならないし，この課題は決して視界から外されてはならない。とはいえ，単なる抽象はここでいう普遍的なものであることはできない。そうではなく，個別的なものはあたかも具体的な直観のなかにあるかのように，そのなかに生き生きと潜んでいなければならない。その場合，普遍的なものと特殊的なものは，互いに前提し合い，近似的に互いを編成する。叙述にとっては，一般的な部分から特殊な部分が，あるいは

VI われわれの計画の草案　　　93

古代の包括的な文化史として，ギリシア人とローマ人についての特殊的な古代論が生じてくる。実質的部分の2つの節の各々は，方法論的ならびに文献目録的な付加を含む。後者は，一般的な古代論においては，古代一般の考察に関わるであろう。したがって，それは一般的な文献学の歴史を含むであろう。

　あらゆる普遍的なものと特殊的なものは相互に食い込んでおり，そしてばらばらに引き裂くことはできないので，実質的部分の2つの主要な節の厳密な分離は可能ではなく，むしろつねに一方から他方への〔ボールの〕パスがなされる。このことはあの節の細区分にもまた当てはまる。だが，この細区分に対する区分根拠がどこから取られるべきかは，わからない。古代の民族の生と行為の全体が実質的部分の対象であり，しかもそれは純粋に身体的ではなく，そのなかに認識を表現しているかぎり，あらゆる関係に及んでいるので，非常に多くの細区分が生じざるを得ないし，あの生と行為について非常に多くの大きな差異を含まざるを得ない。文献学は本来的には，倫理学が普遍性において行為の法則として叙述するところのものを，その実現において，つまり歴史において，叙述するものにほかならないということは，すでにわれわれが見たところである（25-28頁以下）。したがって，われわれのさらなる全区分の根拠は，倫理学から入手されなければならない。しかしここで，ひとは倫理学を，プラトンの国家におけるように，諸関係をつくり出すものとして考えなければならないのであって，単に徳論や義務論として考えてはならない。したがって，われわれは行為を——国民はそれによってみずからが有するすべてのものを生み出す——創造的かつ形成的な行為と見なすことにしよう。この活動は二重化された活動であり，つまり実践的かつ理論的活動である。実践的な行為は感覚的存在にとって必要な領域を形成するための外的な働きかけである。ここに属しているのは，あらゆるさらなる発展のために，共同体が形成されるということである。最初に家族，その次に段階的に拡大するかたちで，外的ならびに内的に有機的に結ばれた，ますます大きくなる統一，すなわち部族と国家である。実践的な行為はその場合，共同生活の保持と改善のために働きかけることである。この現実的行為に対置されているのは，理想的なものとしての理論的行為である。それは内的な精神的な生産活動に存し

ている。かかる生産活動によって人間は，かしこでは感覚的世界に影響を及ぼすように，ここでは理念世界をおのずから生み出す。かくして，理論的な行為は，内的なものの認識と叙述という欲求から生じ，実践的な行為は，必要なものを満たす欲求と，外的なものを一定の目的に従わせるために，行為へと変換されるところの，意志の力を実現することから生じる。行為の両側面は相互作用のうちに立っている。なぜなら，生はすべての良く配置されたものを配置するところの，ヌース（νοῦς）なしには，したがって理論なしには，配置されないからである。しかし理論は，外的な感覚的現存在の諸条件なしには，思い起こすことができない。たしかに実践的な行為は生の基礎であり，この基礎の上にあらゆる爾余のものは基づいており，この基礎の上に理論的なものは生じるのである。したがって，歴史的な生の実践的側面がまず取り扱われるべきだということになる。それはまず感覚的存在とその保持を包括するが，しかしながらその場合，最初から善の理念へと向かう内的な形成衝動が規定的に作用している。しかし上述したように，ひとは孤立したかたちで行為することはできない。共同体が形成されるか，あるいは前提されなければならない。この共同体は二重化されたものであり得る。すなわち，そこでは人間がどうにかして全体のなかで生きる以外には，個がまったく問題とならないかのように，その個体性をもって全体に身を委ねる，そのような共同体であるか，それとも，そこでは個体性が現れ出て，みずからを全体によって制限せしめるのではなく，まさにこの全体をみずから自身において措定するような，そのような共同体であるのか。かしこでは普遍的なものが，ここでは個的なものが，反対の側を抹消することなく支配している当の概念である。第1の種類の共同体は国家であり，またそこから生じる公共生活である。このなかでは分離して存在している人は誰もいず，各自は全体のうちでのみ生き，各個体性は，全体のなかに属すべきであるとすれば，抹消されることなく全体と一体とならなければならない。もう1つの種類は家族とそれに結びついた私的生活である。というのは，家族のなかでは個体性が支配的であり，家族精神は個人から出発し，全体は直接的に個人に基づいているからである。国家においては，特殊的なものは普遍的なもののなかに引き入れられるので，客観性が優勢であり，家族においては，普遍的なもの

が特殊的なもののなかに吸収されるので，主観性が優勢である。同様の二重性は理論的な生において証明され得る。理論的な生の最も内的な側面——そのなかでは主体の精神的本性が支配している——は学問である。学問は神話のなかで宗教的感情の薄暗い表象から出発し，そして悟性の明晰性へと発展する。祭儀としての宗教とそこから発展する芸術において，内的な理論的行為は，テオーリア（θεωρία）〔観想，観照〕からポイエーシス（ποίησις）〔作ること，創作〕が生じることにより，客観化を通してふたたび外的になる。実践が理論に先行するように，国家生活も家族生活に先行して，また芸術も学問に先行して論じられなければならない。なぜなら，客観的なものはつねに主観的なものの土台だからである[4]。

---

4)〔原注〕1853 年の演説「学問，とりわけ実践的ならびに実証的なものに対するそれの関係について」（『小品集』第 2 巻，86-87 頁）に次のように記されている。「理論と実践は，ポケットの中の硬貨のように，誰もが容易に口にする，広く一般的に使われている 2 つの言葉である。そのような言葉は時代の経過の中で使い古され，その明瞭な特徴を見分けがつかぬほどに傷つけた。そして曖昧な副次的表象がそれにくっついている。かかる副次的表象は，真の意味を覆い隠し，確固たる概念をもはやそれに結びつけることをほとんど許さない。2 つの言葉の正しい意義を見出すために，われわれはそれらが成立した，あるいは押印されたところ，そしてそこからわれわれがそれを受け継いでいるところ，そこへと立ち返って行かなければならないであろう。……〔アリストテレスは〕三重の魂の活動を，すなわち理論的あるいは認識的活動，実践的あるいは作用的活動，詩的あるいは制作的活動を，しかもそれぞれの原理と目的にしたがって，区別している。理論的活動の原理は彼にとって認識の対象，つまり主体からは区別された事柄そのものであり，そしてその目的は認識，定理そのもの，あるいは同一のことであるが，真なるものである。実践的活動はその原理を主体のうちに，主体の意志のうちに有しており，そしてその目的はなすべきところのもの，仕事を別にした行動，善の実現あるいは Eupraxie〔ギリシア語の εὐπραξις に由来し，「善い行為」あるいは「道徳的に正しい行為」を意味する〕である。制作的活動は主体の精神，技術，あるいは能力を基礎とし，作品を目的とする。これに続けて，彼はとくに自然学〔物理学〕はどこに数えられるべきかについて決断し，そしてそれを理論的と言明する。けれども彼はこのように根拠づけた三重性を必ずしもどこでも保持しているわけではなく，むしろわたしには正当と思われるが，しばしば理論的なものと実践的なものの対立で満足している。というのは，制作的活動は，それが芸術としてまさに美的なものの形成，すなわち感覚的なもののなかに具体化され埋め込まれた理念の形成に関係するかぎり，理想的な内的ヴィジョンを理論と共有するからであり，そして制作的活動の主要な分枝，とりわけいわゆる詩歌は，認識が用いなければならない当の素材においてすら，つまり言語においてすら表現するからである。そして芸術はまたもや，認識と同一ではないが，そのイメージとしてはそれに非常に似ているところの，内的ヴィジョンを叙述すること以外のいかなる目的も有していない。その結果，芸術のこの部分は行為よりも認識により親近的である。これに対して，爾余の制作的活動は，ほとんど行為と仕事に吸収され，使用目的に役立つので，行為により親近的である。それゆえ，制作的活動全体は理論的活動と実践的活動に区分され得る。しかし後者のこの対立も決して

以上のことにしたがえば，古代学の特別な部分は，4つの主要部分を含む。その際，ギリシア的なものとローマ的なものはつねに統合され得る。

　1．国家生活あるいは公共生活について
　2．家族生活あるいは私的生活について
　3．芸術ならびに外的宗教について
　4．学問ならびに宗教理論あるいは認識としての内的宗教について

宗教は第3ならびに第4の主要部分から完全により分け，そして神話と祭儀は統一して第5の部分として設定できないかどうかと，ひとはここで言い争うことができるであろう。しかしわたしは宗教が理論的認識ではないということを確信できない。それゆえ，宗教はこの側面から神話として第4節に属する。祭儀を第3節のなかに受け入れたくなければ，少なくともこの代わりに芸術を立たせ，そして祭儀を神話の下位に位置づけなければならないであろう。事実，祭儀は神話と密接に結びついている。祭儀は神話的表象の象徴化に役立つ。けれどもこのことは，芸術と学問は，宗教的なものがそれらの共通の根であることによって，その起源においては重なり合っている，ということを証明するにすぎない。というのは，学問が神話の進化であるように，芸術は同じように祭儀の進化だからである。当然のことながら，われわれは第3節において，芸術と祭儀を分離したものとして考察する。われわれは祭儀の歴史を冒頭に置く。祭儀はまず祈祷と犠牲において展開される。それに関連して，詩歌，音楽，舞踊が現れる。次に寺院と彫刻円柱において展開される。そのなかに建築術，彫像，そして絵画がその起源をもってい

排他的なものではない。というのは，認識そのものは意志と意図なしには成立しないし，また財産でもある，それも非常に高価な財産だからである。したがって，理論的活動は実践的活動と絶対に対立するものではない。そして逆に，もし意志が理性的なものであるとすれば，すなわち動物でももっている盲目的衝動とは異なったものであるとすれば，それは認識によって規定される。だからこそ頭脳明晰なプラトンは，理論的なものと実践的なものをあまりばらばらに引き裂かず，徳を認識として表示する。たしかに魂の実践的活動全体は，その活動の目的が善，すなわち，たとえそれが，無意識的ではあるが，感情と信仰のうちに与えられているとしても，認識によってのみ完全に把握され得る原理であることによって，理論的活動の下位に位置づけられている。それゆえ，実践的なものそのものは理論の対象になる。そして真なるものと善なるものは矛盾することはできないので，真の理論と真の実践との間の矛盾は不可能である」。1844年の演説「理論的な生と実践的な生との関係」Das Verhältniss des theoretischen Lebens zum praktischen（『小品集』第2巻，325頁以下）参照。

VI　われわれの計画の草案

る。そして最後にお祭りと遊びにおいて展開される。そのなかに体操，演劇等々が根ざしている。しかし芸術の歴史が祭儀の歴史と結びつくということは，これによれば正当化されている。芸術についてのより深い理解は，芸術がその完全な発展においても神的なものの象徴化として祭儀に属している，ということを示すであろう[5]。

　経験的に古代学の部分として与えられているすべての学問分野は，われわれの区分のなかに含まれている。但し，より多くのものが概念にしたがって細かく分割される。国家生活は，空間的広がりと時間的広がりとにしたがった国家の認識を，したがって政治的地理学と政治的歴史を前提とする。前者は予備教育として数学的ならびに物理的地理学を，後者は年代学を有する。国家生活をその国体にしたがって叙述することは，いわゆる古代遺物の一部，つまり政治的な古代遺物を含んでいる。他の部分は残り3つの主要部分に含まれている。というのは，第2節全体は私的な古代遺物を含み，第3節は宗教上の古代遺物と，その他に，それらが単に私的生活に属する技術に含まれないかぎりにおいて，芸術の歴史全体を含んでいる。それゆえ造形芸術，音楽，そしてあらゆる模倣学である。それに加えて，文献学的であるかぎりにおいて，美学全体。これに対して，その産物が文学全体であるところの弁論術は，──後述するように──第4節に入れた方が得策である。建築術，彫刻品としての通貨等々は，それゆえ第3節に属する。第4節は原始的学問としての神話，その統一性における発展した学問としての哲学，そして哲学のいろいろな分枝としての爾余の学問的諸学科を含む。以上が素材の側面から捉えられた知である。次に知の形式を扱うのが文学史と言語の歴史である。前者は修辞的形式を扱い，後者は文法的形式を扱う。というのは，言語は知のオルガノンであり，そして言語において最も繊細な認識は最も小さなものにいたるまで表現されているからである。しかしながら，あらゆる特殊的な学問分野がいかにして有機的に相互に結合されているか，また何が完全な列挙に属しているのかということは，特別な実行がはじめて示すことができる。

　わたしは，あらゆる部分の厳密な区別は論述にとってのみ，見解に

---

[5]〔原注〕1830年のラテン語の演説「文学と芸術の認識について」De litterarum et atrium cognatione（『小品集』第1巻，175頁以下）参照。

とってのみ可能であるということを,もう一度強調する。自然においては何物も区別されていない。全体としての古代学の一般的部分と特殊的部分の個々の部分は,つねにかみ合い,相互に前提し合っている。しかしこのことは,配置に対していかなる影響も及ぼすことができない。というのは,もし理解にとって前提されていることが先立つような視点にしたがって,これを的確に捉えようとすれば,多くの矛盾に陥るであろうから。万事は必然性をもって相互に有機的に整列している。われわれの配置は,民族の生活をその感覚的作用から段階的に最高の精神的生産にまで導くので,そのなかにはすべての行為において表現されている認識が,その潜在化の度合いに応じて提示される。われわれは,『国家』におけるプラトンのように[6],あらゆるものが含まれている国家をもって始め,精神的生産の最終発展をもって閉じる。われわれはおそらく,理念の象徴化としての芸術は神話よりも後に考察されるべきである,と言うことができるだろう。その理由は,芸術は外的なものを表現するが,神話はその基礎となっている内的なものを表現するからである。しかし内的なもの,つまり神話の考察は,あらゆる知の考察同様,祭儀と芸術における象徴化そのものの助けによって獲得される,認識の

---

6) プラトンの長篇『国家』は,第1巻から第10巻まで間断なく続く長い会話の連続であるが,その大筋は以下のようなものである。

ソクラテスはあるとき,「正義とは何か」という議論に参与したが,彼は個人における正義の拡大された姿を国家において見ることを提案し,ここに国家の起源と生成から出発して,模範となる国家のあり方が論じられることになる。

国づくりの中心は,国の統治者の人づくりにあるとして,まず,幼少年期に行われる詩歌・音楽・体育による教育のあり方が検討される。つぎに国の統治者の資格と選抜,その生活条件と任務が語られ,国家を構成する3つの異なる階層とそれぞれの役割に基づいて,国家ならびに個人がもつべき〈知恵〉・〈勇気〉・〈節制〉・〈正義〉の4つの徳が定義される。ソクラテスはさらに,理想国家を実現するためには,哲学者が国を統治すべきだとの持論を展開し,かくして議論は「哲学者とは何か」へと移行する。ソクラテスは,哲人統治者が学ぶべき最も重要なものは〈善〉のイデアであるとして,〈善〉のイデアとそこに至る哲学的認識のあり方を,「太陽」「線分」「洞窟」の3つの比喩を中心に詳細に説明する。「魂の目の向け変え」としての教育の理念,具体的なプランも,そこから導き出される。

ついで,理想国家が不完全国家の四形態へと転落していく過程と,それに対応する個人の性格が詳述されて,不正ではなく正義こそが,人間を幸福にすると結論される。そして最後に,詩歌・演劇の本質が哲学的に考察されたのち,魂の不死の論証が試みられ,長大な対話篇は幕を閉じる。

より詳しくは,『プラトン全集』第11巻(岩波書店,1976年)の巻末に収められている藤沢令夫氏による「解説」を参照のこと。

より発展した段階であるので，まさにそれゆえに後の方に置かれるべきである。さらには，第4節において思惟の普遍的形式である言語を，知の実質的考察よりも先に扱わなければならない，と考えることもできるだろう。というのは，言語はあらゆるものに先んじて存在しているからである。とはいえ，あらゆる教養の萌芽と要素はほとんど同年齢であり，したがって時間的な区別はつけることができない。言語，神話，あるいは哲学がより早く成立したかどうかは重要ではなく，むしろ重要なことは，いかなる連続においてそれらが意識に上るかということである。このことはわれわれの配置において表現されている。神話は歴史的にも真っ先に意識のなかに入ってきて，そのあとで哲学と個々の学問が，そのあとで叙述のいろいろな形式についての教説と，こうした形式そのものが，つまり修辞学が，そして最後にようやく文法的観点における言語が，意識のなかに入ってきた。ひとはつねに言語を使用しているが，それにもかかわらず，それは文法的考察によってはじめて意識される。文法のなかには，最も個別的なものに至るまでの認識の最終的かつ最も繊細な分析が与えられている。それゆえ，文献学の極致（θριγκὸς μαθημάτων）としての言語は，われわれにおいては最後に現れる。文献学の歴史は，ヴォルフにおけるように，最後の学科として立てることはできない。それによって古代における文献学的学問そのものの発展が意味されているかぎり，文献学の歴史は古代的学問の歴史に属する。爾余のものは近代の学問の歴史に属する。古代の教えそのものに関しては，爾余のものは文献目録的付加においてのみ顧慮され得る。それゆえ，文献学の歴史の一般的特質はその場所を一般的部分の付録として見出す。

　われわれはわれわれの配置を絶対的に必然的なものとして主張するわけではない。しかしわれわれの配置は学問的考察に最もよく合致しているように思われる。例えば，ヴォルフの草案に見出されるような，通常の処理の仕方は，経験的知識にとって心地よさをもっているかもしれないが，直観的な認識にとっては間違いなくそうではない。しかしわれわれはたしかに初っ端でエンツィクロペディーと方法論の相違を承認したのであるから，経験的知識は重要ではない。方法は一般的に正反対の歩みをしなければならない。そこで言語学はもちろん方法的にわけても学ばれる必要があるが，しかし以上のような理由によって，エンツィクロ

ペディーにおいては，言語学は経験論よりも前に置かれるべきである。経験論とは所詮，学問的感覚の欠如であり，概念の錯綜状態だからである。われわれの実行に関するかぎり，われわれは重要なものを何も見過ごさずに，事物の核心を，つまり主導的なもののみを与えるであろう。

§14. 文献　以上のことに関して提示された見解を，これまでわたしは書物のなかで折に触れてしか論じてこなかった。つまり，1822年と1826年のラテン語の演説，1827年の会計監査委員に関する論文の序言，1828年の『ギリシア碑文集成』の序言，1830年のラテン語演説（S. VII），および1850年のベルリンでの第11回ドイツ文献学者大会の開会演説においてである[7]。ひとはヴォルフのエンツィクロペディーの弱点を徐々に認識した。そこでフリードリヒ・リュプカーは1832年の論文（「文献学の区分について」，リュプカー『文献学と教育学のための論文集』[8]に再録）において，ヴォルフの見解を批判し棄却する。彼は（第2版，8頁において）わたしの見解について承認しながら語っているが，しかしわたしがみずからそれを公表したのではなく，それは「学校の講義からおのずからベルリンの学術的所有物においてわれわれに知られるようになったか，あるいは他人の勤勉がより広く文法家たちのサークルに浸透したかである」，と述べている。それゆえ，彼がそれについて語っていることはまったく正しくはない，と弁解されるべきである。

しかしながら，それを言語的記念物の研究に制限することによって，文献学をより明確に限界づけようとする努力が，さまざまな方面から主張された。芸術考古学の方面からは，エドゥアルト・ゲアハルトが『考古学のためのヒュペルボレオイ＝ローマ研究』第1巻[9]，3-84頁においてこれを試みた。彼は宗教史を考古学に数えるが，彼は考古学を「記念碑的な文献学」と呼び，これはそれ以外に芸術史，芸術的記念物の歴史

---

7)　〔原注〕原著9，16，19，55，62頁の注〔本訳書14頁の注13，25頁の注39，29頁の注43，90頁の注3，および97頁の注5〕を見よ。

8)　Friedrich Lübker, *Gesammelte Schriften zur Philologie und Pädagogik* (Halle: Verlag der Buchhandlung des Waisenhauses, 1852).

9)　*Hyperboreisch-römische Studien für Archäologie*. Mit Beiträgen von K. O. Müller, Th. Panofka, Otto B. von Stackelberg, und F. G. Welcker, herausgegeben von Eduard Gerhard, erster Theil (Berlin: Duncker und Humblot, 1833).

を包括するものである。そして（21 頁では）純粋に文献学的な学問分野としては，文学史，地理学的・政治学的な古代，および文化史が残る。彼は，学問的に基礎づけられたエンツィクロペディーは，みずからにとって重荷になっている幾つかの専門知識を断念した方が，おそらくより好ましいだろうと考える。しかしそのような見方にしたがって，文献学のエンツィクロペディーが学問的にいかに基礎づけられるべきか，とくに何かが学問の重荷にいかにしてなり得るのか，ひとにはわからない。まったく理解しがたいのは，文化史は文献学に割り振られるが，宗教史と芸術史は排除されることである。というのは，宗教と芸術は文化の二つの主要部分だからである。宗教史と芸術史は，政治的古代と同等の権利をもって，文献学的考察に帰属する。しかも政治的古代は，著作家の解釈のために宗教史ほど重要ではない。第 11 回文献学者大会の議事録（1850）に再録されている講義において，および『考古学の概要』[10]の 48 頁において，ゲアハルトは彼の見方を若干の制限を加えてもう一度展開し，そしてそれにしたがえば明らかに考古学は単なる寄せ集めであるところのものの上に，考古学の計画を基礎づける。われわれは，ベルンハルディーが彼のエンツィクロペディーにおいて，まったくゲアハルト的な意味で芸術考古学を文献学的付けたりに算入することを見た。しかしながら，オトフリート・ミュラーとオットー・ヤーンによって，芸術考古学は文献学の爾余の部分との自然的結合のうちに置かれている。――ゲアハルトと類似の文献学の概念の縮限を，ミュッツェルも著書『学問としての文献学の本質と正当性についての示唆』[11]において達成しようと努めている。彼にとって文献学は，「内容の豊かな言葉の学問，つまり語りと文字による人間精神の自由な明示の学問」である。まず問題になるのは，自由な明示とは何かということである。わたしは精神のあらゆる明示は自由であると信じる。さらに語りと文字はあらゆるものについての明示を含んでいる。しかし若干のものについては，他の明示も存在する。例えば，具象的である芸術作品を通しての明

---

10) Eduard Gerhard, *Grundriss der Archäologie. Für Vorlesungen nach Müllers Handbuch* (Berlin: Druck und Verlag von Georg Reimer, 1853).

11) Julius Mützell, *Andeutungen über das Wesen und Berechtigung der Philologie als Wissenschaft* (Berlin: Duncker und Humblot, 1835).

示である。これらのものがなぜ資料として除外されているべきなのだろうか。芸術は，語りによって伝承されるかぎり，たしかにともに文献学に属するであろう。しかしそれによって，芸術についての考察は寸断されることになる。文字によって明示されているものと，文字によって明示されていないものは，地理学と神話において明白であるように，決して分離され得ない。ロゴス（λόγος）は語りの外にも存在する。それは人間の精神的産物一般である。──ミルハウザー『文献学，古代学，および古代研究』[12]は，彼が教え子として講義に基づいて知っているわたしの定義から出発するにもかかわらず，文献学の有機的な連関をさらに高度の仕方で解体する。彼はミュッツェル同様，言語的に伝達されたもののみを認識されたものとして妥当ならしめようと欲するが，しかしそれ以外には民族ないし時代の歴史についての考察のうちに，いかなる統一性も見出さない。文献学は学問であるとの要求をすべきではない。それは他の学問のために文献的装置を収集し，純化し，その理解を仲介すべきである。何らかの学科でこの文献的装置の歴史と文献に従事する人は，そのかぎりでは文献学者であり，そしてミルハウザーはこうした補助作業を文献学の唯一の課題と見なすのである。──これによって惹き起こされる，歴史的生のさまざまな圏域に応じた文献学の分裂を，フレーゼも彼のそれ以外の点では非常に理解できる論文「文献学。1つのスケッチ」（綱領）[13]において，必然的と見なしている。彼は生活とあらゆる学問の進歩を顧慮して，文献学を一定の民族や時代の，例えば古代の，範囲に限定しないで，むしろ精神生活，国家の歴史，宗教，言語等々のあらゆる個々の側面を，現代に至るまでのその発展全体において，相互連関のなかで考察することがますます必要である，と考える。それによって文献学はたしかに解体されるが，しかしまさにそのことによって，現在の個々の方向性に対するより生き生きとした影響が文献学に保証されるという。われわれは文献学の課題を限定するこのやり方を，十分正当化されたものとしてはっきり承認した（31頁）。しかし精神生活のあらゆる側面の有機的連関を保持する文献学的考察が，それ

---

12) Karl Heinrich Milhauser, *Ueber Philologie, Alterthumswissenschaft und Alterthumsstudium* (Leipzig: Fried. Christ. Wilh. Vogel, 1837).

13) Carl Freese, *Der Philolog. Eine Skizze* (Stargard: C. Ferdinand Hendeß, 1841).

に対するまったく必然的な補完を形づくる。文献学の概念と範囲に関しては，フレーゼはその他の点ではわたしに賛成している。——これに対して，クリストフ・ルートヴィヒ・フリードリヒ・シュルツ『ローマ人の歴史的国家学の基礎づけ』[14]は，文献学からあらゆる政治的なものをふたたび取り上げようとする。彼は，国家学の基礎づけはローマ国家の考察から出発しなければならないということを指し示すと同時に，そ・れを彼の信念として提示することによって，古代の国家事情の考察を政・治家に要求する。ローマ国家が現代国家のまず基礎に存在しているかぎり，このことは正しいように思われるとしても，この見方は一面的すぎる。なぜなら，ローマ人におけるよりもギリシア人において，はるかに多くの理論と多面的な政治観が見出され得るからである。むしろ国家論は古代全体の政治から出発しなければならないし，あらゆる学科の最初の根拠は古代によって提供されており，またそれが歴史的基礎を有するかぎり，あらゆる学科は古代の上に築かれなければならない，ということがここで実証される。しかしそれだからこそ，古代国家の考察はひと・り政治家だけでなく，一般に考慮の対象となっている諸事情を知ってい・る人に当然の権利がある。あらゆる政治的考察に属する概念をもつためには，政治家は古代研究者にならなければならないし，古代研究者はそのかぎりでは国家についての識者にならなければならない。政治家そのものは，みずからが古代研究家であることが実証されないときには，古代国家の考察においてなにも成し遂げることができないことを，シュルツ氏は彼が古代に持ち込んだ間違った観念によって示している。シュルツ氏とともに語るなら，文献学者は国家の諸事情をいろいろ見て回らなかったとすれば，同様にほとんど何も成し遂げることができない。しかし，もし彼が国家の諸事情をいろいろと見て回ったとすれば，彼はみずから古代文献学をいろいろと見て回った政治家と同じくらい，多くのことを成し遂げるのである。それゆえ，ここにはいかなる対立もない。両方の側は古代の国家生活を探究するという目的のために，結合しなければならない。プラトンは『国家』において，国家のなかで特殊な業務を

---

14) Christoph Ludwig Friedrich Schultz, *Grundlegung zu einer geschichtlichen Staatswissenschaft der Römer. Mit Rücksicht auf die neueste Behandlung Römischer Staats- und Rechtsverhältnisse* (Köln am Rhein: Druck und Verlag von J. P. Bachm, 1833).

営むあらゆる人々から，財政学者でも法律家等々でもない全体の責任者として，政治家を区別する。このことはよく根拠づけられている。こうした個々の機能は政治家に役立つ特殊な分野にすぎない。法律家や官房官吏にすぎない人々が，みずからを政治家と見なし，政治家は書類を読み書きでき，またまず商人，銀行家，農民からみずから学ばなければならないことを知りさえすればよいと考えるとすれば，それは非常に奇妙なことである。政治家がそれをこうした人々から学ぶのと同じように，1つの民族の諸事情を構成するために，あらゆることについて，またソクラテスが言うように，あらゆる人々の間をあちこち歩き回りながら学ぶことができる，まったく政治家のような立場に立っている文献学者も，彼らから学んでもよかろう。哲学者がそういう状態にあることは論争の余地がないが，それどころか詩人ですら同じ必要性に身を置いている。すべての人は人生について学ばなければならないのである。要するに，完全な分離は何にもならない。そしてあらゆる考察から生じてくるのは，またしてもわれわれが古代研究とあらゆる個々の学科との間に確認した相互関係である。つまり，それが取り扱うあの古代の個々の分枝は，当該の学科の概念を必要とするし，同様に個々の学科は，根源にまで遡るためには，古代研究を必要とするのである。これらすべてのことは言語論，芸術論等々に同じように適用できる。そしてひとは，言語研究は古代において政治的考察ほどは一般的状況に依存せずに動くことができるなどと，主張することはできない。古代研究者は，言語論と政治学の研究を古代の考察として個別化することによって，国家と同じように古代の言語を取り扱う。——文献学の概念を限定しようとする上述の試みは，文献学は文法学とそれに基礎づけられた文字的記念物の解釈にのみ存する，という見解へと立ち返る。これがG・ヘルマン[15]と彼

---

15) ゴットフリート・ヘルマン（Gottfried Hermann, 1772-1848）。1772年にライプツィヒに誕生し，14歳でライプツィヒ大学に入学。もともとは父親の希望に沿って法学を学んだが，やがて古典語の研究を生涯の仕事と定めて，古典文献学の道に進んだ。1789年に母校ライプツィヒ大学の員外教授，1803年に正教授に就任。ギリシア語およびラテン語の正確な知識こそが，古代世界の知的生活を理解するための唯一の道であり，古典文献学の中心的課題であると主張し，ベークと熾烈な論争を展開した。いわゆる「ヘルマン−ベーク論争」である。詳細については，拙著『歴史と解釈学——《ベルリン精神の系譜学》』（知泉書簡, 2012年），100-105頁参照。

の弟子たちによって代表された，いわゆる形式的文献学である。形式的文献学の代表者たちが彼らの見解を概念に即して基礎づけようとするとき，彼らは必然的にそれを超えたところへと追いやられる。というのは，著作家についての解釈は文法学なしには不可能であるのと同じように，あらゆる現実的な学科なしには不可能なので，ひとが形式的な活動をそれに必要なあらゆる現実的な学科との結合において文献学と名づけようとするか，あるいはそのうちの1つ，つまり文法学との結合において文献学と名づけようとするかは，詰まるところは言葉の争いだからである[16]。

　文献学の概念と体系についての支配的な非学問的な見解は，テュービンゲンの学寮の図書館司書のハンス・ライヒャルト博士によって見事に評価された。この人は文献学的および哲学的な精神に満ちた，卓越した書物『文献学の区分』[17]において，わたしの理論から出発する。しかし彼は3つの主要部を指定しようとする。というのは，理解の形式的活動に対する対象と，客観的なものを叙述するための資料が存在しなければ，両方とも中身が空っぽだからである。それゆえ，彼は第3の，他の2つのものを条件づけている部分として，記念物学（Denkmälerkunde）を措定する。しかしながら，このことは承認することができない。1つの学問分野は形式ないし理念を含んでいなければならないが，これは記念物についての単なる学問の場合には，行われないことである。自然が自然学にとっての資料であるように，記念物は学問分野の資料である。しかし自然対象のメモにすぎないような自然科学という学科を立案することはできない。いわゆる自然史もこれには該当しない。そうではなく，自然史は地上に存在する自然考察の対象物に関する，自然の形式を説明する学問である。文献学にとっての記念物学であるところのものは，自然科学にとってのあらゆる自然現象の単なる列挙のようなものであろう。自然科学が自然現象をさまざまな学科において個別に考察するように，文献学はあらゆる所与の記念物を，解釈学と批判がその本質を

16）〔原注〕会計検査委員と執務審査官についての論文の序文（『小品集』第7巻，262頁以下）参照。

17）　Hans Reichard, *Die Gliederung der Philologie* (Tübingen: Ludwig Friedrich Fues, 1846).

突きとめることによって，実質的な部分において考察する。この実質的部分は加工された記念物そのものであり，その理念において認識された記念物である。ここには哲学におけるのと同一の事情がある。哲学においては，論理学もそれへと方向づけられているような，教理体系のなかに総括された一定の複合的対象物が，論理学に先行することはない。自然科学における感覚による直観のように，記念物学は1つの前提である。それゆえ，われわれが文献目録について述べた際に上で指摘したように，それは資料に関する知識を学問の個々の部分における基盤として挿入する唯一の正しい方法である。ライヒャルトは彼の記念物学そのものを寄せ集めと呼んでいる（10頁）。しかしその場合，それは学問ではないのであり，したがってわれわれはこの点でも根本的に一致している。――シュタインタールはわたしの理論を最もよく理解している。彼はわたしの理論を著書『関係代名詞について』[18)] の4-7頁と54頁，および同様に，著書『ヴィルヘルム・フォン・フンボルトの言語学とヘーゲルの哲学』[19)] において提示している。彼は自分自身の見解を著書『その相互関係における文献学，歴史，および心理学』[20)] において最も詳細に展開している。彼はとくに28頁でわたしとの本質的一致を明言している。たしかにわたしは彼のように心理学を引き込んではいないが，しかしこの方法はわたしの理論と結合することが可能である。そんな関係は思ってもみなかったが，それはわたしの哲学的原理は彼のものとは幾分異なっているからである。にもかかわらず，彼もまたわたしのように文献学と歴史を同等視しているが，その文献学と思弁との一致を論難しはしない。――おそらくバンローが『比較言語学についての一般的概要』[21)] において，わたしの見解を最も正確に，部分的には文字通りわたしの講義にしたがって（§2, 5頁以下），再現している。

18） Heymann Steinthal, *De pronomine relativo. Commentatio philosophico-philologica, cum excursu de nominativi particula* (Berlin : B. Behrium, 1847).

19） Heymann Steinthal, *Die Sprachwissenschaft Wilh. v. Humboldt's und die Hegel'sche Philosophie* (Berlin: Dümmler's Buchhandlung, 1848).

20） Heymann Steinthal, *Philologie, Geschichte und Psychologie in ihren gegenseitigen Beziehungen. Ein Vortag gehalten in der Versammlung der Philologen zu Meissen 1863 in erweiterneder Überarbeitung* (Berlin: Dümmler's Verlagsbuchhandlung,1864).

21） Louis Benloew, *Aperçu général de la science comparative des langues* (Paris: Ernest Thorin, 1859 ; 2. Aufl., 1872).

ハーゼはエルシュとグルーバー編集の『学問と芸術のエンツィクロペディー』第 III 区分，第 23 部（1847），387 頁以下の文献学の記事[22]において，わたしの詳説を論評している。彼の非難は大部分わたしの理論についての知識の欠如に基づいている。それゆえそれに個別に反論する必要はない。わたしはただ 1 つのことを述べておく。彼は形式的部分の名前を不幸に選択されたものと見なす。というのは，わたしがたしかに第 2 部で，材料の構成要素として形式を参照するように指示しながら，第 2 部が古代の素材を扱うのと違い，第 1 部がそのように古代の形式を扱っていないからである。この非難は適切なものではない。かりに概念の分析が問題であるとしても，ひとはより正確に見分けなければならない。2 つの部分は文献学の形式と素材を提示している。古代はわれわれによってはっきりと素材を恣意的に制限したものにすぎないと言われてきた。しかし対象そのものはもちろん固有の形式ももっている。しかしながら，その形式は文献学的学問の形式とは異なっていなければならない。哲学も事物の形式を扱うが，しかし誰もこの部分を形式的哲学とは呼ばず，この名前のもとでは論理学あるいは弁証法のみを把握する。論理学あるいは弁証法は，哲学的思索の形式，つまり思考形式を対象としているからである。ハーゼは 391 頁以下でみずから 1 つの体系を提示しているが，しかしそれは――わたしにはそう思われるが――彼の理解によれば，わたしの「図式」によって生じたものであるよりは，むしろ素材が「歪められ引き裂かれて」できたものである。彼は文献学の学科を導入的学科，主要な学科，および補助的な学科に分ける。

導入的な学科は
 I 歴史と文献学
 II 文献学のエンツィクロペディー
主要な学科は古代の生活を叙述する。ここには以下のものが属する。
 I 非歴史的なもの，自然，古代の地理学において叙述された
 II 前歴史的なもの，原始状態，これには神話と祭儀のなかに表現された原始時代の世界観が数えられる

---

22) Friedrich Haase, „Philologie," in *Allgemeine Encyklopädie der Wissenschaften und Künste*, herausgegeben von J. S. Ersch und J. G. Gruber, 3. Section, Bd. 23 (Leipzig: Brockhaus, 1847), 374b-422a.

Ⅲ　歴史的部分
　1　人倫性の領域，国家および個人レベルの古代の遺物において叙述された
　2　芸術の領域
　　A．模倣的芸術
　　　a）体操
　　　b）音楽
　　　c）身振りの芸術
　　B．発話的芸術
　　　a）プロソディー付きの文法学
　　　b）韻律論付きの詩学
　　　c）散文の芸術，数の理論付きの修辞学において叙述された
　　C．造形芸術
　　　a）建築術
　　　b）彫刻
　　　c）絵画
　3　学問の領域，文化史において叙述された。ここには個々の学問の歴史が属する
補助的な学科あるいは手段的な学科は
　Ⅰ　素材の総合目録
　　A．金石学付きの文学史
　　B．博物館学と古銭学
　　C．文献目録
　Ⅱ　素材の実用的理解のための手段
　　A．事典と語彙集
　　B．文法学
　　C．古代の専門知識のための補助手段，レアールエンツィクロペディー，事項百科事典
　Ⅲ　学問的成果のための素材の取り扱いに対する方法論
　　A．古文書学あるいは古文字学付きの下等批判
　　B．解釈学
　　C．高等批判

わたしはこの体系の詳細な批判に立ち入るつもりはない。その理由は，この体系がわたし自身の詳論によって，それがわたしの計画から逸脱するその点において，部分的には十分に論破されているし，部分的には今後さらに論破されるであろうからである。とくに奇妙なのは，非歴史的なもの，前歴史的なもの，および歴史的なものの分離である。人倫性と芸術の領域はなにしろ，神話と祭儀が歴史的でもあるのと同じように，前歴史的だからである。しかし地理学は，ハーゼが仮定するように，非歴史的ではない。それが自然の記述であるかぎり，それは文献学に属するのではなく，自然科学に属する。しかしもし地方の自然が国民に影響を及ぼすとすれば，文献学はそれに顧慮しなければならない。但し，その場合にはこの影響は歴史的であって，非歴史的ではない。それは人類の歴史に属している。同様に，言語研究者は言語の諸器官の本性を顧慮しなければならない。しかしそれが言語の発展に及ぼす影響は歴史的であるが，他方言語の諸器官の性質そのものは生理学によって調査される。

　ハレのエルツェの『体系としての文献学について』[23]は，わたしから出発するが，わたしが文献学を認識されたものの認識として表示することを咎める。その理由は，感じられたものにすぎないものを含む芸術も，それに属すからだというのである。わたしは上で，わたしが芸術作品のなかにもまた認識されたものをどの程度まで仮定しているかを示した。第2に，エルツェは，わたしが実質的な部分において，知の形式を究極的なもの・最高のものと見なしていることを咎める。その理由は，この形式は内容ゆえに存在しているからであると。しかしわたしは形式を考察のためのより繊細な要素，すなわちそのかぎりでの究極的なものと見なしているにすぎず，決して最高のもの一般と見なしているのではない。エルツェはたしかに哲学的考察が言語形式の考察よりも一層繊細であると考えている。しかしわたしにはこれは正しくないように思われる。文法的な相違は事実上最も繊細なものである。ギリシア語におけるγέ〔ともかく，少なくとも〕とἄν〔もし〕の用法について考えてみさえすればよい。これは哲学のあらゆるκομψότης〔優雅さ，洗練され

---

　　23) Karl Friedrich Elze, *Ueber die Philologie als System: Ein andeutender Versuch* (Dessau: Aue, 1845).

ていること〕を超えていく。音調，アクセント，語順，言語の分析全体も同様である。エルツェ自身は文献学を精神あるいは人間精神のあらゆる啓示の歴史的考察と定義し，それを自然の歴史的考察に並置し，そして両者を自然と精神についての哲学的考察と対置している。これはまさしくわたしが言うところと同じである。しかし精神は認識のうちにのみ存在する。だからこそわたしは「認識されたものの認識」と言うのである。なぜなら，認識されたものは精神のなせる業であり，そしてあらゆる精神的啓示は1つの認識を含んでいるからである。ひとは「認識されたものの認識」という表現に固執しなければならない。というのは，これによってのみ文献学の形式的部分と現実的部分の，あるいは技法と内実の，紐帯と統一性が見出され得るからである。もしその代わりに精神の歴史的認識を据えれば，事柄は曖昧になるだけである。文献学は明示化したあらゆる精神的産物の認識である。しかし精神が作るものは，認識あるいは認識されたものにほかならない。というのは，精神はただ思想を生産することができるだけだからである。思想を含まないあらゆる生産物は，当然のことながら精神的なものではない。エルツェはそれ以外の点ではわたしに賛成しているにもかかわらず，彼は私的生活と公的生活の関係を逆転させている。つまり，彼は私的生活を公的生活に優先させて取り扱おうとしている。それに対しては概念的に多くのことが言われ得る。しかし国家は包括的なものであり，あらゆるものは，私的生活でさえも，それに根ざしている。

ギーセンの正教授であるアントン・ルッターベック[24]は，感謝すべきわたしの教え子である。彼がギーセンのカトリック神学部の釈義学の正教授として刊行した素晴らしい書物『文献学が学問的に完成するためにその再生の必要性について』[25]において，彼はフリードリヒ・シュレーゲル[26]とラザウルクス[27]のあとを継ぎつつ，学問としての文献学は古典

---

24) Johann Anton Bernhard Lutterbeck（1812-1882）。カトリック神学者，神智学者，文献学者。1829/30年の冬学期にベルリン大学でベークのゼミを履修した。

25) Anton Lutterbeck, *Ueber die Nothwendigkeit einer Wiedergeburt der Philologie zu deren wissenschaftlicher Vollendung* (Mainz: Kupferberg, 1847).

26) Friedrich von Schlegel（1772-1829）。シュレーゲル兄弟の弟の方。哲学者，ロマン主義の主唱者，言語学者。

27) Ernst von Lasaulx（1805-1861）。ドイツの哲学者，文献学者。ヴュルツブルクおよ

VI　われわれの計画の草案　　　　111

　　　・・・・・・・・・・・・・・・・・・・・・・・
的古代についてのキリスト教的・哲学的理解と評価によって締めくく ら
れなければならないことを，示そうと努める。彼は古代の哲学的再構成
を意図し，それをキリスト教的・哲学的と名づけるが，それは彼がキリ
スト教哲学を絶対的なものと見なすからである。〔彼によれば，〕キリス
ト教哲学は原理を与えなければならないが，その際，原理のなかに，つ
まりキリスト教信仰のなかに含まれているもの以外には，いかなるそれ
以上の前提も認められないであろう。だが，この信仰は主観的に作られ
たものではなく，神的に基礎づけられたものである。キリスト教哲学の
原理は，古典的古代の生活におけるあらゆる現象を解釈するのに十分で
ある。これは従来の文献学の原理のなし得ないことだという。特殊なキ
リスト教哲学が存在し，かつそれが絶対的なものであることを，ひとが
ひとたび承認してしまえば，これに対しては，理想的な，すなわち理念
へと赴く方向性をもつ文献学の側からは，何一つ異議を申し立てること
　　　　　　　・・・・・・・・・・・・
ができないが，わたしはこれを否定する。いかにわたしがキリスト教を
尊重しようとも，哲学はわたしにとってキリスト教の上位に位置してい
る。古代的教養とキリスト教的教養は両極である。最高のものはそれら
に対する無関心のうちに存している。かかる無関心は未来に留保された
ままであり続ける。あるいは同じことであるが，〔最高のものは〕純人
間的なものとの結合によって，またこの純人間的なもののうちに解消す
ることによって，キリスト教が再生することに存している。

　〔本エンツィクロペディーの第1版は，以下の人々によって論評され
ている。『民族心理学と言語学のための雑誌』第10巻第2-3号（ベル
リン，1878）と第11巻第1号と3号（1880）におけるシュタインター
ル[28]。──『古代学の進歩に関する年報』第5号（ベルリン，1878と『文

びミュンヘン大学の教授を歴任。カトリックに対する強い確信を抱いていた。

28)　Hymann Steinthal, „Aug. Böckh, Encyklopädie und Methodologie der philologischen Wissenschaften. Herausgegeben von E. Bratuscheck.---Leipzig, Teubner 1877," in *Zeitschrift für Völkerpsychologie und Sparchwissenschaft*, X. (1878), 235-255; „Darstellung und Kritik der Böckhschen Encyklopädie und Methodologie der Philologie. Erster Artikel," in *Zeitschrift für Völkerpsychologie und Sparchwissenschaft*, XI. (1880), 80-96; „Darstellung und Kritik der Böckhschen Encyklopädie und Methodologie der Philologie. Zweiter Artikel," in *Zeitschrift für Völkerpsychologie und Sparchwissenschaft*, XI. (1880), 302-326; 以上3編の書評は，現在では Heymann Steinthal, *Kleine Sprachtheoretische Schriften*. Neu zusammengestellt und mit einer Einleitung versehen von Waltraud Bumann (Hildesheim & New York: Georg Olms Verlag, 1970),

学中央新聞』第41号（ライプツィヒ，1878）におけるブルジアン[29]。——『バイエルン・ギムナジウム・実業学校制度誌』第13号，および原著34頁で引用された書物におけるヘーアデーゲン[30]。——『アウクスブルク一般新聞』1878年，第83号の附録におけるエーゲノルフ[31]。——『イェナ文学新聞』1878年，第22号におけるマルティン・ヘルツ（『テーオドーア・モムゼンを記念する文献学の諸論文』（ベルリン，1877）の抜き刷りの，同氏の書「文献学のエンツィクロペディーのために」参照)[32]。——『レヴィスタ・ユーロペア』新シリーズ第7巻第3号（1878）におけるスカルタッツィーニ[33]。——『文学展望』第9号（1879）におけるヴィンゲン[34]。——雑誌『バイロン』Δ，第3巻第4号（アテネ，1879）におけるN・ペトレース。[35]］

543-605に再録されている。

29) Konrad Bursian, Rezension, in *Literarisches Centralblatt für Deutschland,* Nr. 41 (Leipzig: Eduard Avenarius, 1878), 1353-1354.

30) Ferdinand Heerdegen, Rezension, in *Blättern für das bayerische Gymnasial- und Realschulwesen*, XIV, 9, 407-410.

31) P. Egenolff, Rezension, in der Beilage zur *Augsburger Allgemeine Zeitung* (1878), Nr. 83.

32) Martin Hertz, „Zur Encyklopädie der Philologie," in *Jenaer Literaturzeitung* in Auftrag der Universität Jena, herausgegeben von Anton Klette, Nr. 22 (1878), 334-337; abgedruckt in *Commentationes philologicae in honorem Theodori Mommseni* (Berlin: Weidmann, 1877), 407ff.

33) Scartazzini, Rezension, in *Rivista Europea*, N.S. vol. VII, fasc. III (Milan, 1878).

34) Wingen, Rezension, in *Literarische Rundschau*, Nr. 9 (1879)

35) N. Petres, Rezension, in Βύρων. Δ(Athen, 1879). Nr. 3, 169-173; Nr. 4, 193-198.

第I主要部

文献学的諸学問の形式的理論

〔一般的概観〕

§15. 文献　アスト『文法学，解釈学，および批判の基本線』[1]。——フープマン『文献学の概要』[2]は，同一の学問分野を含んでいるが，まったく簡略に論述されている。——シュライアマハー『新約聖書にとくに関係づけて論じた解釈学と批判』。これはシュライアマハーの手書きの遺稿ならびに講義録に基づいてリュッケによって編集されたもので，彼の『全集』の神学編の第7巻（1838年）にあたる[3]（巨匠の手によって描かれた完璧な体系。わたしの叙述においては，シュライアマハーの理念はこの著作からではなく，より以前に報告された内容から利用されているが，しかしこうした事情のため，わたしはもはや自他の区別をできる状態にない）。——レーフェツォー「考古学的批判と解釈学について」[4]。——プレラー『考古学的批判と解釈学の概要』[5]（これは同氏の『古代学の領域からの選集』[6]に再録されている）。——ブルジアン「考古学的批判と解釈学」[7]。——［1867年にハレで開催された第25回文献学者大会のアードルフ・ミヒャエリスの弁論[8]，159ff.。——カール・フォン・プラントル

---

1) Friedrich Ast, *Grundlinien der Grammatik, Hermeneutik und Kritik* (Landshut: Jos. Thomann, 1808).

2) J. G. Hubmann, *Compendium philologiae* (Amberg: C. Kloeber, 1846).

3) *Friedrich Schleiermachers sämmtliche Werke*, Erste Abtheilung. Zur Theologie, 7. Band, *Hermeneutik und Kritik mit besonderer Beziehung auf das Neue Testament,* aus Schleiermachers handschriftlichem Nachlasse und nachgeschriebenen Vorlesungen herausgegeben von Dr. Friedrich Lücke (Berlin: G. Reimer, 1838).

4) Konrad Levezow, *Über archäologische Kritik und Hermeneutik.* Eine Abhandlung gelesen in der Königlichen Akademie der Wissenschaften zu Berlin am 21. November 1833 (Berlin: Druckerei der Königl. Akademie der Wissenschaften, 1834).

5) Ludwig Preller, „Grundzüge zur archäologischen Kritik und Hermeneutik," in *Zeitschrift für Alterthumswissenschaft* (1845), Supplement Nr. 13ff.

6) Ludwig Preller, *Ausgewählte Aufsätze aus dem Gebiet der klassischen Alterthumswissenschaft* (Berlin: Weidmann, 1864).

7) Conrad Bursian, „Archäologische Kritik und Hermeneutik," in *Verhandlungen der einundzwanzigsten Versammlung deutscher Philologen und Schulmänner zu Augsburg 1862* (Leipzig: Druck und Verlag von B. G. Teubner), 55-60.

8) „Bemerkungen des Professor Michaelis aus Tübingen bei Vorlegung von Probeblättern einer von ihm vorbereiteten Gesamtausgabe des Parthenons," in *Verhandlungen der*

『理解と判断』[9]。——ミュラーの『古典古代学ハンドブック』所収の F・ブラース「解釈学と批判」[10]。]

　ひとは論理学，つまり哲学的認識についての形式的理論を，無益なものと宣言してきたように，文献学的認識，つまり理解（Verstehen）についての形式的理論を，余計なものと見なすこともできる。論理学が発見される前に，ひとは論理的に考えてきた。そしてそのために或る理論を必要とすることなく，他者の思想を理解してきたし，また日々それを理解している。だがこのことは，われわれが理解の本質についてすでに述べたことから簡単に説明できる。すなわち，正しい理解は，論理的思考と同様，ひとつの技術（Kunst）であり，それゆえ部分的には半ば無意識的な熟達に基づいているのである。何かある別の技術にとってと同じくらい，理解するには特別な才能と特別な修練が必要である。他者の思想を解釈する際に日々犯される多くの間違いは，このことを示している。それどころか，学問の全時代と全学派がこのことを示してきた。こうしたことは，とくに宗教と哲学において，明確に浮かび上がってくる。両者は詩歌と同様，全面的に内的直観へと向けられており，また先験論的である。ところで理解は正反対の思考方向を要求するので，宗教的および哲学的な頭脳の持ち主は，詩的な頭脳の持ち主と同様，解釈ということを最も理解しない，とくに彼らが神秘主義に敬意を表するときにはそうであるということは，決して不思議なことではない。東洋全体は知力が抑圧されているために，理解するための素質をあまり具えていない。理解すること（Verstehen）——知力〔悟性〕（Verstand）はそこからその名称を得ている——は，たとえ想像力も必然的にそれにともに作用せざるを得ないとしても，本質的に知力の活動である。それは客観性と受容性を必要とする。主観的になればなるほど，またみずからを

---

fünfundzwanzigsten Versammlung deutscher Philologen und Schulmänner in Halle vom 1. bis 4. Oktober 1867 (Leipzig: Druck und Verlag von B. G. Teubner, 1868), 159-162.

9) Carl von Prantl, *Verstehen und Beurtheilen. Festgabe zum Doctor-Jubiläum des Herrn Professors Dr. Leonhard von Spengel* (München: Verlag von K. B. Akademie, 1877).

10) Friedrich Blass, „Hermeneutik und Kritik," in *Handbuch der klassischen Alterthumswissenschaft,* in Verbindung mit einem Anzahl Gelehrten herausgegeben von Iwan Müller, Bd. 1 (Nördlingen: C. H. Beck'sche Verlag, 1885), 127-272.

ひいきにすればするほど，理解の才能は少なくなる。ひとはあらゆる知力に反した解釈をいかにすることができるかについては，哲学においては，新プラトン主義者たちが，プラトンの解説をする際に，ひときわ優れた実例を与えてくれる。そして新約聖書においては，間違った解釈にまったく始めもなければ終わりもない。けれども解釈者たちのなかには，精神と知識に富んでいて，多くのことを理解できるのに，このことだけは理解できない人たちがいる。著名な文献学者たちもまた，しばしば理解することに習熟しておらず，最良の者たちですらしょっちゅう思い違いをする。それゆえ，理解するのに実際に一つの技術が必要であるとすれば，この技術にはそれなりの理論がなければならない。その理論は理解の原則を学問的に発展させたものを含んでいなければならず——もちろん大抵の解釈学と批判の作業においてそうであるように——，単に実践的なあれこれの規則であってはならない。これらの諸規則は，それ自体としてはまったく良いものであるが，しかし理論においてはじめてその本当の説明を見出し，特殊な適用においてはるかに上手に習得される。それと同時に，およそ文献学的技術はあらゆる技術と同様，実際に行使するなかで学ぶことのできるものであり，理論の全体はこのような実行から帰納的に導き出されるべきである。論理学の知識があってもそれ〔だけ〕では哲学的思想家になれないように，理論によっては誰も良い釈義家や批評家にはなれない。理論の価値は，それがなければひとが無意識的に営んでいることを，意識へともたらすところにある。解釈と批判とが目指す目標と，こうした活動を主導しなければならない視点は，文献学的活動を純粋に経験的に営んでいる人には，ぼんやりと不完全に思い浮かぶだけであり，理論によってのみ学問的明晰性へと高められる。それゆえ，理論は文献学的活動の実行を規則正しくする。それは混乱の原因と確実性の限界を指し示すことによって，眼識を鋭敏にし，混乱を防ぐ。それゆえ，文献学は理論によってはじめて本当に技術となる。多くの文献学者たちが，解釈と批判における単なる経験的熟達を，すでに技術と見なしているとしても。というのは，ここでも「官吏の杖をもっている者は多いが，神から霊感を受けた者は僅かで

ある」(Πολλοὶ μὲν ναρθηκοφόροι, Βάκχοι δέ γε παῦροι)[11]と言われているからである。

　われわれは，理解についてのわれわれの定義にしたがって，理解における解釈学と批判を別々の契機として区別した。ライヒャルトはこのような区別が許容できるかどうかに異論を唱えて，批判は解釈の1契機にすぎないということを証明しようと努めている(『文献学の区分』，19頁以下)。しかしながら，両者は明らかに異なった機能である。われわれが解釈学に対象それ自体を理解するという課題を割り振ったとき，それによって意図されているのは，当然のことながら，ひとは他の多くのものを顧慮することなく何かを理解することができる，ということではない。解釈するためには，実に多様な補助手段が用いられなければならない。しかし目的は，問題となっている対象そのものを，その固有の本質において理解することである。これに対して，批判が，例えば，1つの異文(Lesart)が正しいかどうか，あるいは1つの作品が特定の著作家が書いたものかどうかを確定するとき，これらについての判断が獲得されるのは，その異文が周囲の状況に対してもっている関係が，あるいはその作品の性質が当該の著作家の個性に対してもっている関係が，調査されることを通してである。このような調査は，2つの比較された対象が一致するか，あるいは両者が異なるものであるか，を明らかにする。そこから次に，さらなる結論が導かれる。あらゆる批判において，ひとはそのようなやり方で処理する。例えば歴史的行為が判断されるとき，批判はその行為がそこで追求されている目的と，あるいは正義の理念などと，一致しているのかいないのかを調査する。詩についての美的批判においては，その詩がそれが属する文学的ジャンルの芸術的規則と一致しているかどうかが調査される。それゆえ，批判の課題は1つの対象それ自体を理解することではなく，多くの対象の間の関係を理解することである。その場合，解釈学的機能と批判的機能が互いをどのように前

---

　11) 『小品集』第5巻，248-396頁所収のピンダロスの詩を批判的に論じた学術論文参照。*A Greek-English Lexicon*, compiled by Henry George Liddell and Robert Scott, revised and augmented throughout by Henry Stuart Jones (Oxford: Oxford University Press, 1990) の "ναρθηκοφόρος の項には，Zen.5.77 を典拠としてこの句が引かれている。ちなみに，それには "there are many officials, but few inspired" という英訳が併記してある。

提し合っているかは，のちほど示されるであろう。

　解釈学と批判はいつでも，ある伝承されたもの，あるいは一般的に報告されたもの，に関係する。これはあらゆる多様性にもかかわらず，いずれにせよ，認識されたものの・し・る・しであるか，すなわちすべての言語的報告，文字的記号，音符などのように，形式にしたがって後者とは異なっているものであるか，それともそれは芸術作品や技術作品，直観に直(じか)に与えられた生活の仕組みなどのような，そこに表現されているものと形式にしたがって・一・致・し・て・い・る形成物である。しかし後者の種類の精神的発露もまた，解釈学と批判によって解読されなければならない，いわばヒエログリフ[12]のようなものである。なぜなら，ひとはいろいろな形式についての正しい認識から，人間の活動の所産における形式の意義を，あるいはむしろそれを通して表現された理念を，作品の内実ないし意味を，推論するからである。これはまだあまり顧慮されていない特別な視点である。芸術と技術の形成物に関して，ひとは考古学的な解釈学と批判を形成し始めたところである（先述の文献解題で触れた試みを参照のこと）。われわれは一般的理論のこうした特殊的応用をわれわれの叙述からは排除せざるを得ない。

---

12) 「聖なる刻字」の意。古代エジプトの象形文字。

第 I 部

解釈学の理論

〔解釈学の定義と区分／解釈学の文の文献目録〕

§16. 文献　カール・ルートヴィヒ・バウアー『最良の解釈学説によってトゥーキューディデースを読むことについての論文』[1]。──ゲオルク・フリードリヒ・マイアー『一般的な解釈技法の試み』[2]。──シェーラー『古代のラテン著作家を文献学的かつ批判的に説明するための手引き』[3]。──ヨーハン・アウグスト・エルネスティ『新約聖書の解釈の提要』第5版[4]──モールス『新約聖書の解釈学についての学術講演』[5]──ベック『古文書および記念物の解釈についての註解』[6]（部分的には浅薄な判断，部分的には覚え書きを編集したもの）──ゴットロープ・ヴィルヘルム・マイアー『旧約聖書解釈学の試み』[7]──カール・アウグスト・ゴットリープ・カイル『文法的・歴史的解釈の原則による新約聖書の解釈学の教本』[8]──フリードリヒ・リュッケ博士『新約聖書の解釈学とその歴史の概要』[9]──ヘンリク・ニコライ・クラウゼン『新

---

1) Karl Ludwig Bauer, *dissertatio de lectione Thucydidis optima interpretandi disciplina* (Leipzig: Breitkopf, 1753).

2) Georg Friedrich Meier, *Versuch einer allgemeinen Auslegungskunst* (Halle: Carl Hermann Hemmerde, 1757).

3) Immanuel Johann Gerhard Scheller, *Anleitung, die alten lateinischen Schriftsteller philologisch und kritisch zu erklären und den Cicero gehörig nachzuahmen, nebst einem Anhange von einer ähnlichen Lehrart in der griechischen und hebräischen Sprache.* 2. Ausg. (Halle: Joh. Jac. Curts Wittwe, 1783).

4) Johann August Ernesti, *Institutio interpretis novi testamenti.* 5. Aufl.(Leipzig: Weidmann, 1809).

5) Samuel F. N. Morus, *Super hermeneutica novi testamenti acroases academicae*, herausgegeben von Eichstädt. 2 Bde. (Leipzig: C. F. Koehler, 1797-1802).

6) Christian Daniel Beck, *Commentationes de interpretatione veterum scriptorum et monumentorum* (Leipzig: bibliopolio Gleditschio, 1790, 91, 99).

7) Gottlob Wilhelm Meyer, *Versuch einer Hermeneutik des Alten Testaments.* 2 Bde. (Lübeck: Friedrich Bohn, 1799, 1800).

8) Karl August Gottlieb Keil, *Lehrbuch der Hermeneutik des Neuen Testaments nach Grundsätzen der grammatisch-historischen Interpretation* (Leipzig: Friedrich Christian Wilhelm Vogel, 1810).

9) Dr. Friedrich Lücke, *Grundriss der neutestamentischen Hermeneutik und ihrer Geschichte*

約聖書の解釈学』[10]——『芸術と学問のハレ・エンツィクロペディー』所収のエーミル・フェルディナント・フォーゲル「解釈学と解釈者」[11]——シュライアマハー『F・A・ヴォルフのほのめかしとアストの教本に関連しての解釈学の概念について』[12]——ディッセン『ピンダロスの詩歌の理論について, およびそれにつけ加えて解釈のジャンルについて』[13]——F・H・ゲルマール『一般解釈学と神学的解釈学へのその応用のための寄稿論文』[14], 同『近代的釈義の批判』[15]——ゴットフリート・ヘルマン『解釈の機能について』[16]——カレル・ガブリエル・コベット『文献学者の主要機能としての, 文法学と批判学の基礎に依拠した, 解釈の方法についての演説』[17]——[シュタインタール『解釈の方法と形式について』[18]。——ミュラーの『古典古代学ハンドブック』所収のF・ブ

(zum Gebrauch für Vorlesungen nebst einer Einleitung über das Studium derselben zu unserer Zeit) (Göttingen: Vandenhoeck & Ruprecht, 1817).

10) Henrik Nikolai Klausen, *Hermeneutik des Neuen Testaments*, aus dem Dänischen übersetzt von C. O. Schmidt-Phiseldek (Leipzig: Karl Franz Köhler, 1841).

11) Emil Ferdinand Vogel, „Hermeneutik und *Interpres*," in *Allgemeine Encyklopädie der Wissenschaften und Künste [....]*. Hrsg. Von J. S. Ersch und J. G. Gruber. Zweite Section: H-N. Hrsg. Von G. Hassel und A. G. Hoffmann. Sechster Theil: Heräa-Herpes (Leipzig: Brockhaus, 1829), 301-323.

12) Schleiermacher, *Ueber den Begriff der Hermeneutik mit Bezug auf F. A. Wolfs Andeutungen und Asts Lehrbuch*. Akad. Abh. v. 1829. Werke, zur Philosophie, 3. Bd. 344ff. このアカデミー講演は, 現在では「批判的全集」(Kritische Gesamtausgabe, 略号 KGA) の第11巻に収録されている。KGA 11, 599-677 参照。

13) Georg Ludolf Dissen, „De ratione poetica carminum Pindaric. et de interpretationis genere iis adhibendo," in der Ausgabe des Pindar, Bd. 1, *Pindari Carmina quae supersunt cum deperditorum fragmentis selectis ex recensione Boeckhii* (Gotha: F. Hennings, 1830).

14) Friedrich Heinrich Germar, *Beytrag zur allgemeinen Hermeneutik und deren Anwendung auf die theologische. Ein Versuch zur nähern Erörterung und Begründung der panharmonischen Interpretation* (Altona: Buchhandlung von K. Busch, 1828).

15) Friedrich Heinrich Germar, *Kritik der modernen Exgese, nach den hermeneutischen Maximen eines competeten Philologen versucht* (Halle: C. A. Kümmel, 1839).

16) Gottfried Hermann, *De officio interpretis* (1834), abgedruckt in seinen *Opusculis*, Bd. VII.〔原注〕この論文の批評 (1835年)(『小品集』第7巻, 405-477頁) と, ディッセンの論文の批評 (1830年)(同377-378頁) を参照。

17) Carel Gabriel Cobet, *Oratio de arte interpretandi, grammatices et critices fundamentis innixa, primario philologi officio* (Leiden : H. W. Hazenberg, 1847).

18) Heymann Steinthal, „Ueber die Arten und Formen der Interpretation," in *Verhandlungen der 32. Versammlung deutscher Philologen und Schulmänner in Wiesbaden vom 26.-29. September 1877* (Leipzig: B. G. Teubner, 1878), 25-35.

ラース「解釈学と批判」[19]〕。

　解釈学（Hermeneutik）という名称は，ヘルメーネイア（ἑρμηνεία）に由来している。この言葉は明らかに神ヘルメース（ヘルメアス）（Ἑρμῆς [Ἑρμέας]）の名前と関連があるが，しかしここから導き出せるものではなく，むしろ両者は同じ語源を有しているのである。これがいかなるものであるかは確かではない。神ヘルメースはおそらく冥府の神々に属しているが，もしひとが神ヘルメースの原義を度外視するとすれば，この神々の使者はデーモンと同様，神々と人間との間の仲保者として現れる。彼は神的な思想を明示し，無限的なものを有限的なものへと翻訳し，神的な精神を感覚的現象へともたらす。ここから彼は区別，尺度，特殊化の原理を意味する。かくしていまや，意志の疎通（Verständigung）に属するすべての事柄（τὰ περὶ τὴν ἑρμηνείαν），とりわけ言語と文字，の発明もまた彼に帰せられる。というのは，これらによって人間のいろいろな思想は形成され，そうした思想のなかにある神的なもの，無限的なものは，有限的な形式へともたらされるからである。つまり内的なものが理解可能にされるのである。ヘルメーネイアの本質はこの点に存している。それはローマ人がelocutio〔言表，表現〕と名づけたところのものである。すなわち思想の表現ということ，したがって理解すること（Verstehen）ではなく，理解できるようにすること（Verständlichmachung）である。この言葉の非常に古い意味はこれに結びついており，それによればこの言葉は，他者の会話を理解できるようにすること，通訳することである。ホ・ヘルメーネウス（ὁ ἑρμηνεύς），つまり通訳は，すでにピンダロスの『オリュンピア祝勝歌集』オリュンピア第2歌に見出される[20]。通訳することとしては，ヘルメーネイア（ἑρμηνεία）は本質的にエクセーゲーシス（ἐξήγησις）〔説明，解釈〕と異なるものではない。そしてわれわれはたしかにエクセ

　　19）　Friedrich Blass, „Hermeneutik und Kritik," in *Handbuch der klassischen Alterthumswissenschaft,* in Verbindung mit einem Anzahl Gelehrten herausgegeben von Iwan Müller, Bd. 1 (Nördlingen: C. H. Beck'sche Verlag, 1885), 127-272.
　　20）　「だがそれは智ある者にだけ語りかけ，万人に向かっては解釈者を必要とする。」ピンダロス，内田次信訳『祝勝歌集／断片選』（西洋古典叢書）京都大学学術出版会，2001年，23頁。

ゲーゼ（Exegese）〔釈義〕を解釈学と同義のものとして用いる。古代のエクセーゲータイ（ἐξηγηταί）〔解釈者，説明者〕におけるエクセゲーゼの最も古い用法は，聖遺物の解釈であった（これに関しては，『芸術と学問のハレ・エンツィクロペディー』所収のベーア[21]の記事「エクセゲーゼ」を参照のこと）。しかし解釈学においては解釈だけでなく，解釈によってただ説明されるだけの，理解そのものが問題である。この理解は，もしこれが表現として把握されるとすれば，ヘルメーネイアの再構成である。

　ひとがそれにしたがって理解すべき原則，つまり理解の諸機能は，いたるところで同一であるので，解釈の対象によって解釈学の特殊な相違が生じることはあり得ない。聖なる解釈学（hermeneutica sacra）と俗なる解釈学（hermeneutica profana）との間の相違は，したがってまったく許容されない。聖書が人間的な書物であるとすれば，それはまた人間的な法則にしたがって，すなわち通常の仕方で理解されなければならない。しかし聖書が神的な書物であるとすれば，それはあらゆる解釈学を超えており，理解の技法によってではなく，神的な霊感によってのみ把握され得る。しかしながら，すべての真に聖なる書物は，あらゆる天才的な霊感から成立した作品と同様，おそらくひたすら2つの源泉から同時に理解されるのが好ましい。人間の精神は，あらゆる理念をみずからの法則にしたがって形成するのであるから，たしかに神的な起源を有している。これに対して，対象の特殊性に応じて，一般的な解釈学的原則の特殊的な適用が存在する。それゆえ，ローマ法の解釈学やホメーロスの解釈学などと同じように，新約聖書の特殊的な解釈学ということは，もちろん考えることができる。しかしこれは素材にしたがってさまざまに変化するものの，根本的には同一の理論である。芸術解釈学という分岐もまたここに属する。これは芸術作品を言語的記念物とまったく類比的に説明しなければならない。われわれが考古学的解釈の特殊な性質を考慮しないように，われわれはまた言語的作品における素材の特有性からのみ生ずるものは，すべてこれを度外視する。つまり言語的伝統の大部分は文字によって固定されているので，文献学者は説明する際に，1)

---

　21) Carl Christian Wilhelm Felix Bähr（1801-74）。プロテスタント神学者。

書き記すもののしるし，つまり文字（Schrift），2) 書き記すもの，つまり言語（Sprache），3) 書き記されたもの，つまり言語に含まれている知識（Wissen），を理解しなければならない。古文書学者（Paläograph）はしるしのしるしに立ち止まる。これはプラトンが『国家』第6巻509でエイカシア（εἰκασία）〔似姿，像〕と呼ぶ認識の段階である。単なる文法学者は書き記されたもののしるしに，つまりドクサ（δόξα）〔臆見，思わく〕という認識の段階に固執する。ひとが書き記すものそのものまで，つまり思想にまで突き進むときにのみ，真の知たるエピステーメー（ἐπιστήμη）〔知識〕が成立する。われわれはいまや文字のしるしを前提とし，それゆえ解読の技術には携わらない。この解読の技術は，それを解く鍵がない場合には，かぎりなく多くの未知のものに基づく解釈学である。同様にわれわれは，言語的特徴づけと書き記された思考との間の相違を考慮しない。われわれは言語の音声の側面ではなく，言葉で結合された表象をのみ解釈学の対象と見なすからである。かくして，そのようにして見出された原則は，こうした表象が言語によるのとは異なった仕方で表現されている場合でも，妥当性をもっていなければならない。われわれはみずからの理論において，報告の最も一般的なオルガノンとしての，言語に限定されているが，それにもかかわらずそうである。

§17. 解釈の実際の特殊な相違は，解釈学的活動の本質からのみ導き出される。理解とその表現たる解釈にとって本質的なのは，報告されたものあるいは伝承されたものの意味および意義が，それによって制約され規定されるところのものについての意識である。これに属するのは，まず報告手段の，すなわち——いま暗示したばかりの限定における——言語の，客観的意義である。報告されたものの意義は，まずもって語義そのものによって制約され，そして通用している表現の全体が理解されるときにのみ，理解され得る。しかしながら，あらゆる語り手ないし書き手は，言語を特有かつ特別な仕方で用いる。つまり語り手ないし書き手は，みずからの個性にしたがって言語に変更を加える。それゆえ，どんな人であれその人を理解するためには，その主観性を考慮に入れなければならない。われわれはそのような客観的・一般的

な見地からの言語の解釈[22]を文法的解釈（grammatische [Interpretation]）と名づけ，主観性の見地からの言語の解釈を個人的解釈（individuelle Interpretation）と名づける。しかしあらゆる報告の意味は，そのもとでそれが生起する現実の諸関係，ならびにそれが向けられている当人たちにおいて，その知識が前提されている現実の諸関係によって，さらに制約されている。1つの報告を理解するためには，ひとはこうした諸関係のなかに身を置かなければならない。例えば，1つの文字作品は，それが成立した時代の通用している表象との連関において，はじめてその真の意義を獲得する。現実の状況からのこの解釈をわれわれは歴史的解釈（historische Interpretation）と名づける。われわれはこれによって，通常，事実解釈（Sacherklärung）ということで理解されているところのもの，すなわち歴史的注釈の山を築き上げることを意味してはいない。かかる歴史的注釈の山は，解釈される作品を理解するためにまったく無くても済むものである。というのは，釈義は理解の諸条件を提供しさえすればよいからである。歴史的解釈は，語義そのものが客観的な状況によっていかに変更を加えられるかを調査することによって，文法的解釈と密接に結びついている。しかし報告の個人的側面もまた，その影響下で報告がなされるところの，主観的な状況によって変更を加えられる。かかる主観的状況は報告者の方向と目的を規定する。多くの人々に共通な報告の目的が存在する。そこから報告についての一定のジャンルが，つまり言語における説話のジャンルが生じる。韻文と散文の特質ならびにそれらの異なった語り方は，叙述の主観的な方向と目的とに存している。このような一般的な相違へと個々の著者の個人的目的は整頓される。すなわち，個人的目的は一般的ジャンルの変種にすぎない。目的は報告されたものの理想的な，高次の統一であり，かかる統一は——規範として設定されると——芸術の規則であり，またそのようなもの

---

22) ここで「解釈」と訳したのは，通常は「説明」ないし「解説」と訳される，"Erklärung" という語である。序論の注15でも述べたように，ベークの場合には，ディルタイにおけるような「理解」（Verstehen; verstehen）と「説明」（Erklärung; erklären）の明確な概念的区別は存在しない。ベークにおいては "Erklärung" および "erklären" という語は，自然科学と精神科学の別を問わず，人間の解釈学的行為全般に用いられている。それゆえ，翻訳に際しては "Erklärung" と "Interpretation／Auslegung"，"erklären" と "interpretieren／auslesen" を厳格に区別しないで，多くの場合に「解釈（する）」と訳出することにする。

としてつねに特別な形式で，つまりジャ︎ン︎ル︎（Gattung）というかたちで，表現されて現れる．それゆえ，ひとは報告をこの側面へと解釈することを，種︎類︎的︎解︎釈︎（generische Interpretation）と名づけるのが一番良い．歴史的解釈が文法的解釈に結びつくように，種類的解釈は個人的解釈に結びつく．

　このような4種類の解釈において，理解のすべての条件が捉えられるということ，つまりこの列挙が完全であるということ，このことは以下のような区分の概観から帰結する．

　解釈学は，以下の通りである．
　　I．報告されたものの客︎観︎的︎な諸条件からの理解
　　　a）語義そ︎れ︎自︎体︎から——文︎法︎の解釈
　　　b）現実の状況との関係における語義から——歴︎史︎的︎解︎釈︎
　　II．報告されたものの主︎観︎的︎な諸条件からの理解
　　　a）主体そ︎れ︎自︎体︎から——個︎人︎的︎解︎釈︎
　　　b）目的と方向のうちに存している主観的状況との関係における主体から——種︎類︎的︎解︎釈︎

　§18．さ︎て︎，こ︎れ︎ら︎の︎異︎な︎っ︎た︎種︎類︎の︎解︎釈︎は︎，相︎互︎に︎ど︎の︎よ︎う︎な︎関︎係︎に︎あ︎る︎の︎だ︎ろ︎う︎か︎．たしかに，われわれは概念にしたがってそれらを明確に区別したが，しかし解釈そのものを実行する際には，それらはつねに混じり合う．ひとは個人的解釈を利用することなしには，語義そのものを理解することができない．というのは，誰かによって話される言葉は，いかなる言葉であろうとも，すでにその人が一般的な語彙から取り出したものであり，ある個人的な付加物をもっている．この付加物を抽出しようとすれば，ひとは話し手の個性を知らなければならない．同じように，一般的な語義は，現実の状況と説話のジャンルによって変更を加えられている．例えば，βασιλεύς〔一般的には「王」の意〕という語は，ホメーロスの用語法においてとアッティカ共和国においてでは，まったく異なった意味をもっている．χρόνος〔時，時間〕やσημεῖον〔しるし〕といった語は，哲学と数学と歴史学の叙述においては異なった意味をもっている．ひとは語義のこのような制約を歴史的解釈と類的解釈によって確定しなければならないが，しかしながらそれらの要素は

ふたたび文法的な解釈によってのみ見出され得る。というのは，すべての解釈は文法的解釈から出発するからである。

　ここから生じる課題の循環は，すでに上述の88頁以下〔§12参照〕で言及された困難，つまり文献学の形式的機能とその実質的結果との関係に存する困難，に立ち戻るよう命ずる。すなわち，文法的解釈は文法の歴史的発展についての知識を必要とする。歴史的解釈は歴史一般についての特別な知識なしには不可能である。個人的解釈のためには個人についての知識が必要であり，そして種類的解釈は様式のジャンルについての歴史的知識に，したがって文学史に基づいている。そのようにこれらの異なった種類の解釈は，実際のいろいろな知識を前提としているが，これらの知識はすべての資料の解釈によってはじめて獲得され得るものである。しかしここから同時に判明するのは，この循環がいかにして解決されることができるかということである。すなわち文法的解釈は，それをさまざまな個人的ならびに現実的な諸条件のなかで考察することによって，ある表現の語義を突きとめる。そしてこれを言語全体へと拡大することによって，言語の歴史が作り出され，文法と辞書が作り上げられる。ところでこの文法と辞書は，その後ふたたび文法的解釈に奉仕し，同時に進展する解釈学的活動によって完成させられる。これによってひとは爾余の種類の解釈に対する，同時にまた実質的学科一般の構築に対する，基礎を手にする。こうした学科がより広範に発展すればするほど，解釈はより完全に成功する。例えば新約聖書の解釈学は，ギリシアの古典著作家の解釈の後回しにならざるを得ないが，その理由は，新約聖書においては文法，文体論，そして歴史的諸条件が，はるかに不完全に突きとめられているからである。アッティカの作家の文法はそれ自体，新約聖書の言語のそれよりも無限にはっきりした特徴をもっている。新約聖書の言語は，ギリシア的なものとオリエントのものとの悪しき混合の産物であり，より粗悪な言葉遣いだからである。さらには，新約聖書の著者たちは無教養な人たちであって，彼らはアッティカの人々において見出されるような，はっきりした特徴をもった芸術形式については，まったく想像もつかない。それゆえ，彼らの文体を理解するためには，彼らの宗教的熱狂と彼らの理念のオリエント的活力とに身を置いて考えなければならない。しかし新約聖書の書物がそのもとで成

立した歴史的諸条件は，神話的な曖昧さによって包まれている。ギリシア人の古典的時代に関しては，文体の形式についての知識は，抒情詩的詩歌において最も不完全である。したがって抒情作家の解釈はとくに困難である。ここでは詩人の作詩法（Compositionsweise）は，その詩人の作品そのものから，解釈によって見出されるべきである。だがしかし，解釈は最も重要な点で，ひとが作詩法から形成した表象に依存している。それゆえ，ここでは循環が特別な技法を用いて回避されなければならない。そこでわたしは次のように主張した。すなわち，ピンダロスの作詩について，われわれの時代に至るまでいかなる概念ももてなかったのは，われわれが彼を解釈する仕方を理解しなかったからであり，また逆に，われわれが彼を解釈する術を知らなかったのは，主として，彼の作詩を理解しなかったからである，と[23]。同様のことは，シュライアマハーによってはじめてその作文の手法が突きとめられた，プラトンについても当てはまる[24]。

　たとえたえず相互に関連し合っているとしても，いろいろな種類の解釈は必ずしもつねに一様に適用されることはできないということによって，解釈学の課題は容易にされる。個人的解釈が適用可能性の最小限にまで低下するところで，文法的解釈は適用可能性の最大限に到達する。キケローのように，民族と言語の一般的精神のみを叙述する著作家は，主として文法的に解釈され得るが，この場合には解釈は容易である。これに対して，著作家が独創的（オリジナル）であればあるほど，またその著作家の見解と言語が主観的であればあるほど，個人的解釈はますます優勢さを増す。タキトゥスがキケローよりも解釈するのが難しいのは，かかる理由によるのである。文体のジャンル全体も同様の仕方で異なる。叙述が客観的であればあるほど，それだけますます文法的解釈に帰属する。そこで叙事詩や歴史作品においては，例えばタキトゥスにおけるように，著者の主観的性質がこの状況を止揚しないときには，個人的解釈のみならず歴史的解釈もまた最も大幅に後退する。これに対して散文において

23）〔原注〕『小品集』第 7 巻，369 頁以下所収の「ディッセンによるピンダロス版についての批判」（1830 年）を見よ。

24）〔原注〕『小品集』第 7 巻，1 頁以下の「シュライアマハーによるプラトンの翻訳についての批判」（1808 年）を見よ。

は，例えば書簡のような親密な書き方で書かれた作品の場合，そして韻文においては抒情詩の場合，解釈は最も錯綜したものとなる。

§19. けれども，解釈学の課題が含んでいるこの循環は，必ずしもすべての場合に回避できるものではないし，また一般には決して完全には回避できるものではない。ここから判明するのは，解釈に設定されている限界ということである。ある表現や言い回しの語義を，それが出現する別の事例と比較して確定することは，もしそれが他のどこでも明瞭にこの形式で存在していないとすれば，さしあたり不可能である。まさに同一の対象が同時に文法的解釈と個人的解釈の，あるいは個人的解釈と種類的解釈の，あるいは歴史的解釈と種類的解釈の，唯一の基礎であるとすれば，その課題は解決不能である。しかしそれ以外にも，あらゆる個人的表現はかぎりない数の状況によって制約されており，したがってこれを論証的明晰性へともたらすことは不可能である。ゴルギアースは『自然について』περὶ φύσεως という書物のなかで，現実的認識を伝達する可能性を否定しているが，そこで次のように述べている。すなわち，聞き手と話し手とは——彼の爾余の根拠を無視するならば——互いに異なっているので，聞き手は言葉を聴いたとき話し手と同一のものを考えない。というのは，「どちらも相手と同じことを考えない」(οὐδεὶς ἕτερος ἑτέρῳ ταὐτὸ ἐννοεῖ) からである。同一の人間ですら同一の対象を必ずしもつねに同一の仕方で知覚はせず，したがって自分自身を完全には理解しない。それゆえ，もし異なった個人が完全には決して理解され得ないとすれば，解釈学の課題はただ無限の近似（Approximation）によってのみ，つまり一項一項前進するが決して完結することのない漸進的な接近によってのみ，解決され得る。

しかしながら，感情にとっては，ある場合には完全な理解が達成される。そして解釈学的な芸術家は，そのような理解を所有することで，難題を解決すればするほど，ますます完全になるであろう。しかしもちろん有為なる感情をさらに踏み込んで解釈することはできない。この感情とは，それのおかげで他者が認識したところのものが，いっぺんに再認識される当のものである。そしてそれがなければ，実際にいかなる伝達能力も存在しないであろう。つまり，個々人は異なっているにも

かかわらず，彼らはまた多くの関係において一致している。だからこそひとは算定することによって，他人の個性をある程度まで理解することができるが，少なからぬ表現においては，感情のなかに与えられている生き生きとした直観によって，それを完全に把握することができる。ゴルギアースの命題には，「似たものは似たものを知る」(ὅμοιος ὅμοιον γιγνώσκει) という別の命題が対立している。――これこそ，それによって理解が可能となる，唯一のものである。つまり天分の同質性（Congenialität）[25]が必要なのである。このような仕方で解釈する人のみが，天才的な解釈者と名づけられ得る。というのは，解釈されるものとの類似性から作用を及ぼす感情は，内的に生産的な感情だからである。ここでは悟性に代わって，想像力が解釈学的活動として現れる。そこからまた，修練を別にすれば，必ずしも誰でもがすべてに対して同じほど優れた解釈者ではあり得ず，一般的に解釈するためにはもともとの才能が必要である，ということになる。ルーンケン[26]が批判について述べた，「批評家はなるものではなく，生まれるものである」(Criticus non fit, sed nascitur) ということは，解釈にもまた当てはまる。すなわち，「解釈者はなるものではなく，生まれるものである」(Interpres non fit, sed nascitur)。しかしこのことが意味しているのは，ひとは学問を速成で習得することは決してできず，ただ発展させ鍛錬することができるだけだということである。本性は鍛錬によって形づくられ，眼識は理論によって鋭くなるが，しかし本性そのものがまず存在しなければならないことは，明らかである。生まれつき理解するための眼識をもった人たちが存在する。これに対して，人間は誤解するためにも理解するために

---

25) Congenialität（=Kongenialität）は通常「同質性」と訳されるが，わたしはあえてこれを「天分の同質性」と訳すことにする。この語のもとになっている形容詞 kongenial は，genial（ラテン語の genius「才，天分」が語源。「天才的な」の意）に接頭辞の con- がくっついたもので，そこから「精神的に同じ高さをもつ」とか「同程度の才能のある」という意味を表す。ドイツ語の大きな辞書 Duden には，"hinsichtlich der Interpretation eines genialen Werkes von entsprechendem [gleichem] Rang" という説明が施されている。つまり，Congenialität とは「ある天才的な作品が同等の才能をもった評者によって解釈される」場合にとくに用いられる用語であり，それは解釈者（認識者）と解釈対象（認識対象）との間の，天分や気質の同質性・同等性を表している。

26) David Ruhnken（1723-1798）。ドイツの古典文献学者。オランダのライデン大学教授（1761-98）。多くの後期古代作家の校訂注解を行った。

も生まれついているので，少なからぬ解釈者は基礎からして間違っている。解釈学的な諸規定を機械的に適用することによって，才能は発展するものではない。むしろひとが解釈する際にみずから生き生きと自覚している諸規則は，鍛錬によって無意識的に考察できるほどによどみないものにならなければならない。しかしそれは同時に，それのみが具体的な解釈の確実性を保証する，自覚的な理論へと結合されなければならない。真正の解釈学的芸術家においては，かかる理論そのものは感情のなかへ受け入れられ，そしてそのようにして，屁理屈をこねる詭弁から守られた，正しい勘が成立する。

　著作家は文法と文体論の原則にしたがって文章を作るが，大抵はもっぱら無意識的に作る。これに対して解釈者は，その原則を意識することなしには，完全には解釈することができない。というのは，理解する人はなにしろ反省するからである。著者は生み出すのであり，彼自身がそれについてさながら解釈者として立っているときにのみ，自分の作品について反省するのである。ここから帰結してくることは，解釈者は著者自身がみずからを理解するのとまさに同じくらいだけでなく，さらにより良く理解することさえしなければならない[27]，ということである。というのは，解釈者は著者が無意識的に作ったものを，明瞭な意識へともたらさなければならないからである。そしてそのときにまた，著者自身には無縁であった幾つもの事柄が，あるいは幾つもの見込みが，解釈者に開けてくる。解釈者はそのなかに客観的に潜んでいる，かかるものをも知らなければならないが，しかし主観的なものとしての著者自身の意図からは，それを区別しなければならない。そうでないとすれば，解釈者は，プラトンについてのアレゴリカル解釈や，ホメーロスについての古代の解釈や，新約聖書についての非常に多くの解釈のように，〔意味を〕読み取る代わりに読み込むことになる。そのときにはある量的な誤

---

　27)　これはディルタイによって流布された有名な解釈学的命題であるが，それはすでにシュライアマハーによって次のように定式化されている。「ひとは著者と同程度に理解しなければならず，そして著者よりもよく理解しなければならない」（Man muß so gut verstehen und besser verstehen als der Schriftsteller），と。ベークもここでシュライアマハーと同一の見解を表明している。Vgl. Fr. D. E. Schleiermacher, *Hermeneutik*, nach den Handschriften neu herausgegeben und eingeleitet von Heinz Kimmerle, zweite, verbesserte und erweiterte Auflage (Heidelberg: Carl Winter Universitätsverlag, 1974), 56.

解が発生し，ひとはあまりにも多くを理解することになる。これはそれとは正反対の，ひとが著者の意図を完全には把握しないとき，したがってあまりにも少なく理解するときに発生する，量的な理解不足と同じほど，欠陥的なものである。それ以外にも，ひとは質的に誤解することがある。このようなことは，著者が意図しているのとは違うものを理解するとき，したがって著者の表象を他のものと取り違えるときに起こる。これはまた，とくにアレゴリカル解釈においては，例えばある現存のアレゴリーを間違って解釈する際に，生起する。

§20. われわれはここで，アレゴリカル解釈をより詳細に論じる。幾人かのひとはこれを特殊な種類の解釈学と見なしている。聖書においては，文字的な意味，アレゴリカルな意味，道徳的な意味，そして神秘的な意味（der anagogische oder mystische [Sinn]）[28]という，四重の意味が区別されるべきだとの中世に支配的な見方は，アレクサンドリアの哲学と神学に由来する。これにしたがえば，4つの種類の解釈が生じるが，しかしこれらは2種類に還元され得る。文字的な意味の解釈に対立しているのは，アレゴリカル解釈，すなわち文字的な意味とは異なる意味を証明するものだけである。道徳的解釈と神秘的解釈は，アレゴリカル解釈の変種にすぎない。前者において，文字的な意味の代わりに用いられる意味とは，ひとが譬え話や寓話のなかに与えられている感覚的イメージの意味として，道徳的思想を見出すときのような，道徳的意味である。これに対して神秘的解釈においては，アレゴリカルな意味とは思弁的な意味である。例えば，神話におけるいろいろな表象は，超感覚的な存在の像として把握される。すなわち，それは「知覚し得るものから思惟によって捉えられるものへと連れ戻される」（ἀνάγεται ἀπὸ τοῦ αἰσθητοῦ ἐπὶ τὸ νοητόν）。しかし文字的な意味は，理想的なイメージ，あるいはアレゴリカル解釈がそれに代えて別の感覚的な対象を用いると

---

28) anagogisch という形容詞は，ギリシア語の名詞 ἀναγωγή〔=（独）das Hinaufführen; das „Hinaufführen" des Eingeweihten zur Schau der Gottheit;（英）leading up; lifting up of the soul to God〕に由来する。アナゴーゲーは，本来，「上へ連れて行く」「導き上る」「持ち上げる」ことを含意するが，そこから神秘主義に特有な，宗教的に高揚した恍惚状態を意味するようになった。かくして anagogisch は mystisch とほぼ同義に用いられるようになった。

ころの，感覚的な対象を表示することもあり得る。例えば，ピンダロスの『ピュティア祝勝歌集』ピュティア第 4 歌において，ひとがペリアース[29]とイアーソーン[30]の形姿をアルケシラーオス[31]とダモピロス[32]という歴史上の人物のアレゴリカルな叙述として解釈するときがそうである。そのようなアレゴリーは単純なアレゴリー，あるいは歴史的なアレゴリーと名づけることができる。

　アレゴリー一般の本質から帰結してくることは，アレゴリカル解釈はいずれにせよ非常に広い適用範囲を見出さなければならない，ということである。というのは，アレゴリーは言語と思考の本質に深く基礎づけられており，それゆえ頻繁に適用される叙述方法だからである。まず神話がアレゴリカルに解釈されなければならない。というのは，神話はつねに超感覚的なものの感覚的象徴であって，それゆえ言葉が言い表すのとは異なる意味を含んでいるからである。したがって，聖書をアレゴリカルに解釈することは，その基礎が神話的であるので，正当化されることである。唯一問題であるのは，ここで聖書記者がこのアレゴリカルな意味をどのくらい意識的に解釈のなかに含めたか，ということである。さて，古代人の詩歌全体は神話によって貫かれており，また一般にすべての芸術は象徴的なやり方をするので，古代文学のすべての部門はアレゴリカル解釈を必要とする。すべての叙事詩は神話的な物語であり，それゆえ古代人はすでにホメーロスをアレゴリカルに解釈した。しかしこの種の解釈はここで，神話のもともとの意義について何も知らない，詩人の意図を超える。それゆえ解釈者はここで，自分がどこでホメーロスを解釈しているのか，あるいはどこで神話そのものを解釈しているのか，綿密に区別する必要がある。例えば，『神曲』 *Divina commedia* においてアレゴリーを徹底的に意識的に用いるダンテにおいては，事情はまったく異なっている。彼においては，アレゴリカル解釈は真に

---

29) ポセイドンとテュロの子。イオルコス（テッサリアのマグネシアー）王。

30) イオルコス人，アイソンの子。アルゴー乗組員の指導者。

31) リビアのキューレネーの代々の王の名前であるが，ここで言及されているのはアルケシラーオス 4 世のこと。民主制を叫ぶキューレネー人たちによって殺害され，8 代続いたバッティダイ王朝は滅亡した。

32) リビアのキューレネーの貴族。当時亡命中で，テーバイでピンダロスにもてなされたこともあるという。

馴染んだ本来的なものとしてある。それどころか，われわれは『饗宴』Convito において，彼自身から真正のアレゴリカル解釈を受け取っているのである。これは，プラトンの『饗宴』に似た愛の哲学を含んでいる，一般的にきわめて注目すべき書物である。彼はそこで，あらゆる文字がいかにして四重の意味で理解され得るか，そして彼自身が詩作において，文字通りの意味のほかに，いかにつねに別の高次の種類を念頭に置いてきたかを，言明している。かくして，例えば，『神曲』におけるベアトリーチェは，同時に最高の学問である思弁的神学のアレゴリカルな表現である。ダンテのアレゴリーのなかでは，同時に時代の性格に相応していたのが，崇高で素晴らしい努力であるが，しかしもちろんそれは，幾つかの風変わりで素敵な表象のなかに，その弱点もみずから担っている。抒情的な詩においては，神話的なアレゴリーは大抵意識的に用いられる。わたしはすでにピンダロスからの1つの実例を挙げておいた。彼においては，アレゴリーはつねに一定の意味においてのみ見出される。すなわち，彼が扱っている神話の，あるいは詩に詠っている歴史の，同時代人たちの状況への適用として見出される。神話は，彼においては，それ自体のために叙述されるのではなく，ある非神話的なもの，ある現実的なもの，を理想的な光のなかに据えるための手段である。神話は人間の生活の理想像であり，それゆえ道徳的思想をも意味にもつことができる。ちなみに，たとえ幾つかの叙事詩の形式において，意識的な神話的アレゴリーがまったく生じないとしても，すべてのものは芸術一般に固有な象徴的性格をもっている。すべてにおいて，最も軽快な幻想劇のなかにすら開示される，思想を理解することが肝要である。もちろん，ここでは状況は主に繊細な感情によって仲介される。最も難しいのは演劇におけるアレゴリカル解釈の課題である。演劇の本質は行為の叙述である。しかし行為の内的な核，その魂は，そのなかで開示される思想である。ある悲劇はすでに外的に象徴的なものの特質を帯びている。おそらく最も純粋なのは，アイスキュロスの『〔縛められた〕プロメーテウス』であろう。しかしすべてにおいて，1つの普遍的な主導的思想がこの古代詩人の念頭に浮かぶ。ソポクレースにおいては，同一のものは『アンティゴネー』のなかで最も明瞭に表現されている。この作品においては，尺度となるものは最高善であり，正しい努力においてす

ら誰も思い上がったり，激情に従ったりしてはならないという倫理的思想が，登場人物のさまざまな行為のなかに生き生きと具現化される。喜劇においては，普遍的な思想だけでなく，しばしばその時代の事件や状況に関する個性化された思想が，表現へともたらされる。アリストパネースにおける多くのものは，後者の種類のものである。『すずめばち』，『雲』，『蛙』等々の，彼の合唱隊の名前がすでに示しているように，アリストパネースは徹底的に象徴的である。『鳥』は貫徹されたアレゴリーを含んでいる。鳥の国家の設立は，シチリア軍事作戦時のアテーナイの国情に対する諷刺である。『アンティゴネー』が道徳的アレゴリーの，『プロメーテウス』が思弁的アレゴリーの実例であるように，『鳥』は歴史的アレゴリーの実例である。散文においても，アレゴリカル解釈はさしあたり，神話的なものが及ぶかぎりにおいて，適用可能となる。例えば，宗教的散文や哲学においてである。それゆえ，プラトン的な神話は，当然のことながら，アレゴリカルに解釈されなければならない。これらの神話は芸術的に形づくられているので，ひとは一方ではそのなかに潜んでいる哲学的思想を突きとめなければならないし，他方ではそのイメージがどこから取られているのか，またその形式と本質が，例えば『パイドロス』において，世界体系についてのピロラーオス[33]的な表象によって，いかに制約されているかを，調査しなければならない。しかしプラトンは神話においてのみならず，それ以外のものにおいてもまた，思想をアレゴリカルな衣装でくるんでいることが稀ではなく，それゆえアレゴリカル解釈は，彼においては追い払うことができない。それ以外にも，散文のあらゆる分野においてアレゴリカルな部分は見出される。

　アレゴリカル解釈の適用可能性に対する判断基準は，文字通りの語義は理解には十分でないということにのみ，明らかに存している。このことは，文法的解釈が個人的，歴史的，種類的解釈によって突きとめられ

---

33) Philolaos, Φιλόλαος（c.BC470-c.BC390）。ギリシアの哲学者。南イタリアのクロトーン出身。ソクラテスの同時代人で，ピュータゴラース学派に属する。前450年頃，ピュータゴラース教団の解散によってテーバイへ赴き，同派の教えをギリシア本土に広めた。「肉体は魂の墓場である」という言葉はよく知られている。一説によれば，プラトンの『ティーマイオス』はピロラーオスからの剽窃であるといもいわれる。

た事態に対応しない意味を生み出すときに，当てはまる。例えば，ピンダロスの頌歌の文法的な意味が，その頌歌の目的とその基礎になっている諸関係にふさわしくないとすれば，ひとは文字通りの意味を超えていくことを余儀なくされる。アレゴリカルな意味そのものは，つねに言語の本質にふさわしいと同時に，それ以外の諸条件にも合致しているような，文字通りの言葉の意味を転義したものである。それゆえ，アレゴリカルな意味を突きとめるためには，ひとは文法的解釈によって判明する転義の可能的な事例のなかで，作品全体の意味とそのあらゆる部分の相互的関係とが要求する，そのような事例を選び出す必要がある。これはただ個人的解釈と種類的解釈によってのみ見出され得るものであるが，その場合同時に，歴史的解釈によって現実的な諸条件が考察に引き入れられるべきである。アレゴリカル解釈はまた，そうした諸条件によって動機づける以上のところまでさらに行くことは許されない。ここで正しい限界を守ることはもちろん難しいことである。一般的には，もしひとが衒学的な著作家になろうと思わなければ，アレゴリーを個々の点について過度に追求しないよう気をつけなければならない。真に古典的な作品においては，アレゴリーはつねに壮大なものとして保たれている。戯れの解釈や屁理屈を捏ねたような解釈は，戯れたり屁理屈を捏ねたりする著作家にのみ適用することが許される。かくしてズュフェルン[34]は，有名な論文「アリストパネースの鳥について」(『ベルリンアカデミー論文集』1827年) において，あまりにも先に進みすぎた。ケッヘリー[35]はわたしへの祝賀の書『アリストパネースの鳥について』(チューリヒ，1857年，四折版)[36]において，よりすぐれた解釈を与えてくれた。最近の解釈者たちがこの関係で古代の悲劇作家を解釈するやり方は，しばしば子どもっぽい。こうした度を超したやり方に対する見事な批判を，ア

---

34) Johann Wilhelm Süvern (1775-1829)。プロイセンの教師・政治家。ヴィルヘルム・フォン・フンボルトに倣って，プロイセンの学校教育の改革に尽力した。

35) Hermann August Theodor Köchly (1815-1876)。ドイツの古典学者・文献学者・教育改革者。

36) Hermann August Theodor Köchly, *Ueber die Vögel des Aristophanes.* Gratulationsschrift der Universität Zürich zum 15. März 1857 als den fünfzigjährigen Doctorjubiläum des Herrn Geheimrath und Professor August Boeckh in Berlin (Zürich: Druck von Zürcher & Furrer, 1857); abgedruckt in *Opuscula Philologica*, Bd. 2 (Leipzig: B. G. Teubner, 1882), 215-250.

ンリ・ウェイユの論攷『ギリシア悲劇と国家との結びつきについて』[37]が含んでいる。

　もしひとが手元にあるアレゴリーを理解しなかったとすれば，その際にそれ以外の点ではまったく正しく理解しているにもかかわらず，理解したことが・少・な・す・ぎ・ることによって，量的に間違いを犯している。かくしてひとは，レリーフとか絵画の場合には，アレゴリカルな意味を知らなくても，あらゆる個々の部分と全体の意味とを理解することができる。しかしアレゴリーが，受け入れられるべきでないところで，受け入れられるとすれば，ひとはたしかに量的にも間違いを犯したのであるが，つまり・あ・ま・り・に・も多く理解したのであるが，しかし同時に質・的に間違いを犯したのである。というのは，いまやひとは間違った意味を挿入することになるからである。1つの例を挙げてこれを示してみよう。プラトンの『ティーマイオス』は次のように始まる。「一人，二人，三人……おや，四人目の人は，ティマイオス，どこですか。あなた方は，昨日はわたしのお客になったから，今度は主人役にまわって，わたしに御馳走してやろうということでしたが」(Εἷς, δύο, τρεῖς, ὁ δὲ δὴ τέταρτος ἡμῖν, ὦ φίλε Τίμαιε, ποῦ τῶν χθὲς μὲν δαιτυμόνων, τὰ νῦν δὲ ἑστιατόρων;)[38]。古代の解釈者たちはこの箇所の通常の語義を完全に理解しており，そしてプロクロス[39]の註解が示しているように，それについて優れた注釈を行っている。しかし彼らにとって，これでは十分ではない。彼らはそのなかにさらに道徳的な意味を探し，もしこれへのきっかけがまったくないとすれば，さらにその上に，神秘的な意味〔einen mystischen, anagogischen [Sinn]〕を探す。自然界の創作（φυσικὴ ποίησις）全体は数によって組み立てられる，と彼らは言う。さて，対話は物理的内容のものであるので，プラトンは3つの根源的な数でもって始めなければならなかった。しかしそのなかにはある神学的なものも存在すべきであった。一，二，三という数字は神的な三重性を表してお

---

37) Henri Weil, *De tragoediarum Graecarum cum rebus publicis conjunctione* (Paris: apud Joubert, 1844).

38) 『プラトン全集』第12巻, 種山恭子・田之頭安彦訳『ティマイオス・クリティアス』（岩波書店，1975年），4頁。

39) 〔ギ〕Proklos, Πρόκλος〔ラ〕Proclus Lycaeus（410/412-485）。ギリシアの新プラトン主義の哲学者で，この学派の最後の偉大な代表者。

り，自然哲学においてはひとはここから出発しなければならない。つまり一性（Einheit）はあらゆる創造の第一原理，あらゆる事物の根源を表している。二性（Zweiheit）は分離の原理ならびに万有の諸要素の区別から生じるあらゆる事物の原像の原理を，三性（Dreiheit）は創造的な原理を表している。かくしていまや事態はさらに先へ進む。あらゆる言葉のなかに思弁的・神学的な奥義が探し求められる。これこそが，哲学者が頻繁に解釈するような種類の事例である。ロンギーノスはそのようなやり方をしなかったので，哲学者としては認知されなかった（35頁を見よ）。しかし明らかにこの解釈には，量的な誤解だけではなく，質的な誤解もある。著者に由来する諸概念にもともとはない意味が差し込まれるからである。そうした諸概念がそのような意味をもっていないということは，厳密な歴史的ならびに個人的解釈から明らかになる。プラトンも彼の同時代人たちも，そのような変な考えは知らなかった。もし彼の教養が中世から生じてこなかったとしたら，ダンテは同様にそれから守られていたことだろう。

　以上に述べたことから，アレゴリーは特別の，そして非常に重要な種類の叙述であること，しかしその理解は決して特別な種類の解釈を構成しないことを，ひとは見てとることができる。そうではなく，アレゴリカル解釈は他のすべての解釈と同様，われわれが挙げた4つの種類の解釈学的活動の共同作用のうちに存在している。一般にこうした種類の叙述について，しかしとくに神話的な叙述については，ベンヤミン・ゴットホルト・ヴァイスケが，彼の書物『プロメーテウスと神話圏』[40]への序論（『叙述の，とくに神話的叙述の，哲学』[41]という表題で転載されている）で，非常に詳細かつ厳密に論じている。われわれがいまこの4種類の解釈学を個々に調査するとき，われわれは叙述とその手段という概念をより詳しい考察に服せしめる機会を見出すであろう。

　40）　Benjamin Gotthold Weiske, *Prometheus und sein Mythenkreis*. Nach dem Tode des Verfassers herausgegeben von Hermann Leyser (Leipzig: Karl Franz Köhler, 1842).
　41）　Benjamin Gotthold Weiske, *Philosophie der Darstellung, besonders der mythischen* (Leipzig: Karl Franz Köhler, 1841).

I
文法的解釈（Grammatische Interpretation）

　§21. 文法的解釈は特殊な事例ごとに，それ以外の解釈方法なしには完成されることができないにもかかわらず，ひとはまず言語全体についての一般的な知識から語義を見出し，しかるのち著者の個性についての全体直観から，および歴史的状況とジャンルの性格から，欠けている部分を補足しなければならない。当然のことながら，こうした作業は時間的には相互に並行してなされるが，しかしつねにその基礎を形づくるのは文法的解釈である。それゆえ，われわれはまず文法的解釈について論じよう。

　言語とは有意義な諸要素から構成されたものである。そのような諸要素として現れるのは，言葉そのもの，言葉の変化形式と構造，そして語順の形式である。さて，文法的解釈が規定する必要のある客観的な語義は，一方では個々の言語的諸要素それ自体の意義に存しており，他方ではそれらの諸要素の連関によって制約される。

1　個々の言語的諸要素それ自体の意義

　もしそれぞれの言語的要素がただ 1 つの客観的意味をもっているとすれば，個々の要素の意義が伝承されているかぎり，文法的解釈は容易いであろう。主たる困難は，いろいろな言葉やそれ以外の言語的形式が多義的である，という点に存している。けれども，ひとがある言語の諸要素の各々が有する複数の意義のなかに，同一の根本的意義を再認識

しないときには，ひとはその言語を決して理解しないであろう。文法的解釈は，言語は恣意的な制定（θέσει[1]）によって成立したものではなく，――すでにプラトンが『クラチュロス』において証明したように――人間的本性の法則から生じた（φύσει[2]）ものである，という見解から出発しなければならない。もし言語が恣意的な制定によって成立したものであったとすれば，その組織の各々は悉く恣意的な意義をもち得るであろう。だが，言語においてはもとから法則と必然性が支配しているのであるから，これは真実ではない。もちろん，制定ということがまったく排除されているわけではなく，またそれはみずから自然にかなったものになることができる。これはプラトンが同様にすでに議論したところである。したがって，1つの言葉には，もともとはそこにはなかったが，自然にかなった仕方でその根本的意義に結びつく，確固たる哲学的概念が与えられることがある。しかしながら，言語形成においては同時に，逆の種類の制定もともに作用する。著しい実例を挙げるなら，そのようにして南海の幾つかの島においては，新しい君主の就任の際や類似の機会に，多数の言葉が廃止され，それに代わって新しい言葉が導入される（ヴィルヘルム・フォン・フンボルト『カーヴィ語』[3] 第2巻，295頁）。現代の化学者がその材料を命名するやり方は，このような奇妙な種類の言語設定にくらべて，負けず劣らず恣意的である。そのような奇抜な行為は，しばしば理解を逃れているにもかかわらず，解釈学そのものが解明しなければならないところの，病的な現象である。自然には言語の各々の形成にただ1つの意味が基礎となっており，そこからそのすべての異なった意義が導き出せる。けれども，あらゆる言葉とあらゆる構造には1つの根本概念がある，と言うことはできない。というのは，1つの概念は定義づけられなければならないが，いろいろな言語形成の根本的

---

1) θέσει は女性名詞 θέσις〔1. 置くこと，2. 配列，配置；位置，立場，3. 定立〕の単数与格の形。

2) φύσει も同様に，女性名詞 φύσις〔1. 生まれ，素性，2. 性質；本性，3. 自然, etc.〕の単数与格の形で，φύσει あるいは ἐκ φύσεως で「生まれつき」「本来」の意味を表す。

3) Wilhelm von Humboldt, *Über die Kawi-Sprache auf der Insel Java, nebst einer Einleitung über die Verschiedenheit des menschlichen Sprachbaues und ihren Einfluß auf die geistige Entwickelung des Menschengeschlechts*, 3 Bde. (Berlin: Druckerei der Königlichen Akademie der Wissenschaften, 1832-1840).

I　文法的解釈（Grammatische Interpretation）

意義は決して定義づけられないからである。つまり，根本的意義は 1 つの直観（Anschauung）なのである。

そこから判明してくるのは，言語の諸要素が同一の根本的意義を有しつつ，それにもかかわらず，いかにして同時に多義的でもあり得るか，ということである。すなわち，同一の対象はさまざまな仕方で直観されるので，それはまたさまざまな仕方で表示される。そしてこの場合，複数の対象が同一の直観のもとに属するので，それはまた同一の言語的表現によって表示されることができる。同音異義語（Homonymen）と同義語（Synonymen）の可能性は，これに基づいている。「同音異義語は同一の名称によって異なったものを意味し，同義語は異なった名称で同一のものを意味する」(homonyma iidem nominibus diversa significant, synonyma diversis nominibus eadem significant)。デーダーラインは，「教育的経験と修練」（エアランゲン，1849 年）という論文（彼の『公開講話』[4] 292 頁以下に付録として再録されている）において，この概念を見事に論じている。彼は，同一の根本的意義を有しつつも，つまりここでは Schliessende の意義を有しつつも，異なる対象を表示するところの，Schloss のような言葉を，非本来的なあるいは見かけ上の同音異義語と呼んでいる。彼はまったく異なる語源から，それゆえまた異なる根本的意義から出発しながら，ただ偶然に音声上一致しているような，同じ音をもった言葉を本当の同音異義語と見なしている。例えば，ホメーロスの用語においては，「限界」の意味の οὖρος（ὅρος の代わりに），「番人」の意味の οὖρος（ὁρᾶν と類似），「追い風」の意味の οὖρος（αὔρα と類似），「壕」の意味の οὖρος（ὀρύσσω と類似），「山」の意味の οὖρος（=ὅρος）がそうである。しかしながら，ひとはむしろこのような最後の種類の同音語を，見かけ上のあるいは非本来的な同音異義語と呼ぶことができる。なぜなら，ここではさまざまな対象がただ見かけ上，同一の語によって表示されるからである。もし鳥の Strauss〔ダチョウ〕（ラテン語の struthio〔ダチョウ〕に由来）と花の Strauss〔花束〕が，偶然にも同じ響きをもっている，同じ名前で呼ばれるとすれば，この名前はまさにまったく異なる語源に由来しているので，ただ見かけ上同一であるにす

---

4)　Ludwig Döderlein, *Oeffentliche Reden mit einem Anhange pädagogischer und philologischer Beiträge* (Frankfurt am Main: M. Heyder u. Zimmer, 1860).

ぎない。音はただその意義によって名前になるのであり，したがって異なった根本的意義をもった言葉は，本当は同じ名前ではない。本当の同音異義語は，これにしたがえば，「動物」の意味のζῶονと「画像」の意味のζῶονのように，異なった対象を同一の根本的直観によって表示したものであろう。各々の言葉はその多様な適用において，きわめて本来的に一連の同音異義的な名称を生み出す。にもかかわらず，ひとは表示された対象が異質的であると捉えられるときにのみ，同音異義的な名称をそのように名づける。例えば，このような同音異義的な名称は，カテゴリーに関するアリストテレスの書物の始めに，ὁμώνυμον〔同名のもの，同種のもの〕という言葉のもともとの論理的な意味のなかにもある。さて，これに対して，もし同義語が同一の対象を表示する異なった言葉であるべきだとすれば，この定義は類似の限定を要求する。そうでなければ，アリストテレスが前述の箇所で，σύώνυμον〔同じ名前のもの，同じ意味のもの〕という語の論理的な意味からこれを行っているように，ひとは人間と牡牛を同義語と見なすことができるであろう。というのは，両方の言葉によって同一のものが，つまり動物という類が表示されるからである。ひとはこれらの言葉を同義語とは呼ばないが，それは人間の直観と牡牛の直観はあまりにも異なっており，また類は明らかに異なった仕方で呼ばれるからである。それゆえ，同義語とは同一の対象が異なった言葉で表示されたものであり，その根本的直観はわずかに異なっているものとして，あるいはまったくもって異なっていないものとして捉えられる。かくしてPferd〔馬〕とRoss〔乗用の馬〕とGaul〔駄馬〕は，同義的と見なされるが，それはひとが根本的意義の相違について意識していないからである。相違はここで，Pferd（〔ギリシア語の〕παρά〔傍に，近くに〕とラテン語のveredus〔駅馬，駿馬〕から造語されたparafredus）という言葉は外国語から借用されているが，他の2つの場合にはもともとの意義が曖昧になっている，ということである。もしひとが3つの言葉の根本的意義を意識していたとしたら，それらはたしかに同じ類を表示するとしても，しかしこの類の内部で，動物という類の内部における牡牛と人間のように，まさに異なった直観を表現するであろう。言葉の絶対的意味での同義語，すなわち徹底的に同じ意義の言葉，したがって同じ根本的直観の言葉というものは，存在しない。し

I 文法的解釈 (Grammatische Interpretation) 147

たがって，同音異義語は，1つの言葉の根本的意義を許容する，できるかぎりの相違を表し，これに対して同義語は複数の言葉の根本的意義の間のできるかぎりの接近を表す。

　しかし言語形成の根本的見解は，異なった対象への適用によって直接的にだけでなく，間接的に1つの対象から他の対象への転用によっても，細かく区別される。このことは換喩 (Metonymie)[5]，隠喩 (Metapher)[6]，提喩 (Synekdoche)[7]によって起こる。1つの言葉が，その根本的意義のおかげで，一定の対象を表示するために用いられるとき，その言葉は，この対象が諸特徴の1つによって一面的に直観されることによって，その対象がもつ諸特徴をも表示することができる。これが換喩である。アリストパネースは『鳥』718行以下で次のように述べている。「でいやしくも未来についての判断と来れば，何でも鳥占ってわけなんだ，噂だって鳥占だし，くしゃみもお前さんらは鳥占って呼ぶ，出会いも鳥，声音も鳥，等々」(ὄρνιν τε νομίζετε πανθ' ὅσαπερ περὶ μαντείας διακρίνει·ἤμη γ' ὑμῖν ὄρνις ἐστίν πταρμόν τ' ὄρνιθα καλεῖτε, ξύμβολον ὄρνιν, φωνὴν ὄρνινetc.)[8]。換喩はこれでもって滑稽に表示されるが，かかる換喩のおかげでὄρνις〔鳥，鳥占い〕は前兆というまったく一般的な意味をもっている。鳥は古代人においてはきわめて頻繁に前兆と見なされるので，すでにホメーロスにおいてあらゆる前兆は鳥と名づけられる。ひとはこの場合，他のすべての特徴，すなわち動物としての鳥の属性は度外視して，鳥を単に前兆を示すものとして見ている。bellum〔戦争〕の代わりに Mars〔軍神マルス〕が，Macedones〔マケドニアー人たち〕の代わりに sarissae〔マケドニアーの長槍〕が用いられ

---

　5) 修辞法の1つで，あるものを表すのに，これと密接な関係のあるもので置き換えること。例えば，「舌」で「言語」を，「角帽」で「大学生」を表す場合が，これに当たる。

　6) 修辞法の1つで，たとえを用いながら，表面的にはその形式（「ごとし」「ようだ」など）を出さない方法。例えば，白髪になったことを「頭に霜を置く」という類がそうである。

　7) 修辞法の1つで，全体（または一般的なもの）と部分（または特殊的なもの）との関係に基づいて構成された比喩。全体（または一般的なもの）の名称を提示して1つの名称に代え（「竜骨」で「船」を表す類），また1つの名を提示して全体（または一般的なもの）を表す（「剣」で「武器」を表す類）こと。

　8) アリストパネース，呉茂一訳『鳥』，高津春繁編『アリストパネース』世界古典文学全集，第12巻（筑摩書房，1964年），221頁。

るとき（『ヘレンニウスに与える修辞学書』[9] *ad Herennium* 4, 32 には「このように容易にではないが，マケドニアーの長槍はギリシアにまさっている」〔Non tam cito sarissae Graecia potitae sunt〕と記されている），事情はこれと似ている。その場合，ひとは軍神マルスということで，彼がその人格化であるところの，活動をのみ見ており，神の人格性を度外視している。しかしマケドニアー人の槍においては，マケドニアー部隊の無敵の力が見られる。さて，ひとが換喩において一つの対象に関して際立たせる直観が，同時に第2の対象において見出されるとすれば，後者は前者によって表示されることができる。この点に隠喩が存している。ライオンは特別に勇敢であると見なされるので，ひとはライオンのなかにもっぱらこの属性を見る。さて，この属性は人間においても見出されるので，英雄はライオンと表示されることができる。隠喩は換喩同様，比喩的な表現である。そこにおいて，1つの表象はそれ自体のためにではなく，それと結びついている別の表象のために，呼び起こされる。換喩の場合には，直観においてその対象と結びついている特徴の比喩として，比較から生じる隠喩の場合には，類似している別の対象の比喩として，ひとは1つの対象を設定する。両方の比喩において，1つの言葉はある対象の表象を介して，それとは区別されたものを表示する。これに対して，提喩は，ある対象の表象を介して，この対象と同じであるとか，あるいは似ているというだけでなく，部分的に同一であるところのものが表示される，という点に存している。部分の表示によって全体が，そして種の表示によって類が名づけられ，あるいはその逆である。全体と類の表象はまさに部分と種の表象を含んでいる。しかしもし部分が全体を表示するならば，全体に関してもっぱら件(くだん)の部分が直観されるのである。『アンティゴネー』の冒頭で，イスメーネーが「イスメーネー，大切な，血をわけた本当の妹のあなた」（ὦ κοινὸν αὐτάδελφον

---

9) *Rhetorica ad Herennium,* translated by Henry Caplan, The Loeb Classical Library, no. 403 (Cambrige, Mass.: Harvard University Press, 1954).『ヘレンニウスに与える修辞学書』*Rhetorica ad Herennium* は，紀元前1世紀に成立したローマ最古の体系的な修辞学の書物である。これは長い間キケローの著作と考えられてきたが，現在では偽作であることが判明している。ギリシアの修辞学理論を模倣したこの著作は，古典ローマの時代のみならず，中世ならびにルネサンス時代の修辞学理論に広範囲な影響を与えてきた。

Ἰσμήνης κάρα)[10]と話しかけられるとき，話しかけられた人物全体は頭部のイメージのもとに直観される。頭部は直観のなかでは身体の主要部として優勢である。これに対して，『アンティゴネー』の43行では手がアンティゴネーの人格に対する比喩として登場する。「その亡骸を，この手といっしょに持ち上げていくつもりか，どうか」(εἰ τὸν νεκρὸν ξὺν τῇδε κουφιεῖς χερί)[11]——ここでは直観全体は，作品を完成すべき手に集中している。エウリーピデースの『ヒッポリュトス』661行では，「父上がお帰りになられたら」(ξὺν πατρὸς μολὼν ποδί)[12]はふたたび身体部分の足であり，重要なのはその活動であり，だからこそそれは主として直観のなかに立ち現れる。

さて，あらゆる言語要素の根本的意義が，このようにその同一性を失うことなく，きわめて多様なものへと細かく分化できるとしても，かかる根本的意義は，それぞれの個別的な適用の場合に，一方では言語の・歴・史・的・発・展によって，他方ではそれぞれの表現が適用される・圏・域によって，その実際の限定を見出すのである。歴史的発展の経過においては，あるときは根本的意義のこの側面が，またあるときはあの側面がより強烈に際立ってくる。国民の性格，国民の諸部族への区分，諸部族の方言などは異なっているし，土地柄のさらなる影響と個々人はそのようにして直観に一定の方向性を与える。それぞれの言葉とそれぞれの構造にはその歴史があり，しばしばそのなかに民族の文化史が反映されている。例えば，ギリシア人の道徳的発展全体はἀγαθός〔よい，すぐれた，立派な〕という言葉の歴史のなかにその表現を見出す。その場合，それぞれの言語要素は現実のさまざまな圏域で適用され，それによってその根本的意義はさらに変更を加えられる。かくしてῥέζειν〔あることをすること，行うこと〕は，われわれ〔ドイツ語〕のthun〔行う〕に似た根本的意義をもっている。犠牲をささげる聖職者によって用いられると，これは「犠牲をささげる」という意味になるが，それはこれが聖職者の行う行為だからである。同様に，operariは礼拝にお

---

10) 邦訳ではこのように意訳されているが，ギリシア語原文にある"κάρα"は，文字どおりには「頭，頭部」を意味する。

11) χερίは「手」を意味する女性名詞χείρの単数与格の形。

12) ποδίは「足」を意味する男性名詞πούςの単数与格の形。

いては「犠牲としてささげる」という意義を有するが，他方ではローマの軍人に適用されると，それは「堡塁構築作業を行う」ことを意味する。Χρηματίζειν〔商取引する，交渉する，用事を果たす〕は，商人の活動を表示することができる。すなわち，中動相で「金儲け」を表すが，政治家においてはそれは「公務の管理」，「政治的議論」，等々を意味する。こうしたいろいろな意義から，一見したところかなり異質な意義が発展する。Χρηματίζω はまた，「わたしがある名で呼ばれる」を意味する。その場合，つねに仕事の名称あるいは職務の名称が問題となっている。Χρηματίζω Ἀμμώνιος といえば，それは本来的には，「わたしはアンモーニオスとして商店を経営している」，「わたしはアンモーニオス商店を経営している」，という意味である。そこから Χρηματίζειν は，その後一般的に，「称号を得る」とか「称号を受ける」を意味するようになる。例えば，Χρηματίζει βασιλεύς といえば，「彼は王の称号を受ける」という意味である。

　したがって，文法的解釈はあらゆる言語要素をその一般的な根本的意義にしたがって，それと同時に，時代と適用の圏域とによってそれが被っている特別な限定にしたがって，理解するという課題をもっている。根本的意義は語源学（Etymologie）によって，すなわち複合語をその最も単純な構成要素の意義へと遡源することによって，見出されるべきである。しかしこの最も単純な構成要素の意義はいかにして見出されるのであろうか。絶対的な意味では，これは言語の語根である。さて，語根は純粋にそれ自体としては存在しないので，ひとはその意味を派生的な形式からのみ解明することができる。ひとはそれゆえまず，それ自体として存在している最も単純な派生語を解明し，そこから語根と複合語とを解明しようと努めるであろう。もちろん，単純な言葉の意味もまたしばしばより広範な派生語と複合語から明らかになる。それゆえ，ひとはつねに多かれ少なかれ合成された複合語から出発しなければならず，そしてこうした複合語の意味は言語の慣用（Sprachgebrauch）からのみ理解され得る。実際，複合語の意義をその構成要素の意義から導き出そうとするときですら，ひとは両者の関係をのちに確定するためには，両者を言語の慣用から突きとめなければならない。言語の慣用は，各々の語が適用されている個別の事例から明らかになる。各々の語はさ

I 文法的解釈(Grammatische Interpretation) 151

ながら意義の円周を形づくるが，ひとはそこから中心を，つまり根本的直観を規定しなければならない。とはいえ，特殊な適用例は根本的意義からはじめて理解されることができるのであるから，ここにふたたび課題の循環が現れる。実際，ひとはしばしば特殊な意義を一般的なものと見なす危険に陥るのであり，それによってその後，さまざまに変更された意味を完全に間違って導き出すことが起こる。例えば，シュテファヌスの『ギリシア語宝典』[13]の ἐγκύκλιος の項目においては，「通常の」(gewöhnlich) という意義が ἐγκύκλιος παιδεία という特殊な表現から非常に無理矢理導き出されている。だが ἐγκύκλιος παιδεία という表現は，アリストテレス以後にようやく現れるものであり，件（くだん）の一般的意義はアリストテレスにおいてとっくに用いられていた。辞書編集法の歴史は無数のそのような誤った処置を示している。というのは，辞書というものは，まさにいま述べたような仕方で，解釈学的活動によって成立するのであり，古典的言語の場合，言語の伝統が助け船を出してくれるとはいえ，それにもかかわらず，それは難しい場合にはわれわれを見捨てるからである。したがって，辞書はすでに正しく突きとめられたものをますます厳密に結合させることによって，つねに完全なものにされなければならない。表象が複雑に錯綜した道の上で，根本的意義の統一性を導きの糸として保持することは，しばしば法外に難しいものである。こうした関係においては，感覚的表象の微妙な変更が最大の困難を提供する。例えば，ὑγρός〔濡れた，湿った，しなやかな〕という形容詞は，その根本的意義にしたがえば，議論の余地なく ὕω〔雨を降らせる，雨で潤す〕および ὕδωρ〔水〕と関連している。それは「液状の，よどみない」と「水分の多い」をも意味する。しかし ὑγρὰ ὄμματα は「水分が多い目」ではなく，「切なげな眼差し」である。直観がここでは湿っぽい輝きに存していることはあり得ても，しかし ὑγρὸς πόθος という組み合わせでは，「切実なる要望」という意味になり，かかる表象は確定され得ず，むしろ流れるものという根本的意義から生じるのは，溶けるもの，柔らかなもの，それゆえ切なげなものという直観である。同時に，流れて行くものや沈んで行くものは，しおれたものやぐったりしたものと

---

13) Henricus Stephanus, *Thesaurus Graecae linguae* (Geneva, 1572; Paris: Didot, 1831).

して現れることがあるので,『アンティゴネー』1179 行（Br.1236）の ὑγρὸς ἀγκών, つまり「ぐったりした腕」はここに由来する。しかし柔らかなもの（例えば, ὑγρα χειλη, つまり柔らかな, 膨らんだ唇）は, 曲がりやすいものやしなやかなものをも表示し得るので, ὑγροι といえば, しなやかで敏捷な「舞踊家」や「レスラー」を意味する。流れるものは沸き立ち, 波立つものとして現れるので, そこから ὑγρὸν νῶτον（ピンダロス『ピュティア祝勝歌集』ピュティア第 1 歌, 9）という表現が由来する。これは眠っている鷲の穏やかに波状運動している背中, その柔らかな羽毛の虹色に光る運動を意味する[14]。最後に, 波状運動するものはまた波状に形成されたものという意味で, ὑγρὸν と呼ばれる。すなわち, ὑγρὸν κέρας は「曲がりくねった角」であり, ὑγρὸς ἄκανθος は「美しく曲がったはあざみ」である[15]。ὑγρὸς という言葉と結びついている全体的直観は, 明らかに 1 つのドイツ語によっては再現され得ない。そうした状況はいたるところにある。異なった言語の表現は一致しない。こうした全体的直観の統一性, つまり根本的意義も翻訳することはできず, ただ書き換えること, すなわちさまざまな側面について触れることができるだけである。そして異なった多くの適用例に個別にあたって, 生き生きとした実質的な直観を獲得しようと努めることによって, それは再生されるのである。それゆえ, もしひとが直観の連関が失われるほどきっちり整えられた論理的推論によって, 1 つの意義を他の意義から導き出すとすれば, それはまったくのお門違いである。『アンティゴネー』1036 行（Br.1081）の「犬が〔屍を〕さんざに引き裂いて葬いをし」（ὅσων σταράγματ᾽ ἢ κύνες καθήγισαν）において, καθαγίζειν は, それ以外の場合には「聖別する, 浄祓する」（verweihen）の意味であるが, ヘーシュキオスによれば,「よごす, 汚染する」（verunreinigen）を意味すべきである。ゴットフリート・ヘルマンはこれを以下のように伝

---

14) 当該箇所は, 英訳では "And as he slumbers, he ripples his supple back, held in check by your volley of notes." となっており (*Pindar 1. Olympian Odes, Pythian Odes*, edited by G. P. Goold, The Loeb Classical Library, no. 56 [Cambridge, Mass.: Harvard University Press, 1997], 213), 邦訳では「まどみつつかの鳥は, なんじの響きのとりことなって, その背をしなやかに波打たせる」と訳されている。ピンダロス, 内田次信訳『祝勝歌集／断片選』（西洋古典叢書）京都大学学術出版会, 2001 年, 112 頁。

15)〔原注〕『ピンダロス全集』（1811-21）, 第 1 巻第 2 部, 227 以下参照。

I 文法的解釈 (Grammatische Interpretation)

えている。すなわち，1つの場所が聖別されることによって，俗なるものは遠ざけられる。それゆえ，聖別することは，ひとが宗教的な畏れゆえにある場所から遠ざかるという事態を引き起こす。犬によって引きずられてきた死体の一部による汚染も同様の事態を引き起こす。したがって，ここの καθαγίζειν は，「汚すことによって，誰でもが自制するようにすること」(contaminando facere ut quivis se abstineat) を意味する，と。そのような解釈は，本来的には，当該箇所の文脈からの抽象的な推測にすぎない。しかしその言葉がここで用いられる範囲は，ここではそれがギリシア人によって死者の奉献という特殊な意義でのみ理解されることができた，ということを指し示している。さて，かかる意義においては，それはその文脈によって，「その引き裂かれた肢体に犬が埋葬の儀式を施す」[16]という辛辣な苦みを獲得する。ゴットフリート・ヘルマンは，直観によってのみ把握され得るものを概念的に演繹しようとすることによって，その解釈において度々思い違いをしている。例えば，『コローノスのオイディプース』1086行（1825年版）における θεωρεῖν についての彼の解釈を参照されたい。ちなみにここでいろいろな言葉によって示されていることは，まさに語順の構成と種類にも当てはまる。すなわち，根本的意義はいたるところで直観によって理解されなければならず，文法的な揚げ足取りによって規定されてはならない。それゆえ，ギリシア語を解釈する際に，省略的な言い回しを仮定して，それを悪用してきたことは，言語についての直観の欠如に基づいている。ギリシア語に省略的な表現が存在することは論争の余地がないが，かかる表現はその場合，直観的な仕方でそのようなものとして特徴づけられている。例えば，「同じように」(ἀπο τῆς ἴσης) という言い回しにおいては，この女性名詞は，あるものが補われ得るということを示している。すなわち，──それ以外の用語法から明確に判明するように──μοίρας ［μοίρα の属格：運命の女神の］である。これに対して，「目を切り取られた」(ἐκκέκομμαι τὸν ὀφθαλμόν) や，「～して以来，～の後」(ἐξ οὗ) のような表現においては，省略を仮定することは間違いである。受動相における対格の τὸν ὀφθαλμόν には，例えば〔前置詞〕κατά〔～に関し

---

16) 〔原注〕1843年の『アンティゴネー』の版の277-278頁〔= 1884年の新版，236頁〕。

て〕が補完されずとも，能動相の場合と同じ直観が基礎になっている。同様に，ἐξ οὗ の場合には，何らかの仕方で一目瞭然に，χρόνου〔χρόνο の属格：時の〕が補完されるべきであろう，と認識されるわけではない。οὗ は〔ドイツ語の〕seitdem〔それ以来〕のなかの関係詞と同じように，単純に中性名詞として把握されなければならない。ゴットフリート・ヘルマンは，彼が編集したヴィゲルス[17]の『ギリシア語の話し方の特殊な慣用語法についての書』[18]において，省略についての間違った仮定に対する反論を，非常に見事に表明している。しかし彼自身が特殊な偏愛をもって適用する解釈方法は，ひとしく直観を欠いた言語理解に基づいている。これは2つの異なった構成が混合していると仮定することによって多くの構造を技巧的に解釈するやり方で，いわゆる「組成上の混同」(confusio constructionum) と呼ばれるものである。ひとが構造を正しい視点から直観する術を理解するやいなや，ここでは一見混乱と見えるものが大抵は取り除かれる。

　しかし言語形式の根本的意義が明瞭性へともたらされることができ，その多様な分岐において保持されるのは，〔その根本的意義が〕多様に分岐する際に，言語の歴史的発展と適用領域によって制限されていることが正しく認識される場合に限られる。このためには専門知識が必要であり，そしてここで文献学の形式的部分と実質的部分との間の相互作用が浮かび上がってくる。例えば，δόξα〔臆見，想念，名声，名誉，栄光など〕という語は，ピュータゴラースやプラトンにおける哲学的用語法において，いかなる意義を有するかは，哲学の発展の歩みとこの2人の思想家の個人的な思想体系からのみ理解することができる。しかしこの知識は彼らの教えから獲得されなければならない以上，このことは種類的ならびに個人的解釈を前提とする。他の場合には，歴史的解釈が前提とされる。かくして ἡ θεός といえば，アテーナイではそれ以上の付加語がなくても，通常は女神アテーナーを意味する。これは歴史的に容易に説明のつく制限である。そこでプラトンの『国家』の冒頭でソクラテ

---

17) Franciscus Vigerus（1591-1647）。ベルギーのイエズス会士。

18) *Francisci Vigeri Rotomagensis de praecipuis Graecae dictionis idiotismis liber.* cum animadversionibus Henrici Hoogeveeni, Johannis Caroli Zeunii, et Godfredi Hermanni (Leipzig : Libraria Hahnian, 1822), 869ff.

I 文法的解釈 (Grammatische Interpretation) 155

スが,「わたしは昨日神を崇拝するために (προσευξόμενος τῷ θεῷ) ピレウスに行きました」と言うとき,ひとはアテーナイの語法にしたがって,まずアテーナーの祝祭のことを考えるであろう。だがしかし,ここでは文法的解釈は十分ではない。〔この場合には〕アルテミスの祝祭が問題だからである。これはソクラテスがその言葉を語る歴史的な周辺の事情を考慮することによってのみ突きとめることができる。これが歴史的解釈の課題である。さまざまな解釈方法のこのような共同作業において,解釈学的循環 (der hermeneutische Cirkel)[19] が回避されるべきであるとすれば,ひとは一般的な語義の制限を,ヘルマンが καθαγίζειν についての上述の解釈において行っているように,その事実的連関が正しい文法的解釈に基づいてのみ認識され得るような,そのような適用の事例から推測してはならない。ひとはむしろ各々の事例に対して,類似の事例によってその語法を確定するよう努めなければならない。1つの言語的記念物のそれぞれの箇所の解釈は,可能なかぎり並行箇所に支えられていなければならない。こうした並行箇所の証明能力は,当然のことながら,それが解釈されるべき箇所に対してもっている,類縁性 (Verwandtschaft) の度合いに左右される。そしてこの類縁性は一定の尺度にしたがって段階づけられている。明らかに,それぞれの著者はみずから自身と最も身近な類縁性をもっている。それゆえ,各々の著者の語法はまず著者自身から解明されるべきである。これに関してひとがいかに処理しなければならないかを,ハインドルフ[20]によるプラトン的対話の模範的な解釈が示している。彼はプラトンの真正の文献学的解釈に対して最初のより堅固な基礎を据えたので,それゆえ,あらゆる後代の有意義な業績にもかかわらず,名声は彼のものであり続けている[21]。ある著者が他の著者たちともっている類縁性,つまり彼らの語法の類似

---

19) いまでは専門用語としてすっかり定着した「解釈学的循環」(der hermeneutische Zirkel) は,ベークがここで初めて用いたものであると言われている。Cf. D. Teichert, „Zirkel, hermeneutischer," in *Hisorisches Wörterbuch der Philosophie*, herausgegeben von Joachim Ritter, Karlfried Gründer, und Gottfried Gabriel, Bd. 12: W-Z (Darmstadt: Wissenschaftliche Buchgesellschaft, 2004), 1339-1344.

20) Ludwig Friedrich Heindorf (1774-1816)。ドイツの古典文献学者。

21) 〔原注〕ハインドルフ版のプラトンの『対話篇』に対する批判(『小品集』第7巻,46頁以下,ならびに79頁)参照。

性は，まず彼らがお互いにそのうちに立っている個別の状況によって制約されている。他者のなかにすっかり溶け込んでいる著作家は，他者の語法を規定するために，まずは利用され得るであろう。もしある著者の模倣者たちがこの著者に完全に沈潜しているとすれば，この関係ではとくに著者の語法にとって，こうした模倣者たちが重要である。逆に，いろいろな模倣作は，当然のことながら，原作から解明されるべきである。ある著作家あるいは思想家の文法的解釈に対する証拠箇所として，著者の語法のより正確な知識がそこで前提とされているところの，他の著作家たちの引用や説明がこの種の並行現象に連なる。かくしてわれわれは，クセノポーンとプラトンからソクラテスの語法を，アリストテレスからプラトンの語法を解明しなければならないであろう。この関係では，言語の生き生きとした伝統が彼らの役に立つかぎりにおいて，古代の解釈者や文法家たちが大きな価値を有している。当然，ここではこうした解釈者たちが間違って解釈しなかったかどうかが，つねに検証されるべきであり，そして同様の慎重さは，あらゆる模倣が原作の一定の解釈を前提としている以上，模倣家たちの場合にも必要である。語法の個人的類縁性と並んで，次から次へと同じ思想傾向をもち，同一の伝統に連なる，同じ発話のジャンルに属する作品間に存在する類似性が，考察の対象となる。それゆえ，ある叙事詩人の語法に対しては他の叙事詩的作品から，ある雄弁家に対しては他の雄弁家から，並行箇所が探し求められるべきであろう。個々の発話のジャンルにおける語法の一般的な類縁性は，相互に遠く隔たった時代に執筆した著作家たちのもとで見出される。しかしもちろんその際に，一般的な歴史的諸関係が空間と時間にしたがって及ぼす影響が，つねに含めて考慮に入れられなければならない。この点では，ある著作家の語法に対しては，最も近い並行現象は同時代人たちから取り出されるべきであろう。そして彼らのなかでもまず，空間的に最も近い言語グループから，すなわち同じ方言あるいは同じ定住地に属する人々から取り出されるべきであろう。比較される言語的作品が，このような一般的な歴史的関係のうちで，お互いに隔たっていればいるほど，並行箇所の証明力はますます乏しくなる。

　解釈する際に，こうした尺度に対する違反がしばしば馬鹿げた仕方でなされてきたのは，ひとがすべてのことを混同したからである。例え

I 文法的解釈（Grammatische Interpretation） 157

ば，正しい道がここでは十分明確にあらかじめ示されているにもかかわらず，ひとは新約聖書の語法をポリュビオス[22]やアッピアーノス[23]や，それどころかホメーロスからすら解明してきた。正しい道とはすなわち，まず各新約聖書記者の言語をそれ自体として考察し，そののちに彼らを相互に比較することである。そのつぎにセプトゥアギンタ，アポクリファ，ヘブル語聖書，さらに同時代のギリシアの著作家たち，とくにアレクサンドリアの著作家たちが考察の対象となる。新約聖書の場合には，同時に，1つの言語の内部における語法が他の言語から解明され得る事例が存在している。このことによって新約聖書の諸書の解釈はまったく特別に困難になる。ここで適用されるギリシア語の根本的直観は，ヘブル語のなかに探究されるべきであり，したがってギリシア語の語法と調和させられるべきではない。例えば，δικαιοσύνη〔正義，公正〕という言葉は，共和政体の意味におけるギリシア人のもとでは，法的な資格をもった各人に応分の持ち分を与える，という心術を意味する。さて，ユダヤ人はこの言葉のなかに宗教的ならびに神政政治的意味を入れるので，それは神の誡めに対する従順を意味し，それゆえ，例えば異邦人に対する慈善もまたそのもとで把握される。その上，いろいろな言葉の，ギリシア語の語法から逸れた，制限された意義は，新約聖書の宗教的な著作家たちによって，拡大されるというよりもむしろ深められる。宗教的な意味はまったく特別の言語を形成する。いろいろな言葉はかかる宗教的な意味によって，まったく新しいがしかし深く内的な関係ゆえに，解明しにくい特質を得る。ちなみに，語法の解明のために外来語に立ち返らなければならない各々の場合には，異なった言語の言葉はぴったり重なり合わないので，文法的な理解は困難になる。ラテン文学はギリシア文学に依拠しているために，ギリシア語を引き続き顧慮することを要求する。ギリシア語の語法は，アレクサンダー大王以降はオリエントの言語によって，ローマ支配以降はラテン語によって，影響されてい

---

22) Polybios, Πολύβιος （c.BC200-c.BC118）。古代ギリシアの歴史家。ローマの発展を中心とした『歴史』Ἱστορίαι 40巻を著したことで知られている。

23) Appianos（生没不詳）。2世紀に活躍したアレクサンドリア生まれのローマの歴史家。主著『ローマ誌』Romaika は，ローマの征服した土地について書いたギリシア語の著作で，24巻からなっていたが，その半数は失われてしまった。

る。ポリュビオスにおいて στρατηγός〔(ローマの) 属州の長官〕[24] と，そしてディオ・カッシウス[25]において δημαρχικὴ ἐξουσία〔護民官の権限〕[26]と言われているものは，これらがラテン語の praector と tribunicia potestas という表現の翻訳であるとわかったときにのみ，理解することができる。そして同様の仕方で，すべてのローマの国家概念と法律概念はギリシア語で言い表されている。

きわめて広範囲にわたって，古代語と類縁的な近代語および比較言語学一般が，文法的解釈の補助手段として役に立つ。例えば，ホメーロスにおける少なからぬ箇所が，近代ギリシア語の言語的伝統によって依然としてその解明を見出す。コレイ[27]は，たとえ彼が度を超して伝統の拡大を行っているとしても，彼が編集した『イーリアス』の版において，これについての見本を提供している。そこで今日でも依然として注目すべき仕方で，船索（Schiffstau）は近代ギリシア語で ποδάρι と呼ばれる。そしてわれわれはそこから，すでにホメーロスが πούς〔足〕でもって表示したところのものについての直観を獲得する[28]。ギリシア人の技術的表現は，それどころかラテン語の仲介によって，ロマンス語からも解明されることができる。例えば，別の種類の船索（das Rack）はギリシア語では ἄγκοινα と呼ばれる。ラテン語の anquina はこの言葉に倣って作られており，そこから中世ラテン語の anchi，イタリア語の anchi あるいは anchini，フランス語の les anquins が由来している[29]。ギリシア語の λιθάργυρος が表示するところのものを規定するためには，ひとは同様にイタリア語やフランス語の力を借りる必要がある。イタリア語の litargio やフランス語の litarge は，一酸化鉛を意味するが，この意義は

---

24) στρατηγός は通常「将軍，司令官」を意味する。

25) Dio Cassius. (c.155-230 以後)・Cocceianus とも呼ばれる。ローマの政治家・歴史家。220 年頃，そして再度 229 年に執政官を務める。主著はギリシア語で書かれた 80 巻本のローマ史。

26) δημαρχικὴ は δήμαρχος (δῆμος〔民衆，庶民〕の長) から派生した形容詞，ἐξουσία は「権力，権能，権勢」の意。

27) Coray または Adamantios Coraës (1748-1833)。ギリシアの学者・愛国者。1788 年以降，亡くなるまでパリに在住。古代のギリシア文明の遺産の研究に熱心に取り組んだ。

28) 〔原注〕『アッティカ国家の海事についての古文書』*Urkunden über das Seewesen des Attischen Staates*, hergestellt und erläutert von August Boeckh (Berlin: G. Reimer, 1840), 153 頁。

29) 〔原注〕『アッティカ国家の海事についての古文書』152 頁。．

I　文法的解釈（Grammatische Interpretation）　159

lithargygos〔(英) litharge, lead monoxide; 一酸化鉛〕に関する古代の報告に合致している[30]。それにもかかわらず，ひとはそのような並行現象において，その言葉が民衆的に純粋な伝統によって近代語のなかに入ってきたのか，それとも学問的な回復に基づいているのかを，調査する必要がある。例えば，民衆の間で「高み」を意味するタウヌス山地は，学者たちによってはじめて，タキトゥスに出てくる名前でふたたび表示されるようになった。ロマンス語がラテン著作家たちの解釈のために多様な仕方で引き合いに出され得るということは，自明のことである。しかしギリシア語に対しても，ロマンス語と一般に近代語は，とくに構文と言い回しとにおいて，いろいろな類比を提供する。かくしてフランス語の「われわれフランス人，われわれ女性」(nous autres Français, nous autres femmes)〔という言い回し〕は，ギリシア語の「神々と他の女神たち，男たちと他の女たち」(οἱ θεοὶ καὶ αἱ ἄλλαι θεαί, οἱ ἄνδρες καὶ αἱ ἄλλαι γυναῖκες) と完全に類比的である。無数に存在するそのような並行現象は，一定の点での語法がギリシア語あるいはラテン語に特有なものか，あるいはより一般的な性格をもっているかどうか，についての判断をもたらす。とくにその起源が古典語を超えたところにある語根の意味は，すべての類縁的な言語との比較によってのみ突きとめることができる。ここでふたたび課題の無限性が示される。特別な意義を見出すためには，ひとは一般的な根本的意義を尺度として据えなければならない。そして多様なものの統一としての尺度は，単に古代の古典的言語においてのみならず，すべての類縁的な言語における個別的な適用の無限性からのみ判明する。完全な帰納的推理は可能ではないので，ひとは並行的な事例をできるだけ幅広く引き寄せることで満足しなければならない。そうした事例を一覧的に編成することは，辞書編集法の課題である。帰納的推理の間隙を満たすのは，最終的には正しい言語感情である。しかしこの感情は，ひとが言語の精神にすっかり溶け込んでいるときにのみ，正しく決断することができる。これはあらゆる言語的現象についての包括的知識によってのみふたたび可能になるものである。したがって，言語感情が絶えざる修練によって完全なものとなればなるほ

---

30)〔原注〕「アッティカにおけるラウル銀山について」Ueber die Laurischen Silberbergwerke in Attika（『小品集』第5巻，25頁）。

ど，何かある言語要素についての完全な理解は決して達成できないということを，ひとはますます自覚し続けなければならない。というのは，ひとつの国民の精神をその言語においていつか完全に把握するなどと，不遜にも敢えてできる人は誰もいないからである。

　われわれのこれまでの考察の結果は，あらゆる言語要素の意義は，ひとつにはその語源によって，ひとつには語法によって規定されるということ，そして語源自体は言語の慣用からのみ理解されるということである。それゆえ，いたるところで言語の慣用が重要である。われわれが言語の慣用から解明することによって，われわれは，同時代人たちが理解したように，あらゆる作品の言語を解釈するのである。解釈の非常に重要な基準はここに存している。すなわち，ひとは同時代人たちが理解できなかったような仕方では，いかなるものも解釈してはならない，ということである。もし言語の慣用が正しく認識されておれば，すべてのことは母国語におけるのと同じように，第一印象によって文法的に明白であらざるを得ない。わたしはこのことに一番の重要性を置いている。というのは，古代人もまた，まず文法的な細かい事柄に拘ることなしに，第一印象からのみ理解することができたからである。

2　言語的要素の連関からの語義の規定

　イギリスの詩人ポープ[31]は，ある機会に以下のように述べた（リヒテンベルク『雑論集』第4巻[32]，311頁［1844年版，第5巻，68頁］）。すなわち，「辞書編集者はたしかに1つの言葉の意義を個別に知ることができるかもしれないが，しかし2つのものをその結合において知ることはできない，ということをわたしは容認するものである」。これは多くの場合にあまりにも真実であることが実証されている，強烈に含蓄のある言

---

31) Alexander Pope (1688-1744)。イギリスの詩人。代表作の1つに『人間論』*Essays on Man*（1733）がある。

32) Georg Christoph Lichtenberg, *Veremischte Schriften*, nach dessen Tode aus den hinterlassenen Papieren gesammelt und herausgegeben von Ludwig Christian Lichtenberg und Friedrich Kries, 9 Bde. (Göttingen: Dieterich, 1800-06); neue vermehrte, von dessen Söhne veranstaltete Original-Ausgabe, 14 Bde. (Göttingen: Dieterich, 1844-53).

I 文法的解釈 (Grammatische Interpretation)

葉である。だが，文法的解釈の成果を一覧表にまとめた辞書編集者たちは，言葉と構造を孤立的にのみ考察するのであるから，通常は悪しき解釈者である。しかし辞書編集法がその1分野である文法学一般は，あらゆる言語形成の意義を，それ自体としてまた一般的に，つねに正しい解釈からのみ確定することができる。たとえ文法学がこの課題を完全に解決したとしても，それにもかかわらず，ひとは個々の場合に，語義が固有の活動によって，言語的環境から，すなわち連関から，最終的に限界づけられているのを見出さざるを得ないであろう。

言語の音声的要素は，その意義にしたがえば，実質的要素と形式的要素とに分かれる。いろいろな直観の内実を表現する前者は，名詞，動詞，そしてそれに続いて，形容詞と副詞である。直観の内実のいろいろな関係や結合を表示する形式的要素は，活用形（Flexionsformen）と不変化詞（Partikeln）という二重の性質を有している。前者は実質的要素と融合しており，後者はそれ自体として存在している言葉である。連関は，ひとつにはその直観内実が結びついている実質的言語要素を単にまとめ上げることのうちに，ひとつには内実の結合がそれによってより厳密に規定されるところの，実質的要素と形式的要素とをまとめ上げることのうちに存している。両方の場合に，語順の性質が同時にともに作用している。

語義が純粋に実質的な連関によっていかに規定されるかということを，1つの単純な事例が示している。pater の意義は pater filii〔息子の父〕と pater patriae〔祖国の父〕においては異なったものである。そしてこのことは言葉の形式にではなく，filii と patriae の意義の実質的相違に存している。このような諸要素の相互的制約においては，必要であるにもかかわらず，それ以外の語法を考慮することなく，1つの言葉に周囲の状況に合致する1つの意味をこっそり押しつける，という危険性がすぐ頭に浮かぶ。『アンティゴネー』の上述の箇所（152頁）における καθαγίζειν についての間違った解釈が，1つの実例を提供している。ヘーシュキオスは，あるいはむしろ同人の保証人は，ここではこの言葉は「よごす」という意味でなければならないと，明らかに前後の連関からのみ助言した。σταράγματα καθαγίζειν は「引きちぎられた亡骸を（動物が）食べる」という意味であると，ひとは同じくらい上手い助言

をすることができるであろう。
　活用形においては，連関（文脈）がまず語形変化のしるしそのものの意義を規定するが，語形変化のしるしは，実際，実質的言語要素と同じほど多義的である。例えば，amor patris という表現において，属格形が目的的（父への愛）に理解されるべきか，それとも主語的（父の愛）に理解されるべきかは[33]，文脈次第である。anno が与格であるか奪格であるかは，同様に文脈のみが教えることができる。ここで構造，すなわち活用形とその周囲との結びつきは，結合における実質的言語要素の意義によって，解明されなければならない。だが，構造はまさに実質的要素間の連関を表示すべきであり，したがって実質的要素の意味を制約する。これによってふたたび1つの循環が成立し，これが1つの言語を習得する際に，初期の学習をまったく特別に困難なものにする。初学者において最も頻繁に起こることは，彼らが構造を間違って理解したために言葉の意味を間違って解釈することと，その逆のケースである。しかし最も精通した人にとっても循環を回避するのが難しい場合が無数に存在する。著者みずからが活用形と構造との本来的な意味を完全には理解していない場合には，すべてのことは不明確となる。例えば，新約聖書記者たちは，ギリシア語の格，時称，受動相，中動相などの区別について，きわめて不明瞭なイメージをもっている。ここではしばしば，ある形式をギリシア語から解明すべきか，それともヘブル語から解明すべきかわからないことがあり，それゆえ少なからぬことがほとんど明晰性へともたらされない。
　活用形は言語要素の最も近い連関に関係する。しかし通常ひとはこれをより広い周囲からはじめて理解することができる。これに関して不変

---

33) ラテン語においては，動作や感情を表す名詞は，通常，意味上目的語に当たる言葉が属格の形で付加される。例えば，studium litterarum〔文学への没頭〕や odium tyranni〔暴君への憎しみ〕がその一例であるが，このような用法は「目的の属格」あるいは「目的語的属格」（genetivus objectivus）と呼ばれる。他方で，動作や感情を表す名詞はまた，属格の主語をも取り得る。すなわち，ira domini は「主人への怒り」のみならず，「主人の怒り」をも意味するし，laudatio Ciceronis は「キケローの賞賛演説」（キケローが誰かを賞賛する）と「キケローへの賞賛」の両方を意味し得る。後者の用法は「主語的属格」（genetivus subjectivus）と呼ばれるが，どちらに解すべきかは，ベークも述べているように，まさに文脈による。松平千秋・国原吉之助『新ラテン文法』第3改訂版（南江堂，1977年），64-65頁，中山恒夫『古典ラテン語文典』（白水社，2007年），191頁参照。

I 文法的解釈（Grammatische Interpretation） 163

化詞が最も本質的な補助の役割を果たす。例えば，不変化詞の1つである前置詞は，活用形の意味をより厳密に規定する。多くの副詞，間投詞，そしてとくに接続詞といった他のものは，文章全体ならびに文章群に関係し，さながら連関を遠くにまで運んでいく。もちろん，不変化詞もまた多義的であり，同様に文脈からその意味を獲得するので，解釈学的循環は不変化詞によって決して完全に開くことはない。にもかかわらず，言語が明瞭であればあるほど，その言語は不変化詞に関してますます豊かである。例えば，ギリシア語はその不変化詞の豊かさによって，きわめて繊細かつ錯綜した理念の結びつきを表示することができるが，これに対して不変化詞の数が乏しいために，最も普遍的な思想的関係をほとんど表現することができないヘブル語は，幼時の段階に立ち止まったままである。それゆえ，この関係においても新約聖書の言語は，ヘブル語に依拠しているために，大きな困難を提供する。初期キリスト教著作家たちのなかで，ギリシア的な文章構成に最も近づいた人は，重要なギリシア文化の都市であったタルソ出身のパウロである。これに対してペテロははるかにヘブル的である。しかしながら，パウロの言語においても十分混乱が見うけられる。というのは，たとえ彼が新約聖書の他の記者たちよりも比較的上手く教育的言語を操る術を心得ているとしても，彼はその形式をきわめて不完全にしか把握しなかったからである。ヨハネにおいては，次々と連なる文章の基礎に，いたるところで統一性としての高次の理念がある。ひとはこの理念を著者の個性からのみ解明することができる。ここでは文法的解釈は，それゆえ個人的解釈によって補完されなければならない。一般的に，こうしたことは圧倒的に主観的な思想傾向をもった著作家において生じるが，例えば，抒情詩人たちやタキトゥスやセネカのような個人においてそうであるように，彼らはきわめて僅かの不変化詞を用いるのを常としている。不変化詞はここでは，文章の主観的な色彩や関係を表現するために，感情の深みにまで及ぶものではないので，これらは相互に無媒介に立ち現れ，いたるところで飛躍を指し示す。その場合，思想の構成は句読法（Interpunction）によってのみ暗示されるが，しかし句読法も多義的であり，ふたたび文脈からのみ解明されなければならない。ここで連関が個人的解釈の助けを借りてのみ理解され得るということを，われわれはタキトゥスか

ら引き出したできるだけ簡単な事例で示したいと思う。『年代記』I, 3 には，以下のように語られている。「本国では事態は平静であった。官庁の名称は同一であった。若者たちはアクティウムの勝利ののちに生まれ，きわめて多数の老人たちも市民戦争のさなかに生まれた。国家を見たことのある生き残りはいかに少なかったことだろう。」(Domi res tranquillae; eadem magistratuum vocabula; iunores post Actiacam victoriam, etiam senes plerique inter bella civium nati; quotus quisque reliquus qui rem publicam vidisset!)[34]。4つの繋がりのない文章の連関は，しかしひとがこの著作家の個性を知るときにのみ，すなわち全体が風刺的な辛辣さで貫かれていることを知るときに，その実質的内実から判明する。最初の文「本国では事態は平静であった」(Domi res tranquillae) は，後続の文によって根拠づけられる。国内には平和があった。な・ぜ・か・と・い・え・ば・，名目上は，たしかに同じ役所が存在した。そして共和政体のこのような単なる見せかけは，平穏を維持することに満足していた。しかしこのことは，若者たちがアクティウムの戦い[35]ののちにはじめて生まれたこと，それどころか大半の老人が市民戦争の時代に生まれたことから，説明がつく。かくして，ごく僅かの人が古い体制をみずからの経験で知っていた。ひとは卑屈な形式に慣れ親しみ，失ってしまったものに気がつかず，かくして平静に振る舞っていたのである。もしタキトゥスがこの連関を不変化詞を用いて表示したとすれば，全体の印象は弱められたことだろう。まさにぶっきらぼうに文章を並べることで，思想の主観的色合いが指し示されるが，しかしかかる主観的色合いからのみ連関は理解され得る。

　種・類・的・解釈もまた，文法的連関を規定するために，しばしば動員されなければならない。例えば，悲劇においては，すべてのことは全体的理

---

34) 参考までに，この引用箇所を英訳で示しておく。"At home all was calm. The officials carried the old names; the younger men had been born after the victory of Actium; most even of the elder generation, during the civil wars; few indeed were left who had seen the Republic." Tacitus, *The Annals*, translated by John Jackson, The Loeb Classical Library, no. 249 (Cambridge, Mass.: Harvard University Press, 1962), 249.

35) アクティウムはアンブラキア湾の西の入り口にある，ギリシア西部の岬であるが，ここで紀元前31年，オクタヴィアヌスがアントニウスとクレオパトラの連合軍を打ち破って，ローマの内乱に終止符を打った。

I 文法的解釈 (Grammatische Interpretation)   165

念を指し示さなければならず、また全体の光のなかで現れなければならない。それゆえ、ここでは個は文法的にもしばしば芸術作品の全体性からのみ理解され得る。連関が不変化詞によって表示され得ないような場合、明らかに連関はその最も外的な拡張において考慮されるべきである。しかし全体の連関がそこから生じてくるところの、芸術作品の統一性は、・種・類・的解釈によって突きとめられるべきである。例えば、ソポクレースの『アンティゴネー』23 行以下において、クレオーン[36)]がエテオクレース[37)]をいわゆる・公・正・な・正・義をもって (δίκῃ δικαίᾳ) 埋葬した、と言われるとき、解釈者はここに類語反復(トートロジー)を見てきたが、他方でこの表現はこの作品の理念から容易に説明される。この作品においては、すべてのことは自然の掟と人間の定めた条例との間の対立をめぐって展開している。アンティゴネーはその言葉において、ひとは人間の定めた条例を正しい法律と見なしているが、それに対してポリュネイケースをも埋葬するよう命じた記されざる法律を正しい法律として認めていない、と嘆いている[38)]。

　連関からなされる文法的解釈は、結局は次のようになる。すなわち、言語のすべての要素は、ひとつにはみずから自身によって、しかしひとつには全体の連関によって、つまり著者と作品との性格によって、交互に制限され、そしてそのようにして、語法上可能な多数の意義のなかから、制限を用いて、つまり爾余のものの否定 (στέρησις〔奪取、剥奪〕)を用いて、つねに積極的な根拠をもっている本当の意義が、選別されるのである。もしこれに対して必ずしもすべての条件が与えられていないとすれば、欠けているものは、・批・判の途上で獲得され得る仮説によって、代用されるべきである。そのような仮説に基づいた、したがって・仮・説的な解釈は、断片を解釈する際には必ず起こる。というのは、断片においては、より一層の連関が補完されるべきだからである。ここではときにいかなる文法的要素も知られていないこともある。例えば、『ギリ

---

36) テーバイの王。オイディプースの妃で母のイオカステーの兄。
37) オイディプースの子。ポリュネイケースの弟であり、イスメーネーとアンティゴネーの兄。
38) 〔原注〕1843 年版の『アンティゴネー』217 頁 〔= 1884 年の新版、184-85 頁〕参照。

シア碑文集成』 *Corpus Inscriptionum Graecarum* の No.1 の場合がそうである。そこでは仮説的解釈によって，いまではほとんどすべてのことが確実なものになっている。こうした仕方でいかに多くのことが成し遂げられ得るかは，エジプトのヒエログリフの解読が示している。ひとは tabulae bilingues〔ちんぷんかんぷんの書き物〕によって，文字の意義についての仮説を得た。そしてコプト語と古代エジプトの言語との類縁性についての別の仮説に基づいて，言語要素の意義を確定することに成功し，それによってその後ふたたび別のものが規定されたのである。このように，それに関してはすべてが未知であった記念物が，仮説的解釈によって一部は完全に解読されている。

II

歴史的解釈（Historische Interpretation）

───────

§22. 解釈学が客観的な語義に関して，あたかも文法的解釈によって汲み尽くされるかのように見えることもあり得るだろう。というのは，われわれの定義にしたがえば，解釈学は対象そのものの理解であるべきであるが，しかし文法的解釈は客観的な語義そのものを探究するからである。しかしながら，解釈学の対象として，われわれはここで言語的記念物を考察する。しかし言語的記念物そのものを理解するためには，客観的な語義そのものを知ることでは十分ではない。むしろ言語的記念物そのものの意義は，一部は言葉そのもののうちにはないが，しかし現実的事態への関係によって，その客観的意味に結びついている，いろいろな表象に存している。この側面から言葉を理解することを，われわれは歴史的解釈の課題として表示してきた。語り手あるいは書き手は，意識的にあるいは思わず知らず，自分が向き合っている当人たちが，自分の言葉を文法的に理解するだけでなく，その言葉がそれ自体として述べる以上のことを，それによって考えるということを前提としている。なぜなら，その言葉が述べる内容は，歴史的に与えられた事態との現実的結合のうちにあり，したがってあらゆる専門的知識の所有者にその事態を思い起こさせるからである。文法的解釈が規定するような客観的な語義そのものは，みずから歴史的解釈が突きとめる必要のある暗黙の諸前提の結果である。ひとは著者の見地に完全に身を置くためには，このような目的のために，あらゆる関係において，言語作品において取り扱われる事柄（Sache）を知らなければならない。解釈者が専門知識（Sachkenntniss）をもっていればいるほど，解釈者は著者をより

完全に理解するであろう。ここでは歴史的状況についての知識が問題となっているのであるが、かかる歴史的状況は、歴史的生のさまざまな圏域に存在し得る。例えば、ローマ統治の変遷史を正確に知らない人で、タキトゥスの『年代記』第1章を完全に理解できる人は誰もいない。それゆえ、ここでは政治的状況についての知識が必要である。ホラーティウスの詩行（『諷刺詩』第1巻、1, 105）――「タナイスと、舅のウィセリウスとの間には誰か〔中間〕がいる」(Est inter Tanain quiddam socerumque Viselli) ――をひとは文法的に徹底的に正しく解釈することができる。しかしもしひとがローマの私生活の特殊な歴史から、タナイスがまったくの宦官であり、舅のウィセッリウスが恐ろしい陰囊ヘルニアを患っていたことを知らなければ、そこに含まれている当てこすりはわからない。アリストパネースの多くの箇所は、エウリーピデースやピンダロスなどの詩行のパロディーを含んでおり、したがって・文・学・の・知・識・を前提とする。プラトンの『メノーン』においては、ひとが対話の数学的諸前提を数学の歴史から突きとめるという点に、歴史的解釈が存している。哲学者たちの場合には、彼らがその学問の歴史的発展を通じて立っている見地を理解することが、一般的に重要である。近代の哲学者たちは、彼らの見地に身を置くことができないがゆえに、しばしば古代の哲学者たちをまったく間違って理解している。1つの書物において言語的現象あるいは文法的定理が引き合いに出されるとき、文法的な覚え書きですら歴史的解釈に属する。要するに、「歴史的」という表現はここでは最広義に受け取られるべきである。

　ここから同時に帰結してくることは、この種の解釈はすべての言語的記念物に同じ程度で適用し得るものではないということである。・著・者・の・個・性・や・発・話・の・ジ・ャ・ン・ル・の・性・格・に応じた適用可能性の・尺・度・が存在する。著作家あるいはジャンルが主観的であればあるほど、歴史的覚え書きを最大限に特別な仕方で斟酌することがますます必要となる。ホメーロスの場合には、それほど多くのことが前提とされていないが、これに対してピンダロスの場合には、並外れて多くのことが前提とされている。なぜなら、ホメーロスは客観的に叙述しているが、ピンダロスは公然と何かに関係づけたり、何かを当てこすったりしながら語っているからである。ウェルギリウスの『アエネーイス』は、この点で、ジャンルの本質

II　歴史的解釈（Historische Interpretation）　　169

上この種の歴史的主観性を有するホラーティウスの『諷刺詩』に比べて，はるかに困難が少ない。体系的な言語を用いるアリストテレスは，そのような解明を必要とすることが，生に立ち入るプラトンよりもはるかに少ない。後者の場合には，完全に歴史的土台の上に立っている劇的な衣をまとったものの基礎のみならず，時折見られる以前の時代や同時代の哲学者たちへの関係や，幾重にも隠された当てこすりが，解明されるべきものとして残されている。悲劇作家はこの点ではアリストパネースのような喜劇作家よりも容易である。喜劇においては，歴史的基礎はしばしばきわめて地方的な性質をもっているので，地元の人々は爆笑するかもしれないが，よそ者はそれにまったく気づかないので笑わない。けれども，悲劇作家においても，多くの歴史的関係は存在する。ギリシア悲劇においては，ソポクレースよりもアイスキュロスの場合に，そしてエウリーピデースよりもソポクレースの場合に，そのような歴史的関係が見出されることはより稀である[1]。一般的に言って，また著者の個性を別にすれば，韻文では抒情詩と喜劇が，散文では哲学と修辞学が，〔歴史的解釈を〕最も多く前提としており，叙事詩と歴史叙述は最も少なく前提としている。ひと言で言えば，叙述が歴史的なものの性格から遠ざかれば遠ざかるほど，より高い度合いにおいてそれは歴史的解釈を必要とする――しかしこれは徹底的に根拠のあるパラドクスである。歴史的解釈はまさに事実解釈（Sacherklärung）と同一のものではない。事実（Sache）は文法的解釈によっても明らかにされる。すなわち，それが言葉そのものにおいて表現され，機知のものとして暗黙裡に前提されているのでないかぎり，文法的解釈によっても明らかにされる。

　さて，個々の場合に，歴史的解釈はどこで始めなければならないか，すなわち，歴史的解釈の適用可能性の判断基準はいかなるものか，ということはよくわからない。主要な判断基準は語られたことから容易に判明する。すなわち，客観的な語義を突きとめるために文法的理解が不十分なところで，歴史的解釈がつけ加わらなければならない。しかし文法

---

1)　〔原注〕『最も優れたギリシア悲劇作品たるアイスキュロス，ソポクレース，エウリーピデースの現存するものがすべて真正であるかどうか』*Tragoediae graecae principum* [August Boeckh, *Graecae Tragoediae principum Aeschyli, Sophoclis, Euripidis, num ea, quae supersunt....*] (Heidelberg, 1808), 第14-15章参照。

的理解が不十分かどうかは，著者の個性と言語的作品のジャンルを知っているときにのみ，ひとは判断することができる。例えば，ピンダロスにおいては，かなり長い脱線，つまり見かけ上〔言説・思考が〕脇道へそれることが見出される。さて，もしピンダロスに本当に脱線があると信じるならば，このことはあらゆる叙述において非難すべきであり，ここではそれに加えて，詩の統一性をぼやけさせ，したがって，抒情詩のジャンルの根本的規則に違反することになるであろうが，その場合にはひとは脱線を文法的に説明することで満足することになろう。ひとはそのとき，この詩人を完全には理解していないということについて，まったく意識していない。これに対して，ピンダロスの個性と彼の抒情詩のジャンルの性格を知っている人は，脱線が特別な意味をもっているに違いなく，したがって歴史的に説明されるべきであるということをまったく疑わない。脱線は，詩人が詩によむ人物との暗黙裡の関係において，その意義を有している。もしひとがこのような歴史的関係を認識すれば，詩は完全な統一性へと結合し，色彩と力とを獲得する。歴史的解釈は，これによれば，個人的解釈と種類的解釈とによって制約されている。もしひとが著者の個性とジャンルの特徴に習熟しておれば，どこで文法的説明が不十分であり，そして補完を必要としているかは，通常は容易に感じるものである。例えば，もしピンダロスが『オリュンピア祝勝歌集』オリュンピア第11歌で，「われわれはゼウスの真っ赤に燃える稲妻を歌おう」[2]と言うとき，このことはそれがよまれる連関においては，歴史的関係を抜きにしては不可能である。しかしこの頌歌はロクリス[3]人のために作られたものであり，そして稲妻は，おそらく祝いの歌の演奏の際に設置されていた，ロクリスの紋章のなかにあった[4]。

---

2) ベークは第11歌と言っているが，現在の標準的なテクストでは，引用箇所は第10歌に入っている。*Pindar 1*, The Loeb Classical Library, no. 56 (Cambridge, Mass. & London: Harvard University Press, 1977), 170. なお，参考までに引用箇所を含むくだりを，最新の邦訳で紹介しておくと，「いにしえの創始にならって今われわれも，誇り高い勝利にちなむ名の歌を唱え，轟き渡るゼウスの雷と炎で出来た投槍を，あらゆる力を備えた燃えさかるいかずちを，讃えよう。」，となる。ピンダロス，内田次信訳『祝勝歌集／断片選』（西洋古典叢書）（京都大学学術出版会，2001年），85-86頁。

3) ロクロイとも呼ばれる。ギリシア中部 Corinth 湾の北の地方。

4) 〔原注〕『ピンダロス注釈』*Explicationes Pindari*, 203頁参照。〔なお，『ピンダロス注釈』*Explicationes Pindari* というのは，ベークが校訂編集した『ピンダロス全集』*Pindari*

II　歴史的解釈（Historische Interpretation）

しかしながら，文法的解釈が不十分であるということが，歴史的解釈の適用可能性に対する唯一の判断基準ではない。ある言語的作品のわれわれに知られている歴史的事情は，その作品の執筆対象となっている人々が，著者は一定の関係を考慮していると信じなければならないような，したがって，著者が意識的にそれを当てこすっていようといまいと，彼らが自分たちの思考の範囲にしたがって，必然的にこの関係へと導かれたような，そういう具合になっていることがある。この点に歴史的解釈の適用可能性に対する第2の判断基準が存する。これに関して判断を得るためには，ひとはあらゆる言語的記念物において，それが成立した歴史的諸条件について知っていなければならない。それゆえ，執筆の場所，時，きっかけをきちんと顧慮しなければならない。例えば，このような仕方で，ギリシア悲劇作家における歴史的諸関係が判明する。アイスキュロスが『慈しみの女神たち』[5]において（675-696）アレオパゴスを称えるとき[6]，この作品の上演の際に，いかなる観客もこれのきっかけとなったものを見逃さない。アテーナイの愛国者たちには痛ましいことに，少し前に最高法廷の権威がエピアルテス[7]によって弱められてしまっていた[8]。ソポクレースの『コローノスのオイディプース』が上演された時代に，最高法廷の力がまさに取り戻されたとすれば，こ

Opera, I-II (Leipzig, 1811-21) に収録されている注釈部分のこと。〕

　5)　エウメニデス（εὐμενίδες）とは復讐の神から恵みの神に変じた女神エリニエンに対する婉曲的な呼び名。とくにアテーナイのアレオパゴスにおいて崇拝された。

　6)　アイスキュロスは当該箇所において，アテーナーに次のように語らせている。「さてこんどはアテーナイの市民方，流された血の裁きをする，この，最初の法の庭へとおいでたその上は，定めの掟を聞いて下さい。これがまた末永くアイゲウスの国民にとり，いつも司法の評議をこらす場所になりましょう。してこのアレースの丘は，その昔アマゾンの女軍が，テーセウスを怨みに思い攻め寄せた折，陣を置き握舎を設けたところ，ここに新しい城塞を，その折塁壁も高々と，城山に拮抗して築き上げ，アレース神に献げたのであった。それからして名も，アレースの岩山と呼びならわしたのが，この場所で，市民たちの畏敬の念，またその兄弟の恐れとが，昼も夜も同じく，彼らを正義にもとらぬよう守るであろう，もし市民たちが，みずから，これを改め変えない（とりこぼたない？）かぎりは。」呉　茂一「慈しみの女神たち」『ギリシア悲劇全集』第1巻（アイスキュロス篇）（人文書院，1984年），282頁。

　7)　アテーナイの政治家。下層の民衆に近い立場を取り，紀元前462年に憲法改革を断行したが，翌年暗殺された。

　8)　〔原注〕『最も優れたギリシア悲劇作品たるアイスキュロス，ソポクレース，エウリーピデースの現存するものがすべて真正であるかどうか』，45頁参照。

の作品におけるアレオパゴスの讃美（943 行以下）[9]は，観客にとってこの出来事への当てこすりとして現れたに違いなかった[10]。ソポクレースの『アイアース』においては，サラミス島民たちの操舵の腕前が称えられる。このことはこの悲劇そのものから完全に解明され得る。なぜなら，そこでは合唱隊はサラミスの船乗りから構成されているからである。しかしすべてのアテーナイ人は，その称賛が有名な国有船サラミニアの乗組員たちをもともに考慮に入れていたことを理解した[11]。エウリーピデースは『ヒッポリュトス』において，重い病気の恐怖について語っているが，このことは，現在の形態におけるこの作品は悪疫の直後の時代に上演されたことから説明がつく[12]。テーセウスがそのなかで語る「おまえたちはなんと優れた男を失うことになるのか」(οἵου στερήσεσθ' ἀνδρός)[13]という言葉は，観客たちには偉大なるペリクレースの記憶を呼び戻したに違いない[14]。時折われわれは特殊な歴史的諸関係を一連の明確な証言においてのみ理解する。『コロノスのオイディプース』において，アンティゴネーは父親にポリュネイケースを受け入れるようにするために，次のように言う。「悪い子があり，怒りやすい人もほかにいますが，忠告を容れ，友達の人を魅する言葉に心を変えるのでございます」[15]。もしわれわれが偶然にもある覚え書きをもっていな

---

9)「わたしはよく知っていた，この地にはかの思慮深いアレスの丘の審判があり，このような浮浪者がこの国に住まうことを許さぬことを。こう信じて，わたしはこの捕物をやったのだ。」ソポクレス，高津春繁訳「コロノスのオイディプース」，『ギリシア悲劇全集』第 2 巻（ソポクレス篇）（人文書院，1986 年），349 頁。

10)〔原注〕1826 年の講義目録「アレオパゴスについての第一論文」De Areopago dissertation prior（『小品集』第 4 巻，252-253 頁）参照。

11)〔原注〕『アテーナイ人の国家財政』第 1 巻，339 頁以下参照。

12)『ヒッポリュトス』は，紀元前 428 年に上演され 1 等賞を獲得した作品であるが，その 2 年前の 430 年にはアテーナイに疫病が蔓延し，429 年にはペリクレースも疫病に斃れている。

13) エウリーピデース，川島重成訳「ヒッポリュトス」，『ギリシア悲劇全集』第 5 巻（岩波書店，1990 年），369 頁。

14)〔原注〕『最も優れたギリシア悲劇作品たるアイスキュロス，ソポクレース，エウリーピデースの現存するものがすべて真正であるかどうか』180 頁以下参照。

15) 高津春繁訳「コロノスのオイディプース」，『ギリシア悲劇全集』第 2 巻（ソポクレス篇）（人文書院，1980 年），356 頁。参考までに，最新の訳ではこの箇所は次のように訳されている。「ほかにも悪い子供を持って癇癪をおこす人はいるものですが，友のやさしい言葉に諭され，持ち前の性分も，やわらぐというものです」。ソポクレス，引地正俊訳「コロノスのオイディプース」，『ギリシア悲劇全集』第 3 巻（岩波書店，1990 年），185 頁。

II 歴史的解釈（Historische Interpretation）

かったとしたら，われわれはここに何も特別な関係を発見しないであろう。その覚え書きによれば，ソポクレースはこの作品を執筆当時，穏便に解決されたものの，自分の息子のイオポーンと争いをしていたのである。実際，アテーナイ人はみなその言葉のなかにこの事件への当てこすりを見たに違いない[16]。歴史的解釈にとって，証言は当然のことながらきわめて大きな価値をもっている。もちろんその信憑性は歴史的批判によってはじめて確定されるべきである。ここでもひとはまずもって，あらゆる著者をできるだけ彼自身から説明するよう努めなければならない。その次に洞察に富む同時代人が顧慮されるべきである。後代の人々においては，彼らがどこからその知識を得ているかが重要である。例えば，ピンダロスの ἄριστον ὕδωρ〔最良の水〕が何を言おうとしているか，明らかでないとしたら，最終的にはアリストテレスが決定してくれる。彼は後代の人々の仰々しい知恵ではなく，その表現の冷静な意味を教えてくれる。後代の人々はその知恵をふたたび探し出し，さらにそれをインドの知恵で飾り立てたからである。アリストテレスにはその表現についての哲学的解釈がたしかに当然のものと思われた。彼が哲学的解釈を企てていないことは，当時人々はその意義についてあまりにもたしかだったので，健全な意識をもっている人は誰もそのような不合理を思い浮かべることができなかった，ということの証拠である[17]。たとえ文法的説明そのものが歴史的補完を要求するとしても，もちろん，われわれの知識はしばしば，言語的記念物の歴史的諸関係を理解するのに十分ではない。しかしながら，ひとはそのような場合に，時折，仮説的な説明をするための十分な拠りどころをもっている。この場合には，一方で文法的語義を実際に補完し，他方で言語的作品そのものと，ならびにそれ以外の所与の歴史的データと調和している，歴史的な仮説が重要である。そのような仮説を形づくるためには，ふたたび批判的活動が必要である。例えば，ピンダロスの『オリュンピア祝勝歌集』オリュンピア第12歌においては，そこで謳われているヒメラ[18]人のエルゴテレ

---

16)〔原注〕1825/26年のプロオイミオン「ソポクレースのコロノスのオイディプスの事情について」De Sophoclis Oedipi Colonei tempore（『小品集』第4巻，232-233頁）参照。
17)〔原注〕『ピンダロス注釈』，102-103頁参照。
18) ヒメラはシケリアー北部の都市。

ス[19]は闘鶏用の雄鶏と比較される。ところで，ほぼこの詩が執筆された時代のヒメラから出土した古い硬貨には，雄鶏が，おそらくアテーナイにとって神聖な闘鶏が見出される。このことは次のような仮説へと導く。すなわち，アテーナイ同様，ヒメラでも闘鶏が一般的に行われており，そこからあの比較はヒメラ人に対する生き生きとした関係を保っていたに違いない，という仮説である[20]。『ピュティア祝勝歌集』ピュティア第10-11歌においては，ヒュペルボレオイとオレステースの母殺しに関する脱線は，われわれにとって理解できない。与えられたデータから1つの仮説を形づくるのはきわめて難しい[21]。適当でない仮説の一例は，『ピュティア祝勝歌集』ピュティア第9歌についてのディッセンの説明である。この詩のなかにはアポッローンとキューレネーの愛についての神話が織り込まれており，そしてこの神話は疑いなく，ピンダロスによって謳われたキューレネー[22]のテレシクラテース[23]の個人的事情への諸関係を含んでいる。この人物はこの詩が執筆された当時テーバイにいたが，この詩もまたテーバイでまず朗読された。そして彼はテーバイの種族アイゲイダイ[24]と親しくしていた。ここから，そして神話もテーバイと関係していることを示唆する若干の他のデータから，ディッセンはピンダロスが，キューレネーに対するアポッローンのように，テーバイのある貴族の乙女に暴行しようとした，テレシクラテースの冒険を当てこすっていると推測している。しかしこの詩人が頌歌の最高かつ最重要な部分を，そのような行為に捧げたはずだということは，少なからぬ論拠からしてまったく信じがたい。ディッセンが動機として基礎に据えた，やんわりとした非難は，頌歌にとっていささか厳格すぎると同様，ここでは事柄そのものにとって不適切であった。神話についてのより厳密な考察は，次のようなもう1つの仮説へと導く。すなわち，テレシ

---

19) ヒメラ人。前466年ないし前472年のオリュンピア競技の長距離走の優勝者。
20) 〔原注〕『ピンダロス注釈』，210頁。
21) 〔原注〕『ピンダロス注釈』，330頁と338頁。
22) アフリカにあるリビアの都市。ピンダロスによれば，都市の名称は，その名の乙女キューレネーがアポッローンに攫われて市の建設の基になったという神話に由来するという。
23) キューレネー人カルネイアダスの子。前474年のピュティア競技大会における武装競技の優勝者。
24) 「播かれた人々」（テーバイ建国の祖カドモスが播いた竜の歯から生え出た人々）の生き残りの1人のアイゲウスに発する，テーバイの貴族の一門。

II 歴史的解釈 (Historische Interpretation)

クラテースはその詩が執筆された当時，テーバイのアイゲイダイの女性と婚約しており，まさに花嫁を故郷に連れて帰ろうとしていた，という仮説である。かくしてアポッローンとキューレネーの徹底的に純潔な愛は，テレシクラテースの状況にとって・典・型・的・であるような仕方で，叙述されているのである。神話のすべての特質はこのような仮定から説明がつくし，それにこの仮定はそれ以外のすべての考察対象となっている状況に対応している[25]。わたしが前述のディッセンの仮説を適当でないと見なすように，ゴットフリート・ヘルマンは，わたしが『ピュティア祝勝歌集』ピュティア第2歌の説明のために立てた仮説を，受け入れがたいものとして退ける。後者においては，イクシオン[26]の冒瀆行為についての，つまり彼の親族殺害とヘラに対する犯罪的愛情についての，詳しく描かれた神話が何を意味しているかは，不明確である。わたしはそのなかにヒエローン[27]に対する当てこすりを見る。すなわち歴史的証言によれば，ヒエローンは，彼の兄弟のポリュゼーロスを，彼が命を落とすことを願って，クロトナ方面に派遣したという罪を負わされた。しかしポリュゼーロスはダマレーテの父である舅のテーローン[28]のもとに逃れ，そしてヒエローンはこの兄弟およびテーローンといまにも交戦しようとしていた。ここでわたしは同時に，ヒエローンがポリュゼーロスの妻のダマレーテと結婚しようとしたと，さまざまな根拠に基づいて仮定し，そしてイクシオンについての神話が述べられているそのやり方のなかに，その他の点では立派でなくもないヒエローンの，このような不幸な過ちを見出したのであった。ゴットフリート・ヘルマンは，意図的な犯罪という非難を含んでいるそのような関係を，ヒエローンへの頌歌のなかに読み込むことは不可能であると見なし，かくして別の仮説を提示した。しかしながら，わたしは『ピュティア祝勝歌集』ピュティア第2

---

25)〔原注〕「ディッセンによるピンダロス版についての批判」（1830年）（『小品集』第7巻，389-398頁）参照。

26) テッサリア人，ケンタウロイの祖。義父を殺害し，ゼウスに清められてオリュンポスに住むことを許されたが，ヘラ（ゼウスの妻）に邪な想いをかけたために，ゼウスに罰せられた。

27) シュラークーサイ王（前478年から467年の治世）。ピンダロスやアイスキュロスなどのパトロンとしても有名。

28) アクラガス（現アグリジェント）の僭主。在位期間は前488年から472年まで。471年ヒエローンに敗れて逃走。

歌を，ヒエローンに送付された警告の歌とみなす。その警告の歌において，この領主から遠く隔たった時点にいるピンダロスは，高次の立場から政治的に考慮して，ダマレーテに対する無限の意図から，また兄弟との交戦から，ヒエローンを連れ戻そうとしているのである。詩人がこれに対してイクシオンの運命を引き合いに出すとき，これははっきりとした適用なしに起こるが，かかる適用はかなりの慧眼を有する人のみがなし得たところである。とくに親族の血を流してはならぬという最初の警告がなされる際に，ポリュゼーロスの生命を狙ったものの失敗に終わった試みが意図されているということを，必ずしも誰でもが思いつくわけではない。というのは，この試みは当然秘密だったからである。ひとはそこに兄弟と交戦しないように警告するという，われわれによって前提された目的をより容易く見たのである。そして詩人が，彼の秘めた思いを神話的に具現化することを通して，領主を揺さぶろうと努めることによって，彼は同時に，十分なしかし当然受けるべき称賛によって，領主のより高貴な本性がその計画を助けるよう呼びかける。ここでは真剣な警告が問題なのであり，頌歌が問題なのではないということは，ピンダロス自身が次の言葉において表示している。すなわち，「率直に話す人はいかなる体制においても，僭主制においてすら，最善のひとである」。ちなみに，ヒエローンは実際にポリュゼーロスならびに彼の舅のテーローンと和解したということ，そしてその際テーローンの親類の女性を妻として得たということ，このような事情もまたわたしの仮説を証拠立てている[29]。歴史的解釈を適用できるかどうかについて，そしてとくに仮説的解釈が許容できるかどうかについて，最終的な決定を下すものは，しばしば感情のなかに存在している。ここではとくに解釈者の天分の同質性が肝要である。すなわち，著者の個性に身をおいて理解する人のみが，特定の場合の著者の念頭に特別な関係が浮かんでいたかどうかを，知るのである。例えば，ソポクレースの感覚の仕方にある程度身をおいて考えたことのある人は，『アンティゴネー』の第3のスタシモン，エロースへの歌のなかに，──近年の解釈者が行っているように──

---

[29] 〔原注〕この仮説の詳細な根拠づけとヘルマン的見解への反駁を参照のこと。『小品集』第7巻，430頁以下を見よ。

II 歴史的解釈 (Historische Interpretation)　　177

ペリクレースとアスパーシア[30]の関係への当てこすりを見出すのは不可能である。この合唱はハイモーン[31]のアンティゴネーに対する愛にのみ関係しており，全体的な状況からしていかなる観客にも，外的な，遠く隔たった付随的諸関係を思い起こさせることはできなかったであろう。しかしましてや力強いシーンの印象をそのような付随的諸関係によって弱めることなぞ，ソポクレースの脳裏に浮かぶことはできなかったであろう。

　歴史的解釈は，いかなる客観的関係が実際に言語的記念物のなかに存・・・・・・・・・・・・・・・・・・・・・・・・・・・・・・・・・・しているかを，突きとめるべきである。そこから生じてくるのは，このような諸関係がどの範囲にまで及ばなければならないか，ということ・・・・・・・・・・・・・・・・・・・・・・である。言語的記念物を歴史的諸関係と調和させることは，目標ではあり得ない。というのは，目標は実際にはそうした諸関係と矛盾することがあるからである。それゆえ，ひとは歴史，経験，あるいは共通感・・覚 (sensus communis)[32]に反するところのものを，解釈のために提示してはならない，という有名な解釈学的原則は，まったく間違っている。歴史に関するかぎり，それがいかなる種類のものであれ，著述家は歴史的現象について，真理には合致しない理解をもつことができる。もしひとが歴史と調和するような，そのような諸関係をそこに探し求めようと

---

30)　ペリクレースの愛人。ペリクレースが離婚してから約 5 年後に 2 人の関係は始まり，彼が死ぬまでその関係は続いた。ペリクレースとアスパーシアの間には男児が生まれたが，アスパーシアはなかなかの知性の持ち主だったらしく，ペリクレースへの影響も取り沙汰され，しばしば攻撃の対象ともなった。

31)　テーバイ王クレオーンの息子。アンティゴネーは彼の許嫁。

32)　ここで「共通感覚」と訳出した sensus communis は，近代語の「コモンセンス」(common sense) の語源となっているものであるが，ベークがここで "der gemeine Sinn"（原著 5 頁）と言わずに，敢えてラテン語を使用していることに留意すると，ここには単なる「常識」を超えた，より深い意味が込められていると思われる。

周知のように，キケローをはじめとするローマの思想家たちは，「人間に共通する感覚」としての「共通感覚」(sensus communis) について語り，これを人間が社会生活を営んでいく上で不可欠な共通の基盤であると見なした。これが近代語の「コモンセンス」の直接の語源となっているわけであるが，その奥にはさらにアリストテレスに由来するギリシア語の概念がある。アリストテレスによれば「視覚，聴覚，嗅覚，味覚，触覚」という 5 つの個別感覚（五感）は，それぞれ「色，音，臭い，味，固さ」という固有の感覚対象を把握する能力であるが，人間にはこれらの個別感覚とは別に，それらを横断的に把握する統合的な能力が具わっている。彼はこれを「共通感覚」(κοινή αἴσθησις) と名づけた。ラテン語の sensus communis のなかには，アリストテレスのこの概念も同時に含まれている。

すれば，ひとはこの場合には著作家の言葉をたしかに間違って解釈することになろう。修辞学や詩歌においてはきわめて頻繁にそうであるように，著者はしばしば意識的に，そして意図的にすら，歴史的真理を無視する。したがって，もしひとが歴史的解釈によってプラトンの著作からすべての時代錯誤を取り除こうとすれば，それは無駄骨というものであろう。プラトンは舞台装置を用いて彼の対話を大抵は一定の時代に移している。しかしそこにおいてはるかのちの時代に属する歴史的事実に言及されることは稀ではない。『メノーン』，『ゴルギアース』，『饗宴』，『メネクセノス』および『国家』においてはそうである[33]。そのような時代錯誤はなるほど幻想を攪乱するが，しかし哲学者〔たるプラトン〕はまさしくそれによって一定の目的を達成しようと欲することができるのである。そのようにして惹き起こされた対照は『メネクセノス』において最も強烈である。ここでコリントス戦争における戦死者への追悼演説がアスパーシアに語らせられるが，この追悼演説はペリクレースの存命中に彼女がソクラテスのために述べたものである。一方，それが関係している出来事は，対話が捏造された時代の約40年後にあたっている。しかしもしこの対話がこの時代に，つまりアンタルキダスの講和[34]ののちに，執筆されているとすれば，この表現全体は同時代人たちには冗談として現れたに違いなかった。このような冗談によって，同時代の修辞家たちが演説のなかで意図する嘲笑は，とくに素晴らしい，またサビの利いた，形式を獲得するのである。それゆえ，このような時代錯誤から対話の真正性に反対する理由を取り出されるべきではない[35]。最大の混乱へと導いたのは，歴史的解釈は経験と一致していなければならない，という見解である。例えば，奇跡はわれわれの経験と一致するような仕方で，自然的な事象として現れるというふうに，ひとは新約聖書を解釈

33）〔原注〕『小品集』第4巻，447-448頁，および『小品集』第7巻，71頁以下参照。

34）アンタルキダスの講和条約とは，紀元前386にギリシアとペルシアの間で締結された条約のこと。アテーナイに代わってギリシアの覇権を手にしたスパルタは，しかしやがてその保持に困難を感じ，アンタルキダスをペルシアに派遣して，アルタクセルクセス2世に援助を求めた。かくして作成された条約は，全ギリシアに強要されることになった。

35）〔原注〕『一般にプラトンが著者であると信じられている『ミーノース』とプラトンの『法律』第1巻に対して』*In Platonis, qui vulgo fertur, Minoem eiusdemque libros priores de Legibus ad virtum illustrem Frid. Aug. Wolfium,* commentabatur Aug. Böckh (Halis Saxonum: ex Liberaria Hemmerdeana, 1806), 182-183頁参照。

II 歴史的解釈（Historische Interpretation） 179

してきた。そこから子供っぽく馬鹿げたいろいろな説明が生じてきた。このような説明はかつて多数のドイツの神学者たちに畏敬の念を起こさせたが，それは彼らが新約聖書の言語について十分な知識と解釈学的教養をもっていなかったからである。新約聖書記者たちが奇跡を信じていたことは，あらゆる思慮深い解釈者には明白であらざるを得ない。この信仰が歴史学的にどのように説明され得るかは，別問題である。歴史的説明が証拠立てなければならない多くのことは，共通感覚に違反する。ナンセンスなことは現実的には十分頻繁に起こるものであり，したがって解釈によって抹殺されるわけにはいかない。例えば，シェークスピアの『ヴェニスの商人』や『ハムレット』においては，オフェーリアや墓掘人の語る言葉のなかに，意図的にナンセンスなところがある。古代の喜劇においても同様である。しかし劣悪な作者たちにおいて，意図せざるナンセンスのいかに多いことか！　それゆえ，解釈は原則的にいろいろな矛盾の調停を達成しようと努めなければならないということも，間違った規則である。矛盾もまた，プラトンの『パルメニデス』においてそうであるように，作品の計画のなかに存していることだってあり得る。もしひとが聖書の解釈に対して，聖書のなかのあらゆる事柄は，信仰ト教理ノ類比（analogia fidei et doctrinae）によって解釈されるべきである，と指図するならば，それはまったく非歴史的である。ここでは解釈が定位すべき尺度ですらみずから確定していない。なぜなら，聖書の解釈から生まれた信仰論は，非常にさまざまな形態を採ってきたからである。歴史的解釈によって確定されるものは，それが正しかろうと間違っていようと，言語的記念物において意図されていることに限定されるべきである。歴史的真理，共通感覚，あるいは論理に違反する内容が，どの程度著者にあると信ずることができるかは，その著者の個性についての知識から，文法的解釈に基づいて確定されるべきである。ひとが意図的な矛盾や一貫性のなさを仮定しなければならないかどうかは，著者が追求している目的から判明する。したがって，それは種類的解釈によって突きとめられるべきである。もしひとがこの道を進んで，純粋に文法的な解釈において浮び上がる間違いや矛盾が，ある特定の場合に著者にあるとは信じられないという確信に到達するのであれば，歴史的解釈の適用可能性に対する上述の第1の判断基準が存在する。けれども

これはいかなる場合にも，言葉の文法的意味が許す以上には，先に進むことが許されない。──それは，その適用可能性についての他の判断基準が登場するときですら守られなければならない限界である。しかしこの適用可能性に対して述べられた第2の判断基準から，第2の限界が明らかになる。すなわち通常は，文法的な語義が許す場合でも，歴史的解釈によって，著者がより頼む言葉がそれに関して考えることができるであろう以上のことを，言葉のなかに読み込んではならない。この基準を蔑ろ(ないがし)にすることから，わたしが上で述べた（139頁），アレゴリカル解釈の誤用が生じてくる。とくにギリシア悲劇作家においては，歴史的解釈一般についてそのような誤用がなされている。それゆえ，正しい限界を守るためには，ひとは著者が誰に向けて書いているか，そして著者が何を前提とすることができたかを，まず知らなければならない。その場合，単に群衆だけでなく，しばしばまったく特定の読者が問題となっている。そこでピンダロスは『オリュンピア祝勝歌集』オリュンピア第2歌において，みずからの詩歌について次のように述べている。すなわち，彼はみずからの肘下のえびらの中から多くの矢を放つが，それは知識経験の豊かな者には明るく響くものの，群衆には解釈を必要とすると[36]。さてしかし，著者がその人々に向けてその言葉を語っている当の人々は，著者の個性と作品のジャンルの性格に応じて，その言葉のなかにふたたび多かれ少なかれいろいろな関係を追求する。彼らがこれをよく知っていればいるほど，彼らは歴史的諸関係をよりよく理解する。同じことは彼らの立場に立つべき解釈者にも当てはまる。最初で最後の条件として，つねに新たに個人的解釈と種類的解釈が浮かび上がる。そしてこれによって歴史的解釈の適用可能性に対する限界は，しばしば非常に柔らかなものとなり，天分の同質性をもった解釈者（der congeniale Ausleger）のみがそれを見出すことができるのである。

§23. 方法論的補遺

文法的解釈と歴史的解釈は相当学問的な装置を必要とする。文法的解

---

[36]「わが肘下のえびらの中には，速い矢が数多く入っている／──だがそれは智ある者にだけ語りかけ，万人に向かっては解釈者を必要とする。」ピンダロス，内田次信訳『祝勝歌集／断片選』（西洋古典叢書）京都大学学術出版会，2001年，23頁。

II 歴史的解釈（Historische Interpretation） 181

釈に必要なことは，一般的ならびに特殊的な言語の慣用を確定するために，必要な並行箇所を手元に置くことである。歴史的解釈には多数のメモが必要である。それゆえ，非常に多くの引用文は文献学者にとって不可欠である。最大限の正確さをもって引用することは，まさに本来的な意味で文献学的である。というのは，文献学は外的な証拠に基づいているが，一方哲学はみずから自身が内的な証人でなければならないからである。ひとは近代になると，文献学によって突きとめられたすべてのことを，手早く事典（Lexika）にまとめ上げようとしてきた。古代言語一般についての，および個々の著作家の言語の慣用についての事典は，ますます完璧なかたちで仕上げられ，同様に一般的および特殊的な事典も仕上げられる。それによって研究は容易さと確実さを非常に獲得してきた。しかし文法的解釈ならびに歴史的解釈においてとりわけ理解しなければならない諸々の表象の連関は，ひとはこれを事典にあたって調べることはできない。このためには，すでに突きとめられたことを連関において研究することが，したがって文法学を含めて古代学の実際の諸学科を資料に即して研究することが，必要である。ひとは連関し合った知識を可能なかぎり持ち合わせていなければならないが，そのような連関的知識に基づいて，つぎに事典が活用されるべきである。事典は連関し合っていないものも，それゆえ維持するのが難しいものも，より多く含んでいる。しかし事典が提供する情報は，個々のものの連関において理解するためには，あらゆる比較的難しい点において原資料から精査されるべきである。事典の他には，著作家についての最良の索引（Register）とインデックス（Indices）に依拠しなければならない。そして歴史的解釈に関しては，著作家についての良質な歴史的序論に依拠しなければならない。しかしとくに古代に成立した著作集（Sammelwerke）が考慮されるべきである。これらの著作集は近代の事典には決して存分に利用されていないからである。古代のグロッサリア〔Glossarien: 註解集〕[37]は多くの著作についてきわめて特殊な註解を提供する。これに関しては，ギリシア語のものとしては，アポッローニオス（ソフィスタ），ポルックス，フィリニコス，モエリス，ティマエオス，〔少し新しいところで〕

---

37) グロッサリア（Glossarien）とは，註解（グロッセ）を収集したもので，しばしば独立したかたちで，あるいは一定のテクストの付録として出版された語彙索引を指す。

ハルポクラティオン,アンモーニオス,ヘーシュキオス,フィロクセノス,フォティオス,エティモロギークム・マグヌム (Etymologicum Magnum)[38],スーダ,ゾナラス,レクシカ・セグエリアーナ (Lexica Segueriana)[39],トマス(マギステル)がある。――ラテン語のものとしては,フェストゥス[40]とノニウス[41]がある。これらの著作集は古代の文法家の著作から導き出された語彙の説明を含んでいるが,こうした説明は通常個々の箇所に関係しており,したがって特別な価値を有している。類似の意義を有しているのは,古代の釈義的論評の選集としてのスコリア〔Scholien: 古典の注釈〕[42]である。1例を挙げると,テレンティウス,ホラーティウス,ウェルギリウス,オウィディウス,ゲルマーニクス,ペルシウス,ルーカーヌス,スタティウス,ユウェナリス,キケロー,ホメーロス,ヘーシオドス,ピンダロス,悲劇作家たち,アリストパネース,リュコプローン,アラートス,テオクリトス,カリモコス,ロードスのアポロニオス,ニーカンドロス,詞華集:トゥーキューディデース,プラトン,アリストテレス,デーモステネース[43],アイスキネース[44],イソクラテースについてのそれである。スコリアは歴史的解釈にとってとくに重要である。しかしひとはスコリアにおいてもグロッサリーにおいても,つねに意見と事実とを区別しなければならない。とはいえ,これはしばしば非常に難しいことである。語義のみを一挙に理解するパラフレーズ (Paraphrasen)[45]や,通常は稀少な語のみを

---

38) *Etymologicum Magnum* (ギリシア名:Ετυμολογικόν Μέγα) とは,1150 年頃コンスタンティノーブルで編纂されたギリシア語の百科事典的な辞典(編纂者不詳)で,伝統的にこの名で呼ばれてきている。それはビザンツにおける最大の事典で,多くのより古い文法学,辞典,修辞学の著作に依拠している。

39) Lexica Segueriana もビザンツ後期に編纂された辞典。

40) Sextus Pompeius Festus. 2 世紀のラテン文法家・辞書編纂者。

41) Nonius Marcellus. 4 世紀のラテン文法家・辞書編纂者。

42) スコリア(Scholien)とは,もともとは,ギリシアやローマの写本の欄外に記された説明的な注のことをいう。

43) Demosthenes, Δημοσθένης (BC384-BC322)。アテーナイの政治家・雄弁家。マケドニアーのピリッポス 2 世に対する弾劾演説『第一ピリッポス論』で頭角を現し,やがてアテーナイを主導する雄弁家となった。『栄冠論』(前 330)はアッティカの雄弁術の粋と見なされている。

44) Aeschines, Αἰσχίνης (c.BC390-c.BC315)。古代ギリシアのアテーナイの弁論家・政治家。アッティカ十大雄弁家の一人。

45) パラフレーズは,ギリシア語の παραράζω, παράφρασις に由来し,「同じことを違

II 歴史的解釈（Historische Interpretation）

与える行間注解（Interlinearglossen）⁴⁶⁾は，それほどの意義は有していない。現存の補助手段に関連して，ひとは自分でさらに収集しなければならない。とりわけそれについての十分な歴史的序論が存在しない著作については，そのようなものを自分で作成することが推奨されるべきである。当然のことながら，そのなかには枝葉末節的なメモが収集されるべきではなく，著作の歴史的基礎が最も特殊な点に至るまで確認されるべきである。索引やインデックスが存在しない著作を根本的に研究するためには，索引やインデックスを自分で作成するか，あるいは作成させることが，同じように不可欠である。最後に，必要悪ともいうべきものが，ひとが折々に作った自分自身の注釈や，さらにはあらゆる人目を引くこと，難しいこと，珍しいことを記入する，アドヴェルサリア〔Adversarien: 手控え，書抜帳，備忘録〕⁴⁷⁾である。オランダの文献学者たちはとくにアドヴェルサリアを推奨し，ヨーハン・アウグスト・エルネスティとヨーハン・マッティアス・ゲスナーがそのようなアドヴェルサリアを持っていなかったことを，何にも増して惜しがった。もちろん彼らはその代わりにより沢山の精神を持っていた。しかしまさに多くの資料が存在し，しかもこうした資料は精神を形成することなしに，ただ精神を過重な負担を負わせるものであるので，こうした資料は頭のなかに入れて持ち運ぶよりは，紙に書き記したかたちで見出せるようにした方がより好ましい。一般的なアドヴェルサリアはとくに若いときに必要である。だが，そのための時間は十分にないので，これを拡張して生涯の終わりに至るまで継続することはできない。晩年になると，特定の目的に絞ったアドヴェルサリアに限定せざるを得ないが，これも大部分は紙切れのかたちで存在することもあり得る。ライプニッツ，カント，ジャン・パウル，アレクサンダー・フォン・フンボルトなど，非常にさまざまな精神の持ち主たちが，そのような紙切れからなる作品をもって

う言葉で言うこと」を指す。

46）Interlinearglosse とは，文字通り，行の間に書き記された注釈（グロッセ）のことで，とくに中世初期の写本に多く見られる。

47）アドヴェルサリア（Adversarien）とは，ラテン語のadversaria（=a book at hand in which all matters are entered temporarily as they occur, a waste-book, day-book, journal, memoranda, etc.）に由来し，一般的に「1. 覚え書き，メモ，2. 手帳，備忘録，雑録，3. 注釈」を意味するが，ここでは2番目の意味で用いられている。

いた。こうした紙切れからなる作品は記憶の手助けをするが，とはいえひとはそれにすべてを委ねてはならない。わたしは特別な知識を書見台において持つよりも，頭のなかに大量の知識を持つことの方を好む。アドヴェルサリアを見せびらかす非常に多くの御仁は，非常に僅かの知識しか持っていないものである。しかしながら精神は記憶作業に苦しんではならない。多くの事柄を知らなかったり，あるいは忘れたりすることは，分別を忘れることよりも良いことである。もちろん，多くの人々はそのアドヴェルサリアのなかに，すでにどんな子供でも知っているために，われわれの時代にはもはや引用文でもって証明されるには及ばないような，いろいろな事柄を書き記している。解釈に際しては，本題に属さないあらゆるがらくたは徐々に排除され，前提されているものとして，事典を参照するよう指示されなければならない。そのような引用文のバラストで素晴らしい作品を作ることができた時代は過ぎ去った。それに代わって，著作家の意図ないし精神へと深く入り込むことが起こらなければならない。著作家のなかへと沈潜すること，彼らからおのが存在の意味を汲み出すことを，本務と見なさない人は，良い解釈者にはならないであろう。その際，ひとはとりわけ早まった批判をしないように気をつけなければならない。早まった批判は正しい見方をあらかじめ邪魔するからである。ひとはある箇所を損なわれたものだと言明するために，非常に瑣事に拘った批判や長々しい証明をすることができるが，著作家の精神のなかに入り込んで考えることのできる単純な意味は，難点と考えられているものをすべて一挙に解決する。なぜなら，それは件の批判を行った人たちが，頭だけで作業して，直観でもって作業しなかったがゆえに，〔著作家を〕理解しなかったということを，指し示すからである。しかしわれわれの叙述から，次のことが十分に明らかになった。すなわち，文法的解釈と歴史的解釈は，個人的解釈および種類的解釈とつねに結合して営まれる場合にかぎって，このような唯一実り多い仕方で成功することができる，ということである。

III

個人的解釈（Individuelle Interpretation）

---

　§24. これまでわれわれは，言語をその客観的な意義にしたがって考察してきた。話し手は，自分に即自的に与えられている直観だけではなく，言語との多様な現実的諸関係において与えられている直観を表現する。話し手はそれゆえ言語そのものの1つの器官である。しかし言語は同時に話し手の器官でもある。というのは，話し手が表現する直観は，同時に客観的世界についての話し手の理解に制約されており，そしていろいろな言葉の客観的意義は，話し手がみずからの本性を，みずからの内面の経過と状態を，つまりみずからの主観性を表現へともたらすような仕方で，それらの言葉を選択し編成することを妨げはしないからである。そのように語りのなかにはまず話し手の主観的本質が，すなわち話し手の個性（Individualität）が反映されている。言葉の意義をこの側面から理解することは，個人的解釈の課題である。かなり多くの場合に，この課題は，話し手が他者を話す者として導入することによって，二重化される。このことはあらゆる語りのジャンルで起こるが，しかし演劇的な表現において特有の文体形式（Stilform）になる。歴史家においては歴史的人物の語りは文字どおり引証され得るので，ひとはそうした語りを純粋に歴史的人物の個性から解釈しなければならない。これに対して演劇においては，行為する人物の性格の背後に，相変わらず作家自身の個性が潜んでおり，それはあるときにはより強く，あるときにはより弱く，浮かび上がってくる。

　個人的解釈は，ひとが話し手の発言を考察する前に，話し手があらゆる対象をどのように直観するかがわかるほど，話し手の個性を完全に追

構成（nachconstruiren）することができるときに，完全なものになるであろう。そのときには，話し手がどのような場合であれ言うに違いないことを，ひとは規定することができるであろう。それにもかかわらず，ひとは話し手を，とくに古代語の作品においては，大抵はその語りそのものからしか正確には知ることができないので，解釈の業務は，そこから話し手の個性を見出すために，彼の語りを分析するところに存する。それゆえここには，解釈学的技術によって回避すべき，明白な課題の循環が存在している。

　真っ先に問われるのは，個性がどこに存しているかということと，言語におけるそれの表現はいかなるものか，ということである。各々の人間は特有の思考方式と直観方式を有しているが，かかる方式はその人の精神力の独特な相互関係に，その素質に，そしてもしひとが究極的原因にまで遡るとすれば，身体と精神との関係に基づいている。これこそがその人の個性である。個性はその人の存在のあらゆる状態において開示され，いたるところで同一である。その人の本質の最も多様な諸々の表現においても，つまり言葉や行為やあらゆる感受においても，個性はあくまでも同一である。個性はあらゆる個々の生命現象の普遍的な性格であり，人間本性の至聖所として侵し難いものである。しかしこの至聖所は外の世界に対して閉ざされてはいない。その普遍的な性格は，その作用が現れ出るさまざまな条件によって，多様な仕方で修正される。人間は一瞬たりとも同一ではない。あらゆる瞬間に，人間は部分的にはみずからが発展させ，部分的にはそとから受け取るところの，異なった観念の範囲を有している。個性はこの場合，その効力の範囲によって制約される。というのは，生のさまざまな状況は各個人の表象の範囲を規定し，そして嬉しい出来事や悲しい出来事はいろいろな表象にその個人的な方向性を与えるからである。さらにどの個性にもその歴史がある。その普遍的な性格は固有の発展によって制約される。身体は変化するものであり，われわれはまず胚種から始まってついに最盛期を迎え，そして徐々に衰えていくその発展の様を明確に目にするが，それと同じように魂も，その有限なる現象において，成長，最高の力，減退という周期を有しており，かかる周期は異なった肉体的・精神的組成によってさまざまである。ひとはさまざまな時代に，さまざまな雰囲気に応じて，さま

III　個人的解釈（Individuelle Interpretation）

ざまな仕方で，いろいろな対象によって刺激される．対象そのものもまたたしかに変化する．それゆえ，ひとはまた同じものをもう一度生み出すことができない．かつて書いたことのある対象について，数年後にふたたび書いてみようと試みてみるがよい．自由な組み合わせが問題であるかぎり，ひとは同じ思想をふたたび見出すことはできないであろう．つまり個性ないし直観の仕方は，客観的な語義すなわち直観そのものに完全に類比的である．個性は直観同様，同時に統一性としてまた多数性として現れ，そして後者の関係においては，適用の範囲と固有の歴史とによって制約されている．さて，語りにおける個性は——われわれがすでに注目したように——言語的要素の選択と合成とによって表現されるのであるから，これら2つの側面はこのような二重の関係において立ち現れざるを得ない．言語はそれによって統一的な個人的性格を獲得するが，かかる性格はそれにもかかわらず，その根底にある雰囲気に応じて，多様な仕方で修正されたかたちで現れる．個性のこのような言語的表現が，個人的な文体（der individuelle Stil）である．さて，ここに文法的な語義と個人的な語義との本質的な相違が示されている．文法的な語義に関しては，各々の言語的要素はそれなりの統一的意義を有しており，そして各言語的要素がその多義性ゆえに被るべき一定の修正は，その文脈から生じてくる．これに対して個人的な語義の場合，逆の関係が生じる．個性の統一性は明らかに個々の言葉に付着しているのではなく，むしろあらゆる記念碑的著作物においてあくまでも同一である．それゆえ個性の統一性は全体の連関のなかに，つまり文章構成の仕方（Compositionsweise）のなかに，浮かび上がらざるを得ない．これに対して個々の言語的要素の選択は，一定の修正を表現するものであり，かかる修正のなかで個性が表現される．そうであるとすれば，個人的解釈の課題は，文章構成の仕方から個性を規定することであり，そしてそこからその次に，個々の言語的要素の選択をその個人的意義にしたがって解釈することである．

1 文章構成の仕方から個性を規定すること

ひとは文法的解釈を哲学的文法学の普遍的原則からではなく，ただ具体的な言語の慣用からのみ行うことができるように，個人的解釈もまた一般的な心理学的法則からは行われ得ない。ひとは，例えば分類することによっては，つまり経験的心理学において，さまざまな気質や性情などを検討して，そのなかのどれが特定の個人に当てはまるかを見るようなやり方では，個性を見出すことはできない。心理学は一般的な分類項目を作り上げることしかできない。しかし個性は徹底的に生き生きしたもの，具体的なもの，積極的なものであり，これに対して例の図式は消極的であるにすぎず，つまり個性そのものから抽象化された一般的な抽象物にすぎない。そこからわたしは個人的解釈を――シュライアマハーが行っているように――心理学的解釈(die psychologische [Auslegung])[1]と名づけることを避けるのであるが，それはこの名称があまりにも広範だからである。いろいろな言葉の根本的意義が定義づけて捉えることのできない直観であるように，個人的な文体もまた概念によっては完全に特徴づけることはできない。そうではなく，それは解釈学によって直観の仕方そのものとして具象的に再生され得るものである。

個人的な文体は，精神が自由に活動できればできるほど，ますますくっきりと浮かび上がるものであり，それゆえそれは模倣や外的強制に

---

1) シュライアマハーの手書きの遺稿と筆記された講義に基づいて，フリードリヒ・リュッケによって編集された『解釈学と批判——とくに新約聖書に関係して』*Hermeneutik und Kritik mit besonderer Beziehung auf das Neue Testament* (Berlin: G. Reimer, 1838) では，解釈学の第2部が「心理学的解釈」(die psychologische Auslegung) となっているが，リュッケ自身も脚注で注意を喚起しており（同143頁，注2），またハインツ・キンメルレが独自の調査研究で再確認してみせたように，シュライアマハーは手書きの遺稿においては，その部分を「技術的解釈」(die technische Interpretation) と名づけている。Fr. D. E. Schleiermacher, *Hermeneutik*, nach den Handschriften neu herausgegeben und eingeleitet von Heinz Kimmerle (Heidelberg: Carl Winter Universitätsverlag, 1959), 107.
シュライアマハーの解釈学理論の発展において，「技術的解釈」と「心理学的解釈」がどのような関係になっているかは，より慎重な検討を要するが，ベークがここでシュライアマハーの「心理学的解釈」に言及し，しかもみずからはそのような呼称を好まず，むしろ「個人的解釈学」(die individuelle Auslegung) と名づけていることは注目に値する。

III　個人的解釈（Individuelle Interpretation）

よって曇らされる。したがって，それは個性が道を切り開く勇気と力とを，つまり〔独特の〕性格（Charakter）を開示する。いかなる性格ももたない人は，いかなる独自の文体ももたない。例えばキケロー的な文体で書くように要求してきた，精神を欠いた文法家たちは，そのことによって個人的な文体をもたずに書くべきだと要求したのである。もし何の特異性ももたずにキケロー的に書くとすれば，〔独特の〕性格をもたないまずい書き方にならざるを得ないということを，彼らは理解しなかったのである。このような指図はまだ発達した性格をもたない子どもにとっては良くても，大人の場合にはそのような書き方はひどくいやなものである。ひとは誰に対してもその上着を脱いで着替えるように要求はしない。しかし他人の文体で書くためには，ひとはみずからの上着だけでなく，みずからの魂までも脱ぎ捨てて，別のものと取りかえなければならないであろう。このことは幸いにも可能なことではない。そして例の文法家たちは，キケロー的な文体ということで，キケローから抽出された表現の仕方の図式を考えたにすぎない。彼らはキケローから1つの文体の骨格の標本を作ったにすぎない。これに対して真の解釈は，その文体のなかに生き生きとした個性を見出そうと欲する。

　ひとは1つの言葉の根本的意義を，語源論（Etymologie）によって，つまり〔語の〕根源へと遡源することによって，見出す。したがって，個人的な文体を規定するためには，同様に，ひとはこの文体の根源へと遡源しなければならない。しかしこの根源は国民的な文体（der nationale Stil）である。あらゆる教養ある国民は，発話においても芸術においても，国民の性格に対応した表現の仕方をもっているが，この表現の仕方は同様に，それが外来的なものの模倣や外的強制によって阻まれなければ阻まれないほど，ますます際立っているものである。いかなる性格ももたない国民はまたいかなる文体ももたない。例えば，ドイツ国民は〔独特の〕性格をもたないわけではない。しかしその性格は，さながら多くの性格の集合のごとく，さまざまな形式の多様性において現象化している。それゆえ，ドイツ国民はまた独特な文体の多様性を発展させてきたのであるが，一方フランスにおいてはとうの昔に真に国民的な文体が生み出されている。フランス的な文体は，もともと絶対主義のもとで，完全に宮廷風の会話調に倣って作られたもので，したがって

また，そのなかで深遠な思想を根本的に討議することができるためには，あまりにも軽やかすぎる。しかしフランス的な文体は発話の自由によって丈夫にされたが，一方今世紀前半におけるドイツ的な文体は，外来的なものの模倣は別にしても，自由さの欠如によって脆弱になり，その結果哲学的・詩的な誇張表現や揶揄のなかに自己を見失ってしまった。あらゆる著作家の仕事に検閲官が関与するほどに自由が非常に制限されところでは，文体は失われてしまう。検閲官の鋏で切られることを恐れざるを得ないところでは，検閲官はうろつかなくてもすでにその仕事に関与しているのである。けれども，単に発話の自由だけでなく，それあればこそ国民が〔独特の〕性格を獲得することができる自由一般が，国民的な文体の発展を促進するのである。それゆえ，国民がいろいろな部族や小国家へと分裂していた状態がそれを許したかぎりにおいて，古代においては国民的な文体が力強く発展させられた。ギリシアの国民的な文体は統一的ではなく，むしろさまざまな部族的性格の表現である。ローマの国民的な文体は，本来的には，ローマの支配的な都市共同体の性格をのみ表現している。個人的な文体は，大なり小なりの特有性をもって，国民的な文体から枝分かれしたものである。国民的な文体を圧倒的に代表する著作家が存在する。ラテン語にとっては，なかんずくキケローがそうした著作家に属する。彼はまさにかかる理由で，正当にも，純粋な語法の模範の役目を果たしているが，しかし同様に，文体の模範と見なすことは許されない。これに対してより強烈に刻印された個性においては，国民的な文体は後退する。例えば，ラテン語ではタキトゥスにおいて，フランス語ではモンテスキューにおいてそうである。しかしながら，いずれにせよ文体の2つの側面は，語根の文法的意義がその派生語と緊密に結びついているように，きわめて緊密に結びついている。そしてひとが語根の意味をその派生的な形式からのみ探し出すことができるように，ある国民の文体も個人的な文体の形式を比較することによってのみ認識することができる。しかしそのような比較においては，ひとがこうした個人的な形式そのものを知っていると同時に，これをふたたび共通の国民的文体からはじめて理解しようとする，ということが前提される。というのは，比較それ自体は純粋な理解を与えるものではなく，批判の対象であるところの，比較される形式の関係につい

III 個人的解釈 (Individuelle Interpretation)

ての判断を与えるものにすぎないからである。解釈学にとっては，比較は補助的な価値をもっているが，必ずしもあらゆる部分がすでに即自的に知られているのではないかぎり，容易に間違った規定へと導くものである。それは容易に一面的になり，そしてその場合，個々の部分を考量する際にも，比較された点が過度の意義を獲得する。ときにはまた，異質な性質をもったものが外的な視点からのみ比較され，それによってひとはまったく片寄った直観へと到達する。1つの例は，シュライター（『プラトンと張り合うホラーティウスについて，および彼のピソ父子への書簡とプラトンのパイドロスとの比較について』（四折版）[2]）が提起し，アイヒシュテットとアスト（『プラトンのパイドロスについて。アイヒシュテットの書簡付き』[3]）によってさらに継続されたような，ホラーティウスの『詩の技法』[4]とプラトンの『パイドロス』の間のナンセンスな並行関係である。個人的な文体そのものの規定にとって，それゆえ比較だけでは十分とはいえない。しかし個人的な文体の個々の面が他の手段によって認識されている場合には，おそらく比較は他の個人の文体との対立を通して，これをより明るい光のもとに置くことができ，かくして同時に，部分的には国民的な文体の析出へと導かれることができる。そのことによって，その後ふたたび他の点における，また他の著作における，個人的な文体の発見に成功するであろう。そのような仕方で国民的な文体からあらゆる言語的作品の個人的な文体が近似的に導出される。これが文学史の基礎である。文学史がより発達すればするほど，個人的解釈はそれゆえより完璧に成功するであろう。

　しかし文学史においては，個人的な文体は，著作家が執筆するジャンル（Gattung）の文体とつねに緊密に結びついて現れる。というのは，あらゆる発話のジャンルは，あらゆる芸術と同様，それに特有の文体をもっているからである。そして実際個人的な文体を比較する際，ひとは

---

　　2)　Carl Gotthold Schreiter, *De Horatio Platonis aemulo eiusque epistolae ad Pisones cum huius Phaedro comparatione* (Leipzig: Literis Taevbelianis, 1789).

　　3)　Heinrich Karl Abraham Eichstädt und Georg Anton Friedrich Ast, *De Platonis Phaedro. Accessit epistola Eichstadii*. (Jena: J. C. G. Goepferdt, 1801).

　　4)　これは現存しているホラーティウスの文芸批評の1つで，正式には『ピソ父子への書簡』*Epistolae ad Pisones* と題されているが，一般的には『詩の技法』*Ars poetica* として知られている。成立年代は紀元前 18 年（早ければ 19 年）と推定されている。

同一のジャンルの言語的著作から出発しなければならない。ジャンルは目的とそこから帰結する思想傾向との共通性に基づいている。個性はつねに一定の目的の方向において現れるので，目的の共通性は個々人の最も強烈な団結を形づくり，そして個々人の一致と相違はまさに共通の目標に関して示されることになる。ジャンルの文体はそれゆえ，個人的な文体がそこから際立って見えるところの，基礎である。両者はしばしば容易に取り違えられる。著作家の虚栄心は往々にして自分自身のやり方を過度に主張し，それをジャンルの性格だと言おうと努める。通常は追従して模倣する者たちが次にそうした著作家たちに従い，その結果個人的な文体がジャンルの文体として現れる。そのようにしてわれわれの間では，ひどい運命悲劇の産物が長きにわたって権利を主張してきた。それは数人の粗野な頭脳によって作り出されたものであるが，その文体が悲劇の文体と見なされたのである。ヴィーラント[5]は自分の小説の語調をジャンルの性格と見なした。そして彼は自分のやり方を過大評価したので，例えばホラーティウスは自分自身のやり方でのみやっていたのに，これをジャンルに属するものと考えることによって，ホラーティウスを水で薄めてしまった。逆にひとはしばしばジャンルの性格を個人的な文体と取り違えてきた。例えば，ひとはドリス風の抒情詩一般の性格に属する多くのものを，ピンダロス的な特徴と見なしてきた。これにしたがえば，個人的解釈は種類的解釈[6]を前提しているが，他方で個性がそれへと帰着する目的と方向は，個性そのものの本質からはじめて理解され得る，つまり種類的解釈は個人的解釈に基づいている。このような循環はここでは，ジャンルを規定している目的は個性を完全に知らなく

---

[5] Christoph Martin Wieland（1733-1813）。ドイツの詩人。レッシング，クロプシュトックと並んで，ドイツ古典主義文学の前期を代表し，そのロココ風の詩文は優雅かつ軽快である。

[6] ここの文脈から明らかなように，「種類的解釈」（die generische Auslegung）と呼ばれているものは，「発話のジャンル」（Redegattungen）に着目した解釈である。より詳しい説明は，後続の「IV. 種類的解釈」で与えられるが，いずれにせよ，「種類的」（generisch）という形容詞は，「種属」を表すラテン語の genus に由来している。「文芸作品の様式上の種類・種別」を意味するフランス語の「ジャンル」（genre）もこのラテン語に由来するが，このフランス語に相当するのがドイツ語の Gattung である。それゆえ，generisch は Gattung と密接に関連しており，ある意味でその形容詞形と見なすことができる。したがって，「種類的解釈」は「ジャンル的解釈」と言い換えられてもよいであろう。

III 個人的解釈（Individuelle Interpretation）

ても部分的に認識され得るということによって，近似的（approximativ）な仕方で解決される。ジャンルについてのこの不完全な理解は，そののちふたたび個性の個々の側面を解明し，それによって種類的解釈は新しい基礎を得ることになるが，そのようにしてこの2種類の解釈はさらに相互的にかみ合う。しかし作品そのものから個人的な文体を規定することが，つねに出発点を形づくらなければならない。

もし1人の著者に関して複数の作品が存在しているとすれば，ひとは著者の個性をその作品の総体において直観しなければならないであろう。だがその作品の各々は異なった条件下における著者の性格を表している。その各々において，著者の性格は，そのようにしてすべてのものから全体像を獲得するために，作品が構成されるその瞬間において理解されるべきである。かくしてひとはつねに個々の作品の分析へと赴くよう命じられている。言語作品というものは，プラトンが述べているように（『パイドロス』264C)[7]，1つの有機体（ein Organismus）である。だが有機体においては，全体は部分に優先している。芸術家は事実みずからの作品の全体を，未発展なものであっても統一的な直観として，まず精神的に目の前に有しており，次にかかる直観からあらゆる部分が，全体を構成する部分として形成されるのである。著作家の個性はこのような作品の統一性のなかに集中しており，それゆえ個人的な解釈によって，そこにおいて理解され，広範囲な区分において追求されなければならない。ところで，作品の統一性はどこに存しているのであろうか。作品の統一性は何よりもまずその作品のなかで叙述される対象の統一性に存

---

[7]　「パイドロス　この私が，彼のことをそんなに正確に見分けることができると考えてくださるとは，あなたも親切なかたですね。
　ソクラテス　しかし，少なくともこのことだけは，君は肯定してくれるだろうと思うのだが，話というものは，すべてどのような話でも，ちょうど一つの生きもののように，それ自身で独立に自分の一つの身体を持ったものとして組みたてられていなければならない。したがって，頭が欠けていてもいけないし，足が欠けていてもいけない。ちゃんと真ん中も端もあって，それらがお互いどうし，また全体との関係において，ぴったりと適合して書かれていなければならないのだ。
　パイドロス　誰もそのことを否定できないでしょう。
　ソクラテス　それなら，君の親友が作った話が，この原理にかなっているかいないかを，しらべてみたまえ。そうすれば君は，あの話が，プリュギアの人ミダスのために書かれていたと言われる碑銘と，少しも違わないのを発見するだろう。」『プラトン全集』第5巻，鈴木照雄・藤沢令夫訳『饗宴・パイドロス』（岩波書店，1974年），227-228頁。

している。ペイディアース[8]の念頭には，オリュンポスのゼウスの根本思想および統一性として，外的に叙述されるものの分割されない内的な直観が，つまりその本質におけるゼウス自身の個性が浮かんでいたように，あらゆる言語作品も統一的に限界づけられた素材に関係している。しかし作品において追求される目的——そしてこれは，同様に，統一的なものであるが——には，客観的な内容が役立っている。ところで，客観的な統一性のなかに入って来るであろう，大量のあらゆる事実や思想のなかから，その目的に合致しているものだけが強調されることによって，あるいはもし可能であれば，客観的には二三のものがその目的への方向を獲得することによって，主観的な統一性が成立し，これが必然的に思想の統一性となるのである。客観的な統一性が主観的な統一性によって支配されることによって，そして前者は後者の土台を形づくるにすぎないということによって，両者は主観的なものと客観的なもののごとくに，完全に一体となって分離されない実質的な統一性を形づくる[9]。やがてここから同時に形式的な統一性，すなわちこの素材が外的にも1つの全体へと形成されている，そのやり方が生じてくる。形式的な統一性は，作品を構成するさまざまな部分が，順々にあの実質的な統一性に奉仕するかたちで，論理的および修辞学的に結合している点に存している。自明のことながら，実質的な統一性と形式的な統一性は，形式と実質一般と同じように，引き裂くことのできない全体を形づくっており，そしてこの全体の組成のなかに個人的な文体が開示されなければならないが，個人的な文体はここでは，当然，国民的な文体ならびにジャンルの文体とすでに撚り合わされている。形式的統一性と実質的統一性のこの関係を，ゲオルク・ルートヴィヒ・ヴァルヒ[10]の「タキトゥスのアグリコラあるいは古代の伝記の芸術形式について」（彼が編集した『アグリコラ』[11]の版，ベルリン，1828年）は，非常に啓発的な仕方で論じ

---

8) Pheidias, c.490-432 BC. 古代アテネにおける最も偉大な芸術家の一人。彫刻家，建築家，画家として名声を誇った。パルテノン神殿の本尊アテナ・パルテノス像は彼の代表作。

9) 〔原注〕『小論集』，第7巻，380頁以下。

10) Georg Ludwig Walch（1785-1838）。ドイツの文献学者。有名なイェナの神学者 Johann Georg Walch (1693-1775) の孫。タキトゥスの研究にいそしみ，*Aglicola*（1828）と *Germania*（1829）を編纂した。

11) 娘婿であったタキトゥスが描いた義父アグリコラの伝記。ちなみに，アグリコラ

III 個人的解釈 (Individuelle Interpretation)

た。この論文を飾り立てているお粗末な論争や,粗悪な揶揄や,余計な学識を拭い去れば,そのなかにはタキトゥスの『アグリコラ』の文体の特徴が見事に示されている。そして歴史的対象と根本思想とのなかに存する実質的統一性が,形式的統一性といかにして区別されるかが,これによって説明される。一切のものを規定する契機は明らかに目的の統一性である。ところで,目的は種類的解釈によって確定されるのであるから,種類的解釈は第一歩からして個人的解釈のなかに食い込んでいる。

　フリードリヒ・アウグスト・ヴォルフは,彼のホメーロス序説において,ギリシア人は言語作品においてはのちになってようやく全体を理解することを学んだ,と主張している[12]。だがこれはまったく間違っている。むしろ近代人がのちになってようやく古代人の作品を全体として理解することを学んだのである。われわれの時代でもなおひとは一般的には,ギリシア文学の傑作はつねに1つの全体的目的を追求している,との確信には決して到達していない。そこで例えばモルゲンシュテルン[13]は,プラトンの『国家』に関する著書(『プラトンの国家についての三つの注釈』[14])において,この作品に対して一つの主要目的,つまり正義を叙述することと,1つの副次的目的,国家を叙述することを仮定し,それ以外にもそこにさらに複数の副次的な探求を見出している。まことにシュライアマハーですら,『国家』の翻訳[15]への序論において,ソクラテスを2つの頭をもったヤヌスと名づけている。というのも彼は国家篇において,みずからこの作品の目的は正義を叙述することであると言っているのに,『ティーマイオス』でこれをさらに追求して,国家についての論議を目的と認知したからである。さて,その作品に統一性がない

(Gnaeus Julius Agricola, 40-93) は元老院貴族階級に属していたローマの将軍。61年軍団参謀としてブリタニアに赴き,77/78年にブリタニア駐屯軍総司令官となった。彼は公正かつ穏和な人柄で,属州民の信頼を勝ち得た。

12) Cf. Friedrich August Wolf, *Friedrich August Wolfs Prolegomena zu Homer.* Ins Deutsch übertragt von Hermann Manchau (Leipzig: Reclam, 1902).

13) Johann Carl Simon Morgenstern (1770-1832)。ドイツの文献学者。F・A・ヴォルフの弟子。「教養小説」(Bildungsroman) という用語を造語したしたことでも知られる。

14) Carl Morgenstern, *De Platonis republica commentationes tres* (Halle: Libraria Hemmerdeana, 1794).

15) *Platons Werke von F. Schleiermacher*. Dritten Theiles Erster Band. *Der Staat* (Berlin: G. Reimer, 1828).

著作家が存在することは否定できない。そしてその場合，ひとは可能なかぎりこうした作品を説明するかもしれないし，それはまた，個別的なものはすべて個々別々に存在し，連関なしに存在しているので，困難なことではないであろう。しかし真の芸術家にとっては，書物を書くときにはすべて統一的な目的がある。したがって，悲劇が行為の統一性を超えていくときには，間違いであると見なされる。古代人たちはそのことをよく自覚していた。そして見たところ統一性を損なっているような場合，そうなっている非常によくわかる理由は，つねにより多くの部分の高次の連関のうちに存在している。われわれはそれゆえ古典的書物の2つの目的を認めはしない。そうではなく，プラトンの場合にこのことを仮定するような解釈はまだ不完全である，と主張するものである。ひとはここで著者の思想体系を知ることによってのみ，正しいものを見出すことができる。例えばひとがプラトンの『カルミデース』から，彼にとって政治は「正しさについての知」(ἐπιστήμη δικαίου)[16]以外の何物でもないということを知っていれば，2つの目的は1つの目的へと解消し，そして目的としての正義へと導かれる構成は，そのときには爾余の情報の反証とはならない。プロクロスはこのことを『プラトンの国家篇註解』[17] 351 頁（1534 年のバーゼル版プラトン全集）において見事に指し示している。プラトンの国家は実現された正義以外の何物でもない。あるいはプロクロスが非常に見事に述べているように，「正義が政治を特徴づける」(τὴν πολιτικὴν χαρακτηρίζει ἡ δικαιοσύνη.[18]) のである。もしある作品に幾つかの副次的目的が存在するとすれば，それらは主目的に根ざしていなければならない。統一性のない作品は，その一部がウェヌス〔ヴィーナス〕を，他の一部がアルテミスを表している立像に似ている。

---

16) 「カルミデース」170B，『プラトン全集』第 7 巻，北嶋美雪・山野耕治・生島幹三訳『テアゲス・カルミデス・ラケス・リュシス』(岩波書店，1975 年)，86 頁。

17) ベークが引証している版は特定できないが，1534 年のバーゼル版プラトン全集という注記からわかるように，かなり古い版を使用していると思われる。ここでは今日最も標準的なクロール編集の 2 巻本の書誌情報を載せておく。*Procli Diadochi in Platonis Rem Publicam commentarii*. Edidit Guilelmus Kroll (Bibliotheca scriptorium Graecorum et Romanorum Teubneriana), Bd. 1 (Leipzig: B. G. Teubner, 1899), Bd. 2 (Leipzig: B. G. Teubner, 1901).

18) 〔原注〕『小品集』第 4 巻，327 頁に所収の 1829 年の「読書カタログについてのプロオイミオン」das Prooemium z. Lektionskat. v. 1829 参照。

III 個人的解釈 (Individuelle Interpretation)

　1つの作品の統一性と個々の点での個人的な語法との間には，あらゆる著作家において一種の思想的結合が存する。古代人はこれをイデア (ἰδέα)，つまり著作家の文体形式と呼んでいる。言語はたしかに本来的には観念を——しかしながら直観において——表現するものにすぎず，実質的には表示の手段にすぎない。言語は客観的であるので，それはわれわれの感覚の直接的な状態を純粋に伝えはしない。そうではなく言語がそれを伝えるのは，われわれがこの感覚そのものをふたたび外化して，客観的素材へと形成するときに限られている。著作家が主観的であればあるほど，彼はますますこのようにするであろう。そしてそのためにいまや彼は，作品の構成を段階的に意のままにする。まず沢山の思想が主観性を指し示すためだけに用いられる。観念を客観的に叙述するためには，あれこれと語られることは決して必要ではなく，単純な客観的な表現の代わりに，書き換えや敷衍が立ち現れる。そして単純な主観的な叙述の手段として織り込まれる副次的思想が存在する。ひとはそれゆえ，各々の著作家がこれに関してどのような態度をとっているのか，あるいはその著作家は叙述されるべき対象をあたかもむき出しに披露するのか，それともみずからの主観性によってそれを覆っているのか，ということをとりわけ考察しなければならない。ひとはしばしば叙述的な思想にすぎないものを，本質的かつ客観的なものと見なす。そこからひどく混乱した理解が生じるが，著作家がこうした混乱に多くの機会を提供するときには，彼は最終的に解釈者によって混乱していると宣告される。とくに深遠な内容を湛えた作品について，浅薄な解釈者が判断を下すと，こうしたことが起こる。プラトンに関するマイナース[19]の判断はそのようなものである，と宣告されるべきである。一般的に個人的な解釈に関して，新約聖書はプラトンと多くの類似性を有しているように，同様なことが新約聖書についても言える。まことにプラトンはまさに彼の個性によってキリスト教の先駆者である。思想を主観的な言葉で表すことに属しているのは，新約聖書においてもプラトンにおけるのと同じくらい頻繁に見出される適応 (Accommodation)[20]ということであ

---

　19) Christoph Meiners (1747-1810)。ドイツの哲学者。人類の多元発生説を支持し，またカントに反対する立場をとったことでも知られる。
　20) 「適応」(Akkommodation; ラテン語の accommodatio に由来。Anpassung ともいう)

る。しかしこの適応ということは、いろいろな人々が考えるように、ひとがみずから取り違えて認識したいろいろな誤謬を使用することにではなく、新しい真理を何か古いものに結びつけることに存している。この古いものは全体としては間違っているが、にもかかわらず真なる一面があり、ひとはいまその一面を際立たせるのである。それゆえ、適応ということはしばしば現実的な議論であるように見える。このことを理解しないと、あらゆることは倒錯したかたちで現れる。プラトンはしばしば詩人の詩句を間違った仕方で解釈することによって適応したが、そうした詩句はしかるのちに自由に取り扱われ、より高次の意味を獲得した。かくして『国家』第1巻や『プロータゴラース』では、叙述のためだけにシモーニデス[21]に結びつけられる[22]。プルータルコスは別の意味

とは、逐語霊感説的な聖書理解を背景に、聖書に関する神学的教説のなかで主張されだしたもので、聖霊による人間的言語の使用を人間的知性への神的適応と見なした。この理論は18世紀後半にさらに一般化されて、イエスや使徒たちの宣教に含まれる神話論的表象を、その当時の人々に理解できるようにするために取られた、教育的措置ないし手段と見なす学説へと導かれた。

21) Simonides, Σιμωνίδης (c.BC557/556-c.BC468/467)。ギリシアの抒情詩人。ケオース島のイウーリス出身。

22) 「シモニデスは、テタッリアの人スコパスに献じた詩において、こう言っている

　　まことにすぐれた人になることはむずかしい
　　手足　心が完全で　非の打ちどころのない人になることは
君はこの歌を知っているかね。それとも、全部言ってきかせようか？」(『プラトン全集』第8巻、山本光雄・藤沢令夫訳『エウテュデモス・プロタゴラス』〔岩波書店、1975年、177頁〕)。

「『してみると、「ほんとうのことを語り、あずかったものを返す」ということは、〈正しさ〉(正義)の規定としては通用しないことになります』
すると、ポレマルコスがぼくの言葉を引き取って言った、
『ところが大いに通用するのですよ、ソクラテス、いやしくも、シモニデスの言うことを、いくらかでも信じなければならぬとすればですね』(中略)
『さあそれでは』とぼくは言った、『議論の相続人である君よ、教えてくれたまえ。〈正義〉についての正しい説だと君が主張するのは、シモニデスのどのような言葉なのかね？』
『それぞれ人に借りているものを返すのが、正しいということだ」というのです』とポレマルコスは答えた、『私としては、これは立派な言葉だと思いますがね』
『なるほど』とぼくは言った、『相手がシモニデスともなれば、疑念をいだくわけにもなかなかいくまいね。なにしろ、賢くて神のような人だから。しかしその言葉の意味は、いったい、どういうことなのだろう。君には、ポレマルコス、たぶんわかっているのだろうが、ぼくにはどうもわからない。だって、彼の言う意味が、さっきわれわれが言っていたようなこと——つまり、誰かから何かをあずかっていて、返還を求められる場合、相手が正気でないのにそれを返すということ——ではないのは、明らかだからね。しかし〈あずかっているも

III 個人的解釈（Individuelle Interpretation）

で最も多く適応を用いる。彼は古い箇所に結びつくが，しかし彼はそれを織り込んでしばしば改変する。適応においては，基礎に据えられている他人の見解についての解釈が正しいか，あるいはそうでないかは，どうでもよいことである。著者は自由な遊戯によって間違った解釈を与えることができる。古代人は出来の悪い解釈者であるという見解は，かかる事実についての誤解に起因する。だがむしろそのような場合には，彼らにとって正しい解釈はまったく問題ではなかった。彼らはしばしば意図的に問題を歪曲し，つねに啓発的な叙述を引き起こすものを込めて解釈する。ギリシアの詩歌においては，語源的な遊戯もこの種の適応に属している。比較（Vergleichungen），修辞学的な比喩（rhetorischen Figuren），さらに省略三段論法（Enthymem）は，主観的叙述のもう1つの手段を形づくる。最後のものは，いかなる種類のものであることを欲しようと，つねに主観的叙述という目的しかもっていない。エンテュメーマ（Ἐνθύμημα）[23]とは，ひとがいわば肝に銘ずべき命題を意味しており，そのなかにすでに彼の主観的本性が存している。それは主観的な推論の方式，対人的論証（argumentatio ad hominem）である。したがって，それは三段論法における完成を許さない。それが三段論法的に明確であり得ないということは，その本性に存している。それゆえ，青年時代のデーモステネースの場合がそうであったように，いつ如何なる時でも啓発的である多くの省略三段論法によって，叙述は混乱させられる。省略三段論法の一例は，キケローの『ミロー弁護』 *pro Milone* c. 29 の「それゆえ，諸君は，自分たちの力で生き返らせることができると仮に考えていても，そんなことは望みもしないような者の死に仇を討つために坐っている」（Eius igitur mortis sedetis ultores cuius vitam si putetis per vos restitui posse, nolitis---）[24]である。これは三段論法的な形式で構

の〉とは，〈借りているもの〉のことにほかならない。これはたしかだろうね？」」（『プラトン全集』第11巻，田中美知太郎・藤沢令夫訳『クレイトポン・国家』〔岩波書店，1976年，33-34頁〕）。

23) ἐνθυμέομαι〔1．心にとめる，肝に銘ずる，熟慮する 2．推論する〕という動詞から派生した名詞で，ここでは論理学における「弁論術的推論」を言い表す。厳密な三段論法と違って，前提となる命題が確定的ではなく蓋然的であり，しかもこの前提がしばしば省略されるために，一般的に「省略三段論法」と呼ばれている。

24) キケロー，山沢孝至訳「ミロー弁護」，『キケロー選集2』（岩波書店，2000年），402頁所収。

想されてはいないが，独自の魅力と鋭敏さをもつ，反対からの論証である。別の例としては，実際にはローマに対して何かを企てようとしなかったのに，ロードス島がローマ人に悪事を意図したとの理由で，ローマ人が彼らを攻撃しようとしたとき，ロードス島の住民はカトー[25]によって弁護された。そのときカトーは，「彼らが単に行おうと欲したとわれわれが言うところのことを，われわれがまず先んじて実行しようとするのだろうか」(Quod illo dicimus voluisse facere, id nos priores facere occupabimus?) (Gellius VII, 3)，と言った。ティロ[26]は省略三段論法を非難したし[27]，ひとはもちろんここで「われわれはたしかに実行するであろう」(occupabimus certe) と答えることができるであろう。それにもかかわらず，多くの省略三段論法はそうしたものである。

　しかし個人的な文章構成は言語のすべての要素を支配しており，そしてそのことによって言語作品にそれに特有の外的形式を与える。それは特別な種類の結合によって実質的要素を，つまり言語における最も客観的なものを，みずからのものとする。より形式的な要素，つまり不変化詞に対しては，それはほとんど無制限な権力を有している。それゆえひとは，ある著作家が反省とその表現である不変化詞によって〔文章を〕結合しているのか，あるいは単に互いに並べることによってのみであるのか，彼が選ぶイメージと表現は，強烈であるかそれとも穏和であるか，柔らかであるかそれとも激しいか，彼のやり方は弁証法的であるかそれとも教条主義的であるか，等々を調べなければならない。これらすべてのうちに表現の倫理的相違が存しているが，この相違は個性にその起源を有している。だが結合の仕方をその特質において把握するためには，簡潔であるとか，冗長であるとか，周期的であるかそうでないかと

---

　25) Marcus Porcius Cato Censorius (Cato Major), 234-149 BC. ローマの政治家・学者。財務官（前204），法務官（前198），執政官（前195）を歴任。ヘレニズムの華美な風潮が流行するなかで，古代ローマの質実剛健な生活への復帰を唱道した。

　26) Tiro, Marcus Tullius. 紀元前1世紀のローマの自由人。キケローの私設秘書で，ティロニアン・システムと呼ばれる速記法を古代ローマに導入したと言われている。

　27) 参考までに原文を引用しておけば，"'Hoc,' inquit [Tiro], 'enthymema nequam et vitiosum est.'"（英 訳："'This,' says Tiro, 'is a worthless and faulty argument….'"）The Loeb Classical Library, no. 200, *The Attic Nights of Aulus Gellius*, with an English translation by John C. Rolfe (London: William Heinemann Ltd, Cambridge, Mass. Harvard University Press, 1960), 20-21.

III　個人的解釈（Individuelle Interpretation）

か，不変化詞に富むかその反対か，等々といったような，図式や抽象的命名に満足することは許されない。ひとは直観されるべき具体的統一性へと入っていかなければならない。当然のことながら，ひとは概念に即してこの統一性に可能なかぎり広範囲にわたって入り込まなければならない。但し，それによって考察が抽象的になってはならない。多くのことが概念に即して個的なもののなかへと通じている。このようにして，ひとは例えば，トゥーキューディデース，タキトゥス，およびセネカの簡潔さをよく区別し，特徴づけることができる。トゥーキューディデースには飛躍がない。彼の場合にはすべては不変化詞によって論理的に厳格に結び合わされており，主観的なところは一切ない。彼は同時に一定の硬さをもっているが，それは〔思想の〕結びつきが厳格すぎて，それぞれを仲介する中間的思想を欠いているからである。だが，それぞれの表現は深い。タキトゥスには力強い簡潔さがあるが，しかしながら彼は純粋ではなく，感傷的で主観的である。この関係でいえば，彼の書き方の先駆者としてはすでにサルスティウス[28]がいる。しかし彼がある時代の内容を１つの文に凝縮するとき，そこからその時代の叙述はキケローのような人によってさらに展開され得るのであるが，セネカはキケロー的な時代の内容を多くの別々の，並列的な文に分解する。キケローにおいては，個々の切り石は接合剤もかすがいもなく，しかも結合されているが，セネカにおいては，スエートーニウスの『カリグラ』Caligula 53におけるカリグラの判断によれば，それは「石灰のまざらない砂」（arena sine calce）[29]である。これはエルネスティが，セネカはキケローと比べて全然簡潔ではない，と主張するとき，きわめて正しく考慮して

28）　Sallust. ラテン語のフルネームはGaius Sallustius Crispus（BC86-BC34）。ローマの歴史家・政治家。護民官（BC52）。カイサル派の政治家として活躍し，ローマに有名な庭園を築いた。主著『歴史』Historiaeは失われたが，カティリーナの反乱を扱ったもの（Bellum Catilinae）とヌミディア王ユグルタとローマの戦いを主題としたもの（Bellum Iugurthinum）は残っている。

29）　スエートーニウス，国原吉之助訳『ローマ皇帝伝』（岩波文庫，2007年），67頁。訳者の説明によれば，「石灰のまざらない砂」とは，「石灰のまざらない砂は接合剤とならぬように，セネカの文体は建築材（文章）を積み重ねても強さを欠いているという意味」ではないかとのことである（同342頁）。

いたところである。フロントー[30][pag. 156Nab.[31]] はセネカについて次のように述べている。すなわち、「わたしは彼が思想に満ちている、まこと思想にあふれている人であることを知っていないわけではない。しかし彼の思想はちょこまかと小走りになり、ギャロップでの全速力で走る姿をどこでも見ないし、戦う姿もをどこでも見ない。……彼は金言というよりはむしろ洒落をつくり出す」(neque ignoro copiosum sentiis et redundantem hominem esse, verum sententias eius tolutares video nusquam quadripedo concito cursu tenere, nusquam pugnare . . . dicteria potius eum, quam dicta continere)[32]。

特有の時代構造と語構造は、著作家の書き方にとってとくに弁別的である。というのは、ここにはリズムやメロディーの響きにおける言語の音楽的要素がさらに考察の対象になるからであるが、当然のことながら、この要素は詩的な作品の場合には、詩行を構成する個人的なやり方においてとくに際立ってくるからである。最後に、言語は感情を表現するための独自の要素を確立してきた。これがつまり間投詞というもので、これの援用はしばしば個性の重要な判断基準である。これについては、ひとはますます厳密になる分析を通して、きわめて微妙な相違を発見し、そのようにして個性全体を近似的に認識するにいたる。しかしながら、ひとはつねに全体から出発しなければならず、個から出発してはならない。文体は、むしろすべての人において等しいような構成要素にではなく、全体のうちにその原理を有している。

しかし個人的な言語の慣用を探究する際に、国民的な文体やジャンルの文体に属しているものは分離しなければならないということが、もう

---

30) Marcus Cornelius Fronto (c.100-c.166)。ローマの雄弁家。マールクス・アウレーリウスの教師。彼の著作のほとんどは失われたが、若干の書簡がその思想の一端を物語っている。彼は当時の人々から、キケローを除けば雄弁家中の第一人者と見なされていた。

31) この略号は、オランダの文献学者 Samuel Adrianus Naber によって校訂・編集された Marcus Cornelisu Fronto, *Epistulae* (Leipzig, 1867) の 156 頁という意味。

32) ベークのテクストでは引用文の最後の語は、continere となっているが、正しくは confingere である。Cf. The Loeb Classical Library, no. 113, *Marcus Cornelius Fronto II*, ed. C. R. Haines (London: William Heinemann Ltd, Cambridge; Mass.: Harvard University Press, 1960), 102。したがって、ここでは confingere に差し替えて訳すことにする。なお、dicterium の複数形の dicteria という語は、dico〔言う、話す〕とギリシア語の ἥριον〔墓として築いた〕塚〕に基づいて造られた合成語で、a joke, witticism の意味であるという。Cf. P. G. W. Glare (Ed.) *Oxford Latin Dictionary* (Oxford: Clarendon Press, 2004), 538.

III　個人的解釈 (Individuelle Interpretation)

一度思い起こされなければならない。抒情詩家の場合には，思想の結びつきはすでにジャンルによればまったく自由である。彼は飛躍しながら運動する。すなわち，連関は内的・主観的なものにすぎないので，あらゆる結びつきは自由奔放な幻想のなせる業である。それゆえ，このような特質は，例えば，ピ・ン・ダ・ロ・ス・の流儀ではなく，一般的に抒情詩的な特徴である。したがって，これは悲劇の合唱隊にも同様に見出される。詩歌や修辞学や哲学的散文などのような，幾多のジャンルは一定の言葉を排除する。あるいはそれらは特別な種類の語順，構造，数，そしてとりわけ詩的な作品の場合には，確固たるリズムと詩行構造とをもっている。さらに著作家の文体は，その著作家が書いている時代によって規定されている。厳格な文体，単純に美しい文体，優雅な文体の相違は，非常にしばしば時代によっている。たしかにひとは，個人の個性が時代を支配し，時代がこれにしたがうのであって，個性が時代にしたがうのではない，と言うことができるであろうが，しかしこのような言い分のうちには誤りがある。すなわち，もしひとが同じ時代にさまざまなジャンルを考察し，すべてのうちに同じ文体を見出すとすれば，この文体はその時代に属するものであって，個人に属するものではないか，あるいは少なくとも必ずしも個人に属するものではない。芸術においてはいたるところで，つまり建築，彫刻，音楽，詩歌，弁論術，それどころか歴史的ならびに哲学的な叙述において，厳格な様式が出発点を形づくる。アイスキュロスの悲劇は崇高な様式をもっているが，その時代の抒情詩，つまりピンダロスの抒情詩は同じ様式を示しており，ミルティアデス[33]，キモーン[34]，テミストクレース[35]のような人の，派手ではないが力強い雄弁さも，同じ様式を示している。彫刻も絵画も疑いなく同じ様式を示している。ヘーロドトスは例外をなす。彼の叙述はその時代

---

33)　Miltiades, Μιλτιάδης (c.BC535-BC489)。ギリシアの政治家・軍人。アテーナイ貴族の出。前 490 年のマラトンの戦いで決定的な勝利を得た。トラキアの王女との間に生まれた子が有名な政治家キモーンである。

34)　Kimon, Κίμων (c.BC512-BC449)。アテーナイの将軍・政治家。ミルティアデスの子で，前 478 年将軍に選ばれてデーロス同盟結成の際にアリステイデースを助けた。

35)　Themistokles, Θεμιστοκλῆς (c.BC528-BC462)。アテーナイの政治家・将軍。名門の出身で，紀元前 493 年に第一執政官になり，海軍拡張に尽力した。

に基づいてはいない。ペリクレース[36]の時代はより穏健で感じがよくなり，ソポクレース，トゥーキューディデース，リューシアース[37]等のように，優雅さと崇高さの両方を兼ね備えている。このあとにエウリーピデース，イソクラテース，クセノポーン等とともに，柔和さの時代が起こる。1つの時代の個々の個人は，もちろん規定的な仕方でこの時代に影響を及ぼすので，そこでその時代の性格はふたたび，ある程度までは一定の人物の性格と同一視される。恣意的なものであれ不随意的なものであれ，一定の性格を設定する芸術学派の概念は，この一定の人物の性格に基づいている。そうはいってもここでも，部分的にはふたたび国民性が，とくに書き手が属している民族ないし種族の特性を通して，介入する。言語一般の，あるいは何らかの学派やジャンルの明瞭な特徴しかもっていないところの，特性を欠いた，したがって〔独自の〕文体を欠いた著作家も存在する。その場合，こうした著作家たちを特殊な個性と見なす必要はさらさらない。彼らは自立的な意義をもたない大衆に属する。

　個性を解釈するための資料として使えるものの量が多くなればなるほど，個性はますます明瞭に直観されるであろうが，それは個性の本質が，言葉の根本直観と同様，多面的な考察によって捉えられるからである。それゆえ，著作家の作品が多ければ多いほど，また同じジャンルのそして同じ時代の作品が多ければ多いほど，作業はますます確かなものになる。しかし資料が不足している場合には，すなわち一人の著作について，それどころか1つのジャンルについて，1冊の書物しか存在しない場合には，同じジャンルないし似通った幾つかのジャンルにおける表現の類似性から出発する，類比(アナロギー)の力を借りなければならない。とはいえ，ここでは最大限の注意と修練のみが誤った処置から守ってくれる。

---

　36) Perikles, Περικλῆς（c.BC495-BC429）。全盛期のアテーナイを代表する政治家。トゥーキューディデースの陶片追放によって指導権を確立し，以後死ぬまで毎年ストラテゴス（将軍）に選ばれた。

　37) Lysias, Λυσίας（c.BC450-c.BC380）。ギリシアの十大雄弁家の1人。シュラークーサイからアテーナイに移住した富裕な在留外国人ケパロスの息子として生まれ，高度な教育を受ける。アテーナイがペロポンネーソス戦争に敗北した前404年，財産を没収され，生活のために法廷弁論代作者（logographos）となり，200篇以上の演説を書いたといわれるが，現存するものは30余篇のみ。

III 個人的解釈（Individuelle Interpretation）

2　個々の言語的要素についての個人的解釈

　ひとは全体の文章構成に基づいて個別的な部分を解釈することを，なるほど論理的連関に基づく解釈と呼んできた。もちろん思考は論理的な標準法則に向けられており，そして言語的作品において表現されるような，思想的複合体の連関はこの法則によって条件づけられている。しかしこのことはあらゆる個人において一様にそうである。にもかかわらず，個々人は非常にまちまちに思考し，その場合また彼らはしばしば多様な仕方で論理的法則に抵触する。それゆえ，もしひとが思想連関のなかに論理的側面しか考慮しないとすれば，ひとは爾余の個性的契機を考慮しないのであるから，一方では理解することが少なすぎることになる。しかし他方では，論理的連関が存在しないところで，論理的連関を仮定するのであるから，ひとはまた往々にして理解しすぎることにもなる。個人的解釈の主要な課題は個性を規定することに存しているが，この主要な課題が解決されているかぎり，ひとはそのような一面的なやり方から守られている。個性から個々の言語的要素を解釈することは，遡及的適用にすぎず，それは容易に明らかになる。もしひとが個性を生き生きとした直観へともたらしたとすれば，ひとはおのずからすべての個別的なものをその直観の光のもとで見るであろう。ひとはそのときに，言語的要素の選択が話し手の性格と雰囲気によってどのように制約されているかを，あるいは——すでに示したように（155頁）——文法的意義そのものが何によって修正され得るのかを知るのであり，そして特殊な現実的関係がどこで仮定されなければならないのか，それゆえ歴史的解釈がどこで適用可能であるのか（169頁を見よ）を認識するのである。その場合，個人的解釈の課題のなかに存している循環がいかに解決され得るかが示される（186頁を見よ）。つまり個性は言語作品そのものから突きとめられているが，しかし言語作品は個性からはじめて解釈され得るということである。にもかかわらず，客観的な語彙は個人的解釈なしでは完全に不明瞭である。ひとはそこから全体の連関を，著作の統一性が明らかとなり，そしてそこから文章構成の仕方が若干の関係にし

たがって明らかとなるかぎりにおいて，把握することができる。そのときそれによって個々の箇所の個人的意義がふたたび解明され，そしてそのようにして個々の箇所における理解の間隙を補填することによって，ひとはそこからふたたび作品の新しい側面を理解するのである。そのようにして全体と個々の部分はあとからあとから相互に規定し合うのである。原理の請求（petitio principii）は，ひとが個人的解釈からはじめて文法的に明瞭になる１つの箇所から，個性を規定しようと欲するときにのみ，入り込んでくる。なぜなら，ひとはそのときに，そこから見出そうと欲するところのものを，その箇所のなかへと含ませて解釈するからである。例えば，タキトゥスの皮肉っぽく感傷的な性格は，多くの箇所から認識され得るが，ひとは他の作品においては即自的には異なった解釈を許すような他の箇所を，次にそこから解釈するのである。だがしかし，もしひとがそこから文法的には即自的に不明確な箇所を解明するために——だがその箇所はまた別様にも解釈され得るであろうが——，他の作品や他の著作家において，同一の性格やあるいは同一の雰囲気を前提しようと欲するのであれば，このことは実際には原理の請求ということになるであろう。G・ヘルマンによるピンダロスの解釈のなかには，そのような原理の請求が幾重にも見出される。彼は与えられた状況や詩人の特徴にしたがえばきわめて多様な仕方で取り扱われ得るような素材において，詩人が何を語らなければならなかったかをあらかじめ規定し，そして次にこれを解釈の根拠と見なすのである。ひとはそのようにもっぱら仮説的に行動することはできるが，しかしひとはその場合，その仮説を他の仕方で突きとめられた作品の性格に照らして検証しなければならない[38]。しかしながら，もしひとが解釈の循環を運良くまた回避したとしても，言語的作品のあらゆる個々の要素を個性的に理解することには決して成功しないであろう。ここでの課題は明らかに，個性があらゆる個々の場合に，あらゆる力の方向において，またあらゆる外的

---

[38]〔原注〕『小品集』第７巻，426 頁参照。〔ベークはこの箇所で以下のように述べている。「解釈の業務はむしろ，所与のものを分析し，そこから全体の基礎になっている思想を見出すところに存する。もしひとがこの点に関して思い違いをしているか，あるいは著者〔G・ヘルマン〕が述べているように，間違った前提のせいでそもそもの初めから道に迷っているとすれば，全体の理解はもちろん損なわれる。」〕

III 個人的解釈 (Individuelle Interpretation)

な前提のもとで，どのように自己を開示しなければならないかを理解する，という課題である。しかしひとは個性の力を完全には知り得ず，むしろ作品中でのその働きにしたがって近似的に測定することしかできない。このような働きの現状，つまりいろいろなものを条件づけている歴史的諸関係は，同様に完全には決して知られていない。そして個性にその方向性を与えている目的も，作品のなかに現前する生の断片から近似的にのみ規定され得る。もし課題が完全に解決され得るのであれば，ひとは作品全体を再生産できなければならないであろうし，しかも意識と反省とをもってでなければならないであろう。これが個性的な理解の最終的な試験となるであろう。しかしこのためには，ひとが他人の個性のうちに完全に入り込むことが必要となり，これは近似的にしか達成され得ない。

IV

種類的解釈（Generische Interpretation）

---

　§25.　歴史的解釈が文法的解釈と編み合わされているのと同じように，種類的解釈[1]が個人的解釈と密接に編み合わされているということは，これまで十分に指摘してきたところである。文法的な語義は言語の内的形式であるが，かかる形式のなかには必ず内容としての素材が形づくられていなければならない。素材は客観的な基礎のうちに存しており，歴史的解釈はこれを探究する。ところで，話し手が言語を器官として用いるとき，話し手はつねにみずからの個人的本性にしたがって，自分の直観の前にある素材を言語形式へとはめ込む。しかしこのような話し手の創造力は，素材を欠いた言語形式を考えることができないのとまさに同じように，純粋にそれ自体として作用することはできない。精神はつねに，概念に即して，あるいは漠然とした表象として，眼前に浮かんでいる思想にしたがって創造する。このような思想こそは，話し手の個性に模範として，その活動の方向性を与えるものである。それゆえ，あらゆる精神的活動と同様，言語の主観的な意味は，ちょうど客観的な意味が外的・歴史的な諸関係ぬきには理解され得ないように，このような内的・主観的な諸関係ぬきには理解され得ない。

　歴史的解釈をいたるところで同じ度合いで適用することはできないように見えるが，それは話しの素材がすでに語義そのもののなかに，あるときはより完全に，またあるときはより少なく完全に，受け入れられ

　1）　ここで言われる「種類」とは「文芸作品の様式上の種類」としての「ジャンル」（genre; Gattung）のことである。それゆえ，「種類的解釈」（die generische Interpretation）は「ジャンル的解釈」と翻訳することも可能である。192頁の注6参照。

ているからである。同様に，種類的解釈をいたるところで同じ程度に適用することはできない。というのは，個性はしばしばその作用において，そのなかに具わっている方向性にしたがうが，その際，眼前に浮かんでいる理想への特別な関係は，まだ可視的にならないからである。個性のそのような自由な演技は，例えば，軽い会話のなかで生起する。これに対して思想的な関係は，完結した発話において最も強烈に現れる。そこではすべてのことは一定の目的に関係しており，そしてその結果はあらかじめ考えられ，方法的に達成しようとされたものである。言語的作品の技術（Technik）はそのような厳格な関係のなかに存しているので，シュライアマハーはこの側面からの発話の理解を，技術的解釈（technische Auslegung）と名づけた（『解釈学と批判』，148頁以下）[2]。しかしながら，この表現は種類的解釈全体を表示するためにはあまりにも狭すぎる。それにまたきわめて軽い発話の遊戯においても，話し手は1つの目的を，例えば，会話という目的を追求している。話し手はここではただより単純なだけであり，そして言語的作品を技術的に仕上げる場合よりも，個性により自由な運動を許容しているにすぎない。しかし目的はつねに1つの思想であり，したがってその本性上，普遍性という性格を有しているので，思想が発話のなかに実現することが，つねに発話のジャンル（Gattung）を基礎づけている。会話や書簡形式などは発話のジャンル（Redegattungen）であり，みずからのうちにふたたび，目的に応じた非常に多数のさまざまなジャンルを含んでいる。とはいえ，それら自体は当然，韻文と散文といった最高の発話の種類よりも，より特殊的なものではある。その際，あるジャンルが偶然にも1人の個

---

2) シュライアマハーは一般解釈学を構想するにあたって，第1部を「文法的解釈」（die grammatische Interpretation/ Auslegung）とし，第2部を「技術的解釈」（die technische Interpretation/ Auslegung）と名づけた。前者は発話を「言語の全体性」（die Gesammtheit der Sprache）から理解しようとし，後者はそれを発話者の「思考のなかの事実」（Tatsache im Denkenden）として理解しようとするものである。ここから後者が同時に「心理学的解釈」（die psychologische Interpretation/ Auslegung）と呼ばれていることも頷けないでもないが，「技術的解釈」と「心理学的解釈」が完全に置換可能であるかと言えば，必ずしもそうは言えない。そこにシュライアマハー解釈学の大きな問題がある。この点についてはまだ不明な部分が少なからず残っているが，現段階ではハインツ・キンメルレの見解が最も説得力があるように思われる。Heinz Kimmerle, "Einleitung," in: Fr. D. E. Schleiermacher. *Hermeneutik*. Nach den Handschriften neu herausgegeben und eingeleitet von Heinz Kimmerle, 2. Aufl. (Heidelberg: Carl Winter Universitätsverlag, 1974), 22-23.

IV　種類的解釈（Generische Interpretation）

人によって代表されているかどうかは、まったくどうでもよいことである。状況が異なれば、同じ目的が非常に多くの個人によってほとんど同じように実現されることは、あり得ることだろう。それゆえ、発話をその主観的な諸関係にしたがって認識しようとする解釈にとって、わたしによって選ばれた種類的解釈（generische Interpretation）という名称が、最も特徴をよくつかまえたものであるように思われる。

歴史的解釈は種類的解釈によって完全に制約されているが、このことはわれわれがすでに見たところである（170頁および180頁）。しかし逆に、種類的解釈もまたふたたび歴史的解釈に依存している。発話の目的はたしかにつねに素材を、すなわち歴史的所与の状況を、一定の仕方で処理することにほかならない。そしてこれは一方ではこうした状況の本質に方向づけられ、他方では発話者の個性に方向づけられる。ある作品のあらゆるモティーフを正しく評価するためには、ひとはしばしば国民の歴史全体を参考にしなければならない。というのは、卓越した著作家の様式と、その著作家の直観と叙述の全体を評価するためには、ひとはその著作家が属するジャンルの歴史を、国民の全時代にわたって追跡せざるを得ないことが稀ではないし、またその著作家の思想範囲を測定するためには、ひとはふたたびその著作家の時代を、その広がり全体にしたがって知悉しなければならないからである。例えば、一般に古代人において発話の技術がどのようにして養成されたかということを知ることなしには、そしてデーモステネースがその発展のサイクルのなかのいかなる地点に立っているかを知ることなしには、デーモステネースの発話における個人的な様式とジャンルの性格とを、誰が区別することができるであろうか。そしてもし彼の時代全体を正確に知らないとすれば、ひとは彼が自分の発話の素材を加工する仕方をいかにして理解することができるであろうか。たしかに言語的作品の目的は、主に作品そのものから認識することであるが、しかし言語的作品の目的は作品のなかで歴史的状況と非常に絡まり合っており、歴史的状況が知られていなければ、それは明確には認識されることができない。もし歴史的状況が知られておれば、作品の分析は直接的にその目的を明らかにする。しかしその作品がその上に築かれている歴史的基礎を、われわれが大部分、少なくとも解釈の具体的対象について、伝承から知っていないところでは、そし

てわれわれがすでに見たように（170頁以下），みずからが作品の分析を通してふたたびそれを見つけなければならないところでは，そこでは——個々の部分は全体の目的をぬきにしては理解できないのであるから——解釈学的循環（der hermeneutische Cirkel）は，例えば，ピ︀ン︀ダ︀ロ︀ス︀の詩のような芸術性豊かな作品を問題としている場合，回避するのが最も難しい。もちろん素材を理解し処理するにあたって，作者の個︀性︀を知っているという前提に立てば，ひとはあれやこれやの叙述の仕方から，あれやこれやの思想と物語の結果や組合せから，目的と歴史的基礎を予感するであろう。だがここでは，ひとは個性そのものをまず目的から見出さなければならないという，上（192-193頁）で言及した新しい円環が付け加わる。これの解決は，歴史的基礎が与えられているか，あるいはそれを推測することができる，明確な事例をまず手がかりにして，作品の分析を通してその目的を探し当て，そこから叙述の仕方の法則を見つけ出し，そして見つけ出したものを，次に類比的推測によって，より難解な課題へと適用するというやり方で，近似的な仕方でのみ前進することができる。このような課題においては，まずそのようなやり方でその目的とジャンルの性格とが可能なかぎり把握されるべきであり，そしてそれを通して，個人的形式を区別するための感覚が，そして同時に，全体がそのもとではじめてその正しい色彩を獲得するところの，詳細な歴史的諸関係を発見するための感覚が，鋭敏にされるべきである。そのようにして解釈が深められることによって，目的と叙述の仕方はふたたびより大いなる明瞭性へともたらされ，そしてそこから解釈はますます大きな完全性へと形づくられることになる。

　種類的解釈はこの場合，個人的解釈の傍らでそれとともに，一歩一歩進まなければならない。われわれはそれゆえ，ジャンルの性格が文章構成の仕方からいかにして見出されるか，そしてそこから個々の言語的要素がいかにして解明されるかを，考察しなければならない。

1　文章構成の仕方からジャンルの性格を規定すること

　たったいま簡潔に示した分析的な手続きによって，まず文章構成の芸︀

IV　種類的解釈（Generische Interpretation）

術的規則（Kunstregel）が見出される。芸術的規則は，それが文章構成を支配するかぎりにおいて，まさに叙述の目的である。1つの作品において，すべてのものが叙述の目的に即応していればいるだけ，そのなかで芸術がますます支配していることになる。ここではあらゆる文章構成の特殊的法則が問題であるが，かかる法則は個性が目的をもっていることから生じる。完成された芸術の規則をつくるのは，芸術家の天賦の才である。そしてかかる規則が現象化したのちに，他の人々がそれを自分のものとするのである。

　国民的性格から個人的様式を導き出すとことによって，どのようにして文学史の基礎が作られるかを，われわれはすでに見た（190頁以下）。文学史はこの基礎の上に種類的解釈によって築かれる。つまり，もし個々の著作のジャンル的性格が，それを条件づけている歴史的状況をつねに顧慮して確定されるとすれば，そこからはまず個々の著作家の芸術的規則が生じてくる。つぎにひとは比較を通して，共通のジャンルとしてのグループ全体の様式を認識し，そしてこのジャンルは最終的に，歴史的に発生したいろいろな様式の形式に関する一つの体系へと分節化される。したがって，文学史はあらゆる著作の種類的解釈の結果である。文学史はそれゆえ完全に発展すればするほど，このような解釈の仕方はいかなる個々の場合でも，ますます大きな成功を収めるであろう。

　個人的解釈の出発点は個々の作品の統一性を規定することであったし，そしてここではすべてのことが目的を見出すことにかかっていることが示された（193-194頁参照）。その目的によって作品の統一性そのものにジャンルの性格が刻印される。発話の最も身近な目的はつねに理論的である。というのは，言語は知の形式だからである。思想を発話者自身にとって，あるいは他者にとって客観化するためには，思想は表現されるべきである。しかし思想はそのようにして，悟性による理解のために表現されるか，あるいは想像力による理解のために表現されるかのいずれかである。散文的叙述と韻文的叙述の区別はここに基づいている。客観的な統一性はこれにしたがえば，散文と韻文とではすでに異なったものである。両者が同一の統一的な対象を，例えば，戦いを叙述するとき，詩における戦いの直観は想像力のイメージの形式をとり，それに対して散文におけるそれは，論証的思考によって把握された事実となるで

あろう。詩は想像力のためにつくられているので，解釈者はそれを想像力をもってかたどることができなければならない。その客観的統一性は想像力をもってのみ捉えられることができる。そしてそれを分析するために，悟性がはじめて付け加わる。これに対して散文的作品においては，悟性による理解が出発点を形づくる。しかし概念において把握された対象を具象的にするためには，想像力がともに作用しなければならない。しかしながら，作品の客観的統一性のなかには，叙述されるべき思想の素材しか存在しない。本来的な目的は，思想そのものがそこにおいて表現へともたらされることである。散文においては，この思想は概念そのものであり，直観はそのもとで把握される。主観的統一性は，それゆえ，ここでは概念的統一性である。詩においては，思想は想像力のうちに存する理想であって，素材はかかる理想の象徴として現れる。この主観的統一性と客観的統一性との関係は，いまやさらに異なったものであり得る。客観的な統一性はさしあたり優勢であることができる。すなわち，精神は感覚的知覚のなかに身を沈めることによって，想像力か悟性を用いてみずからそれをおのが叙述の理想へと形づくる。その結果，原像の主観的統一性は客観的統一性のうちに完全に宿るのである。そのようにして直観のうちに悟性の理想が具現化されているとすれば，直観は悟性に即して突きとめられた事実として表現される。これが歴史的叙述である。これに対して，直観が想像力の理想を具現化したものであれば，それは事実の美化された像として現れ，そしてそれを表現するのが叙事詩的叙述である。もし主観的統一性が優勢であれば，事態は異なり，散文においては哲学的叙述が，詩歌においては抒情詩的叙述が，その事例となる。この場合には，思想は内的に生み出された自己活動的なものであり，対象の客観的統一性はこの思想のうちに解消される。抒情的な詩歌は客観的統一性として個人的な状況を有している。かくしてピンダロスの眼前には，彼の詩の対象として，あらゆる特質，状況，雰囲気が懇ろに結び合わされた勝利者の特殊な姿が，あたかもこの瞬間に存在しているかのごとくに浮かび上がる。すべてのことがこうした直観に根ざしていることによって，引き合いに出されるのが事実であれ，あるいは倫理的または宗教的，あるいは何らかの考察であれ，詩歌はその客観的統一性を有する。しかし勝利者の人格と彼の行為は，空間的・時

IV　種類的解釈（Generische Interpretation）

間的な直観において，客観的に持ち出されるのではなく，詩人の想像力をかき立てる主観的な目的思想が，持ち出されるのである。つまり，讃美，慰撫，警告といったものが，詩人がその想像力のイメージを持ち出す際に主導するのである。目的はここでは同時に実践的であるが，あらゆる抒情詩的ジャンルにおいてはそうではない。すべてのものに共通の理論的目的は，内的に感受したことを，つまり魂を揺り動かす喜びや痛みの感情を，具現化することである。素材はこのような主観的目的にしたがって恣意的に秩序づけられる。哲学的叙述の場合には，同様に実践的に多様な仕方で形づくられる理論的目的は，普遍的概念を叙述することである。概念は統一的であるので，それが個であれ類であれ，統一的対象がまたその概念に対応している。例えば，政治学が国家の概念を叙述するとすれば，あるいは哲学の他の部分が神の概念を叙述するとすれば，前者の場合には普遍的な仕方での国家の直観が，後者の場合には神性の直観が，その客観的な統一性である。しかしながら，これは客観的事実として持ち出されるのではなく，概念の普遍的契機から導き出される。散文と韻文という並行的な形式として登場する，主観性がとるこの2つの相反する方向性は，しかしみずからを高次の統一性へと調整することができる。これは演劇的叙述と修辞学的叙述において起こる。演劇においては，抒情詩において規定的であった主観的目的は，行為する他者の人格の魂のうちに置かれる。だがこのような主観的な人物の共同作業から生じる出来事は，叙事詩におけるように，客観的統一性において持ち出される。それゆえここでは，主観的統一性は素材のうちに吸収されたかたちで現れる。しかし同時に演劇的行為の全体は，その叙述が全体的目的として現れるところの，ある根本思想を具現化したものにほかならない。この根本思想は叙事詩の場合と同様，詩人の感受から生じるが，しかし叙事詩が外的状況に根ざし，直接的な現在と関係しているのに対して，演劇は大抵は外的状況に依存していないので，それは通常は普遍的な倫理的性格を有している[3]。ところで，客観的統一性と主観的統一性とのまったく類似の関係は，修辞学的叙述によっても示される。哲学的形式においては，事実は思想の発展にのみ奉仕し，歴史的形式に

---

3)　〔原注〕ソポクレースのアンティゴネーにおける根本思想の発見を参照。1843年版の『アンティゴネー』148-175頁〔＝1884年の新版，125-47頁〕。

おいては，思想は事実の発展にのみ奉仕するとすれば，修辞学においては，〔事実と思想の〕両者が統一される。演説者は歴史的所与の事実から出発して，思想を突きとめ発展させることを目指す。しかし演説者はこれを主観的な目的思想に奉仕するために行うのであって，ここでは主観的な目的思想は，真に実践的な性質ももっている。しかしながらこのような主観的な統一性は，ここでは演劇の場合と同様，対象そのものの客観的統一性のうちに移される。演説者はみずから人格として行為のうちに入っていくにすぎず，それゆえ外的にも役者に似た仕方で現れる。形式的統一性の形成は実質的統一性の性格に依存している。それは思想群の按分（Disposition）において表現される。叙事詩的叙述や歴史的叙述の場合には，事実が事実に連なって，その結果，そのなかで行為の時間的連続性が直観されるに至る。記述の場合には，空間的連続性は出来事ないし考察の時間的継起のなかに解消される（レッシングの『ラオコオン』[4]参照）。これに対して抒情詩や哲学的叙述においては，按分は主観的な必要性にしたがっている。すなわち，ここでは形式の統一性は，各々のより以前の部分が後の部分の理解ないし作用を準備し制約することに存している。修辞学的叙述や演劇的叙述における形式的統一性は，演劇や演説の筋書（Oekonomie）によってもたらされるが，そこにおいては歴史的な配分方式と哲学的な配分方式は統一されている。演劇の区分においては，統一的な点は危機（クリシス），すなわち行為の出発点を決定づける出来事（アリストテレス『詩学』18, 1455b, 28 にしたがえば[5]，運命の転換点〔μετάβασις〕）に存している。葛藤（δέσις）の創出

　　4）　周知のように，レッシングは『ラオコオン』において，「絵画と文学との限界について」論じ，文学が継起的であるのに対して造形芸術——彼は絵画という概念で造形芸術一般を考えている——は同時的であることを指摘している。レッシング，斎藤栄治訳『ラオコオン』岩波文庫，1970 年参照。

　　5）　アリストテレスの『詩学』の該当箇所を，少しその前から以下に引用しておく。
　「すべての悲劇は，いずれもみな，二つの部分から成り，その一つは，さまざまの出来事を結び合わせる葛藤であり，いまひとつは，それを解きほぐす解決である。劇の外に，その前史として予想されているいきさつが，多くの場合，劇の中で展開される出来事の幾つかと合わさって，筋のもつれの葛藤となり，その残りの部分が，これに決着をつける解決となっている。すなわち，私が葛藤と言うのは，その事のそもそもの発端から，運命の成り行きが幸福または不幸へと転換してゆく分岐点までの盛り上がり全体のことであり，解決というのは，この運命の転換の発端から劇の終局に至る押し明け全体のことである。」『アリストテレス全集』第 17 巻，今道友信・村川堅太郎他訳，詩学・アテーナイ人の国制・断片集（岩波書

IV 種類的解釈 (Generische Interpretation)

はその点にまで及び、そしてこのクリシスから解決 (λύσις) が始まる。最初の盛り上がりの部分には、ふたたび事の発端 (πρόλογος) と筋のもつれがあり、押し明けの部分には発展と終局 (ἔξοδος) がある。このような演劇の区分は、ヴァルヒが上記の論文で (194頁) タキトゥスのアグリコラのなかに指摘したように、当然、叙事詩的ならびに歴史的叙述により大きな形式的統一性を与えることができる。演説の場合には、古代人は例外なく5つの部分があるのを正常と見なした。すなわち、緒言 (prooemium; προοίμιον)、陳述 (narratio; διήγησις)、証明 (probatio; πίστις, ἀπόδειξις, κατασκευή)、論駁 (refutatio; λύσις, ἀνασκευή)、結論 (peroratio; ἐπίλογος) であるが、そのうち真ん中の3つは、目的に応じて、多様な仕方で全体の筋書の中に組み込まれる。目的の相違は一般に、形式的統一性ならびに実質的統一性の性格における多様な変更を生み出し、かくして最も高次の韻文と散文のジャンルのいろいろな亜種が成立する。韻文と散文のこのような類と種そのものも、相対的に異なっているにすぎず、したがって各々の作品の特殊的目的にしたがって、多様な仕方で相互に参入し合っている。というのも、叙述の内的形式、すなわちその性格と、実質的統一性と形式的統一性の関係は、つねにあらゆる場合に存在している目的にしたがって規定されており、それゆえ種類的解釈はなかんずくこの目的を究明しなければならない。われわれはそれゆえ、ひとがこの場合にどのようなやり方をしてきたかを調べることにしよう。

　個別的なものから出発することは許されないので、ひとは文章構成の最も一般的な要素から、つまり作品の全体から出発しなければならない。作品の全体は表題 (Titel) のなかにその表現を見出すように思われる。たしかに表題は、いわば核心における (in nuce) 作品そのものであるように思われる。だが、たとえ多くの書物について、それが何かの役に立つかどうかを見るために、表題を知りさえすればよいということが正しいとしても、このことは表題がつねに著作の目的を述べるものであるということに由来するわけでは決してない。表題において著作を出来るだけ正確に特徴づける衒学的なやり方は、われわれの時代にはます

店、1972年)、64頁。

ます使用されなくなってしまったが、古代においてはまったく行われなかった。表題はしばしばまず固有名詞であって、それは著作の客観的統一性を適切に暗示するものである。『イーリアス』と『オデュッセイア』の表題は、物語の個人的対象を表している。オリュンピア競技の優勝者を称えるピンダロスの頌歌の表題は、詩人によって称えられる勝利者を表しており、特定の瞬間に捉えられた彼の全個性がその詩の対象である（215頁を見よ）。演劇的作品においては、主人公の名前は行為の客観的統一性を表現している。そして同様に、大半のプラトンの対話編についている真正の表題は、登場人物の名前（ὀνόματα ἀπὸ προσώπων〔顔つきからの名称〕）であって、ソクラテスとともに話し合う相手を示しているが、この話し相手の性格と努力とが〔プラトンの〕師〔であるソクラテス〕の弁証法的技術の対象である。弁論術的著作においては、演説がそれに味方して、あるいはそれに反対してなされるところのものを挙げることによって、同様に客観的統一性が暗示される。しかし当然のことながら、名前はつねに暗示にすぎないものである。なぜなら、例えば、ある人物によって何が演じられるかは、あるいは語りがこの人物にいかに関係すべきかは、単なる名前のなかには存在しないからである。名前は一般的にはその対象へと、したがってその目的へと、注意を向けるだけである。というのは、目的とはつねに特定の仕方での対象の取り扱いのことだからである。このことは類似的な仕方で、即事的な表題（ὀνόματα πραγματικά〔事実に即した名称〕）によって起こる。最もよく選定された表題でも、同様に客観的統一性しか指し示さない。学問的著作においては、このような統一性は概念において捉えられることができ、表題においてしかと規定されて示される。アリストテレスの書物の表題はそのような性質をもっており、そして純学問的な叙述にはこれが一番適している。ここでは目的も表題のなかに与えられているが、それはその目的が対象の概念的発展のなかにのみ存在しているからである。しかしもし学問的著作がプラトンの対話のような詩的な形式をとるとすれば、即事的な表題はふたたび一般的にのみ対象を指し示すことができる。かくしてプラトンは国家の理念を2つの対話編において、つまり『国家』と『法律』とにおいて、論じている。これらの表題は明らかにその目的を正確には示していない。にもかかわらず、それらはその

IV 種類的解釈 (Generische Interpretation) 219

目的をよく表している。なぜなら，国家編においては理想の国家，したがって卓越した（κατ' ἐξοχήν）国家が叙述されるが，しかし法律編においては理想の国家への接近が，歴史的所与の状況に基づいて叙述され，また法律の制定によるかかる状況の改変が叙述されるからである。同時に，『法律』という表題はそれに着せられた演劇的着衣にも対応している。というのは，その対話では虚構の行為は，アテーナイ人，スパルター人，クレーテー人によって，クレーテーに設立されるべき都市マグネシアーのために，法律が立案されるということに存しているからである。1つの著作に着せられた着衣というものは，表題が付随的な状況からのみ手に入れられたものである（ὀνόματα περιστατικά〔付随的な名称〕），という事態をももたらすことがある。プラトンの『饗宴』の場合がそうであり，同様に，合唱団からその名前を得ているような演劇の場合などもそうである。こうした表題は通常その目的を非常によく表している。例えば，『饗宴』においては，その情景は対話の理念にとって意義深いものである。芸術的な表題はこれによれば，一般的に，さながら芸術作品の固有名詞のようなものであるが，それはこの名前が個人的な生を含んでいるからである。

　もし表題が対象を指し示すとすれば，ひとは著作の目的を把握するためには，いまやその暗示するところにしたがって，著作そのもののなかで対象を概観しなければならないであろう。このことを容易にするために，ひとはおそらく内容表示〔目次〕をあてがうのである。しかし対象は，したがってまた客観的統一性は，基体にすぎない。支配的なものはそのなかで表現されている思想である。それゆえ目的は内容によってもまだまったく明らかではない。とくにプラトンがそれを好んだように，ひとはまったく無縁と思えるような内容によって目的を実現することができる。例えば，プラトンは『パイドロス』や『カルミデース』や『プロータゴラース』において，内容が推測させるものとはまったく異なった目的をもっている。しかしより高次の意図をもって，そうした目的は自由に明かされてはいない。理念はある普遍的なものであって，いかなる素材にも結びついていない。ひとはおそらく自分の書物に目次をつけるであろうが，目次は素材を表示するにすぎず，目的を表示すべきものではない。出来の悪い読者や書評者は，するとその目的も理解しない

で，配列や表題を非難する。目的は目次には属していない。みずからの叙述によって何かを形づくろうと欲する著述的芸術家は，目的の発見を読者に委ねるであろう。

　著作を分析することによって，その部分を比較することによって，その構成を調査することによって，目的を見出すことのみが残されている。このためにはひとはまず著作の2つの最も外的な点である始めと終わりを，それ自体としてまた相互の比較において，注視しなければならない。なぜなら，大抵は始めに一種の説明が見出され，終わりに解決が，あるいは少なくとも，解決を探し求めることが正当化されるかどうかについて，1つの示唆が見出されるからである。ピンダロスの『ピュティア祝勝歌集』ピュティア第2歌の場合には，ヒエローンに兄弟に対する戦争を仕掛けようとの企みを思いとどまるよう忠告する（176頁を見よ）という目的は，始めのところでのみ暗示される。詩は「偉大な都市シュラークーサイ〔シラクサ〕[6]よ，激戦を采配するアレースの聖域よ！」（Μεγαλοπόλειν ὦ Συράκοσαι βαθυπολέμου τέμενος Ἄρεος）という言葉で始まる。シュラークーサイでは当時武器を取るべしとの声が反響していた。なぜなら，シュラークーサイはテーローンに対する戦争の準備を整えていたからである。この最初の調和を理解しない人には，その後の詩の思考過程における全調和が見落とされる[7]。ピュティア第4歌においては，目的は終わりでのみ暗示される。そこで詩人はアルケシラーオス[8]にダモピロス[9]と和解するよう忠告する。この難題を成し遂げることが詩全体の目的であり，例えばアルゴー船乗組員たちの航行に関する神話は，ここからのみ説明がつく（136頁を見よ）[10]。ピュティア第1歌の目的は——通常はそうであるが——，始めと終わりを比較することによって浮かび上がる。詩の始めは竪琴(キタラ)をたたえ，その力を自然と生活とのうちにある戦闘的な諸力と相互に対比する。しかし詩の終わ

---

6) シチリア島東端のギリシア植民地。前734/733年，ヘーラクレースの末裔たるアルキアースに率いられたコリントススの移民たちによって創建された。ヘレニズム期の詩人テオクリトスやアルキメーデースの生地として知られる。
7) 〔原注〕『ピンダロス注釈』*Explicationes Pindari*, 243参照。
8) リビアのキューレネーの王。
9) キューレネー人亡命者。
10) 〔原注〕『ピンダロス注釈』*Explicationes Pindari*, 280-281参照。

IV 種類的解釈（Generische Interpretation） 221

りでは，ヒエローンは平和的かつ内的に管理するという寛大な徳を身につけ，高貴な気前よさを示すようにと諭される。そしてその見返りに詩人の口からは名声が約束される。というのは，「館の中の竪琴(キタラ)は，少年たちの声と優しく協和しつつ，パラリス[11]を受け入れることはないからである」。この詩は学芸を司るムーサイの神々の祭祀に心を配ってくれるようヒエローンに頼むという目的を有している。というのは，ムーサイの神々の力は，栄えある激戦によって国中が壊滅的打撃を受けた後，人々の心を和らげ，平和の祈りがいとも美しい華を咲かせ，死後の名声が続くように，歌によって保証してくれるからである[12]。

　一つの著作の始めと終わりがその目的に関して含んでいるいろいろな暗示に基づいて，ひとはつぎにさらなる分析を企てなければならない。ひとはここで，ディッセンが前述の論文で（S.LXXXXIXff.）描いてみせた行程を歩まなければならない[13]。ディッセンは3つの段階を進んでいく。第1の段階は準備の段階であり，根本思想にまで導いていくにすぎない。つまりひとは個々の箇所を次から次に調べ，いろいろな言葉や言葉の結びつきを，文法的解釈にしたがって，そして可能なかぎり，歴史的解釈にしたがって解釈し，そしてそこから全体的思想を把握するよう努める。個々の箇所は全体的思想をぬきにしては完全には理解できないし，全体的思想はふたたび個々の箇所をぬきにしては理解できないので，ひとはたしかにここにおいて一方から他方へと相互に飛び越えなければならないであろう。1つの思想を理解するためには，ひとはしばしばそれに後続するものにまでさらに歩を進め，しかるのちふたたび立ち返って来なければならない。しかしこれを別にすれば，ひとは共通の思想を分かち持つより高次の，より多くの箇所を探し求め，そしてここからふたたび個々のものをより正確に捉えるよう努めなければならない。それによってその思想自体もより厳密に限界づけられる。そのようにしてひとは次々に部分を考察し，ついには根本思想を見回すに至るのである。第2の段階では，一方から他方へ，普遍的なものから特殊的なも

11）アクラガスの伝説的暴君（前6世紀）。青銅製の牛に人を閉じ込めて生きたまま焼いたという。
12）〔原注〕『小品集』第7巻，417頁以下参照。
13）〔原注〕『小品集』第7巻，377頁以下参照。

のへ，そして逆に特殊的なものから普遍的なものへ，という相互的な移行という同じやり方で，主要部分を比較することによって，根本思想が見出され，ついにはすべてのことが相互に合致しなければならない。その際，ひとはしばしば仮説的な仕方で処理しなければならない。とくに同時に歴史的な仮説が問題となっているときはそうである。その場合には，ひとは幾つかの特徴から引き出された一定の目的を仮定して，そしてそこから主要部分を一致へともたらすよう努める。仮説がうまく適合しないときは，すべてのことがそこから可能なかぎり説明されるまで，何度もそれに変更を加える。第3の段階を形づくるのは，同一の著者の異なった著作の比較ということである。ひとは著者のすべての特徴を知ることなく，個々の著作について不完全な仕方で判断することがあり得るからである。そのようにしてひとは文体の主法則を認識するのであり，つぎにそこから各々の著作の目的に対して，新しい光が当てられる。この行程の第1と第2の段階は，順番を逆にしても企てられることができる。第3の段階は，当然のことながら，すべての著作に適用可能なものではなく，したがって種類的解釈は個人的解釈と同じように不完全なものである。

　全体的な分析をする際には，同時に種類的な，すなわち目的によって制約された，著作の組合せ方法が際立たせられる（197-199頁参照）。これは著者の意図を明らかにすべきか，それとも覆い隠すべきかの，叙述の手段に存している。前者の部類にはとくに強調された箇所か，あるいは繰り返される類似した箇所が属しているが，その箇所で著者みずからがその意図を指し示している。強調されているところのものを，ひとはもちろんふたたび著者の個性に応じて評価しなければならない。それらはしばしば気楽に表現された付随的思想にすぎない。それは意図的にはまさに無邪気に，かつさしたる意味もなく表現されているが，けれども最終的には，本来的な解明を保証するものである。繰り返される箇所はより強烈に浮かび上がるが，それにもかかわらず，それらは解釈者によってしばしばまったく顧みられないままである。ピンダロスの場合には，『オリュンピア祝勝歌集』オリュンピア第7歌において，継続的に1つの誤りについて語られる。にもかかわらず，従来の解釈者たちの誰一人として，このつねに繰り返される誤りに気づかず，それゆえ彼らは

IV 種類的解釈 (Generische Interpretation) 223

すべてみずからが誤りのうちにとどまっている。比較的大きな部分相互の関係は，通常移行から認識される。しかしジャンルの性格によって，移行が欠如していることもあり得る。例えば，抒情詩においては飛躍の多い叙述が用いられるので，そういう事態が生ずる。その場合には，部分と部分の関係を見出すために，ひとは思想が生み出される作業場の深みに下りて行かなければならない。この点で非常に難しい問題は，相互にただそっけなく接合された部分からなる，プラトンの『フィレボス』である。すでに古代にフィレボスのメタバシス[14]に関する論文が書かれている。それにもかかわらず，この著作は完全な統一性を有しており，そしてその人目を引く形式はこの著作の目的に基礎づけられている。

　個人的な熟慮からであれ，あるいは熟考を促すためであれ，あるいは対照によってひとを驚かすか，さもなくばひとを面白がらせるためであれ，著者が自分の意図を冗談で隠したり，あるいは本気で隠したりすることも——すでに述べたように——，目的のうちに存している。別の目的が捏造されるときには，目的は曖昧なものとなる。例えば，こうした事態は特別な着せかけによって起こる。かくしてプラトンの『法律』が，実際はクレーテー島の都市マグネシアーのために書かれたものであったということを，誰一人として信じない（219頁を見よ）。本気であるか冗談であるかの区別は，種類的解釈にとってきわめて大きな重要性をもっている。しかし悲劇と喜劇というような大きなジャンルの区別も，同一の区別に基づいている。冗談であったり本気であったりするところのものは，個々の場合に目的と個性を正しく理解することに基づいてのみ理解され得る。解釈者はもちろんきわめて軽微な場合には，その区別には気がつかない。例えば，ピンダロスが『オリュンピア祝勝歌集』オリュンピア第9歌（V. 48f.）において，「葡萄酒は古いものを，讃歌の華は新しいほうを誉めたたえよ」と言うとき，誰かがそこに軽い冗談の口調を誤認することは，ほとんど不可能と見なしてよいであろう。その意図するところが軽い冗談であるということは，前後の文脈と歴史的諸関係から明らかになる。すなわち，ピンダロスはいままさに新しい説話を朗読しようとしている。しかしそのような刷新的企てに関

---

14) metabasis eis allo genos (μετάβασις εἰς ἄλλο γένος)。論証の際に論点が移行する誤謬あるいは論点変更の虚偽。アリストテレス『天体論』第1巻第1章，268b1参照。

して，新しい葡萄酒は古い葡萄酒を凌ぐことはないと，かつて語ったシモーニデースの言葉が知られていた。ピンダロスは痛飲している祝宴の仲間に自分の新しい歌を薦めることによって，冗談半分にこれを当てこすっているのである[15]。もしプラトンの『国家』において，ある人がソクラテスに向かって，君のいうカリポリスではそれゆえ事態はそうであろうと言うとき，ゲットリング[16]（彼が編集したアリストテレスの『政治学』〔イェナ，1824年〕の序言，XII 頁）がこれを本気に受け取って，プラトンはみずからの国家をカリポリスと呼ばれることを望んだのであり，これがこの対話編のもともとの表題であったとの結論を，そこから導き出すことができたなどと，ほとんど誰も信じないであろう。これがカリポリスという名前の多くの都市を当てこすった，話し手の冗談であることは，誰もが認識するところである。ひとが全体において，あるいは個別において語ろうとすることの意味は，とくにアレゴリカルな叙述によって覆い隠される（136頁を見よ）。特殊な形式としてはイロニーがこれに属している。なぜなら，イロニーにおいても，ひとは理解して欲しいと望んでいることとは異なったものを，つまり正反対のことを言うからである。目的はまったく異なっているのに，あたかもそれが目的であるかのごとく，あるものがイローニッシュな仕方で前面に据えられることがある。このことは著作の表題にまで及び得る。イロニーを認識することはしばしば非常に困難であるが，それはイロニーが馬鹿馬鹿しいものにならないためには，それは覆い隠されていなければならず，しかも気づかれるべきだからである。それゆえ，ひとはイロニーを容易に見過ごすことがあるとすれば，同様にイロニーを頻繁に用いる著作家の場合には，ひとはイロニーが存在しないところでも，ふたたびそれを探し求める危険性がある。例えば，プラトンが対話編『メノーン』において，ソクラテスをそこへと到達させようとする結論を，ひとがイローニッシュだと見なすとき，それがそうした誤りである。さらにひとは，それを間違った関係において捉えることによって，現にあるイロニーを

---

15)　〔原注〕『ピンダロス注釈』*Explicationes Pindari*, 190 参照。

16)　Karl Wilhelm Göttling（1793-1869）。ドイツの文献学者。イェナ大学教授。アリストテレスの『政治学』*Politica* を編集したことで知られる。

IV　種類的解釈（Generische Interpretation）　　　　225

間違いであると説明することがある。リヒテンベルク[17]は中国人の士官＝精進学校に関する論文（『雑録集』第5巻，241頁［1844年版，第6巻，94頁］）において，次のように述べている。「まさに一国の最も偉大で最も注目すべきものが，最も身近な隣人に知られずにとどまっていることは稀ではない。例えば，われわれでさえ翻訳でその書物を読んでいるところの，ひとりの学識のある有名な英国人が，ごく最近，ドイツのヘクサーメター[18]が存在するということは真実かどうかと，ある旅行中のドイツ人に尋ねた。」ここでひとは，この英国人は嘲笑されるべきだと，容易に信ずることができるだろう。しかしドイツのヘクサーメターがここでドイツにおける最も偉大で最も注目すべきものだと言われていることをじっくり考えると，頭が混乱してくる。ところで，著者の他の書物から，彼はドイツのヘクサーメターおよびあらゆるフォス[19]の芸術をあまり評価していないが，しかし英国人についてはこれを高く評価していることがわかると，ひとはただちに次のことを見出す。すなわち，ここでは新しい詩人たちの自慢がイローニッシュに嘲笑されているということ，つまりドイツのヘクサーメターを非常に偉大で重要なものと見なしている，フォスのことが嘲笑されている，ということである。最も難しいのは，単純なイロニーと容易に取り違えられる，・イ・ロ・ー・ニ・ッ・シ・ュ・なイ

---

17)　Georg Christoph Lichtenberg（1742-99）。ドイツの物理学者・風刺家。
18)　《詩学》六歩格（6個のDaktylus——但し，行末の弱音または短音1個を欠く——からなる詩行）。
19)　ヨーハン・ハインリヒ・フォス（Johann Heinrich Voss, 1751-1826）。ドイツの詩人，翻訳家，古典文献学者。ホメーロス，ウェルギリウス，ホラーティウス，ヘーシオドス，アリストパネースなどを翻訳し，またハインリヒとアブラハムという2人の息子と共同で，シェークスピアの戯曲のドイツ語版を刊行した。
　実はベークはこのフォス親子と浅からぬ因縁の間柄で，息子のハインリヒ・フォスはベークよりも一足先にハイデルベルク大学の員外教授として採用されていた。息子の地位を脅かすベークに対して，父親のヨーハン・ハインリヒ・フォスは，ことあるごとに露骨な敵対心を示したという。1809年4月16日付けのダーフィト・シュルツへの書簡において，ベークは次のように記している。「フォスはここではまことに大学に住み着いた悪魔のようなもので，諍いの種を蒔くことしかしません。……息子の方はより穏和な性格ですが，父親を馬鹿に崇拝しているために，一度として自分自身の考えが貫けません。わたしはわが道を行っていますが，すべての人間的権威に対しては反対する，根っからのプロテスタントです。ですから，わたしはひとをむやみに褒めちぎろうとする，猿やムガール帝国皇帝のようなこの手合いを，決して好きになれません。」Max Hoffmann, *August Böckh. Lebensbeschreibung und Auswahl aus seinem wissenschaftlichen Briefwechsel* (Leipzig: Druck und Verlag von B. G. Teubner, 1901), 17.

ロニー（die ironische Ironie）を認識することである。それはひとが本気で考えているところのものにもイローニッシュな衣を着せかけて，かくして読者がイローニッシュな語り方がなされていると信じることによって，読者みずからをイローニッシュに扱うという点に存する。例えば，プラトンの『カルミデース』において，対話の結論，つまり著者が徹底的に真剣であるところのものが，イローニッシュに扱われる。ここには一種の自己嘲笑，人格の全面的譲渡がある。プラトンは真に哲学的な雰囲気から生じたこのようなイローニッシュなイロニーにおける巨匠である。イロニーの解釈に対しては，一般的に，われわれがさきにアレゴリー一般に対して提起したことと同じことが当てはまる。

あらゆる発話のジャンルの組合せ方法は，さらに外的形式においても表現される（200-202 頁参照）。外的形式は内的形式に依存しており，そこでもしひとが著作家を生産活動そのものの場で把握しようと欲すれば，この依存性を理解しなければならない。すなわち，外的形式を内的形式へと還元しなければならない。それゆえひとは，なぜ著作家があらゆる個々の場合にこの特定の外的形式を適用したのか，例えば，なぜ詩人が特定の韻律を一定の修正のもとに用いたのかを，調べなければならない。古代における叙事詩は徹頭徹尾英雄的なヘクサーメターの韻律で創作されている。この韻律の影響のもとで，イローニッシュな言語が，それどころか少なからぬ点で，全ギリシアの言語が形づくられた。それゆえ，この外的形式はしばしば解釈の根拠として引証されなければならない。つまり，文法的な語義や個人的な語法から手に入れられた根拠が十分でない場合に，例えば，語順などに関して，そのようにされなければならない。もちろんこれに関して，人目を引くすべてのことを韻律から説明しようとする，例の馬鹿馬鹿しい解釈方法に陥ってはならない。しかし肝心な点は，韻律およびこれにふたたび依存しているすべてのもののうちに，詩のジャンルの性格を認識することである。外的形式をジャンルの性格へと遡源することは，今日に至るまでごく不完全に成功しているだけで，とくに抒情詩的合唱隊や演劇的合唱隊のような，より難しいジャンルにおいてはそうである。そこでは多くの場合，韻律そのものが依然として不備な仕方で規定されており，それだけますます解釈するのが非常に難しい。散文においては，あらゆるジャンルの性格は，

IV 種類的解釈（Generische Interpretation） 227

リズム，響き，語の組合せ，および語順との関係で，さらに確定されているところが少ない。あらゆる解釈にとってときに文体のこの側面がいかなる重要性を有しているかを，ひとはトゥーキューディデースにおいて見ることができる。そこでは複雑に編み込まれた説話において，彼が外的形式に関して何を設定したのかが，疑わしいことがよくある（シュペンゲル『技術の組合せ』[20] 53 頁以下参照）。同様に，プ・ラ・ト・ン・は『饗宴』において，そこで交わされた会話のなかで，外的形式に関してたしかに多くのことを持ち出している。なぜなら，そのなかで彼は修辞学的文体の類型を模倣しているからである[21]。ここには未だ多くのことが課題として残っているが，それにもかかわらず，韻文的語法と散文的語法をある程度区別する必要がある。というのは，詩的な文法を語源論と統語論とにしたがって確定できるということに関しては，多くのことが欠けているからである。同様に，韻文と散文の個々の種類における語法の区別は，未だ非常に幅広いものには成長していない。個々の著作家において，特殊な目的に基礎づけられた語法が，例の一般的な語法から導き出されなければならないであろう。それはちょうど造形芸術において，一般的な芸術規則が個々の芸術作品のなかに個別化されなければならないのと同じである。かくして，例えば，アイスキュロスの文体がより抒情詩的であり，ソポクレースのそれがより叙事詩的であるというような，一見したところ異常な事態は説明がつく。種類的解釈はこうしたことをすべて個々の細部に至るまで追跡する必要がある。

2　ジャンルの性格から言語的要素を解釈すること

分析によって獲得された結果を個別事例の解釈に翻って適用することは，種類的解釈の場合には，個人的解釈の場合と同様，分析そのもの

---

20)　Leonhard Spengel, Συναγωγὴ τεχνῶν: Sive atrium scriptores ab initiis usque ad editios Aristotelis de rhetorica libros (Stuttgart: J. G. Cotta, 1828).
21)　〔原注〕ティールシュの『プラトンの饗宴の出版の見本』*Specimen, editionis Symposii Platonis* に対する批判（1809 年）参照。『小品集』第 7 巻，137 頁，および『一般にプラトンが著者であると信じられている『ミーノース』とプラトンの『法律』第 1 巻に対して』157 頁以下，182 頁以下。

と相互に制約し合っているが，このことはすでに十分に明らかになっている。ひとはジャンル的性格に基づく解釈を美的解釈（ästhetische Interpretation）と名づけることができる。この名称は誤った使われ方をしたために不評を買ったにすぎない。というのは，ひとは美的解釈ということで，あらかじめ捉えられた美的な規則に従った浅薄な理性的判断を，理解することに慣れてしまったからである。ハイネ[22]の「おお，何と美しいことか，おお，何と愛らしいことか！」（O quam pulchre, o quam venuste!）のような決まり文句を持ち出したり，叫び声を上げたりしても，もちろんそれでは何も片づかない。近代の哲学的美学も，それが古代の特殊な芸術法則と一致するかぎりにおいてのみ，古代の著作に適用することができる。しかし文学史は歴史的美学の源泉である。歴史的美学とは，歴史的に発展した芸術形式を考察するものであり，そしてそこから個々のものが種類的に解釈されるべきである。美学は美の考察を対象とする。しかし美は，芸術作品の場合であれ学問の場合であれ，それとは関わりなく，内的目的に対応した，素材と形式の融合に存している。各々の作品のジャンルの性格は，それゆえ，個別化された美を含んでいる。そして種類的解釈は，言語作品のすべての部分においてこれを探し求めるので，美的な性格を有している。

§26. 方法論的補遺

個人的解釈と種類的解釈は，明らかに結び合わされてのみ習得されることができる。そのために最も必要な補助手段は，これまで述べたことにしたがえば，文学史である。それ以外に，個々の著作に対する序論においては，大抵は歴史的諸条件，執筆のきっかけ，書物の成立の場所と時間だけでなく，書物の構成と著者の特質もまた論評される。このことはまったく適切なことである。とはいえ，ピンダロスの頌歌についてディッセンによって書かれたような優れた序論は，それほど頻繁にあるものではない。書物の構成を究めるためには，すでに述べたように，まず全体についての概観を獲得しなければならない。しかしこの場合には，つねに問題となっている視点，統一性の関係，組合せ方法，そ

---

22) Christian Gottlob Heyne（1729-1812）。ドイツの著名な古典文献学者。ゲッティンゲン大学教授。美術史を考古学的見地から研究した。

IV　種類的解釈（Generische Interpretation）

して外的形式を念頭に置かなければならない。さもなければ，シュレーゲルの『アテネーウム』における断片主義者が述べているような事態となる。すなわち，「いま流行っている全体の概観ということは，すべての個々の部分を概観し，そのあとでそれらを総括することによって生ずるものである」(1. Bd. 1798, St. 2, S. 19)[23]。最も好ましいのは，走り読み（cursorische Lectüre）をする際に自分でメモをとって概観を確認することである。そのような全体的展望は全体的印象を獲得するための準備にすぎないことがある。ひとはそれによって主に著作の客観的統一性を知るようになり，主観的および形式的統一性についての一般的表象を獲得する。そのつぎに精読（statarische Lectüre）によるより厳密な分析がそれに続かなければならない。とはいえ，学校の授業では事態は異なっている。ここでは精読が出発点をなさなければならない。それはここでは，生徒の理解力が及ぶかぎり，著作家と，それに加えて，言語と事柄そのものを，完全な表象へともたらすという目的をもっている。これに対して走り読みはむしろ，もし生徒がすでに個別的な事柄に関して訓練されておれば，思想と言葉のより大きなかたまりを素早く印象づけ，そして生徒が精読によって把握する技術を学んだのち，素早く理解するように学生を訓練する，という目的をもっている。生徒はいまやむしろ一般的な仕方で概観し，また享受することを学ぶようになる。しかしそれ以前には，生徒が表面的にならないためには，綿密な解釈によって訓練されなければならない。走り読みは比較的容易な著作家を扱う場合にのみ生徒に適用され得るということは，自明の事柄である。難題に出くわした場合には，教師は助言を与えて難局を抜け出せるよう手助けしなければならない。解釈一般における訓練に関しては，学校と大学との間には大きな相違が存在する。文法的解釈は学校に最もよく適しており，個人的解釈は大学に適している。大学では普通の文法的なものは前提されるべきであるが，これに対して個人的解釈はここではじめて成長することができる。というのは，個人的解釈にはより大きな概観と精神の深さが要求されるからである。それゆえ，タキトゥスやピンダロスや，それどころかトゥーキューディデースですらも，学校にはふさわし

---

[23] 『シュレーゲル兄弟』（ドイツ・ロマン派全集第12巻）国書刊行会，1990年，148-149頁。

くないし，アイスキュロスもまたふさわしくない。彼らについては折に触れて見本を見せることができるだけで，このためにはひとは，例えばタキトゥスの場合には，『ゲルマニア』か，あるいは『アグリコラ』を選ぶであろう。F・A・ヴォルフの『学校に関する助言』[24]の 115 頁以下と 186 頁には，同じ趣旨の意見が力を込めて表明されている。しかし大学と学校の相違は，双方には損なことだが，いとも容易にぼやけさせられる。大学は広範囲にわたりすぎてありきたりのことに手を出して教えるが，これは学校に属する事柄である。そして学校は光輝きたいとのうぬぼれから，過度に思い上がって道に迷う。学校の教師もしばしば実用的なことを選ぶ代わりに，そして練り上げられた計画にしたがう代わりに，専門的な傾向にしたがう。

　すべての解釈学は記念物を理解することのみを目的とする。しかし共通の研究を促進するためには，かかる理解が適切な仕方で詳述されることが重要である。ところで，詳述は二重の仕方で，つまり翻訳と註解によって起こる。われわれはまず翻訳の価値を調べることにする。翻訳の理想は，それが原典の代わりをすることである。翻訳が歴史的状況の知識によって，原典がもともとの読者に与えたのと同じ感銘をわれわれに与えるとしたら，それは完全な度合いにおいてその通りであろう。それゆえ，もし翻訳がその目的を達成すべきであるとすれば，著作の歴史的諸前提は，いかなる場合にも，他の仕方の解釈によって与えられなければならない。だが，意図した作用を可能なかぎり完全に及ぼすためには，いかにして翻訳そのものが整備されなければならないかが問題である。これに関しては，2 つの見解が相対立している。若干の人々は，できるだけ著作の国民的様式を保持しなければならない，と主張する。他の人々は，国民的なものはできるだけ払拭されるべきである，と要求する。第 1 の見解を代表しているのは，シュライアマハー「翻訳のさまざまな方法について」1813 年のアカデミー論文（『全集』，哲学編，第 2 巻）[25]であり，別の見解を代表しているのがカール・シェー

---

24) Friedrich August Wolf, *Erziehung, Schule, Universität* („*Consilia scholastic*"), aus Wolfs litterarischen Nachlassen zusammengestellt von Wilhelm Korte (Leipzig & Quedlinburg: Becker, 1835).

25) Friedrich Schleiermacher, "Über die verschiedenen Methoden des Übersetzers

IV 種類的解釈（Generische Interpretation） 231

ファー『翻訳の課題について』（エアランゲン，1839年）[26]である。翻訳の両方の方法はそれなりの長所と短所をもっている。国民的なものを翻訳しない人々は，個人的なものを完全には表現へともたらすことがまたできないが，それは2つのものが癒着しているからである。その場合には，ヴィーラントにおいてそうであるように，彼ら自身の個性が必然的に翻訳のなかに浮かび上がってくるであろう。さらに，彼らは多くの個別的なものを不忠実に再現するであろう。というのは，われわれがすでに見たように（149頁），文法的な語義もまた国民的に制約されているからである。翻訳はそれゆえ，著作の内容，内的形式，そして組合せ方法を，大体において叙述するであろうが，これに対して分析の細やかさとそれに対応した外的形式はぼやける。しかしこの限界内において，外国の国民的性格ができるだけ払拭されているので，翻訳は母国語における著作と同じような理解を引き起こす。これに対して，正反対の方法においては，ひとは外国語の国民的性格に倣って作るために，自国語に暴力を加えることになり，そして言語は文法的にも重なり合わないので（151-152頁を見よ），原典の忠実な再現はどうしても不可能である。それにもかかわらず，この翻訳の方法の方が好ましいとされるのは，翻訳者が理解したことをより多く表現へともたらすからである。翻訳者はできるだけ自分自身の個性を放棄しようと努め，オリジナリティを得ようと努めることはしないであろう。オリジナリティというものは，翻訳の場合には欠陥だからである。かくして翻訳者は組合せ方法の細やかさと外的形式にある程度倣って作ることに成功するであろう。もちろん，個別箇所における最大限の忠実はふたたび全体の印象を容易に損なうであろう。例えば，ホメーロスの韻文は完全に自然そのままであって，まったく技巧に走っていないが，いかなる翻訳も何某か技巧に走るところが

(vorgetragen am 24. Juni 1813), " in *Friedrich Daniel Ernst Schleiermacher Kritische Gesamtausgabe,* 1. Abt., Band 11: *Akademievorträge* (Berlin & New York: Walter de Gruyter, 2002), 65-93.

26) Carl Schäfer, „Ueber die Aufgaben des Uebersetzens," aus *Jahresberichte von der Königlichen Studienanstalt zu Erlangen in Mittelfranke,* bekannt gemacht bei der öffentlichen Preisvertheilung den 28. August 1839 (Erlangen, 1839), 3-24; jetzt abgedruckt in: Josefine Kitzbichler, Katja Lubitz, und Nina Mindt (Hrsg.), *Dokumente zur Theorie der Übersetzung antiker Literatur in Deutschland seit 1800* (Berlin: Walter de Gruyter, 2009), 127-143.

ある。それは翻訳がみずからの個性を押し殺して他人の魂に入り込んで書き記されるものだからである。翻訳は，最もうまくいった場合には，自然に倣って作る英国風庭園に似ている。しかしそれは，ぎくしゃくとしざらざらとしたフォスのホ・メ・ー・ロ・ス・の翻訳や，さらに悪い方では彼のア・リ・ス・ト・パ・ネ・ー・ス・の翻訳のように，しばしばぎこちないわざとらしさに堕す。リズムと響きの特徴は最も書き換えられにくい。というのは，近代の言語は古代の言語とは異なるリズムの法則をもっているからであり，そして複数の短音節と長音説が頻繁に連続する，入り組んだギリシア語の韻律は，しばしばまったく表現することができないからである。けれども，フォス以来，ドイツ語の翻訳はこの点で法外な進歩を遂げてきた。ミンクヴィッツの『ドイツ語のリズミカルな絵画の教本』[27]（1855年；第2版，1858年）とグルッペの『ドイツの翻訳技術』（ハノーファ，1859年；新増補版，1866年）[28]を参照されたい。抜きんでているのは，フリードリヒ・アウグスト・ヴォルフ（アリストパネースの『雲』〔1811年〕），ヴィルヘルム・フォン・フンボルト（アイスキュロスの『アガメムノーン』，〔1816年〕とピンダロスの『頌歌』，『全集』第2巻），オトフリート・ミュラー（アイスキュロスの『エウメニデン』〔1833年〕），ドロイゼン（『アリストパネース』〔1835-38年；第2版，1871年；第3版，1880年〕と『アイスキュロス』〔1832年；第3版，1868年；第4版，1884年〕），ドンナー[29]，そしてミンクヴィッツである。散文的芸術作品の最良の翻訳は，シュライアマハーのプラトン対話編の翻訳である[30]。一般的にドイツ語の翻訳は最高である。われわれは本当に外国の文学の翻訳においてその強みを発揮している。翻訳がドイツにおいてはまた真の手作業となっているからである。ひとはドイツの翻訳者の名人芸をわれわれの言語の完全性に遡源し，とくに古代の著作の翻訳に対して，ドイツ語と古代語との類似性を強調してきた。そこに何某かの真実はあるが，しかしそう多くはない。というのは，ひとは見事な翻訳の場合ですら，われわれの

---

27) Johannes Minckwitz, *Lehrbuch der rhythmischen Malerei der deutschen Sprache* (Leibzig: Arnold, 1855).

28) Otto Friedrich Gruppe, *Deutsche Uebersetzerkunst* (Hannover: Rümpler, 1859).

29) Johann Jacob Christian Donner（1799-1875）。

30) 〔原注〕『小品集』第7巻，18頁以下参照。

IV 種類的解釈 (Generische Interpretation)   233

言語をいかに責め苛むことであろうか！ アウグスト・ヴィルヘルム・シュレーゲル（『アテネーウム』第2巻, 2, 280頁以下）は, ドイツ人の気質からわれわれの翻訳上手を適切に導き出す。その際, 彼は説明の根拠としてドイツ人の勤勉さを際立たせる。これに対して, ドイツ人の鈍重さもそれに関与していることを誰もが気づいてきた。それは実際, 翻訳に関するまったく快適な仕掛けである。ひとは翻訳をする際には, あまり収集する必要はなく, むしろペンを嚙み, 名案を待つ必要がある。批判や歴史的研究をするときのように, ひとは大きな組合せを必要としない。われわれは外国のものを自分のものにする能力をもっているが, もちろん異常な欲求ももっている。そしてかかる欲求のためにわれわれは, みずからがオリジナリティを欠いているわけではないが, ドイツは文学ならびに侵略戦争にとってヨーロッパの焦点だという理由で, 激しく非難されている。われわれの全面的・反抗的な本性が決して認めることがないであろう, 正しさに関する一定の概念が外国の模範に付着する前に, われわれはプロヴェンツァーレ[31]の時代以来, カトゥルス[32]に至るまでのローマ人の言語のような, 外国の模範に仕えてきたのであった。それゆえ, われわれの翻訳はたしかに最も忠実なものである。だが, 韻文的著作の場合には, セルヴァンテスが『ドン・キホーテ』において言っていることが, われわれの翻訳についても当てはまる。「韻文を外国語に翻訳しようとするすべての人には, 詩人が自分の本来的な卓越性を失うということが起こるであろう。というのは, 彼らが使用し所有する勤勉さと器用さにもかかわらず, 詩人は決してその最初の形態においてと同じようには現れることができないからである。」別の箇所で彼は, 翻訳を裏面から見たブリュッセル壁布に譬えている。裏面でも模様は見分け得るが, 糸が寄り集まっているので模様は非常に歪んでいる。それゆえ, もし最も完璧な翻訳者は最も完璧な文献学者でもある, と主張するとすれば, それは馬鹿げたことである。フォスは彼の時代には最高の翻訳者であった。しかし彼の研究は文法的な関係において, い

---

31) Francesco Provenzale（1624-1704）。イタリアのバロック時代のオペラ作曲家・教師。
32) Gaius Valerius Catullus（c.BC84-c.BC54）。古代ローマ時代の抒情詩人。恋愛歌に優れており, 代表作は『歌集』carmina。

やそれどころかあらゆる他の関係においても，かなり制約されていた。原典の理解が翻訳において表現され得るかぎり，度はずれて深い研究をせずとも，ひとはそれを習得することができる。当然のことながら，原典を深く究めれば究めるほど，翻訳はますます完全なものになるであろう。しかしこのことが当てはまるのは，ある限界に至るまでの話であって，最も完璧な文献学者といえどもこの限界を踏み越えることはできない。翻訳は本来原典の裏面ではなく，翻訳者が原典から獲得した像の裏面である。そして文献学者の仕事がその像のなかに影響を及ぼした多くの細やかな特徴は，この裏面には決して浮かび上がってこない。したがって，基礎となっている文献学的研究は，翻訳からはきわめて欠けのある仕方でしか認識され得ない。さらに，自国語に芸術的に熟達していることが，翻訳には不可欠であるが，これは文献学的学問の本務ではない。もし文献学が翻訳を始めるとすれば，かかる理由でそれは文献学であることをやめる。かくして翻訳は本来的な意味での文献学的な仕事を度外視するので，特別な召命がなければ，それにあまり関わりをもたないように，わたしとしては忠告したいと思う。

　ヴァルヒは彼の『アグリコラ』の序言において（XXII頁），ここに提示した見解に反対して憤懣をもって書き記している。わたしの発言はわたしの受講者の1人によって彼に伝えられたように思われる。というのは，わたしが講義中に語ったことの幾つかを，彼は文字通り引き合いに出しているからである。けれども，彼はそこにおいて事実を取り違えて，翻訳者の無精に関する評言をヴォルフの誤解されたイロニーに帰している。その考えは法学者のティバウト[33]に由来している。セルヴァンテスにしたがえば，翻訳は裏返した壁布に譬えられるということを，ヴォルフの弟子たちはまた，あたかも彼以外の誰も『ドン・キホーテ』を読んだことがないかのごとくに，ヴォルフから借用したはずである。ヴォルフがこの評言を，わたし自身と同じように，シュレーゲルの『アテネーウム』から借用したということは，ありそうなことである。但し，わたしは彼の口からそれを一度も聞いたことがないが。当然のことながら，翻訳は──ヴァルヒが大いなる情念をもって強調して

---

　33)　Anton Friedrich Justus Thibaut（1772-1840）。ドイツの法学者。『パンデクテン法の体系』System des Pandektenrechts (1803) の著者。

IV 種類的解釈 (Generische Interpretation)

いることであるが——有用であり，しかも必要である。ひとはその文学が普遍的な関心をもっているところの，すべての言語を学ぶことはできない。それゆえ，もしそのような文学が，とくに古代の古典的著作を含めて，少なくともそれが優れた翻訳を通して可能であるかぎりにおいて，比較的多くの読者に読めるようになるとすれば，それは良いことである。わたしは偶然ながらもみずから，こうした目的のために翻訳しなければならない，という状況に立ち至った[34]。但し，ひとはそのような業績を完結した古典的作品と見なすことは断じて許されない。それはどんなにうまくいったとしても，翻訳者のその都度の理解を再現したものにすぎないので，引き続き完全なものにされる必要がある。ひとは優れた翻訳をしばしば国民文学を豊かにするものと見なしてきた。例えば，ルターの聖書翻訳とフォスのホメーロスである。しかしドイツ文学は，もしなかに入れられるすべての外国のものがそれに所属するとすれば，1つの書架に譬えられるであろう。名作の翻訳者は，例えば，ラファエロのような人のマドンナを模写する，素描家あるいは銅版画家以上の功績を，決して要求することはできない。国民文学にとって優れた翻訳は間接的にのみ役立つ。優れた翻訳は，外国語から模範的な言い回しや構造を受け入れることによって，国民の思想範囲を拡大し，固有の言語を形づくる[35]。逆に，劣悪な翻訳はもちろん最高に破滅的な作用を及ぼす。ひとは翻訳そのものを通して，外国語との比較において自国語の特徴を直接的に自覚するであろう。それゆえ，口頭ならびに文書による翻訳は重要な教育的訓練である。一般的に，ひとは研究する際にみずから翻訳することを通して，自分が意味と構造を大まかに理解しているかどうかを試してみ，そしてそれに基づいてつぎにさらに個々のものを究めるのである。こうした予備的な方向づけにおいては，優れた印刷された翻訳は参照されることができる。ギリシアの著作家の場合には，このような目的はラテン語の翻訳を添付することを通しても達成される[36]。学

34)〔原注〕韻律的に翻訳されたソポクレースの『アンティゴネー』。フェリックス・メンデルスゾーン–バルトロディーの音楽付き。ピアノ曲，作品55。二折版（ライプツィヒ，1843年）。およびギリシア語とドイツ語の対訳版のソポクレースの『アンティゴネー』（ベルリン，1843年；新増補版，ライプツィヒ，1884年）。

35)〔原注〕『小品集』第7巻，19-20頁参照。

36)〔原注〕ピンダロスのラテン語の翻訳への序言を参照。『ピンダロス全集』第2巻第

問的著作の研究にとっては，そこでは主に内容が重要であるので，もしそれが真の理解に基づいておれば，パラフレーズもまた用いることができる。例えば，クリーチによるルクレーティウス[37]のパラフレーズである。

　翻訳と書き換えは，それゆえ研究にとって，さらなる説明ないし注̇釈̇作̇業̇（Kommentiren）の基礎である。外国語に習熟すればするほど，ひとはますますその言葉とそこで表現されている表象とを結びつけ，それゆえ翻訳はますます不可欠なものとなる。ここで注釈作業については，プラトンが『パイドロス』（276頁）において哲学的伝達について述べていることと，同じことが当てはまる。すなわち，獲得された理解を伝達する最も完全な仕方は，口̇頭̇に̇よ̇る̇注̇釈̇である。文書による注釈は，口頭による注釈の像にすぎない。たしかに文法的理解は口頭によって最も良く詳述され得る。というのは，ここでは言葉の意味はいろいろな困難に出くわしても，多様な書き換えや多面的な表象によって，明らかにすることができるが，これは文書によっては非常に冗長な文章なしには不可能なことである。歴史的理解にとっては，文書による場合には，聴衆に予備教育を施す場合に必要となる以上のことを教示することになる。文書による注釈は，口頭による注釈のように，個々人にとって曖昧であり得ることを，すべて解明することはできない。そんなことをすればおびただしく膨れあがり陳腐なものになるであろう。最後に，文体の繊細さはしばしば，言葉の文法的意味と同じように，類似的な仕方でのみ明らかにされ得る。1つの箇所についての口頭による講義は，しばしば単独でリズム，響き，そして語順の意義を示すことができ，したがってそこに潜んでいる感受を際立たせることができる。学校では翻訳と文法的分析は学生に割り当てられる。それ以外にも生徒の理解がどの程度であるかを，教師は質問することによって容易に認識することができ，欠けているところはつぎに補うことができる。精読の際には，生徒がそれを自分自身で見出すことができないかぎり，教師は生徒に理解の諸前提のみを与える。そして生徒はその諸前提から欠けているところを独力で

2部，5n6。

　37）Titus Lucretius Carus（BC99/94-BC55/51）。ローマ共和制末期の哲学的詩人。主著は『事物の本性について』 *De Rerum Natura* 全6巻である。

IV　種類的解釈（Generische Interpretation）　　　237

探し出すのに対して，走り読みの場合には，欠けているところは教師によって直接補われるべきである。注釈作業の教育的価値は古代人自身によって非常に初期から認識されている。古典的書物の解釈はすでに文法学者の学派において主に訓練され，音楽と体操と並んで・形・式・的・な・精神形成の主要手段を形づくった。文法学者と修辞学者の後代の学派においても，注釈作業は特別な仕方で振興された。その後，ローマ人がバイリンガル（bilingues）になったとき，ローマの学派においては，外国語の著作についての解釈が保証する特別な利点が浮かび上がってきた。外国語の形式は意識的に表象へと至るが，これは自国語の場合には通常そうではなく，ここでも外国語の助けを借りて最も容易に到達される。しかしこのような意識を通じて，言語の意味はより深く把握される。ところで，古典的古代の著作にはきわめて厳格な形式が存在しているので，理解の形式的活動はそれに従事することによってまったく卓越した仕方で訓練される。そして母国語における生産活動に対するそれに対応した訓練は，同時にそれと結びついている。近代の諸国民にとって，古代的言語の価値は次のことによって高まる。すなわち，古代的言語の文法的性格だけでなく様式的性格も，近代的言語のそれとは非常に違っており，言語的作品の歴史的諸関係も遠く隔たっていることである。ひとは難解で遠く離れたイディオムを厳密に研究することによって，みずからの精神を客観化することを学び，習慣的なものではなく疎遠なものに対して感受性豊かになり，そしてそれによって精神の自由を獲得する。但し，注釈作業は現実的にも古代の名作についての全面的理解をもたらさなければならないのであって，言葉尻を引っかき回す文法屋になっても，あるいは学習者の精神を膨大な量の覚え書きの素材で圧殺してもいけない。文献学的研究にとっては関心があっても，一般教育にとっては関心がないことの多くは，学校では語らないでおかなければならない。この点においても，文献学者は大学の講義と学校教育の間にある必要な相違を，しばしば留意することが少なすぎる[38]。

　口頭による注釈作業は，行動の基準として，・教・授・法・的・な・方・法（die

　　38）〔原注〕1811 年のプロオイミオン「古代，とくにギリシアと相違したわれわれの研究の哲理について」De nostorum studiorum ratione a vereribus, Graecis praesertim, abhorrente 参照。『小品集』第 4 巻，35 頁以下参照。

didaktische Methode）を用いなければならないし，著作の形式はあらゆる側面に向けて発展させなければならない。これに対して文書による注釈作業では，解釈のために必要な素材が提示されなければならないし，実際の作業は教授法的に熟慮すべき点よりはむしろ事柄そのものに向けられなければならない。それゆえ，文書による注釈は，口頭による解釈のための準備としてとても役に立つが，それは口頭による注釈がその課題を達成する上で，素材によってではなく，文法的ないし歴史的な覚え書きによって阻まれないためである。このことは学校における解釈学の営みにとっても当てはまる。当然のことながら，文書による注釈は膨大な広がりにおいてのみこれに着手することができる。口頭による注釈作業によって解釈学的方法の訓練を成し遂げたときに，ひとはようやく学問的に実行された文書による注釈作業を，首尾好く利用することができるであろう。形式によれば，この注釈はとぎれなきもの（perpetui）か，あるいはとぎれたものかのいずれかである。とぎれなき注釈〔連続的注釈〕は，個人的ならびに美的な解釈がそこで優勢を占めており，すべては全体の光に照らして，したがって最も広範な連関において叙述されるべきであるような，そのような著作に対してとくにふさわしい。これに対してとぎれた注釈〔断続的注釈〕は，文法的ならびに歴史的な解釈に対して適切であるが，それはこの場合には個々の部分における理解の困難が取り除かれているからである。連続的注釈（commentarius perpetuus）という表現は，ヨーハン・マッティアス・ゲスナーに由来するが，この人の弟子のハイネを通してこの形式はとくに受け入れられるようになった。しかしハイネ学派による大半の注釈は，きわめて味気なくまた重要でない。それはほんのわずかな言葉で通訳し，最も難解なものを除けば，多くを見過ごしはしないが，何事についても満足のいく解明を与えてはくれない。それはくすんでいて浅薄な美的な無駄話を含んでいる。文法学はなおざりにされており，個人的解釈はきわめて表面的である。この種の文筆活動の真に恐ろしい実例は，プラウトゥス（ゲッティンゲン，1804年）とテレンティウス（第2版，ハレ，1819年）についてのシュミーダーの『連続的注釈』[39]である。非常に引き立つ仕

---

[39] Benjamin Friedrich Schmieder, *Commentarii perpetui* (Göttingen: Dieterich, 1804).

IV　種類的解釈 (Generische Interpretation)

方でこれと区別されるのは，より古い時代の学者たちの注釈で，とくに 16 世紀に成立したものである。それらはしばしば簡潔であるが，それでいて的確であり，しかも包括的であることを要求しない。ムレトゥス[40]，ランビヌス[41]，アキダリウス[42]といった人や，マヌティウス父子[43]の注釈がそうである。たとえ彼らが著作の技術について語っていないとしても，彼らは連続的注釈家たち (perpetui commentatores) よりもそれについてより多く理解している。

　注釈の内容に関しては，あらゆる種類の解釈がこの点において適切に顧慮されなければならない。但し，学校で使用するための注釈においては，個人的解釈と種類的解釈は後退するであろう。しかし注釈は大抵は一面的である。注釈は肝心な点では文法的解釈と歴史的解釈に限定されるので，それらは言語解釈 (Spracherklärungen) と事実解釈 (Sacherklärungen) とに分かれる。言語解釈は，解釈者の過剰な引用癖 (184 頁参照) と文法的な補説によって，しばしば極端に膨大なものに膨れあがる。それは注釈が解釈の必要性をはるかに越えてゆくからである。事実解釈には非常に多様な種類がある。哲学的，歴史学的，軍事的，政治的，そしてあらゆる種類の古風な注釈が，これに属している。哲学的注釈は，とくにプラトンとアリストテレスについて，すでに古代において根本的に作り出されている。しかしかかる注釈においては，ある哲学者の教えを別の体系ないし別の術語に還元することが，本来的に問題となっている。あるいは解釈されるべき書物に基づいて，固有の哲学的論文が成立し，それによって文献学の領域が踏み越えられる。政治的注釈は，例えば，リウィウスの『ローマ史』の最初の 10 年間についてのマキアヴェリの有名な研究（1532 年。ドイツ語への翻訳は，フィンダイゼンとシェフナーによって，ダンツィヒで 1776 年刊行［グリュッツマッハーによる最新の翻訳は，ベルリンで 1870 年に刊行］）である。この書物は数多くの，しばしば非常に貧弱な模倣を呼び起こした。そのようなあ

---

40) Marcus Antonius Muretus (1526-85)。
41) Dionysius Lambinus (1520-72)。フランスの古典学者。イタリアに 10 年滞在し，帰国してコレジュ・ド・フランスの教授となる。
42) Valens Acidalius (1567-95)。
43) ヴェネツィアの人文主義者であり，かつ名高い印刷出版業者であった Aldus Manutius (1449-1515) とその息子 Paulus。

るいはそれに類似した研究は，それ自体としては，とくに専門的な論文の価値をもっており，文献学の他の学問への応用を含んでいる。文献学的であるのは真に歴史学的な注釈に限られるが，古風な注釈もこれに属する。こうした注釈においては，歴史的解釈の課題が間違って捉えられる（128頁と169頁参照）。すなわち，1つの著作で言及される事柄が，解釈の必要性をはるかに超えて解釈されることによって，その事柄には属していない挿入が成立する。文献学者は折を見て思考しなければならないが，このような折々の思考は，必ずしもすべての人に沈黙すべきものとして，存在してきたわけではない。それゆえ，多くの人々は，本来は著作家を理解するための単なる手段であるべき注釈を，詰まるところ，事柄への過度の勤勉と愛情によって，日常的な解釈の限界を超えて肥大させる。なぜなら，彼らは自分がまさに関心をもっている対象について知っているすべてのことを，折りがあれば一緒に組み入れるからである。その結果，重要でない著作家も，その内容のためだけであるが，注釈の執筆目的にとって重要となる。多くの人々は，イルミッシュ[44]がヘーロディアーヌスに手を焼いたのとほとんど同じくらい，その点で手こずる（厚手の5冊版［ライプツィヒ，1789-1805年］参照）。しかしこの種の書物は，真正の解釈学的および批判的技術で満ちており，古典的学識についての真の参考文献であり得る。そのような種類のものとしては，カサウボヌス[45]の注釈（例えば，Animadversiones in Athenaei deipnosophistas [Leiden, 1600]），サルマシウス（例えば，Plinia Enaexercitationes in C. Iul. Solini Polyhistora [Paris, 1629]），エゼキエル・シュパンハイム（Ausgabe des Kallimachos [Utrecht, 1697]）[46]，ヴァルケナル（Ausgabe des Anmonios [Leyden, 1739]），ドルヴィル[47]（Ausgabe des Chariton [Amsterdam, 1750]；3部4分冊）がある。研究のためには，正しい手段を保持している解釈者が最良の解釈者である。これについては，レプティネースについてのヴォルフの注釈[48]；ブレミの新版（チューリヒ，

---

44) Gottlieb Wilhelm Irmisch（1732-94）。ドイツの文献学者。1788年の3巻本の *Herodiani historiarum libri III* を刊行。

45) Isaac Casaubon（1559-1614）。

46) Baron Ezekiel von Spanheim（1629-1710）。スイス生まれのドイツの学者・政治家。

47) Jacques Philippe D'Orville（生没不詳）。

48) Friedrich August Wolf, *Demosthenis oratio adversus Leptinem, cum scholiis veteribus et*

IV　種類的解釈（Generische Interpretation）　　　　241

1831年）が第1の模範を与えてきた。文献学の現実的諸学科が完全な自立性をもって発展してきて以来，それに属しているものを注釈のなかで引き合いに出すことは，ますます不適切となる[49]。

　いわゆる合注〔諸家による評注：集注ともいう〕（Notae Variorum）という複数の注釈が集められている昔の著作家のいろいろな版は，いまなお特別な顧慮に値する。ラテン語の著者については，とくにオランダ人によって加工されているが，ギリシア語の著者については，より稀少である。もし合註が無批判的な収集物――そこではしばしば同じことが何度も言われる――であるとすれば（「完全版」〔integrae〕であれ「精選版」〔selectae〕であれ），それらは本来的には書肆の仕事（Buchhändlerarbeiten）にすぎない。それに対して，例えば，ドラケンボルヒ[50]のリウィウスや，イマヌエル・ベッカー[51]のタキトゥスの版や，あるいはヴェスターホーフ[52]のテレンティウスの版におけるように，判断をもって作られるとすれば，それらは教育的に非常に形成的である。というのは，それらは訓練のための豊富な素材を保証し，解釈の歴史を披露してくれるからである。最悪なものは，普通のものばかり山のように集めた注釈である。ヘルメースと文献学との結婚式について物語る神話がすでに暗示しているように，解釈はたしかに文献学が取り組むべき主要課題である。しかし解釈者はしばしばメルクリウス[53]ではないし，そして解釈学的精神を入れる容器は彼らには密閉されている。われわれ

---

commentario perpetuo (Halle: Libraria Hemmerdeana, 1789).
49)　〔原注〕『小品集』第7巻，49頁参照。
50)　Arnold Drakenborch（1684-1748）。オランダの古典学者。
51)　August Immanuel Bekker（1785-1871）。ドイツの古典文献学者。ベルリン大学教授。アリストテレス全集を編纂したことで知られる。
52)　Arnold Hendrik Westerhof（生没不詳）。
53)　Mercurius ローマの商売の神（メルクス merx は「商品」の意）。ギリシアのオリュンポスの12神の1柱ヘルメース（Hermes, Ἑρμῆς）と同一視され，伝令杖カードゥーケウス caduceus を携え，鍔の広い帽子をかぶり，手には財布を持った姿で表される。ちなみに，ヘルメースは家畜と牧人の守護者であるのみならず，富と幸運，商売，窃盗，賭博，弁論，運動競技なども司り，さらに道路・旅行の神として，広くギリシア世界で崇拝された。彼は持っている杖で人々を眠らせると信じられ，また死者の霊魂を冥界へ導く役割を担っていたので，プシューコポンポス Psykhopompos（Seelenführer，魂の案内者）とも呼ばれた。メルクリウスについても同様で，われわれは興味深いその一例を，ヘーゲルの『歴史哲学』のなかにも見出すことができる。Cf. G. W. F. Hegel, *Werke in zwanzig Bänden*, Bd. 12, *Vorlesungen über die Philosophie der Geschichte* (Frankfurt am Main: Suhrkamp Verlag, 1970), 19.

の時代のみすぼらしい書籍製造はそれに起因する。ひとは1つの本を別の本へと書き換える。それは新しい版によって古い素材をあちこちへと永遠に注ぎ回ることである。文献学はしばしば単なる事業にすぎない。すなわち，ひとが書籍の版を作るのは，何か新しいものが見出されたからでも，精神ないし内的召命がそれを駆り立てるからでもなく，書肆ならびに営利欲が第1の行為者（primum agens）である。これは，その精神によって暴利と手作業がむさぼられるところの，古代人の死霊に対して罪を犯すことである。

最も難しい種類の解釈にとって，つまり個人的ならびに種類的な解釈にとって，まだほとんど模範が存在しない。古代研究の最初の1世紀間に，そこまで立ち入った研究がなされなかったのは，ひとが膨大な資料の収集と整理に，あるいは文法的ならびに歴史的な解釈に，完全に関わらなければならなかったからである。オランダ人たちやそれ以外の卓越した人物たちも，まだそれについてはほとんど表象を持ち合わせていなかった。彼らのなかで最も天才的な批判家のヴァルケナル[54]が，それに関して最も立ち入った研究を行った。ハイネの念頭にはこうした高次の解釈学の課題がぼんやり浮かんでいた。しかし彼の学派は，すでに述べたように，正しい道を間違えた。高次の解釈学は非常に深く究明することを要求するので，それは現実的な諸学科がより大規模に完成されたときに，ようやく着手されることができた。それにまた，解釈されるべき著作家にとくに同質的（congenial）であった人々のみが，さし当たりそれに成功することができた。それ以外のあらゆる欠陥にもかかわらず，これは古代についての，とくにホラーティウスとキケローについての，ヴィーラントの解釈の長所である。凌駕されることがあり得ないような個人的解釈の最初の傑作は，その間に現れたプラトンの対話編についてのシュライアマハーの序論[55]である。たとえ解釈者が時折あまりに

---

54) Lodewijk Caspar Valckenaer（1715-1785）。オランダの古典文献学者。ライデン大学におけるティベルス・ヘムステルホイスの後継者。

55) シュライアマハーによるプラトンの対話篇の翻訳は，1804年のイースターの見本市のときにその第1巻が，そののち1809年までにさらに4巻が刊行され，1828年には第3部第1巻の『国家』が刊行されたが，プラトンの全著作の翻訳という当初の計画は，結局未完のままに終わった。しかし彼が最初の巻に付した全般的な「序論」は，今日でもきわめて価値のあるものと見なされており，以下の書物に再録されている。Das Platonbild.

IV 種類的解釈（Generische Interpretation） 243

多くのことを見たとしても——これはこのような解釈において，容易に起こることである——，ここでは最高の天分の同質性（Congenialität）と最深の研究とが統一されている。わたしはディッセンと並んで，自分で提起した原則にしたがって，ピンダロスに関する解釈を完遂すべく試みた。それ以来，個人的ならびに種類的解釈は，とくに韻文家に幸運な仕方で適用されているが，まだ散文家にはごくわずかしか適用されていない。ちなみに，解釈は事柄の性格上，批判と密接に結びついているので，われわれは批判の理論を論じた後に，あらゆる著作家を理解するために必要な解釈学的・批判的な装置について，より立ち入って語ることにしよう。

Zehn Beiträge zum Platonverständnis, herausgegeben von Konrad Gaiser (Hildesheim: Gerog Olms Verlag, 1969), 1-32; Bibliothek deutscher Klassiker 134, *Friedrich Schleiermacher Schriften*, herausgegeben von Andreas Arndt (Frankfurt am Main: Deutscher Klassiker Verlag, 1996), 295-333.

第 II 部

批判の理論

〔批判の定義と区分／批判の文献目録〕

§27. **文献** フランキスス・ロボルテルス〔フランチェスコ・ロボルテロ〕『古い書物を修正する技術ないし原則についての論議』[1]。これはグルテルス『リベラル・アーツの灯火ないし松明』[2]第二部にも再録されている。──カスパー・スキオピウス『批判の技術について，およびとりわけそれの第二の部分たる校訂者について』[3]。──ヨーゼフ・スカリガー『批判の技術について。』[4]（四折版）──これらの著作は批判の職人的要素を与えるにすぎない。ヨハンネス・クレリクスの『ラテン語，ギリシア語，ヘブル語の研究への道がそこにおいて開かれる批判の技術』[5]はより大きな要求を掲げる。クレリクスはあらゆることについて何かを知っていたが，しかし多くは知らなかった。彼自身の批判はその行使において出来が悪く惨めである。上記の書物の第1巻は本来的に古代の著作家の読解と解釈学的なことに関する方法的教説を含んでおり，第2巻は改訂的な批判および本物と偽物の批判を含んでおり，第3巻は実践的な諸規則，つまり「批判の技術の使用がそこにおいて示される批判的かつ教会的な文書」を含んでいる。そのなかには多くの間違いがある。いかなる明瞭な体系も見出されず，個々の点ではしばしば非常に表面的な見解が散見されるが，とはいえ長所も少なからずある。──P・ブルマンヌスによって編集された著書『校訂』[6]に収録されているヘンリクス・ヴァレンシウスの「批判について」。──ホイ

---

[1] Francesco Robortello, *De arte sive ratione corrigendi antiquorum libros disputatio* (Padua, 1557 u. ö).

[2] Janus Gruterus, *Lampas s. fax liberalium atrium* (Lucca, 1747).

[3] Caspar Schoppe, *de arte critica et praecipue de altera ejus parte emendatrice, quaenam ratio in debeat; commentariolus in quo nonnulla nove emendantur, alia prius emendata confirmantur* (Nürnberg 1597 und öfter, zuletzt Leyden 1778).

[4] Joseph Justus Scaliger, *de arte critica diatriba*, ed. Joachim Morsius (Leyden, 1619).

[5] Johannes Clericus, *Ars critica, in qua ad studia linguarum Latinae, Graecae et Hebraicae via munitur: veterumque emendandorum, spuriorum scriptorum a genuinis dignoscendorum et judicandi de erorum libris ratio traditur* (Amsterdam, 1697-1700 u. ö).

[6] Henricus Valensius (Henri de Valois), *Emendationes*, herausgegeben von P. Burmannus (Amsterdam, 1740).

マン『批判の技術についての論考』[7]。──ジャン・バティスト・モレル『批判の諸要素』[8]は，教会教父からの事例を挙げつつ，またその言葉や文字が取り違えられる件に関して教示しつつ，ラテン語写本の間違いを改良することにのみ踏み込んでいる。──エルフェニヒ『言語的批判の技術の諸規則の概略。キケローの『神々の本性について』第1巻112-20の練習問題つき』[9]。これは見解の独創性はなく，表面的で，才気にかける。──クリスティアン・ダーニエル・ベック『歴史的・批判的考察あるいは批判的，釈義的，歴史的蓋然性について』[10]，第4分冊（事例集）。──シュライアマハー『文献学的批判の概念と区分について』[11]（1830年のベルリンアカデミー論文）。──シューバルト『古文書学的批判の方法論についての断片』[12]。──［フリードリヒ・ハイムゼート『批判的な事柄において不可欠な用心，忍耐，および大胆についての論考』[13]。──J・N・マズヴィク『推定に基づく批判の技法の輪郭』[14]。──ヴィルヘルム・フロイント『文献学の3年間』[15]。──フランツ・ビューヘラー『文献学的批判』[16]（学長講演）。──ヘルマン・ハーゲン『批評家に向けての歩み』[17]（文献学セミナー生のためまた自習用に立案され

---

7) Christoph August Heumann, *Commentatio de arte critica* in usum academicum seorsum excusa mit Robortello's Abhandlung *de arte critica* (Nürnberg und Altdorf, 1747).

8) Jean Baptiste Morel, *Eléments de critique* (Paris: Herissant Fils, 1766).

9) Peter Joseph Elvenich, *Adumbratio legum artis critcae verbalis cum exercitationibus criticis in Cic. de nat. deorum I, 112-20* (Bonn: Carl vom Bruck, 1821).

10) Christian Daniel Beck, *Observationes historicae et criticae sive de probabilitate critica, exegetica, historica*. 4 Abhandlungen (Leipzig: Staritius, 1821-26).

11) Friedrich Schleiermacher, „Über Begriff und Einteilung der philologischen Kritik (30. März 1830)," in KGA I. Abt. Band 11, *Akademievorträge* (Berlin: Walter de Gruyter, 2002), 643-656

12) Johann Heinrich Christian Schubart, *Bruchstücke zu einer Methodologie der diplomatischen Kritik* (Kassel: Verlag von Oswalt Bertram, 1855).

13) Friedruch Heimsoeth, *Commentatio de necessaria in re critica vigilantia, perseverantia atque audacia* (Bonn: Georgi, 1869).

14) Johan Nicolai Madvig, *Adversaria critica ad scriptores Graecos et Latinos*, Bd. 1: *Artis criticae coniecturalis adumbratio* (Kopenhagen: Gyldendalianae, 1871), 8-184

15) Wilhelm Freund, *Triennium philologicum oder Grundzüge der philologischen Wissenschaften für Jünger der Philologie zur Wiederholung und Selbstprüfung*, 4. Abschn (Leipzig: Wilhelm Violet, 1874; 2. Aufl., 1879).

16) Franz Bücheler, *Philologische Kritik* (Bonn: Verlag von Max Cohen & Sohn, 1878).

17) Hermann Hagen, *Gradus ad criticen: Für philologische Seminarien und zum Selbstgebrauch* (Leipzig: Druck und Verlag von B. G. Teubner, 1879).

たもの）.］これ以外にも，多くの批判的著作，版，および他の書物において，批判の理論はときおり触れられている．

　批判は，われわれの説明（118頁）にしたがえば，対象が自己自身からあるいは自己自身のためにではなく，他のものとの関わりおよび関係を確定するために，この関わりを認識すること自体が目的であるような仕方で理解されるべきである，そのような文献学的機能である．このことは批判という名前によってもまた暗示される．κρίνειν の根本的意義は，分離すること（Scheiden）と選別すること（Sondern）である．しかしすべての分離することおよび選別することは，2つの対象の間の一定の関係を確定することである．そのような関係を明言することは判断（Urtheil）である．判断すること（urtheilen）は，たしかに選り分けて分配すること（heraustheilen）でもあり，それは決定を下すこと（entscheiden）の同義語である．

　下された判断がいかなる性質のものであるかは，批判の概念にとってはまったくどうでもよい．しかし判断の無限の可能性は批判的活動の目的によって制限される．伝達されたものとその諸条件との関係を理解すること，それのみが肝要であり得る．さて，解釈学は伝達されたもの自体をこうした諸条件から解釈するので，批判は解釈学と同一の種類に分かれなければならない（129頁を見よ）．それゆえ，文法的，歴史的，個人的，および種類的批判が存在する．そして批判的活動のこれら4つの種類は，それに対応する解釈学的機能と同じように，当然密接に結びつけられなければならない．伝達されたものは伝達の諸条件から生じてくるので，これらの諸条件は伝達されたものにとっての尺度である．ところで，伝達されたものは諸条件に対して二重の関係をもち得る．それはそれらに適合的であるのか，あるいはそうではないのか．つまり，それらのうちに潜んでいる尺度と合致するのか，あるいはそれから逸脱するのか．さらにもし伝達が古い著作のように伝承によって受け継がれるのであれば，批判は同時にこの伝承に対するその関わりを調べる必要がある．伝達されたものは破壊的に作用する自然的影響によって，あるいは伝承する者の思い違いや見間違いによって，混濁させられることもあれば，あるいはこうしたことによって意図的に変更されることもある．そ

れゆえ，伝承の目下の形態がもともとの形態と合致するか，あるいはそれから逸脱するかを，つねに同時に確認することが肝要である。批判はそれゆえ三重の課題を有する。第1に，批判は与えられた言語作品ないしその一部が，言語の文法的語義，歴史的根本状況，著者の個性，およびジャンルの性格にふさわしいか，あるいはそうでないかを，調べなければならない。しかし単に否定的に処理しないためには，批判は第2に，もし何かが不適切に思われるときには，いかにすればより適切になるかを確認しなければならない。しかし第3に，批判は伝承されたものが原初的であるか，あるいはそうでないかを，調べる必要がある。これによって批判のあらゆる事実的な努力が汲みつくされていることが示されるであろう。わたしは，解釈学の叙述と並走し，かつわたしに特有な理論の特別な実施によって，このことを提示するであろう。けれども，わたしは批判の価値，批判的才能，批判的真理の度合い，および批判と解釈学の関係について，まず若干の一般的評言を前もって述べることにする。

§28. シェリングは学術的研究の方法に関する講義において（原典77頁），批判について次のことを褒めたたえている。すなわち，批判は成年男子の年代になってもなお，少年らしいままの感覚を快く働かせることができるように，少年時代にふさわしい仕方でいろいろな可能性の発見を行うというのである。ここから明らかになることは，プラトンの『ゴルギアース』に登場するカリクレースが，哲学を青年が従事するものにせしめ，成人にあっては哲学的議論をすることとどもることは，ひとしく殴打に値すると見なすのと同じように[18]，シェリングが批判を本来的には少年のための訓練と見なしているということである。もちろんシェリングが，批判とは諸可能性を突きとめることであると見なすとき，彼は批判の本質を把握しなかった。批判はたしかに伝達のいかなる形態が所与の諸条件にしたがって可能であったのかを考量しなければならないが，しかしそれはこうした諸可能性から適切なものと真実のものを析出するために限られている。批判の価値はやはりこの点に存してい

---

18) 〔原注〕1835年のベルリン講義目録へのプロオイミオン「研究方法の正しい論拠について」De recta atrium studiorum ratione（『小品集』第4巻，400-401頁）参照。

る。批判はあらゆる伝統を揺さぶるので，批判はたしかに破壊的および根絶的な作用をもって立ち現れる。しかしそれは誤謬のみを否定する。そして誤謬は真理の否定であるので，批判はそのことによってすでに肯定的である。批判を取り去り，間違った伝統に異議を申し立てずに存続せしめると，まもなく学問と生は，それらが歴史的根拠に基づいているかぎり，きわめて甚大な邪路に入り込むであろう。それは主として批判の欠如によって〔健全な発達が〕阻まれた，中世においてそうであったのと同じである。批判なくしては，あらゆる歴史的真理は破綻する。それはライプニッツがユエ[19]への書簡において（『新書簡集』[20]第1巻，637頁以下）鋭敏に指摘しているところである[21]。さらに批判は不適切なものを発見することを通して〔人間を〕形づくる。そのことによって，批判は歴史的な所与に関してあらゆる虚しい空想，あらゆる妄想を死滅させる。同時に批判は，それが自己批判になることによって，自分自身の生産活動に影響を及ぼす。批判はいかなる学問にとっても真理をはかる秤である。この秤は根拠の重さを考量し，蓋然的なことと見かけ上のこと，確かなことと不確かなこと，単に屁理屈をこねたに過ぎないことと一目瞭然的なこととを区別することを教える。そしてもしこの世にもっと沢山の批判があったなら，文学的貯蔵庫が穀粒の代わりに籾殻（もみがら）で満たされることはなかったであろう。ちなみに，籾殻は無批判によってもたらされたものであり，この無批判なるものは非常にしばしば批判の名を名乗ることすらある。というのは，多くのいわゆる批評家のいかがわしい判読による校訂ほど無批判的なものはないからである。ヴァルケナルとヘムステルホイスはそれゆえ，彼らの優れた演説において，学問に真に通じている人は誰でも批評家でなければならない，という観念を詳述している（『ティベリウス・ヘムステルホイス談話』[22]，77頁参照）。しかし批判的検査と比較は，同時に伝承のなかの適切なものを確定するので，批判はあらゆる学問的生産を，それが発現したかぎりにおいて，学問の

---

19) Pieere Daniel Huet（1630-1721）。

20) Gottfried Wilhelm Leibniz, *Sylloge nova epistolarum,* Bd. I (Nürnberg, 1760).

21) 〔原注〕1839年の演説「ライプニッツの文献学的批判の見解について」Ueber Leibnizens Ansichten von der philologischen Kritik（『小品集』第2巻，241以下）参照。

22) David Ruhnken, *Tiberii Hemsterhusii Orationes.* ed. Friedrich Traugott Friedemann (Wittenberg: Zimmermann, 1822).

理想へと連れ戻し,そしてこのようにしてこの積極的な側面で,あらゆる学問的研究の必然的な器官にもなる。批判は判断と嗜好を形づくるのである。

それにもかかわらず,とくにオランダの文献学者たちが行ったように,というのも彼らは批判を文献学の本来的課題と見なしたからであるが,批判の価値を過大評価してはならない。音節や言葉の鋭角さを究明することに世界の救済がかかっていると考えられた時代が存在した。そしてしばしば文献学者に固有の虚栄心をもって,ひとはこのような文法的仕事をあらゆる学問の頂点であると宣言し,それを神のごとき批判 (diva critica) と名づけた。実際,稀少な神性である! その際,ファウストとともに神に類似したわが身に関して不安になる人がいるかもしれない[23]。そのように過大評価されたのは,一面的な間違った批判であった。というのは,真の批判は自己を過大評価することから守られているからである[24]。自己自身を持ち上げる尊大な批判はまた,もっぱら破壊的に作用する。それは判断の唯一確かな根拠であるところの,自己自身の見解を否定する解釈を拒むからである (184 頁を見よ)。本物の批判は独立した創造物を決してもたらさないので,それは慎ましく,その良い影響を与える作用は目立たないものである。その価値は,それが欠如するや否や立ち現れる荒廃においてのみ示される。それゆえ,ひとがそれを些事拘泥的なものと見なすからであれ,あるいは破壊的なものと見なすからであれ,ひとつの時代が批判に敵意を示すとすれば,こうした非難は間違った批判に向けられているか,あるいは真の批判を誤認しているかのどちらかである (ダーフィト・ルーンケン『ティベリウス・ヘムステルホイスへの賛辞』[25]参照)。けれども,批判が生産を鈍らせず,ま

---

23) ゲーテの『ファウスト』第 1 部「夜」の場面には,「己の胸のざわめきを鎮め,悲しい心臓を喜びで満たし,神秘な働きで己の周囲の自然の諸力を己に明らかにしてくれるこの符の書き手は,神だったのかのではあるまいか。己が神なのか。ひどく心が澄んでくる。」(435-439) とか,「神の似姿と自惚れた己は,もう永遠の真理の鏡のそばにいると思い込んで,うつせみの身の上を超脱して,天上の明るい光耀を浴びたつもりでいた。」(614-617) といった表現が見出され,神に類似した我が身に苦悶するファウストの葛藤が描き出されている。

24) 〔原注〕『最も優れたギリシア悲劇作品たるアイスキュロス,ソポクレース,エウリーピデースの現存するものがすべて真正であるかどうか』6 頁参照。

25) David Ruhnken, *Elogium Tiberii Hemsterhusii* (Sam. et Joh. Luchtmans, 1768; Leipzig:

た理念の能力を弱めないためには，批判に対してつねに平衡が保たれなければならない（41-42頁を見よ）。ウェイユは非常に美しく語っている（『ラテン文学講義序論』[26]，17頁）。すなわち，「批判は非常に陰険でつねに否定的な道案内である。ソクラテスのデーモンのように，それはあなたを立ち止まらせるが，しかしそれはあなたを決して歩かせない」（La critique est un guide très-sournois, toujours négatif: comme le démon de Socrate, elle vous arrête, mais elle ne vous fait pas marcher），と。

§29. わずかな人が真の批判を行う。実際，真の批判を行うためには，解釈のため以上にさらに高度の天分が必要である（133頁を見よ）。というのは，解釈学の場合には，対象を献身的に自分のものにすることが支配的であるが，批判は——それが適切なものないし原初的なものを再生産すべきであるとすれば——解釈学以上に自発性を必要とするからである。けれども，このことは比較的にのみ，つまりひとが2つの機能の対応する種類を考慮に入れるときにのみ，その通りなのである。例えば，個人的解釈のためには言葉の批判のためよりもはるかに大きな自発性が必要であるが，個人的批判のためほどではない。批判的才能の本性は，批評家が解決しなければならない課題から生じてくる。伝承のなかで不適切なものと適切なものを区別するためには，批評家は客観性を繊細な判断と結合させなければならない。原初的なものを復原するためには，明晰な頭脳，つまり明敏さが必要である。しかしそれに加えて，ベントリーがホラーティウスの版の序言で要求しているように，批評家は必ずしも所与のすべてのものを適切かつ正真正銘のものと見なさないために，疑い深い意識（animus suspicax〔疑いがちな心〕）を持ち合わせなければならない。最後に，批判のあらゆる3つの課題のためには，最大の正確さが必要である。見かけ上の批判的才能は，屁理屈をこねることや小利口さに存している。これは対象の要求の代わりに自分自身の主観的思いつきを据え，そして解釈学的に理解そのものへと入り込むことなしに，批判し始める。批評家は頭脳だけでみずからの課題

Druck und Verlag von B. G. Teubner, 1875）。なお，ティベリウス・ヘムステルホイス（Tiberius Hemsterhuis, 1685-1766）はオランダの有名な文献学者。

26) Henri Weil, *Ouverture du cours de litterature latine* (Strassburg: P. Dupont, 1846).

を解決できるとか，批判的才能はより高度の明敏さ，つまり区別の才にのみ存するなどと，決して考えてはならない。すなわち，解釈学的課題において浮かび上がった循環に，批判もまた関与しているのである。個はたしかに包括的な全体の性格から判断されなければならないが，全体はふたたび個から判断されなければならない。それゆえ，批判においても最終的決断は，歴史的真理に対する揺るぎない意識から生じる直接的感情に存している。この感情をできるだけ内的な強さと明晰性へともたらすことは，批評家の最高の努力でなければならない。やがてそれは反省することなしに確実に正しいものを的確に捉える芸術的な衝動へと発達する。これは古代人たちが手練（εὐστοχία）と呼ぶところのものである。しかしこれは解釈学的修練を沢山積むなかから生じてくるものである。それゆえ真の批評家はつねにまた優れた解釈者である。当然のことながら，逆のことは必ずしも起こらない。個人的解釈をひとつも理解しない文法的解釈者が沢山存在するように，多くの解釈者は批判についてひとつも理解しない。とくに事実解釈に関わる人たちのなかにこの手の人がいる。彼らは資料に圧倒されて，それについての判断を，つまり資料を検討して整理することを，忘れてしまうのである。この種の代表例がサルマシウス[27]である。批判的でない解釈者は，優れた批評家が彼のために道を切り拓いてくれたときに，はじめて文筆作業において何某かのことを成し遂げることができる。しかし非常に優れた解釈学的才能は通常また批判的でもある。解釈学的感情との密接な結合のうちにのみ批判の本当の神性（Divinität）は存している。それは生産的な想像力（productive Einbildungskraft）によって伝承の欠如を補完し，それによって予見的（divinatorisch）になる。これは羊皮紙に書かれた古文書からではなく，みずからの力から湧き出る天才的批判である[28]。それはさまざまな形式で現れる。若干の人々においては，批判は明瞭性ないし明朗性という性格を有している。例えば，ベントリーの場合がそうである。他の人々においては，それは不可解で深遠であるが，しかし内奥において最高に素晴らしい。例えば，実際に明敏な批評家であったヴァルケナルの場合がそうである。──これは単に叙述においてではなく，理念

---

27) Claudius Salmasius（1588-1653）。
28) 〔原注〕『小品集』第7巻，51頁参照。

についての批判的な考え方そのもののうちに潜んでいる1つの相違である。しかし予見（Divination）はつねに理知的な思慮深さと結びついていなければならない。疑い深い意識が直観の客観性によって制限されない場合には，それは批評家を容易に間違った道に導く。ベントリーやヴァルケナルのような人ですらしばしば道を誤った。そしてヴァルケナル的な深遠さはとくに文法的批判において押し戻されることが多いように思われる。一般的に，批評家が行う100の判読による校訂のうち，5つは正しくないと主張することができる。「最良の鑑定家は，一方で素早く知覚し，他方で緩やかに判断を下す人である」("Αριστος κριτὴς ὁ ταχέως μὲν συνιείς, βραδέως δὲ κρίνων)。

§30. 批判は解釈学と提携して歴史的真理を突きとめるべきである。歴史的真理は真理一般と同一の論理的諸条件に基づいている。つまり，1. 前提条件の正確さと，2. 推論の正確さに基づいている。数学的原則や一般にそれ自体において明瞭な人間精神の単純な直観のように，前提条件というものは直接的に真であると認識され得るか，あるいは他方また他の真なる前提条件から推論によってのみ認識されている。後者はそれ以上特別な考察に値しない。さて，批判的・釈義的主張が直接的に確かな前提条件か，あるいはそうでなければ確実であると証明された前提条件に基づいており，そして例の前提条件がその基礎に存している推論が正しいかぎり，われわれは歴史的真理そのものを見出したのである。真理に似通ったものに真実らしいもの（das Wahrscheinliche [verisimile, εἰκός]），あり得るもの（das Annemliche [probabile, πιθανόν]），信ずべきもの（das Glaubliche [credibile, πιστόν]）がある。これらの相違は真理の度合いとして証明される。われわれは十全なる真理に接近しているが，けれども十分に証明されていないものを，真実らしい（wahrscheinlich）と名づける。他の真理と一致しているが，みずから真であることが実証されていないものを，あり得る（probabel）と名づける。われわれの表象と一致しているが，客観的な証明が存在しないものを，信ずべき（glaublich）と名づける。これらすべてのものは，推論された命題においては，その前提条件に基づいている。というのは，もし推論が間違っておれば，ひとは学問的真理の何らかの度合いについて

決して語ることができないからである。たしかに真実らしいことの本質は，その他の点では確かな推論における前提条件の不確かさに存している。前提条件がわれわれの表象のみに基づいており，それと一致しているにすぎないため，つまり一般に証明されていない表象にすぎないため，そこから首尾一貫して推論されるすべてのことも，単に可能的であるにすぎない。真実らしいものにおいては，前提条件は客観的な証明力を有している。なぜなら，真理の本質は，もし1つのことが必然的であれば，他のこともまた必然的である，ということに存しているからである。真実らしいことの本質はしかし，もし1つのことが必然的であるとしても，他のことはまだ必然的ではなく可能的であり，そしてそれに加えて普通は，通常はそうであるということに基づいている。それゆえ，真実らしさ〔蓋然性〕の度合いは，推論の1つないし2つの前提条件がそれに基づいている，帰納的推理の方向を向いている。しかし外的経験においては，そのような帰納的推理は決して完全ではあり得ないので，解釈学と批判は，もし前提条件が直接的に確実でなければ，十全な真理に到達することはない。あり得るものは明らかにより低い度合いの真実らしさ〔蓋然性〕にすぎない。しかしながら，前提条件の確実性を測る尺度はきわめて主観的であり，非常にしばしば直観力の度合いに依存している。古代の認識の真っただ中に立っている人は，他者にはまったく不確かのことを，直接的に確かなものとして眺める。けれども，判定する人が完璧な帰納的推理を目の前に手にしていると信じるとき，より大きな知識にはふたたび誤謬の危険がある。持っている知識が不完全であるような人，すなわち，古代について十分な見解を有していない人は誰でもそうであるが，そういう人は無数の事情を見落とし，しかも自分の前提条件は真であり，真理に最も近く，あるいは真理と一致していると信じることはあるが，その反面彼の前提条件はまさに真理に矛盾する。ソポクレースのアンティゴネーの時代に関するザイトラー[29]の研究は，ひとつの実例を与えてくれる。彼はあまりにも慎重さを持ち合わせず，古代に由来するあまりに小さな範囲の見方をもっていたので，自分の前提条件が完全に確実であると信じていた。わたしは彼の前提条件が

---

29) August Seidler（1779-1851）。

完全に不十分であることを指摘しておいた[30]。それゆえ，古代のできるだけ大きく豊かなものの見方なくしては，実り豊かな批判的あるいは釈義的な研究は，まったくもって考えることができない。こうしたものの見方の広さは学識（Gelehrsamkeit）に存しており，その深さは天才的資質（Genialität）に存している。両者の尺度にしたがってのみ前提条件は評価され得る。単に表象と一致しているにすぎないものとしての信ずべきものは，このため漠然とした，そしてほぼ完全に役に立たない範疇である。豊かな学識と天才的資質を有する人にとって信ずべきであるところのものを，無知で精神を欠いている人はまったく信じるに足らないと考える。そして後者にとって信ずべきであるものを，前者はしばしばまったく不可能であると考える。

　しかし確実性の度合いは前提条件にしたがっているだけでなく，往々にしてまた非常に主観的な性質の論証の形式自体にもしたがっている。けれども論証の形式ということで，ここでわたしは一般的に論理的な形式を理解しているわけではない。ゴットフリート・ヘルマンは，他者の批判的および釈義的な議論を論理的な定式にしたがって判断し，そしてこうした議論を論理的な定式へと変換するのを常としていた。このこと自体は非難されるべきではないが，文献学的証明のやり方には，一般的論理学によってのみ与えられているのではない，ある形式がある。ヘルマンの要求を正しく評価するためには，もちろん頻繁にやらなければならないだろうが，誰しもそれを三段論法で記述するように要求することなぞできない。ライプニッツはしばしば自分の教えを補遺的に三段論法で形づくるが（『神義論』におけるように），彼はエルトマン[31]編集の『哲学的著作』*Opera philosophica* の第1部425頁で次のように述べている。すなわち，「そうでなければ，つねに詩を作ることが必ずしもふさわしいことではないように，つねに三段論法で身を投げ出すことも必ずしもふさわしいことではない」[32]。正しい弁証法のみが重要であり，これは三

30）〔原注〕1843年版の『アンティゴネー』125頁以下［= 1884年の新版，106頁以下］。

31）　Johann Eduard Erdmann (1805-92)。

32）　„Leibniz an Gabriel Wagner," in *Die philosophischen Schriften von Gottfried Wilhelm Leibniz*, herausgegeben von C. I. Gerhardt (Berlin: Weidmannsche Buchhandlung, 1890; ND, Hildelsheim, Zürich, und New York: Georg Olms Verlag, 1996), 526.

段論法を用いてもあるいは用いなくても可能である。つまり，推論が短縮されたとしても，だからと言って不正確になるのでないかぎり，三段論法なしでも可能である。その弁証法が三段論法的な形式に耐える能力があるということで十分である。しかしより大きな明敏さをもつ研究者は，他の研究者がもはや見つけないより微妙な相違を，同一の対象に見つけ，そして他の研究者が蓋然的なものとして与えたに過ぎないものを，確実性へともたすことができる。つまり，彼は前提条件をより正確な選別によってより詳細に規定し，他の研究者が導き出すことのできない結論を，それらの組み合わせによって導き出すからである。これが文献学的・批判的な弁証法である。実り多い組み合わせは，前提条件をそのような立場と結合へともたらすことに基づいているので，ひとが通常見るところよりもより多くのものがそこから飛び出してくる。すなわち，まさに多くの事実が合成されて，その結果つねに新たな事実が飛び出てき，そしてここからふたたび新しいより確かな事実が飛び出してくるためには，しばしば長い回り道が必要である。しかし直観の確実性が見捨てるとすれば，最大の明敏さといえども道を間違える。前提条件が間違っていれば，最も明敏な研究といえども誤謬を織り込んだ網目のごとくなってしまう。それゆえ，ひとはほかならぬ空虚な明敏さととりわけあらゆる単なる主観的な判断に対して用心しなければならない。ひとはできるかぎり一種の数学的客観性に到達するよう努めなければならない。そしていかに俊敏な組み合わせが必要とされようとも，ひとはこのような組み合わせにおいて，決して明確な直観から遠ざかってはならない。あらゆることはアルファとオメガとしての明確な直観に行き着くからである。あらゆる断片的なものの批判においては，組み合わせが優勢である。そこでは個々のものから全体が構成されなければならない。ここにおいては高度の注意が必要であり，そしてしばしば，ひとはそのような高度の注意を保持しないので，ことにあまり興味のない事柄においてそうであるので，漸次的な成功しか可能ではない。例えば，わたしは『ギリシア碑文集成』のNr. 511においては，自分の関心をひかない事柄に倦み疲れていたので，十分な注意力を待ち合わせていなかった。G・ヘルマンははじめからその研究をしてきて，今や仕事の下準備がで

きていた。だからより上首尾な仕事ができたのである[33]。

§31. 歴史的真理は解釈学と批判の共同作業によって突きとめられる。われわれはそれゆえ、いかなる仕方でこの共同作業が行われるのかを、より詳しく考察しなければならない。われわれがすでに見たように、解釈学はいたるところで対立と関係の考察へと落着する。しかし解釈学は、個々の対象それ自体を理解するために、そうした対立と関係を考察する。それに対して批判は、そこからみずからの固有の課題を解決するために、つまり個々のものとそれらを条件づけている包括的な全体との関係を把握するために、解釈学的なものを、つまり個々のものの解釈を前提しなければならない。ひとはそれ自体として理解することなしには、いかなるものも判断することができない。批判はそれゆえ解釈学的課題を解決されたものとして前提する。だがひとは非常にしばしば、対象の性質についての判断を事前に固めてしまわないと、解釈の対象をそれ自体として理解することができない。それゆえ、解釈学はふたたび批判的課題の解決を前提する。ここからふたたび1つの循環が成立するが、かかる循環はある程度困難なすべての解釈学的ないし批判的課題においてわれわれを阻み、そしてつねに近似によってのみ解決され得るものである。ここにおいてひとは原理の請求（petitio principii）を避けるために、絶えず一方から他方へと移行しなければならないので、批判と解釈学は実行において分離されることはできない。両者のうちのいずれも他方に時間的に先行することができない。しかし理解した内容の詳述にとって、〔批判と解釈学の〕結びつきは、明瞭性がそれによって被害を受けないときにのみ保持され得る。難しい課題や広範な課題においては、わたしがピンダロスにおいて行ったように、批判的覚書を釈義的注釈から分離しなければならない。

　解釈学と批判の関係が生み出す大きな循環のなかに、ふたたび常に新たな課題が次々と潜んでいる。というのは、いかなる種類の解釈と批判も爾余の解釈学的および批判的課題の完成をふたたび前提するからである。われわれは批判的活動の4つの種類をより詳しく考察する際に、こ

---

33)　〔原注〕『ギリシア碑文集成』，第1巻，XVI および 913 頁以下参照。

のことを考慮に入れるであろう。それではこれから批判的活動の4つの種類に向かうとしよう。

I
文法的批判（Grammatische Kritik）

───────

§32. 判断は解釈と同様，まず言語要素に関連しなければならない。批判がこの点で答える必要がある3つの問いは，1）各々の与えられた箇所の各々の言語要素が適切であるか，あるいはそうでないか，2）後者の場合には，何がより適切な言語要素であるだろうか，そして3）何が原初的に真であるのか，ということである。ここにおいては語・義（Wortsinn）の判断が問題なので，ひとは文法的批判を言・葉・の・批・判・（Wortkritik）と名づけることができる。

1. 言語要素の適切性に対する基準は，われわれが文法的解釈において述べたすべてのことにしたがえば，言語の慣用ということである。すなわち，言語要素が言語の慣用一般にとって，言語の一般的原則にとって適切であるかどうかが，まず調査されるべきである。例えば，偽プラトン的対話『ミーノース』[1]において，古い版ではἀνομιμοςという語が繰り返し見出された。この語の形式は一般に通用している言語の慣用に矛盾する。つまり ος の形の名詞——そこから接頭辞 a によって否定的意味をもつ欠性の形容詞と，接尾辞 ιμος によって肯定意

───────

1) 一般にプラトンの作品と見なされている『ミーノース』については，以前より真偽論がかまびすしく展開されており，ベークもこれを偽作ではないかと考える1人である。この問題については，『プラトン全集』第13巻，向坂寛・森進一・池田美恵・加来彰俊訳『ミノス・法律』（岩波書店，1976年）の訳者解説（792-799頁）を参照されたい。なお，そこで訳者の向坂寛氏は，ベークのことを「ベック（M. Boeckh）」と記し，さらに後段でも M. Boeckh, *Commentatio in Platonis quo vulgo fertur Minorem eiusdemque libros priores de legibus* として文献を引証しておられるが，これは明らかな間違いである。正しくは178頁の注35に示したとおりである。

味を持つ形容詞が形づくられる——は，欠性の接頭辞 α と接尾辞 μος を伴う形容詞を形づくらない。かくして λόγος, λόγιμος, ἄλογος；μόρος, μόριμος, ἄμορος；τροφός, τρόφιμος, ἄτροφος などとなる。ἀλόγιμος, ἀμόριμος, ἀτρόφιμος は用いられることがない。ἀνόμιμος もまた言語の慣用に反している[2]。それにもかかわらず，その語が帰納的推理によって確認されているので，それに対する訴訟手続きが起こるとき，判断は直ちに不確かになる。実際，δόκιμος から ἀδόκιμος が生じていることがいまや見出される。それゆえ，ἀνόμιμος を言語的に矛盾しているとして攻撃することは，正当ではないように思われる。だが，それとは正反対の訴訟手続きも調べられなければならない。δόκος（妄想）という名詞は非常に稀少であり，λόγος と λόγιμος のように，形容詞 δόκιμος（妥当な）と意味上の密接な関係にはなく，むしろその形容詞は δοκέω の語幹と直接的に連関している。ἄδοκος もそれゆえ，用いられることがない。したがって，このような一見したところの例外によって，ἀνόμιμος の攻撃へと導かれるところの，類推（Analogie）の正しさが証明される。しかしいろいろな類推の提起は言語についての包括的な知識と最大限の慎重さを必要とする。クセノポーンの『狩猟について』第2巻5には，手稿本と古い幾つかの版に6つの形が見出され，それらの形においては数を表す言葉が -ωρυγος と合成されているように思われる（διώρυγα, τετρώρυγα, πεντώρυγα など）。それらは尋(ひろ)による長さの単位を表している（2尋，4尋，等々）。さて，尋は ὄργυια といい，これに対して ωρυγα は「掘る」という意味に導かれるように思われたので，クセノポーンの著作の近代の編集者たちは例の言葉を言語矛盾的と見なし，そうした言葉の代わりに διόργυια などを据えた。しかしながら，こうした言葉がもともとそのように存在したことを，πεντώρυγα という形が証明する。この語は建築用材の5尋の長さを表示するために，アッティカの海洋文書に頻出する。ὄργυια のより古い形はすなわち ὀρόγυια である——そこから πεντορόγυιος などが派生している。さてしかし，πεντώρυγα の形がここからいかにして成立したかは，説明するのが困難である。なぜなら，言語においては必ずしもす

---

2)〔原注〕『一般にプラトンが著者であると信じられている『ミーノース』とプラトンの『法律』第1巻に対して』，53頁。

I 文法的批判（Grammatische Kritik） 263

べてのことが厳密な類推に還元され得ないからである[3]。言語においては，思考の一般的原則に反する慣用的になった違反すら存在するが，それにもかかわらず，こうした違反は言語の慣用に属している。このように古い言語においては，歪んだかたちの，論理的に間違った構成や言葉の結びつきが多く見出される。上で（159 頁）紹介した ἄλλοι の言語の慣用は，やぶにらみ的な思想を含んでいるが，にもかかわらずこの思想は他の言語においてもまた見出される。しかし，もしひとがここで——これまで試みられてきたように——非論理的なものを不適切なものとして削除訂正しようとすれば，間違っている[4]。ὅτι〔…ことを：…であるから〕と対格を伴う不定詞のような[5]，あるいは ὡς ἔοικε〔そう思われる〕と定動詞の代わりに不定詞のような[6]，2 つの構成が混合したものも現に存在するが，これらの場合もまさにこれに属する。ラテン語の in praesentiarum のように[7]，統語論には反するが，それにもかかわらず用いられている構造も存在する。それゆえ，一般に不適切であるものも，言語においては「慣習は専制主」（usus tyrannus）によって，および間違った見解によって，適切なものとなり得るのである。文法は辞書編集法を含めて，言語作品から解釈学的活動によって獲得されるので，その際言語のなかで市民権を与えられている異常性が原則的に承認されることが肝要である。

　最も難しいのは，爾余の言語の慣用から隔絶している形について決定を下すことである。あらゆる言語において，まずその性質が唯一無比である形が存在する。ギリシア人はこうした形を μονήρης λέξις〔特異な言葉〕と名づけた。そこでわれわれはヘーロディアーヌスの『変則語について』περὶ μονήρους λέξεως という小著をいまなお持っている。これは何らかの点で規則のもとにもたらされないいろいろな言葉の一覧表である。そのような語はそれ自体としてしばしば使用され得るのであっ

---

3)　〔原注〕『アッティカ国家の海事についての古文書』412 頁参照。
4)　〔原注〕『ハインドルフ版のプラトンの『対話篇』に対する批判』Die Kritik von Heindorf's Ausgaben Platonischer Dialoge（『小品集』第 7 巻，68 頁）参照。
5)　〔原注〕同上，67 頁。
6)　〔原注〕同上，68 頁。
7)　文法的には in praesentia（現在に，今のところ）となるべきであり，前置詞の in と praesentia の複数属格との結合はたしかに統語論的にはおかしい。

て，例えば πῦρ〔火；熱〕という言葉がそうである。しかしその性質において孤絶している形はめったに現れないので，ひとはそうした形が言語の慣用に対応しているかどうか，容易に疑うものである。類似の疑いは ἅπαξ λεγόμενα〔ただ一度だけ言われし語〕においても成立する。すなわち，これは一般的にただ一度だけ，ある特定の箇所において現れる形である。語形変化や構造はそれらの本性上，より一般的に反復されるので，こうしたことは主に言̇葉̇に見られる。ひとはここで類推による検証を行うよう命ぜられているにすぎない。例えばガレーノス[8]において，λευκόχρωος が ἅπαξ λεγόμενον として見出されるとすれば，それはあらゆる類推に反して λευκόχροος〔色白の〕を意味するのであるから，ひとはこれを正しいものとして承認しないであろう[9]。けれども，古代の言語的記念碑は圧倒的に大部分が消滅してしまっているので，ひとは ἅπαξ λεγόμενα を，もし決定的な根拠が反対しないのであれば，それがもともと伝承されたものであると証明されたらただちに，言語的に正しいものとして妥当せしめなければならない。

　しかし文法的批判はあらゆる言語要素において，それが言語一般にとって適切であるかどうかを調べなければならないだけでなく，それが特定の環境において適切であるかどうかを，すなわち，それが特定の時代と特定の圏域における（155頁を見よ）言語の慣用と一致しており，それらとの連関に合致するかどうか（161頁を見よ）を調べる必要がある。プラトンの『法律』第3巻682Aにおいては，すべての手稿本には ἐνθεαστικόν という言葉がある。この言葉はプラトンにおいてはそれ以外には見出せないもので，その箇所でも全体の文脈には不適切に挿入されている。しかしこれは新プラトン主義者のお気に入りの言葉であり，それゆえこれはプラトンの言語の慣用にではなく，後の時代のそれに対応している[10]。ピンダロスの『オリンピア祝勝歌集』第2歌には，ἀλαθινος という言葉があるが，これはピンダロスの他の箇所には現れ

---

8) Klaudios Galenos, Κλαύδιος Γαληνός（χ.129-χ.199216）。
9)〔原注〕『一般にプラトンが著者であると信じられている『ミーノース』とプラトンの『法律』第1巻に対して』，139頁参照。
10)〔原注〕『一般にプラトンが著者であると信じられている『ミーノース』とプラトンの『法律』第1巻に対して』，163頁以下参照。

ないものである。ピンダロスには ἀλαθης という形しかない。そこから導き出された ἀλαθινος は散文で用いられていたが，ピンダロスの時代にはおそらくまだまったく形づくられていなかった。いずれにせよ，それは彼の言語の慣用に反しており，また古い時代の抒情詩一般の言語の慣用に反している[11]。にもかかわらず，ピンダロスにおいても少なからぬものが通常の類推に反しているが，しかも適切であることが可能である。例えば，ピンダロスが Χρήματα を能力あるいはお金の意味ではそれ以外のところで用いないとすれば，この言葉はまずもって抒情詩の性格から解釈されるべきである。というのは，Χρήματα はこの詩人がそれを越えて聳えている，普通の日常語の圏域にふさわしいからである。とはいえ，それはピンダロスにおいて2つの箇所で現れ，そこにおいては普通の生活の基調が支配している。例えば，『イストミア大祭』第2巻11には，Χρήματα, Χρήματ' ἀνήρ ,「お金，お金こそ人間である」とある[12]。このように言語の慣用を判断するためには，しばしば種類的批判と個人的批判の力を借りなければならない。かなり多くの場合に，ひとはまたこの関係において，真正の伝承として証明されるものを，適切なものとして見なすように制限されている。なぜなら，われわれの言語の慣用の知識はしばしば，伝承について否定的な見解を述べるためには，十分でないからである。

　しかし伝承の尊重は，あらゆる真正のものがただちに言語的に適合的であるというところまで行ってはならない。古い言語的著作のなかには統語論に反する違反が見出される。これについて古代の文法学者たちは語法違反（σολοικισμοί）と呼んだ。これには語形論違反つまりバーバリズム（βαρβαρισμοί）[13]，語義違反つまりアキュリオロギア（ἀκυριολογία）[14]，そして正書法違反がある。しかしこれらすべての関係

11）〔原注〕『ピンダロス全集』，第1巻，356頁。
12）〔原注〕『ヘルマンの書「解釈者の職務について」の批判』Die Kritik von Hermann's Schrift de officio interpretis（『小品集』第7巻，412頁）参照。
13）βαρβαρισμοί は βαρβαρισμός の複数形。βαρβαρισμός の本来の意味は「異国語」であるが，そこから（文法・語源などの面から見て）「破格の言葉遣い」という意味が生じた。
14）ベークは Akyriologie（ἀκυριολογία）と表記しているが，大きな辞書にあたって調べても ἀκυρολογία しか載っておらず，ἀκυριολογία は見つからない。ちなみに，ἀκυρολογία の意味は incorrect phraseology とある。Cf. *A Greek-English Lexicon*, compiled by Henry George Liddell and Robert Scott; revised and augmented throughout by sir Henry Stuart Jones with a

において，文法は言語的著作からはじめて獲得されるので，もちろんひとは言語法則を不完全な機能的推論から導出したり，つぎにそれと一致しない事例を不正確と見なしたりしないよう，警戒しなければならない。

2. もしひとが言語要素を不適切と認識したとすれば，その言語要素を単純に取り除くことによってか，あるいは別のものを代用することによって，欠点は取り除かれる。例えば，以下のような言語形式素（Glossemen）においては，すなわち，ある書物の本文に解釈のために――欄外註（Glossen）として――書き加えられ，その後誤って本文のなかに受け入れられている言葉においては，適切なものの復原は第1の単に否定的な仕方で起こる。かくしてプラトンの『法律』における例の $\dot{\epsilon}\nu\theta\epsilon\alpha\sigma\tau\iota\kappa\acute{o}\nu$（264頁参照）は，新プラトン主義者の言語形式素である。ここでは忍び込んだ語の単純な削除で十分である。もしひとが何かを欄外註要素と見なすとすれば，ひとはそれによって，不適切なものが原初的なものであったかどうかという問いを，すでに決定しているのである。しかし当然のことながら，ある言葉は著者自身によって余計なものとされることもあり得るのであり，したがってその言葉を単純に削除することによって，表現がより適切になるであろう。だが，主として，古い言語的記念物においては，多くの言語形式素が否定しがたく現れるという理由によって，批評家は単に必然的でない表現を，容易にそそのかされて余計なものと見なす。それゆえ，同義語的な表現や言い回しが度重なると，ひとは言語形式素を推測するよう誘惑される。しかしながら，こうした度重なりにはおそらく然るべき根拠があるか，あるいはそ

Supplement 1968 (Oxford: The Clarendon Press, 1990), 59. なお，オックスフォードの古いラテン語の辞書には "acyrologia, ae, φ., =ἀκυρολογία, in rhetoric, *an impropriety of speech*" とあり，補足的に "in pure Lat. *improprium* or *impropria dictio* is used instead of it" と記してある。Cf. *A Latin Dictionary*, revised, enlarged, and in great part rewritten by Charlson T. Lewis and Charles Short (Oxford: The Clarendon Press, 1975), 26. 別の最新のラテン語の辞書にも，"acyrologia, ae. *f.* (ἀκυρολογία), das uneigentliche Reden, der uneigentliche Ausdruck (rein lat. Improprium od. Impropria diction), Gramm." と記されているので，ひょっとすると Akyriologie (ἀκυριολογία) は誤植かもしれない。Cf. *Der Neue Georges. Ausführkiches Lateinisch-Deutsches Handwörterbuch.* Aus den Quellen zusammengetragen und mit besonderer Bezugnahme auf Synonymik und Antiquitäten unter Berücksichtung der besten Hilfsmittel ausgearbeitet von Karl-Ernst Georges, herausgegeben von Thomas Baier, bearbeitet von Tobias Dänzer (Darmstadt: Wissenschaftliche Buchgesellschaft, 2013), 77.

I 文法的批判（Grammatische Kritik）

のなかに不正確に現れる表現は，著者の個性のなかにその説明を見出すものである[15]。

　しかし大抵は，不適切な言語要素は単なる削除によっては訂正されず，別のものを代替することによって訂正される。例えば，転記者の間違いが潜んでいるような比較的容易な場合には，印刷ミスの訂正以上の明敏さと結合の才は要求されない。しかし非常に多くの場合，この課題は法外に困難である。所与の連関のなかに不適切な言語要素が見出される場合には，解釈を成し遂げることができないという解釈学的欠陥がまず明らかになる。するとひとは満足のいく意味を見出すために，間違った要素の代わりに正しい要素を設定しようとする。周囲の諸要素がすでにしっかり規定されている場合には，このことは容易いが，しかしより重要な課題の場合には，欠如しているものが見つかるまでは，周囲の諸要素自体が完全には理解可能とならない。それゆえ，欠如しているものはまだ把握されていないものから見出されなければならないが，しかもこのまだ把握されていないものは，欠如しているものから把握されるべきである。このような矛盾は悟性を混乱させ，批評家をして途方に暮れた状態にもたらす。ここでひとはご託宣に問い合わせたくなる。だがわれわれは実際にはそのようなご託宣を精神の予見的な力のうちに（in der divinatorischen Kraft des Geistes）有している。批判的な芸術家は，著作家の精神に完全に滲透され，その著作家のやり方と目的に完全に満たされ，そして周囲の状況についての知識を装備して，一瞬にして正しいものを作り出す。彼は精神の制約を突破して，著者自身が不正確な表現に責任がある場合ですら，著者が何を意図していたかを知る。そのようにしてひとは単に1つの言葉だけでなく，しばしば多くのことを見出す。反省を伴う批判に対しては，並行記事〔類例〕(パラレーレン)が役立つ。しかし本当の芸術家は，みずからの精神のうちで生き生きとしている，あらゆる言語の慣用によっても満たされていなければならない。並行記事〔類例〕を探す骨の折れる作業は，おそらくあとではじめてなされるものである。あらゆる言語の慣用は，精神が無意識的に正しいものを把握できるために，生産の瞬間という一瞬のうちに現臨していなければならな

---

15)　〔原注〕『ハインドルフ版のプラトンの『対話篇』に対する批判』Die Kritik von Heindorf's Ausgaben Platonischer Dialoge（『小品集』第7巻，59-60頁）参照。

い。感激（Enthusiasmus）が欠如しているところでは，何事もなされない。『ギリシア碑文集成』の Nr. 511 において，わたしに感激が欠如していたようにである。並行記事はつぎに，見出されたものを真に適切であると証明するために，後から挙げられるべきである。こうした証明のやり方は，より適切なものが新しいものにではなく，伝承された要素の不在のうちにのみ存しているような，最初に批評された事例においてもしばしば適用され得る。しかし両方の事例において，より適切なものは類推によってのみ究明され得るのであり，並行記事によって究明されるのではないということも起こり得る。にもかかわらず，ここでは最大限の慎重さが必要である。それは類推が許すところのものが実際にも存在したかどうか，ひとは知ることができないからである。とはいえ，ひとが証明を抜きにして単なる類推から校訂できるし，また校訂しなければならないような事例も存在する。

　3. ひとは適切な表現を作り出すことによって，文法的な関係における解釈学的要求を満足させるが，適切であると認識されたものが正しいもの，すなわち原初的なものであるかどうかはわからない。このことはまずもって内的な根拠によって決定されるべきである。

　不適切な言語要素を真正ではないと解釈するためには，ひとは著者の個性が非常に完璧なものであり，そして叙述内容は彼の性格の意のままになるので，彼が目の前にあるような違反を犯すとは信じることができないかどうかを，まず突きとめなければならない。したがって，文法的批判は文法的解釈同様，個人的解釈に依存している。理念的結合においてのみならず，個々の言葉の意味，語形変化の形式，および構造において，ならびに配語法においても，著作家のその他の個性やあるいは時代やジャンルの性格——そのなかに韻律も数えられるが——に矛盾する何かが存在することがあり得る。しかしそれを偽物として退けることができる前に，まさにこの事例において逸脱は事柄の本質に根拠づけられていないかどうか，決定されなければならない。だが，これにしたがえば，単に文法的にではなく，それ以外の点でも不適切なものが，真正なものとして通用しなければならなくなるであろう。それはまさにその著作家に特徴的なことであり，それがその著作家の堕落した特徴なのである。タキトゥスは例えばその様式において，批評家たちによってラテ

I 文法的批判 (Grammatische Kritik)

語の天才には不適切であると主張されてきた，そして彼らが部分的に改良してきたところの，さまざまな特徴を持っている。しかしもしひとがラテン語の語法の全体において不適切なものを，いまや端的に不適切と見なし，そしてこの間違いに基づいてタキトゥスにおけるまさに原初的なものを変更したとすれば，それは間違いである。それゆえ，真正であるのは言語にとって適切なものではなく，著者の個性にとって適切であるところのものである。さてしかし，ある著作家においては，言語一般に反していないし，それどころか時代やジャンルにも反していないが，しかし彼のそれ以外の個人的な言語の慣用に対応していないものが，少なからず見出されることもある。彼はこうした場合一般的な用法に従うために，自分の個人的な言語の慣用を捨ててしまっているのである。こうしたことはたしかに稀であり，大抵は伝承の腐敗が推論され得るが，しかし著作家が彼のそれ以外の個性にふさわしいことを，どうしても言わなければならなかった，と言うことはできない。著者の個性から必然性をもって生ずるもののみが，真正なものと見なされなければならないのである。これにしたがえば，ひとは著作家の個性と言語の慣用に同時に反しているもののみを，内的な根拠に基づいて偽物と攻撃することが許されるのである。古代の古典的な著作家たちにおいては，2つのことは大体において重なり合うので，彼らにおいては真のバーバリズム〔語形論違反〕とソロイキスメン〔語法違反〕は存在しない，と仮定することができる。それゆえ，彼らの書物においてはバーバリズムとソロイキスメンは，偽物として削除されなければならない。もちろん，古典時代のある著者が書いたとされる書物が，実際にまたこの著者に由来するかどうかは，またもやまずもって個人的批判によって決定されるべきである。古典期ではない著作家においては，言語の慣用に反するものの削除をどの程度行うことが許されるか，それを内的根拠から決定することは，はるかに難しいことがあり得る。新約聖書の批判は，これにしたがえば，最も難しい課題の1つである。個性についての判断は，とりわけそれが特殊的事項に深く立ち入るときには，それ自体がふたたびまず特殊的事項から導き出されなければならない。それゆえ，ここでは課題の循環が非常に明確に示され，この循環が問題の解決をとてつもなく困難にしている。しかし解釈学と批判に可能な最も深い洞察にしたがっ

て，あるものが絶対的に不適切であると証明され，その結果いかなる仕方でも真正ではあり得ないと仮定されたとしても，そこから言語的に最も適切なものが原初的なものであるということが，まだ導き出されるわけではない。通常は多くの可能性が存在するが，これに対してそのうちのただ1つが原初的なものに的中することができる。この可能性が批判的な判読（Conjecturen）である。適切であると証明される唯一の判読が，ひとえに校訂（Emendation）である。1つの判読が著者の個性との結合において言語の慣用から必然性をもって帰結するとき，内的根拠に基づいて校訂が生ずるのである。多くの判読においてこのことが真実である。こうした判読は外的な証明をまったく必要としないし，またしばしばその能力もない。なぜなら，大体においていかなる手稿本も十分ではないからである。こうした判読においては，批判の力が最も明確に発現する。比較された写本はまたしばしばのちにそのような校訂の正しさを証明する。校訂は事実連関の中心点から汲み出されるときに，最も首尾好く事が運ぶ。そのような上首尾な校訂が長時間の省察のなせる業であることは稀である。しかしおそらく，ひとが解釈学的修練によってのみ熟達へと至る的確な眼識によって，いちどきに真なるものを見出す前に，長い時間がかかることもある。無意味な箇所がそのとき突如として意味を提供する。それは唯一無比であり得る意味である。そしてこれが各人に執拗に迫る明証性こそ，真理の真の検証である。タキトゥスの『年代記』第1巻5におけるリプシウス[16]の校訂は，この種の校訂である。ここには navum id Caesari と記されているが，この読みではまったく理解できなかった。これを gnarum id Caesari と読み解くリプシウスの判読によって，文脈全体が一挙に解明される。わたしがエウリーピデースの『アウリスのイーピゲネイア』第5巻336において行った変更（καταινῶ に代えて κατατέῶ）も，同様にひとを納得させるに足るものであった。これに関しては，ベルリン大学の1823年の講義目録へのプロオイミオンを参照されたい[17]。そこでは校訂がいかにして文脈から生じなければならないかが示されている。そのようなそれ自体として明

---

16) Justus Lipsius（1547-1606）。オランダの古典学者。ローマ作家の校訂，研究に功績があった。

17) 〔原注〕『小品集』第4巻，188頁以下。

I 文法的批判（Grammatische Kritik） 271

確な判読は，それによって可能的なものの周辺領域から実際のものが分離されているのであるが，ひとはそのような判読を本文のなかに措定する権利を有している。証明はしかるのちに文脈に基づく省察により，および並行記事によって成し遂げられる。この種の批判においてはベントリーが第一等の地位を占めている。真なるものを見出すことができる人はかなりいるが，しかし彼らは内気さゆえに校訂を1つの単に可能的な判読と見なし，それゆえそれに加えて若干の別の判読を提案する。例えば，アンソロジーの版におけるヤコブス[18]がときどきそうである。これはちゃんとした生産には匹敵しない，まだ完成されていない判断のしるしである。ひとは自分自身の判読を正しく判断できるということなしに，判読による校訂を行う明敏さをもつことができる。しかし，もしひとが欲望によって，すなわち校訂の欲（pruritus emendandi）によって思い違いして，揚げ足取り的なものにすぎないものを確実であると見なすとすれば，それははるかに悪いものである。真なるものと揚げ足取り的なものとの区別は驚くほど難しい。多くの人々にとって彼ら自身の思いつきは絶対的に必然的であるように思われる。このような間違った方向性の驚くべき実例は，ライスケ[19]，マスグレイヴ[20]（とくに彼のエウリーピデース），ウェイクフィールド[21]（ギリシア悲劇），ボーテ[22]（アイスキュロス，ソポクレース，テレンティウスにおいて），ハルトゥンク[23]（アンティゴネー）である。古い古典期の著作についてのそのような研究は，一種の犯罪行為，他者の財産の無視，他者の個性への不埒な侵害である。アテーナイ人たちは雄弁家リュクールゴス[24]の提案に基づいて，悲劇作家の著作に変更を加えることを禁じた。あらゆる古代の古典的著作家が今日類似の禁止によって守られることを，ほぼ皆願っているといえよう[25]。

---

18) Friedrich Jacobs (1764-1847)。
19) Johann Jacob Reiske (1716-74)。
20) Samuel Musgrave (1732-80)。
21) Gilbert Wakefield (1756-1801)。
22) Friedrich Heinrich Bothe (1771-1855)。
23) Johann Adam Hartung (1801-67)。
24) Lykurgos, Λυκοῦργος (BC390-BC324)。アテーナイの政治家・弁論家。アッティカの十大雄弁家の1人。
25) 〔原注〕『最も優れたギリシア悲劇作品たるアイスキュロス，ソポクレース，エウ

内的根拠に基づく真の校訂は，同時に伝承の性質を考慮し，伝承のなかに真理を明証性へともたらすための，応急的な補助手段を見出す。というのは，伝承の性質に基づいても，したがって外的な根拠に基づいても，ひとは言語的著作の原初的形式を推論することができ，そしてもし外的な証拠がそれの正しさを証明するのであれば，それはその校訂についての最良の検証である。何が真正であり原初的であるのかを決定するために，内的な根拠が不十分であるところでは，ひとはもっぱら外的な認証に頼るよう命ぜられてさえいる。外的認証についての判断は古文書学的な批判（die diplomatische Kritik），すなわち古文書（διπλώματα）の批判の課題である。これは例えば批判の特殊な第5の種類ではなく，すべての人々によって解決されるべき伝承の真正性に関する問いに関して，われわれによって提起された4つの種類のいずれにとっても補助手段となるにすぎないものである。われわれはそれを文法的批判の付録として扱うが，それはこの批判が文法的批判と最も密接に関連しているからである。

古文書学的批判

§33. われわれは上で（249頁），伝承が混濁させられる3つの原因について述べた。すなわち，1）外的な破壊の影響，2）伝承する人の間違い，3）意図的な変更である。古代の文字作品はわれわれにとって，ごく一部のみ原本（オリジナル）で存在している。大抵は一連の長い複写の最終結果のみがわれわれの目の前にある。こうした複写は，印刷術の発明以前に複数のやり方で，つまり書き写すことを通して作られている。それゆえ，ここには腐敗のあらゆる原因が強度に作用してきている。

オリジナル作品といえば碑文（Inschriften）である。それらのうちの大半のものは外的な自然的影響によって損なわれているにもかかわらず，多数は確実な復原が不可能なほどには切断されてはいない。すなわち，（民族の決議，勘定書の文書等々のような）同一のジャンルの多くの碑

リービデースの現存するものがすべて真正であるかどうか』（1808），12頁以下と，ボーテのテレンティウスの版についての書評（『小品集』第7巻，159頁以下）参照。

文の部分的一致の結果として，1つの碑文が他の碑文から復原され，またしばしば1つの碑文の一部が，同一のものの一致する他の部分から復原される。時折複数の断片が1つの全体へと合成され得る。二三の場合には，今日ばらばらに切断された書物が，切断前に取り出された複写から補完される。しかしこうした外的な手段が不十分であり，そして原状回復が内的根拠から試みられなければならないところでも，ひとはしばしば欠落した文字数を数えることができ，それによって判読による校訂が狭い範囲の可能性に制限されるという事態への，外的根拠をふたたび手にする[26]。韻律的碑文においては，こうした事態はより頻繁に起こる。しかし1つの韻律が存在しているかどうかは，もちろんまず種類的解釈に依拠した検証を必要とする[27]。当然のことながら，切断されたり消失したりした文字は，正確な古文書学的知識の助けによってのみ原状回復され得る[28]。碑文がもともと目指した形式を復原するためには，碑文は間違いやうっかりミスによっても，とくに石工のそれによっても，混濁されていることがあり得る，ということがさらに留意されなければならない。ひとは碑文を読解する訓練を何回も行うことによって，そのような過ちを発見することを学ぶ。最後に，多くの碑文はすり替えられていたり，あるいは意図的に変更されていたりする。ここでは4つの場合が起こり得る。すなわち，碑文は偽物であるが，それが指示する記念碑は本物であるか，あるいは記念碑はすり替えられているが，碑文は本物であり，したがって碑文はもともと別のところにあったか，あるいは記念碑も碑文も偽物であるか，あるいは両方とも古代のものであるが，別のところから取り出された本物の碑文が，本物の記念碑に移されているか，そのいずれかである。欺瞞を外的証拠によって直接的に確定することは，ごく稀にしか成功しないものである。それゆえ，ひとはいかなる碑文においても真正性の外的基準と内的基準を相互に考量する必要がある。ここではもちろん内的基準に書物の特質や素材の性質も属している。外的基準は記念碑の発見や存続に関する証拠の性質のうちにの

---

26) 〔原注〕『ギリシア碑文集成』*Corpus Inscriptionum Graecarum* 第1巻, XXVI-XXVII。

27) 〔原注〕『ギリシア碑文集成』第1巻, XXVIII-XXIX。

28) 〔原注〕『ギリシア碑文集成』第1巻, XVIII。

み存している。もし碑文が内的根拠に基づいて本物だと思われるとしても，その外的証拠づけの仕方は偽物ではないかとの嫌疑を惹き起こす。この場合には，そのような偽物であることが可能であったかどうかが，まず調べられるべきである。もし碑文の内的性質から，いかなる偽造者によっても捏造され得なかったことが判明すれば，そのときにはそれは本物であると承認され得る。それに対して，もし欺瞞の可能性が排除されないとすれば，偽造するための十分な動機が存在したかどうかが問題となる。若干の場合には，この問いが悪名高き偽造者においてすら否定されざるを得ず，その結果これによって真正性に関する疑いが持ち上がる。しかし偽造するための十分な動機が存在するとすれば，内的な基準が実際に真正性を証明するかどうか，もう一度調べなければならない。その場合通常は，ただ見かけの上でのみそうであることがわかる。それにもかかわらず，かなりの場合に判断は未決状態にとどまる。というのは，偽造を確実に仮定すべきであるのは，内的な根拠もまたそれに賛成する場合に限られるからである。外的な証拠づけが真正性に疑いをはさむ余地を与えない場合には，すなわち，証人がみずからを欺こうと欲することも，あるいは他者によって欺かれることもできないことが証明される場合には，最終的な決断そのものは内的な基準にかかっている。そのつぎにまた，碑文は言語，書物の特質，および素材によれば，それがその内容からして属していなければならぬ，そのような時代に属することは不可能である，ということが内的な根拠から明らかになることもある。内的な基準と外的な基準との間のこのような矛盾の原因は，ここでは古代そのもののうちで探究されなければならない。というのは，かなり多くの碑文が古代に偽造されたからである。別のものは本物であるが，しかしより古い時代の言語や外的形式にしたがって意図的に模倣され，擬古的な仕方で保存されている。さらに別の同じく本物の碑文はふたたび，復旧作業の結果として，外的にのちの時代の性格を帯びている。ある所与の場合にこれらの可能性のうちのどれが存在しているのかは，明らかに正確な専門知識に基づいてのみ決定され得る[29]。

---

29)〔原注〕『ギリシア碑文集成』第1巻，XXIX-XXX 参照。この箇所では，碑文の真正性を判断するために主張されてきたあらゆる個々の視点が，さまざまな事例を一堂に列挙することによって，方法的に解明される。すり替えられた碑文の場合の批判的方法の模範は，

I 文法的批判（Grammatische Kritik） 275

　碑文においては，あらゆる疑わしい場合には，原本（オリジナル）へと遡源すべきである。しかし原本がもはや存在しないか，あるいは手に入らないとすれば，それゆえ複写しか頼りにならないとすれば，その複写が誰によってまたどのような状況下で取られたかが，なかんずく調べられるべきである。というのは，丁寧に完成された拓本は原本に匹敵し，そして多くの筆写人において間違いはほとんど前提され得ないのに対して，多数の碑文はきわめて間違いのある複写でまず知られているからである[30]。しかしここでひとは大抵近代に成立した写しに関わっているので，何世紀もの長きにわたって，われわれが個々の点について追求することができない書写人たちによって受け継がれてきている，多数の文字作品におけるよりも判断は確実である。にもかかわらず，古代の文字作品は一般に前提されがちなほどこの種の伝承によって損傷されてはいない。古代そのものにおいては，筆写する際に非常に入念なやり方をしたのである。ギリシア人においては，筆写はひとつの技芸へと発展させられており，そして写しはわれわれの印刷と同じように校正され修正された（διόρθωσις）のである。これを行う際に適用された文法的目印の多様性は，高度の正確性を推論せしめる。ひとは行数を数えることすらしたのである。この「行分け法」（Stichometrie）[31]に関しては，リッチュル『アレクサンドリアの図書館』[32]および 1840/41 年のボン大学講義目録における補遺[33]［*Opuscula* I, 74ff. 173ff.］を参照されたい。ローマ人の間ではキケローの時代に，筆写人や口述筆記人による本の複製という工場生産方式の企業が始まる。これはしばしば入念な校正を欠いていた。しかしここでもやがて文献学者（Grammatici）〔文法学者〕の監督の下で

論文「マルタのまがいものの碑銘について」De titulis Melitensibus spuriis (1832) に含まれている（『小品集』第 4 巻，362 頁以下）。
　　30）〔原注〕『ギリシア碑文集成』，第 1 巻，XV 参照。
　　31）　散文を意味とリズムに応じた長さの行に分けて書く，句読点の発達しなかった時代の書記法で，古代には一般的にこの方法が通用していた。〔〔原注〕行分け法に関する文献を，フリードリヒ・ブラースはイーヴァン・ミュラー編『古典古代学ハンドブック』第 1 巻 316 頁で一覧表にしている。これに加えてさらに『ヘルメース』第 21 巻（1886）142 頁以下のテーオドーア・モムゼンを参照のこと。〕
　　32）　Friedrich Wilhelm Ritschl, *Die alexandrinischen Bibliotheken unter den ersten Ptoplomäern und die Sammlung der nimerischen Gedichte durch Pisistratus* (Breslau: Georg Philipp Aderholz, 1838).
　　33）〔原注〕『小品集』第 4 巻，534 頁参照。

の正確な修正（recensio）〔検査〕が導入され，そして4，5世紀になると名望のある政治家ですら，古典的作品の写しを校訂することに従事した。かくして多数の写本(マニュスクリプト)にはいまなお emendavi〔修正済み〕，correxi〔訂正済み〕，recensui〔検査済み〕，contuli〔参照済み〕等々のしるしのついた古代の校正者の署名が見出される。ヤーン「ローマの古典的著作家の写本における奥付について」[34]，ハーゼ『ラテン語写本の署名についての論文』[35]，および［アウグスト・ライファーシャイト『ラテン語写本の署名についての小論文』[36]を参照されたい。もちろん中世には，筆写人は往々にして無知な日雇い人夫であったり無学な修道士（修道女も含む）であったりして，彼らは自分たちが消化すべき課題を，部分的には罪ノ罰トシテ（pro poena peccatorum）書き写したし，あるいは文書室で彼らに口述筆記されたのである。それゆえ，これによってテクストが非常に損なわれたに違いない，とひとは思うであろう。だが，写本は通常あらゆる文法的目印をつけて形式的に筆写されたのであり，こうした文法的目印はそのようにおのずから最初の印刷へ移行した。口述筆記はビザンツ帝国ではきわめて稀であった。それゆえ，もしひとがまさにギリシアの著作家を扱う際に，筆記者が口述筆記する際に一定の音を取り間違えたという前提の上に，形式的・批判的な体系を基礎づけようとすれば，辻褄が合わないことになる。例えば，アウグスト・ラフォンテーヌ[37]がアイスキュロスの版（ハレ，1822年）でこうしたことを試みている。しかしアイスキュロスは口述筆記するにはあまりにも難しいので，間違いなくまったく一度も口述筆記されたことがない。もちろん，ひとは口述筆記者によってミスが生じたという可能性をつねに考慮に入れなければならない。このことは例えばアリストパネースのラヴェンナ写本によって証明されている。コック「アリストパネースの『雲』の修正に

---

34) Otto Jahn, „Ueber die Subscriptionen in den Handschriften romischer Klassiker," in *Berichte der Königlichen sächsnschen Gesellschaft der Wissenschaften zu Leipzig, philologisch-historische Klasse,* Bd. 3 (Leipzig, 1851), 327-72.

35) Friedrich Haase, „de latinorum codicum manuscr. Subscriptionibus commentatio," in *Breslauer Lectionskatalog* (1860-61).

36) August Reifferscheid, „de latinorum codicum subscriptionibus commentariolum," in *Breslauer Lectionskatalog* (1872-73).

37) August Lafontaine（1758-1831）。

I 文法的批判（Grammatische Kritik） 277

ついて」[38]を参照。ビザンツ帝国の末期頃，多くの学識ある人々がふたたび筆写に従事したので，したがってあらゆる時代を通じて筆写人における入念さの欠如を過大評価することは許されない。かなり多くの場合に，書き損じが筆写人に起因するのか，それとも著者に起因するのかどうか，ということも決定され得ない。さらに，若干の間違いは，それにしたがって書き写されたところの元の写本が，かび，虫食い，引きちぎれ，等々といった外的影響によって損なわれており，その結果その書物がぼやけ，欠落が生じ，頁が取り違えられた，等々の事実から説明され得る。例えば，アリストテレスの原写本はすでに古代においてそのような運命をたどっている。しかしもちろん，最も古い時代から最も新しい時代に至るまでの，すべての写本のなかに大なり小なりの書き損じが見出される。そしてこれらの書き損じの発見は，持続的に起こる書き損じの種類に注意深くなるときに，容易になる。そうしたミスは3つの主要形式に還元され得る。すなわち，取り違い，脱落，そして付加である。最も頻繁に起こる取り違いは，個々の文字の代わりに他の似かよった文字が書かれること（permutatio litterarum〔文字の取り換え〕）に存している。これはとくに元の文字が判読できないときに起こるか，あるいはテクストのなかに似かよった特徴が直前ないし直後に存在するときに起こる（repetitio〔反復〕と anticipatio〔先入見〕）。例えば，G・H・シェーファーが彼の編集した『グレゴリウス・コリンティウス』[39]の版において過度に行っているように，多くの人々は内的基準によって強いられもせずに，そのようなうっかりミスを前提する。その場合，ひとはまたいかなる時代に間違いが生じ得たのかを調べる必要がある。ギリシアの著作家の場合には，例えばバスト『古文書学的論攷』[40]が上述のグレゴリウスの版への付録として提供しているような手引きにしたがって，ギリシアの記述者の斜体文字を根拠にして単純に結論を導き出すことは許されない。G・ヘルマンが述べているように，その種の批判は，ごく少数

---

38) Theodor Kock, „de emendatione Nubium Aristophanis," in *Rheinisches Museum für Philologie* Bd. 8 (1853), 341-363.
39) Gottfried Heinrich Schaefer, *Gregorius Corinthius* (Leipzig: J. A. G. Weigel, 1811).
40) Friedrich Jacob Bast, „commenntatio palaeographica," in G. H. Schäfer, *Gregorii Corinthii et aliorum grammaticorum libri de dialectis linguae Graecae* (Leipzig: J. A. G. Weigel, 1811), 701-861.

の写本しか存在していない文字作品には，見事に適用され得る。相互に独立した多数の写本が存在する場合には，そのような間違いがすべての写本のなかに一致したかたちで広まったという蓋然性は消失する。例えば，ホメーロスやピンダロスといったような非常に古い著作家の場合，文字の取り換えは非常に古い時代にときたま起こっている。そこでひとはその場合，古いギリシアのアンシアル字体[41]を基礎に据えなければならない。その後プトレマイオスの時代に，アンシアル字体と斜体との中間をなす大きな丸文字が発展した。この時代には，斜体文字から説明できないような間違いは，あまり生じなかった[42]。筆記者の精神においては，似た響きのする文字，音節，あるいは言葉の特徴は，ある音形成物が他の音形成物へと紛れ込むことによって，ときたま混乱を惹き起こし取り違えられる。文字要素の場の取り違い（transpositio）〔転置〕はより稀であるが，これにはさまざまな原因があり得る。例えば，言葉や文字が原文のなかに事後的に挿入され，そしてその結果として，筆写人によって間違った箇所に記入されていることもあるし，あるいは筆記者があるものを落としてしまい，その後の記入の際にミスを犯している，等々のこともある。G・ヘルマン「言葉の転置による修正について」[43]を参照されたい。脱落は，目が1つの言葉から後代の似かよった特徴へと逸れて，それゆえその間に存在しているものを見落とすことによって，主として生じる。これは2つの隣接している言葉が同じ始まりないし終わりをもっているとき（ὁμοιόαρκτα[44]とὁμοιοτέλευτα[45]），あるいは同一の言葉が短い間隔で繰り返されるときに起こる。さらに，二重に書かれた文字，音節，あるいは単語はしばしば単純に複写され

---

41) 古代ギリシア・ローマの丸みを帯びた筆写書体。

42) 〔原注〕ピンダロスの詩歌の批判的取扱いについては，『小品集』第5巻，369頁以下参照。

43) Gottfried Hermann, „de emendationibus per transpositionem verborum," 1824; auch abgedruckt in: ders., *Opuscula*, Bd. 3, 98-112.

44) ホモイオアルクトン（ὁμοιόαρκτον）の複数形。ホモイオアルクトンは "like-beginning" ないし "Anfangsgleichheit" の意味。

45) ホモイオテレウトン（ὁμοιοτέλευτον）の複数形。ホモイオテレウトンは "like-ending" ないし "Endungsgleichheit" の意味。

Ⅰ 文法的批判（Grammatische Kritik）

る（Haplographie〔重字誤脱〕[46]ないし Hemigraphie[47]）。数行飛ばされたり，それどころかときには数頁飛ばされたりする。これに付け加えられるのは，筆記する際に何らかの観念の連想によって筆記者の意識に上るところの，個々の筆跡である。文字，音節，言葉，および行全体が往々にしてダブって記される（Dittographie〔重複誤写〕）。さらに，行間の注釈や欄外の注釈が誤って本文のなかに挿入される。それによって，同一の事柄に対して2つの，それどころか3つの表現が，相互に並存することが起こり得，そしてしばしば後代の修正において，まさにもともとのものが削除される。批評家はここで，注解者たちは通常いかなる表現に奉仕しているのかを，例えば彼らがかなり稀少な言葉を誰にもわかるどのような言葉によって説明するのかを，知らなければならない。かくしてピンダロスの『ピュティア祝勝歌集』第1巻52においては，ここではいかなる写本も役に立たないが，μεταλλάσσοντας という言語要素の代わりに μεταμείβοντας と記されるべきである[48]。これについてはその他の点でしばしば間違っている次の規則が当てはまる。すなわち，「より難解な読みがより平易な読みに優先されるべきである」（lectio difficilior praeferenda faciliori）。けれども，写本が言語要素以外にもともとの形を保存していない場合には，ここで決定が下され得ることは稀である。例えば，プラトンの『法律』第11巻931cにおいてそうであり，そこでは βλαβερός の他にもともとの ἀραῖος が保存されている[49]。オランダ人たちはしばしば校訂の欲（pruritus emendandi）によって，通常の，つまり彼らが注釈的要素として退けた形の代わりに，より稀少な形をはめ込んできた。一般的に，偶然あるいは間違いによって生じた誤りを嗅ぎつける際に，ひとは単なる可能性に夢中になってはならず，またそれに

---

46) Haplographie はギリシア語の形容詞 ἁπλοῦς〔1. single 2. simple〕と名詞 γραφή〔1. that which is drawn or pained 2. that which is written〕から作られた合成語で，"fehlerhafte Auslassung eines von zwei gleichen od. ähnlichen Lauten od. Silben in geschriebenen od. gedruckten Texten"，つまり同一または類似の重なり字を誤って書き落とし，または組み落としすることを意味する。わが国では通常「重字誤脱」という訳語が充てられている。

47) Hemigraphie はギリシア語の形容詞 ἥμισυς〔half〕と名詞 γραφή から作られた合成語であるが，これにいかなる訳語が充てられるかは寡聞にして知らない。

48)〔原注〕『ピンダロス全集』第1巻第2部，437-438頁参照。

49)〔原注〕『一般にプラトンが著者であると信じられている『ミーノース』とプラトンの『法律』第1巻に対して』，191頁参照。

基づいていかなる内的根拠も存在しない変更を企ててはならない。しかし逆に，内的批判によって要求される変更を施す際に，必ずしもつねに誤りの成立を証明できるわけではない。というのは，真理には規則と統一性があるが，それに対して誤謬と偶然には規則がなく，それゆえつねにその内的起源にまでは追跡できないからである。

　しかし文字作品のもともとの形は，意図的にもさまざまに変更されてきている。筆記者は，何かが自分たちに理解できないか，あるいは正しくないと思われるとき，そして読解困難な言葉を省くとき，権限のないやり方で変更を施す。さらに，かなり多くの書物がさまざまな理由から意図的に改竄されてきた。しかし最後に，ひとはその作品を改良するためにも変更を施してきた。著者あるいは著者以外の人が改良された版（διασκευή〔新版〕）を整えた。古い時代には，伝承されてきたテクストが損傷されているように思われたとき，批評家はそれを校訂した。写しの校正者もこれを行ったので，その結果 διόρθωσις（訂正）と recensio（検査）という表現は批判版と同義的である。このような改良された版と思われているものは，実は往々にして頽落した版であるが，真正性の見かけで覆われているので，容易にはそれと認識され得ない。外的な影響によって古代にすでにひどく損なわれていた作品においては，当然のことながらいろいろな校訂が最も有害な影響を及ぼしてきた。かくしてアンドロニーコス[50]が編集して以来，アリストテレスの書物に関して，古代においてさまざまな仕方であれこれと改良がなされており，そして中世は全体を通じてそれを継承してきた。最初の学識ある出版社もまたしばしば強度の校訂を施した。その際ひとがいかに勝手気ままに処理してきたかを，例えばショウ[51]の『批判的書簡――1通はハイネに，もう1通はテュクセンに宛てた』（四折版）[52]が，ムスルス[53]によって写本から

　　50）Andronikos, Ἀνδρόνικος。紀元前1世紀のギリシアの哲学者。ロードス島の人。逍遙学派に属し，アリストテレスから数えて10代目の学頭。アリストテレスの写本に注釈を施して整理・公刊したことで知られる。

　　51）Nicolaus Schow, od. Niels Iversen Schow（1754-1847）。

　　52）Nicolaus Schow, *Epistolae criticae, una ad Heynium, altera ad Tychsenium* (Rome: A. Fulgonius, 1790). なお，ここで言及されているハイネとは Christian Gottlon Heyne (1729-1812) のことであり，テュクセンとは Thomas Christian Tychsen (1758-1834) のことである。

　　53）〔伊〕Marco Musuro〔ラ〕Marcus Musurus（c. 1470-1517）。ギリシアの学者。多くのギリシア古典を校訂，刊行したことで知られる。

I 文法的批判（Grammatische Kritik） 281

整えられたヘーシュキオスの初版本[54]で証明している。

　以上に述べたこれらすべての影響から，古代の文字作品は，もしそれが単に1つの写本で保存されていなければ，複数のさまざまな異文で存在しているということ（Varietas lectionis）が明らかになる。それぞれの異文は歴史的な所与である。こうした所与の小さな事実から1つの全体を形づくること，つまりテクストの歴史一般と，懸念が起こり得る各々の個々の箇所が，同時に含まれているような全体を形づくることが，肝要である。そのような還元に成功するかぎり，ひとは確実にテクストのもともとの形を見出しているはずである。いまや異文の歴史的源泉は以下のとおりである。1．作品そのものの写本（libri manuscripti, codices）。2．基礎となっている写本が知られていないときには，最古の印刷物（editiones principes）。3．知られざる写本にしたがって仕上げられた，筆記されたあるいは印刷された翻訳本。4．古い写本からの異文がそこにおいて証言されている，古代人の注釈（Scholien）。5．他の古代の著作家におけるその作品の引用。われわれは，いかなる視点にしたがってここからテクストの歴史が獲得され得るかを，手短に示しておこう。

　1．異文の最古の典拠は一般的に古代人の引用であるので，われわれはそこから始めよう。もし古代の著作家が1つの箇所を一定の異文で引用しているとすれば，彼はそれによって，その箇所が彼の目の前にある古写本（Codex）のなかにそのように存在していたことを証言している。もし他の根拠がそれの信憑性に異議を唱えないとすれば，この証言はその古さゆえに高度の古文書学的価値を有している。例えば，ホラーティウスの『談論集』第1巻，1，100にとって，fortissima Tyndaridarum という異文は疑わしかった。ヨハンネス・クレリクス[55]はこの上なく不幸な仕方でこれを校訂した。ここではまさにその言葉をそのごとく引用している（IX. 4, 65）クィンティリアーヌスの完全な効力をもつ証言が決定する。クィンティリアーヌスは確実に良質な写

　54）　ここで「初版」と訳したラテン語は editio princeps（複数形 editiones principes）——ベークは略したかたちの Ed. princ. と記している——であるが，これは以前には手稿本においてしか存在しなかった作品の最初の印刷本のこと。
　55）　Johannes Clericus（1657-1736）。

本を目にしていたのである。明確な引用と同様に尊重されるべきなのは，古代の文法家たちの多くの引証である。そこでは引用された箇所そのものが表示されてはいないが，何が意図されているかについて，いかなる疑念も存在しない。例えばアイスキュロスの『供養する女たち』 Choephores 第5巻419において，G・ヘルマンはそれ以前に受け入れられていた異文 πολεμιστρίας の代わりに，正当にもヘーシュキオスの異文 ἰηλεμιστρίας を採用した。まったく同じように，模作は原作の異文の証拠を与えることができるか，あるいは逆に——この異文が確固たるものであれば——みずからそれにしたがって校訂されることができる。ここからして，ひとはある著作家の批判的研究を行う際に，古代の引用のすべての貯えを探し求めなければならない，ということが帰結する。このやり方はしばしば最も確実な結果へと導かれる。エウセビオスは，例えば『福音の準備』において，プラトンの非常に素晴らしい写本を利用している。彼がそこから提供する多くの引用は，プラトンのテクストの確定にとって最良の古写本の価値を有している。同様にストバイオス[56]は古代の異文の豊かな鉱床である。ホメーロスやプラトンのような，あらゆる時代に読まれかつ利用されている，偉大にして非常に古い著作家においては，いろいろな引用をかき集めてくることは，当然のことながら途轍もなく大きな課題である。ギリシア人だけでなくローマ人もくまなく捜されなければならない。というのは，しばしば遠巻きに仄めかされたことにも，真なるものがなお透けて見えることがあるからである。しかしそのような著作家においては，そうした作業に対応した利益もまたある。さて，もしひとがこの種の証拠をすべて集めて持っているとすれば，それぞれの証拠の批判的価値がふたたび規定されなければならない。それぞれの引用について，そのなかに損なわれた異文すらも潜んでいないかどうか，精査されるべきである。記憶に基づいていい加減に引用されていることも稀ではなく，その場合には容易に間違いが生じる。ときたまある箇所が意図的に変更されて再現されることもある。したがって，そのような場合は可能なかぎりより分けられなければ

---

56) 〔ギ〕Ἰωάννης ὁ Στοβαῖος〔ラ〕Johannes Stobaeus（生没不詳）。4〜5世紀のローマ帝政期のギリシア文集編纂者。400年頃，息子の教育のために編集した全4巻の抜粋ギリシア文集が，不完全ながら『精華文集』Anthologion および『選文集』Eklogai の名で伝わる。

I 文法的批判 (Grammatische Kritik)

ならない。ときたま筆写人，印刷屋，あるいは批評家によって，引き合いに出された著作家の受容されたテクストに基づいて，一つの異文が引用文のなかにまず転記されている。プルータルコスの引用文はたびたびそのような記載によって損なわれている。ゲッリウス[57]もまったく同じである。例えばピンダロスの『ピュティア祝勝歌集』第1巻26には，προσιδέσθαι という異文がゲッリウスの証言によって支えられる。しかしよく使われるピンダロスの版に基づく古い印刷本には，間違った異文が入り込んでおり，それによってわたし自身もそそのかされて不当な変更をしてしまった[58]。後1世紀に生きたドラコーン[59]の韻律論のなかに，オルペウスの『アルゴナウティカ』Argonautica からの引用が見出される。ひとはそこからこの詩がかなり古いものであることを推論した。しかしながらG・ヘルマン（彼が編集したドラコーンの版〔ライプツィヒ，1812年〕の序文を参照）は，ラスカリス[60]によるオルペウスの『アルゴナウティカ』からのその引用は，彼みずからがドラコーンのなかにこっそり入れたものであることを指摘した。模作の場合には，2つの手元にある箇所のいずれが原本であるかは，しばしばわからない。だが，内的かつ古文書学的根拠に基づいてまず原本が確定されなければならない。それにまた，オランダの批評家たちが非常に頻繁に行っているように，あらゆる一致をただちに模作と見なしてはならない。クリストフ・ゴットヘルフ・ケーニヒ『古代の著作家のなかに突きとめられるべき模倣への過剰な熱望について』（四折版）[61]（エルテル編集のケーニヒ『ラテン語小作品』[62]，132頁以下に再録されている）を参照されたい。ある箇所に実際に引用文が存在しており，またそこにおいて引用された書物との一致がどの程度に及び得るかを確定したとすれば，その証拠の信憑性自体は個

---

57) 〔ギ〕Aulos Gellios, Αὖλος Γέλλιος 〔ラ〕Aulus Gellius (c.128-c.180)。ローマ帝政期の文法学者。

58) 〔原注〕「ピンダロスの詩歌の批判的取扱いについて」『小品集』第5巻369頁参照。

59) Drakon, Δράκων（生没不詳）。ヘレニズム時代の文法学者（前3～前2世紀）。サッポー，アルカイオス，ピンダロスなどのギリシア詩人の韻律を研究したことで知られている。

60) Konstantinos Laskaris (1434-1501)。

61) Christoph Gotthelf König, *De nimia imitationis in scriptoribus antiquis indagandae cupiditate* (Meißen: C. E. Klinkicht, 1815).

62) Christoph Gottheld König, *Opuscula Latina*, herausgegeben von Friedrich Maximilian Oertel (Meißen: C. E. Klinkicht, 1834).

人的批判の原則にしたがって検証されるべきである。

　2. 引用文について言えることは，注̇釈̇（Scholien）についてもまた言える。注釈は非常に古い時代には多くの引用文ほど高みに届いておらず，その起源は部分的には中世の末期にあるとしてもである。それゆえ，ひとはそれらによって遵守されたか，あるいは引き合いに出された異文がいかなる重要性を有しているかを確定できるためには，とりわけその成立年代を規定しなければならない。注釈の一̇般̇的̇な̇歴史は文法的研究の歴史に属している。しかし批判にとっては，それぞれの文字作品において，テクストの歴史がそれに関連する注釈の特殊な歴史によって補完されることが必要である。スリンガルの『ラテン語の注釈の〔批判的な〕歴史』[63]のような一般的な叙述は，この目的のためにはまったく役に立たない。重要な課題は，例えば，ホメーロスについてのさまざまな注釈集成の著者を突きとめることである。劇作家にとってこの種の価値のある研究は，ヴンダー『ソポクレースの悲劇における注釈の有効性について』[64]，グスタフ・ヴォルフ『ソポクレースのラウレンティアンの注釈のさまざまな異文について』[65]，ユリウス・リヒター『アイスキュロス，ソポクレース，およびエウリーピデースのギリシアの解釈者たちについて』[66]，オットー・シュナイダー『アリストパネースのなかの古い注釈の源泉についての論攷』[67]である。全体的には，ラテンの著作家にとってよりもギリシアの著作家にとって，注釈はより重要である。しかしギリシアの著作家にとっても，注釈は価値にしたがえば非常にさまざまである。彼らの一部は古いアレクサンドリアの伝統に基づいているのに対して，多くの著作家たちはビザンツの起源を有している。そしてその起

　63）Willem Hendrik Dominicus Suringar, *Historia critica scholiastarum Latinorum* (Leyden: Luchtmann, 1834-35).

　64）Eduard Wunder, *De scholiorum in Sophoclis tragoedias auctoritate* (Grimma: Maurit Gebhardt, 1838).

　65）Gustav Wolff, *De Sophoclis scholiorum Laurentianorum variis lectionibus* (Leipzig: Francisci Petri, 1843). なお，ラウレンティアンというのは，フィレンツェにある11世紀初期の写本の名称で，ソポクレース，アイスキュロス，アッポローニオス・ロディオスなどの貴重な資料を含んでいるといわれる。

　66）Julius Richter, *De Aeschyli, Sophoclis, Euripidid interpretibus Graecis* (Berlin: Besser, 1839).

　67）Otto Schneider, *De veterum in Aristophanem scholiorum fontibus commentatio* (Stralsund: Caroli Loeffler, 1838).

Ⅰ 文法的批判（Grammatische Kritik） 285

　源が新しければ新しいほど，ますます悪くなるという基準が，ビザンツ起源の著作家には無条件にで当てはまる。というのは，より後代の解釈者はあまり良くない資料を手にしていただけでなく，あまり洞察力と判断力を持ち合わせていなかったからである。もっとも最近の注釈から，例えばソポクレースとピンダロスについてのデーメートリオス・トリクリニオス[68]のそれから獲得される異文は，それと一致するテクストが疑わしいと見なされるべきであるというかぎりにおいて，否定的な証拠としてのみ認められ得る。それに対して，アレクサンドリア時代に由来する証拠は，最高度の注意を払う価値がある。というのは，アレクサンドリアの文法学者たちは最良の古い写本を持っていたからである。かくして例えばソポクレースの『アンティゴネー』第4巻において，解釈が難しい ἄτης ἄτερ という言葉を校訂することはまったく許されない。というのは，ディデュモス[69]がこの異文に唯一のものとして直面していたからである。

　もしひとが──Ｉ・ベッカーがプラトンとアリストテレスにおいてこれを行ったように──テクストの批判的確定を行う際に，引用文や古い解釈を顧慮することをせず，写本のみを基礎に据えるとすれば，それは承認されないことである。他者のための材料を一緒に運ぶべきだと要求することは，もちろんなんぴとにもできないが，ひとは自分が良いと思うかぎり，自分でそれを行い，そのあとでそれを公表することができる。ベントリーはホラーティウスに関してそのようにしたし，わたしはピンダロスに関してそのようにした。

　3. 注釈には古い・パ・ラ・フ・レ・ー・ズと・翻・訳が接続する。パラフレーズと翻訳は，古代にはまだあまり高みに届いていないので，あまり大きな意義を有していないが，部分的には相対的に非常に古い異文の証拠を含んでいる。キケロー（断片），ゲルマーニクス[70]（大部分に保存），アウィエヌ

　68）〔ギ〕Δημήτριος Τρικλίνιος〔ラ〕Demetrius Triclinus。1300年頃にテッサロニキ生まれビザンツの学者で，古代ギリシアから伝わる多くのテクストを編集し，とくにアイスキュロス，ソポクレース，エウリーピデースの韻律構造の分析に功績を挙げた。
　69）〔ギ〕Didymos, Δίδυμος〔ラ〕Didymus（BC80/63-BC10頃）。ギリシアの文献学者・注釈家。アレクサンドリアおよびローマで活躍し，ホメーロス以下ほぼすべてのギリシア文学に注釈を施し，辞書や抜粋・金言集を編纂し，また文法や綴字方などについても研究した。
　70）Germanicus Iulius Caesar（BC15-AD19）。ローマの将軍。ギリシア・ラテン双方の

ス[71]（完全に保存）によるアラートス[72]の驚異的な出来事[73]についての翻訳，キケローとカルキディウス[74]によるプラトンの『ティーマイオス』についての翻訳[75]［ムルラッハ『ギリシア哲学者断片』第2部[76]を参照］，パエアニオス[77]によるエウトロピウス[78]の言い換え（メタフラシス）は，そうしたものである。アリストテレスのラテン語翻訳とアラビア語翻訳は，彼のテクストの歴史にとってとくに重要である。ここでは最初の印刷された翻訳本も依然として写本にしたがって仕上げられている。ギリシア語のテクストはそののちにはじめて印刷されているからである。翻訳が原語に忠実であればあるほど，その古文書学的価値はますます大きい。それゆえ，例えば13世紀のメールベッケ[79]によるアリストテレスのいわゆる translatio vetus[80] はとくに価値がある。翻訳とパラフレーズは，それが厳密に原テクストに接続することが認められるかぎりにおいてにすぎないが，一般的に異文の証拠と見なされ得る。さらに，それがその異文を支持すべきであるところの写本や原本の印刷版にしたがって，事後的

学問に通じ，アラートスの天文詩のラテン語新訳やギリシア悲劇の創作なども手がけている。

71) Avienus，または Flavius Avianus（4世紀後半〜5世紀前半）。ローマ帝政期のラテン詩人。

72) 〔ギ〕Aratos, "Άρατος〔ラ〕Aratus（BC271-BC213）。ヘレニズム期のギリシアの代表的政治家・武将。

73) アラートスが執筆した『追想録』*Hypomnematismoi*（30巻以上，散逸）のなかに出てくる驚嘆すべき数々の出来事を指していると思われる。

74) Chalcidius（生没不詳）。4世紀の学者。ローマ帝政期のプラトンの『ティーマイオス』のラテン語訳と注解の著者。ポルピュリオスらの散逸した注解書から豊富に引用しているため，古代後期の哲学的資料として重視されている。

75) J. Wrobel (ed.), *Platonis Timaeum interprete Chalcidio cum eiusdem commentario* (Leipzig: B. G. Teubner, 1876).

76) Friedrich Wilhelm August Mullach, *Fragmenta philosophorum Graecorum*, Bd. 2, *Pythagoreos, Sophistas, Cynicos et Chalcidii* (Paris: Ambrosio Firmin Didot, 1867).

77) Paeanios（生没不詳）。エウトロピウスの『ローマ史要録』*Breviarium ab urbe condita* のギリシア語訳の訳者として知られる。

78) 〔ギ〕Eutropius, Εὐτρόπιος〔ラ〕Eutropius（生没不詳）。4世紀のローマの歴史家。皇帝ヴァレンティヌスの委託により，10巻本の『ローマ史要録』*Breviarium ab urbe condita* を執筆した。これは起源から西暦364年までのローマの歴史を扱ったもので，様式的には優れているものの，内容的な独立性は認められないと言われている。とはいえ，中世には教科書として大いに用いられた。

79) Willem van Moerbeckem または William of Moerbecke（1215-c.1286）。哲学書，医学書，科学書などをギリシア語からラテン語に翻訳したことで知られる。

80) translatio vetus は，字義的には「古い翻訳」の意味。

I 文法的批判（Grammatische Kritik） 287

にはじめて形づくられたのではないということを，ひとは確かめなけれ
ばならない。そこでフィチーノ[81]によって同様に原テクストに先立って
完成されたプラトンのラテン語訳（初版，フィレンツェ，1483-1484年頃）
であるが，これはもちろん原文の写本を表している。しかし1532年以
降出版されたこの翻訳の版は，シモン・グリュナエウス[82]によって，ギ
リシア語テクストの一般普及版にしたがって変更を施されているので，
このことによってこのギリシア語テクストの一般普及版に対して，独立
した証拠という価値を失ってしまった。

　4．さて，著作自体のいろいろな写本は古文書学的批判の本体的対象
である。これまで挙げられた，大抵はかなり古い異文の源泉は，同様に
写本によって伝承されており，そしてその証明力はこうした写本の信頼
性に基づいている。写本の古文書学的価値は，写本が由来する当のもの
が真正なるものを提供しようと意図しているかどうか，また提供できる
かどうか，およびどの程度そうであるか，またあり得るか，ということ
にかかっている。それゆえ，つねにまず全体的および個別的に，歪曲が
潜んでいないかどうかが調べられなければならないが，これは個人的批
判によって決定されるべき事柄である。しかし写本がそれへと遡源され
るべき当のものが，どの程度真正なるものを提供できるかは，部分的に
はその洞察力に，また部分的には外的諸条件に依存している。洞察力に
関しては，学識のない人がしばしばより優れた証人である。筆写人ある
いは校正者の愚鈍が諦念的な謙虚さと結びついているとき，その愚鈍は
往々にして真理を保証する。しかしそれがうぬぼれと結びついていると
き，小生意気な性格は最も腹立たしい混乱へと導かれる。もちろんかな
り多くの事柄を，例えば難しい韻律を，正しく再現するためには，とり
わけオリジナルな写本が読めない場合には，判断力が必要である。そし
て批判はそれゆえ，単純さに信頼を置けるところと，真正なるものの保
持がより深い洞察力によって制約されているところとを，つねに区別し
なければならない。しかし最良の洞察力をもっていても，誰しも自分に

　81）〔伊〕Ficino Marsilio〔ラ〕Marsilius Ficinus（1433-1499）。イタリアの人文学者。メ
ディチ家のコシモの庇護の下にプラトン，プロティノス，プロクロスなどの著書をラテン語
に訳し，またフィレンツェに設立されたアカデミアの学長として一世を風靡した。
　82）　Simon Grynaeus（1493-1541）。宗教改革期のドイツの学者・神学者。

伝承されたものしか与えることができない。通常は、より古い古写本がより信頼できるが、それはより良い源泉から流れてきているからである。にもかかわらず、このことは次の事実によって非常に限定される。すなわち、すでに古代において、そしてまったく同じようにのちの時代にも、同一の著作についてしばしばより良質な版とより悪質な版が、そしてより良質な写本とより悪質な写本が、互いに並存したので、その結果良質の古い版に遡るより新しい写本の方が、より悪質な源泉に由来するより古い写本よりも優れていることだってあり得るということである。しかしいずれにせよ、こうした事態を明確にするためには、われわれの目の前にある写本の成立年代をできるだけ規定することが必要である。同じことは往々にして筆写人と校正者の署名から見て取ることができる。上で（276頁）言及された、古代自体ではあってもより後代に由来する奥付によって、われわれは例の奥付がそこからわれわれの写本に至るまで伝承されてきた、その古い校訂をすら類推することができる。しかし写本に日付が含まれていないところでは、ひとはその写本の成立年代を筆記材料と文字から規定する必要がある。

　最古の保存されている写本の筆記材料はエジプトのパピルスである。われわれはギリシアのアンシアル字体で書かれたパピルスの巻物と冊子をもっている。本には通常このアンシアル字体が用いられたが、当時は一般的に記録文書には久しく斜体文字が使用された。紀元前2世紀の初めまで遡るエジプトで発見されたさまざまな写本はここに入る。1821年に『イーリアス』の最後の巻の大きな断片がエレファント島で発見され、イギリス人のバンクス[83]によって入手された（『文献学的博物館』[84]第1巻（ケンブリッジ、1832年）に掲載されたファクシミリ［ヴァッテンバハ「ギリシア文字の石版1」][85]）。それはその古い成立年代にもかかわらず、テクストの批判にとっては価値がない。さらに、きわめて多数

---

83) William John Bankes (1786-1855)。
84) *The Philological Museum* (Cambridge, 1832-33).
85) Vgl. *Schrifttafeln zur Geschichte der griechischen Schrift und zum Studium der griechischen Palaeographie,* herausgegeben von Ernst Christian Wilhelm Wattenbach (Berlin: Weidmannsche Buchhandlung, 1876).

I 文法的批判(Grammatische Kritik) 289

の『イーリアス』の断片,アルクマーン[86]の断片,Εὐδόξου τέχνη[87]〔エウドクソスの技芸〕(2世紀初め)という天文学的著作の写本,およびエジプトの墓から発掘されたヒュペレイデース[88]の演説の重要な断片[89]が,巷間に引き出されている。[H・ウェイユ『アンブロワーズ・フィルマン=ディド氏の蔵書の未刊行のパピルス写本——エルリピデスと他のギリシアの著作家の新しい断片』[90](パリ,1879年)(ファクシミリ付き)]。A・キルヒホフ「エジプトから出土したエウリーピデースの写本の残りのものについて」『ベルリン科学アカデミー月報』(1881年)[91]参照。] 1753年にヘルクラーネウムで発見された1756年の巻物[92]は,まず小さな部分が広げられて解読されている(『ヘラクラーネウムの巻物の残存している巻』1-11巻(ナポリ,1793-1855)[93];『もう一つのコレクション』[94]第1巻〔1862年〕,第11巻〔1876年〕)。そのなかでとくに重要なのは,エピクーロス派のピロデーモス[95]の書物(ザウッペとゴムペルツによる版)である。さらに,われわれは最も古く見積っておそらく紀元前160年,最も新しく見積もれば紀元後7世紀の公文書,書簡,等々を含

---

86) Alkman, Ἀλκμάν (前7世紀後半) ギリシアの抒情詩人。

87) 〔原注〕『古代人の4年間の太陽の周期』*Ueber die vierjährigen Sonnenkreise der Alten*(ベルリン,1863年)の第10章「エウドクソスのパピルス」参照。

88) Hypereides, Ὑπερείδης (BC390/389-BC322)。アテーナイの雄弁家・政治家。

89) 〔原注〕「新しく発見されたヒュペライデスの演説の断片」(1848年)(『小品集』第7巻,518-572頁)参照。

90) Henri Weil. *Un papyrus inédit de la bibliothèque de M Ambroise Firmin-Didot. Nouveaux fragments d'Euripide et d'autres poetes grecs* (Paris: Librairie de Firmin-Didot, 1879).

91) Adolf Kirchhoff, „Über die Reste einer aus Aegypten stammenden Handschriften des Euripides," in *Monatsberichte der Königlich-Preußischen Akademie der Wissenschaften zu Berlin* (Aus *dem Jahre 1881)*, (Berlin: Buchdruckerei der Kgl. Akademie der Wissenschaften, 1882), 982-989.

92) ヘラクラーネウムは,イタリア半島西南部,カンヴィパーニアの沿岸都市。ナポリから東南約8km,ポンペイとの中間に位置する。79年のヴェスビオス火山の噴火でポンペイなどとともにすっかり地中に埋没した。18世紀初頭から発掘が行われ,多数の美術品をはじめ,公共建造物や家屋なども出土したが,とくに「パピルス荘」(Villa dei papiri)と呼ばれる邸宅からは,ピロデーモスの作品を含む1803巻のパピルスが発見されている。

93) *Herculanensium voluminum quae supersunt tomi*. Teil I-XI (Neapel: Regia Typographia, 1793-1855).

94) *Herculanensium voluminum quae supersunt collection altera*. Bd. 1-11 (Neapel: e Museo publico, 1862-76).

95) Philodemos, Φιλόδημος (c.BC110-c.BC37)。シリア出身の詩人,エピクーロス派の哲学者。

む，ギリシア語の斜体文字で記されたパピルスの写本[96]をもっている。ヘルクラーネウムの巻物のなかには，最古のラテン語の写本，つまり大文字で記されたアクティウムの戦いを詠った詩の断片が見出される。さらに，ラテン語のアンシアル字体と斜体文字で記されたパピルスの冊子本が含まれている。これは最も新しく見積もって10世紀か11世紀に成立したものである。［ガルトハウゼン『ギリシアの古文書学』[97]35頁以下参照。］パピルス写本の文献に関しては，エンゲルマン『古典著作家叢書』[98]のなかの「パピルス」の項目記事を参照。［フロイント『文献学の三年』[99]，第4部，第2版，201-202および225-226頁。──H・ラントヴェーア「フェイユムのギリシア語写本」[100]。──K・ウェスリー『ウィーンの帝国収集品のなかのギリシアのパピルス』；「ザクセンのギリシア語写本」[101]。──W・ハルテル『ライナー皇太子のギリシア語パピルスについて』[102]］。

ペルガモンでその仕上げ加工が発明されて以来，パピルスと並んで羊皮紙（Περγαμηνὴ διφθέρα, membrana）が古代には用いられた。しかし保存された羊皮紙の写本は大半のパピルス写本よりも新しい。最古のものは紀元後3-5世紀に由来している。すでに古代において，パピルスと羊皮紙に書かれた文字は，その素材を新しい写本のために活用するために，頻繁に洗い落とされたり擦り取られたりした。こうした写本はその

96）〔原注〕「ギリシア語の斜体文字でパピルスに記されたエジプトの古文書の解釈」（『小品集』第5巻，206-247頁）参照。

97）Victor Gardthausen, *Griechische Palaeographie* (Leipzig: B. G. Teubner, 1879).

98）Wilhelm Engelmann, *Bibliotheca scriptorum classicorum*. 8. Aufl. (Leipzig: Verlag von Wilhelm Engelmann, 1880).

99）Wilhelm Freund, *Triennium philologicum oder Grundzüge der philologischen Wissenschaften für Jünger der Philologie zur Wiederholugn und Selbstprüfung* (Leipzig: Violet, 1875).

100）H. Landwehr, „Griechische Handschriften aus Fayyum," in *Philologus* 43 (1884), 106ff.; 44 (1885), 1ff. 585ff.

101）Karl Wessely, *Die griechischen Papyri der kaiserlichen Sammlungen Wiens* (Wien: G. Gistel & Comp., 1885); ders. „Die Griechischen Papyri Sachsens," in *Berichte über die Verhandlungen der königlich-sächsischen Gesellschaft der Wissenschaften zu Leipzig, philol.-histor. Classe* XXXVIII (1885).

102）Wilhelm August Hartel (Ritter von), *Über die griechischen Papyri Erzherzog Rainer. Vortrag gehalten in der Freilichen Sitzung der kaiserlichen Akademie der Wissenschaften am 10. März 1886* (Wien: Carl Gerold's Sohn, 1886).

I 文法的批判（Grammatische Kritik） 291

後パリムプセスト（Palimpseste）(βιβλία παλίμψηστα, libri rescripti)[103] という。キリスト教の時代には，教会の書物を書きとどめるために古写本が使用されたので，こうしたやり方で多くの古い著作が破壊された。逆に，教会の書物をそこから抹消した羊皮紙に，もちろん古代の著作家のテクストや他の世俗的書物が書かれたりもしている。その結果691年には，聖書や教父の書物を擦って破壊することが，クィニセクストゥムの教会会議（Synodus Quinisexta）で禁止された[104]。パリムプセスト上では，もともとの文字の痕跡を完全に消すことができなかったので，近代においては多くの場合にこの文字を再現することに成功した。前世紀にはすでに幾つかの重要な断片がパリムプセスト上に発見された。しかしわれわれの世紀には，こうした仕方で最高に重要な発見が，まずアンゲロ・マイ[105]，ペイロン[106]，およびニーブールによってなされている。ひとは「二度書き改められた書物」(libri bis rescripti) をすら解読した。『リキニアヌスの年代記の残存部分。三度書かれた古写本から』[107]を参照されたい。消し去られた筆跡を再現するために化学的試薬が用いられてきたので，もちろんこれによって貴重な写本も台無しになった。モネ『ギリシア語ならびにラテン語の書き改められた書物について』[108]を参照されたい。発見されたラテン語のパリムプセストの書物の大半は，

---

103) パリムプセストとはもともと書かれていた文字を消して再使用したパピルスまたは羊皮紙による写本のことである。その名称そのものはギリシア語のβιβλία παλίμψηστα に由来するが，libri rescripti というラテン語と同様，それは「書き改められた書物」を意味している。

104) ベークのテクストでは691年となっているが，正確には692年が正しい。なお，クィニセクストゥムとは「第五・第六」の意味。

105) Angelo Mai (1782-1854)。イタリアの古典学者。イエズス会士。ヴァティカン図書館長 (1819-25)。枢機卿 (1838) となる。古写本の判読にすぐれ，キケローの《De re publica》，ハリカルナッソスのディオニューシオスの《ローマ史》，フロントーの書簡，プラウトゥスの断片など多くの新しい資料を読解・整理した。

106) Amedeo Peyron (1785-1870)。コプト語の研究者として名を馳せ，ギリシアの写本研究でも非常にすぐれた功績を挙げた。代表的著作に *Lexicon Linguae Copticae: Studio* (Taurini: ex Regio Typographeo, 1835) や *Grammatica Linguae Copticae. Accedunt Additamenta ad Lexicon Copticum* (Taurini: ex Regio Typographeo, 1841) などがある。

107) *Gai Grani Liciniani annalium quae supersunt ex codice ter scripto,* ed. Karl August Friedlich Pertz (Berlin: Georg Reimer, 1857).

108) Friedegar Mone, *De libris palimpsestis tam latinis quam graecis* (Karlsruhe: G. Braun, 1855).

7-9世紀に書き改められたものである。

10世紀以降,木綿製の紙 (charta bombycina) が,14世紀以降,リンネルの紙 (codices chartacei) が一般的に使用されている。後者の場合には,紙の透かし模様は同時に年代を規定するための徴表である。そこで,例えばキルヒナーの『新しいホラーティウス的問題』(四折版)[109]は,それにしたがってホラーティウスの写本の年代を規定している。ゴットヘルフ・フィッシャーの『紙の透かし模様を古代学の特徴として利用する試み』[110]を参照のこと。[エチエンヌ・ミドゥーとオーギュスト・マットンの『14世紀と15世紀のフランスで用いられた紙の透かし模様に関する研究——600枚の石版画像付き』[111]参照。]

さまざまな種類の筆記素材を区別することは容易い。但し,より新しい時代の木綿製の紙の区別はときたま困難をともなう。より難しいのは古写本の年代を文字によって規定することである。だが,たとえ幾つかの移行期に,例えば9-11世紀におけるラテン文字におけるように,文字が長らく揺れ動きはっきり決められていないとしても,一般的にあらゆる世代の筆跡は特徴的な相違を示している。すぐれた古文字学者は最古の時代から現代に至るまでのあらゆる文字の歴史を立証し,そして文字の形が次第に移行するさまを記載することができる。それにまた,正字法,アクセント法,句読法における,あるいは略字法における一定の慣習が存在し,そこから写本の成立した時代を類推することができる。けれども,これらの事柄に関しても,最大の注意をもって処理しなければならない。ときおり古い時代の文字の特徴が,愛好ゆえにあるいは欺瞞的な意図から,模倣されている。古写本にはさらにしばしば,さまざまな時代のさまざまな人の手によって書かれた,さまざまな部分がある。同一の古写本が同一の原典から書き写されてはいないことすら可能である。欠損箇所や破損された頁は,さまざまな人の手によって補完さ

---

109) Carl Kirchner, Novae Quaestiones Noratianae (Nürnberg: In libraria Hahniana, 1847).

110) Gotthelf Fischer, *Versuch die Papierzeichen als Kennzeichen der Alterthumskunde anzuwenden* (Nürnberg: Ioh. Leonh. Sixt. Lechner'sche Buchhandlung, 1804). なお,ベークのテクストでは誤って書名が *Versuch die Papierzeichen als Kennzeichen des Alterthums anzuwenden* となっているので要注意。

111) Etienne Midoux et August Matton, *Etudes sur les filigranes des papiers employés en France au XIVe et Xve sièles. Acc. De 600 dessins lithographiés* (Paris : M. A. Éditeurs, 1868).

I 文法的批判 (Grammatische Kritik)

れていることが稀ではない。ひとは削除箇所に関して，それらが 1 人の人かあるいは複数の人に由来するか (rasura a manu prima et secunda〔第 1 と第 2 の手による削除〕) を区別しなければならない。筆跡，インク，紙などの相違や，冊子の保存状態の善し悪しが，この場合通常は十分満足のいく特徴をもたらす。これらすべてのことをひとは訓練によって根本的に学ぶことができる。いろいろな写本の異文を 1 つにまとめること (原文との校合) は，それ以外の点では非常に価値のあることであるが，ただそれだけからは批判のために必要な古文書学的知識は獲得できない。そのためには独自の直観と古文書学的な古文字学の知識とが必要である。

古文字学の文献

トゥスタンとタッサン『新しい古文書学概説』[112]全 6 巻 (四折版) (最後の 5 巻はより中世を対象としている)。——ガッテラー『古文書学の普遍的技術の基礎』(四折版)；『ゲッティンゲン王立科学協会論文集』所収の「古写本の年代を確定する方法についての古文書学的論文」；『古文書学の概要』[113]。——モンフォーコン『ギリシアの古文字学』(二折版)[114] (必ずしも根本的ではないとしても，包括的)。——バスト『古文字学的論文』[115] (原著 192 頁。非常に注目に値する)。——コップ『批判的古文字学』[116] 4 巻本 (四折版) (詳細かつ学識に富む)。——エメ・シャムポリオン『パリの王立図書館の最もすぐれた写本による古典ラテン語の古文字

---

112) Toustaine et Tassin, *Nouveau traité de diplomatique*, 6 Bde. (Paris: Guillaume Desprez, 1750-65).

113) Johann Christoph Gatterer, *Elementa artis diplomaticae universalis* (Göttingen: Vandenhoeck, 1765); ders, „commentatio diplomaticae de methodo aetatis codicum manuscriptorum definiendae," in *Commentationes Societatis Regiae Scientiarum Gottingensis* 8 (1787); ders, *Abriss der Diplomatik* (Göttingen: Vandenhoeck, 1798).

114) Bernard de Montfaucon, *Palaeographia graeca, sive de ortu et progressu literarum Graecarum, et de variis omnium faeculorum Scriptionis Graecae generibus: itemque de Abbreviationibus & de Notis variorum Artium ac Disciplinarum* (Paris: Vivarelli & Gullà, 1708).

115) Friedrich Jacob Bast, *Commentatio palaeographica* (Leipzig, 1811).

116) Ulrich Friedrich Kopp, *Palaeographia critica*, 4 Bde. (Mannheim, 1817-29).

学。シャムポリオン - フィジェによる序論付き』(四折版)[117]。——シルヴェストル『普遍的古文字学』[118]第2, 3巻。——[W・ヴァッテンバハ『ギリシア古文字学入門』(四折版)[119];『ギリシア文字の歴史およびギリシア古文字学の研究のための文字盤』(二折版)[120];『ラテン語古文字学入門』(四折版)[121];『中世における文字制度』[122];ツァンゲマイスターとヴァッテンバハ『やや大きな文字で書かれたラテン語写本の標本』(二折版)とその補遺[123];ヴァッテンバハとフェルゼン『やや小さな文字で書かれたギリシア語写本の標本』(二折版)[124]。——J・C・フォルグラフ『古文字学研究』[125]。——ヴィルヘルム・アルント『講義と自学自習の際に使用するための文字盤』2分冊(二折版)[126]。——ガルトハウゼン『ギリシア古文字学』[127]。——ロイス『ローマ人の速記術について』[128]。——オスカー・レーマン『ギリシア語写本の速記術的短縮』[129]。——W・シュ

---

117) Aimé Louis Champollion-Figeac, *Paléographie des classiques latins d'après les plus beaux manuscripts de la bibliothèque royale de Paris, avec une introduction par Champollion-Figeac* (Paris, 1839).

118) Silvestre, *Paléographie universelle* (Paris, 1841).

119) Ernst Christian Wilhelm Wattenbach, *Anleitung zur griechischen Paläographie* (Leipzig, 1867; 2. Aufl., 1877).

120) Ernst Christian Wilhelm Wattenbach, *Schrifttafeln zur Geschichte der griechischen Schrift und zum Studium der griechischen Palaeographie* (Berlin: Verlag der Kgl. Hof-Steindr, 1875-77); I. Abteilung 1875, II. Abteilung 1877.

121) Ernst Christian Wilhem Wattenbach, *Anleitung zur lateinischen Paläographie* (Leipzig: Hirzel, 1869; 3. Aufl., 1878; 4. Aufl., 1886).

122) Ernst Christian Wilhelm Wattenbach, *Das Schriftwesen im Mittelalter* (Leipzig: Hirzel, 1871).

123) Carl Friedrich Wilhelm Zangemeister und Ernst Christian Wilhem Wattenbach, *Exempla codicum latinorum litteris maiusculis scriptorum* (Heidelberg: Koester, 1876); *Supplementum: Continens Tabulas LI-LXII* (Heidelberg: Koester, 1879).

124) Ernst Christian Wilhem Wattenbach und Friedrich Adolf von Velsen, *Exempla codicum graecorum litteris minusculis scriptorum* (Heidelberg: Koester, 1878).

125) Johann Christoph Vollgraff, *Studia palaeographica* (Leyden: S. C. Van Doesburgh, 1871).

126) Wilhelm Ferdinand Arndt, *Schrifttafeln zum Gebrauch bei Vorlesungen und zum Selbstunterricht*, 2 Hefte (Berlin, 1874 u. 1878).

127) Victor Gardthausen, *Griechische Palaeographie* (Leipzig: B. G. Teubner, 1879).

128) Ferdinand Reuss, *Ueber die Tachygraphie der Römer* (München: Druck und Verlag von Ernst Stahl, 1879).

129) Oskar Lehmann, *Die tachygraphischen Abkürzungen der griechischen Handschriften. Mit 10 Tafeln in Lichtdruck* (Leipzig: B. G. Teubner, 1880).

I 文法的批判（Grammatische Kritik） 295

ミッツ『パリのラテン語古写本2718の速記術的記念碑』[130]（ファクシミリI（M. 22 Taff.））。――ビルト『古代の文字制度』[131]。――ボンドとトンプソン『古代の写本のファクシミリ』（アトラス版）[132]。――M・ギトルバウアー『ヴァティカンのギリシア語古写本におけるギリシア語速記術の残余物』[133]。――W・シュミッツ『ラテン語速記術研究』；『パリのラテン語写本2718の速記的記念物』[134]。――F・ロイス『ギリシア語速記術について』[135]。――W・ヴァッテンバハ『ギリシア語聖書の見本』；『ギリシア語聖書の歴史のための文字盤』[136]。――『ギリシア語とラテン語の古文字的ファクシミリのフィレンツェ・コレクション』[137]。――E・シャトラン『古典ラテンの古文字学』[138]。――C・パオリ『ラテン語古文字学要綱』[139]。――O・レーマン『ヴォルフェンビュッテル図書館のティロ式速記の詩篇』[140]。――F・ブラース「古文字学，書籍学，および写本

---

130) Wilhelm Schmitz, *Monumenta tachygraphica codicis Parisiensis latini 2718* (Hannover: bibliopolio Hahniano, 1882).

131) Theodor Birt, *Das antike Buchwesen in seinem Verhältniss zur Litteratur* (Berlin: Verlag von Wilhelm Hertz, 1882).

132) The Palaeographical Society, *Facsimiles of Ancient Manuscripts and Inscriptions* (London 1873-94, with *Indices*, 1901): [First Series] ed. Edward Augustus Bond and Edward M. Thompson, 2 vols. (1873-83), 260 plates; [Second Series] ed. Bond and Thompson with G. F. Warner, 2 vols. (1884-94), 205 plates.

133) Michael Gitlbauer, *Die Überreste griechischer Tachygraphie im Codex Vaticanus Graecus 1809*, 2 Bde. (Wien: Karl Gerold's Sohn, 1878 u. 1884).

134) W. Schimitz, *Studien zur lateinischen Tachygraphie* (Köln: Bädeker, 1880-81); *Monumenta tachygraphica codicis Parisiensis Latini 2718*. Facs. 2 (Mit 15 Taff.) (Hannover: Hahn, 1883).

135) Ferdinand Reuss, *Über griechische Tachygraphie* (Neuburg a. D.: Griessmayersche Buchdruckerei, 1882).

136) Wilhelm Wattenbach, *Scripturae graecae specimina* (Berlin: G. Grote, 1883); *Schrifttafeln zur Geschichte der griechischen Schrift*, 2. Aufl. (Berlin: Weidmannsche Buchhandlung, 1883).

137) *Collezione Fiorentina di facsimili paleografici greci et latini illustrati di G. Vitelli e C. Paoli*. I-III. 1. (Florenz: M. Cellini, 1884-86).

138) Émil Chatelain, *Paléographie des classique latins*, 2 Bde. (Paris: Hachette, 1884-90).

139) Cesare Paoli, *Grundriss der lateinischen Palaeographie und der Urkundenlehre*, aus dem Italienischen übersetzt von Karl Lohmeyer (Innsbruck: Verlag der Wagner'schen Universitätsbuchhandlung, 1885).

140) Oskar Lehmann, *Das tironische Psalterium der Wolfenbütteler Bibliothek* (Leipzig: B. G. Teubner, 1885).

学」[141)]。]

　5. 古代の文字作品の印刷版は写本に基づいているので，それらは古文書学的批判にとって，基礎となっている写本が知られていないときには，ただ証拠としての価値しか持たない。それゆえ，ひとがふたたび写本へと遡源している現代においては，とくにベッカーの包括的な校合以降，最初の印刷版は大部分価値がなくなってしまっている。しかし，例えばヴィッテンベルクではメランヒトンの監督の下で，学生たちによって訓練のために，写本もまた印刷版にしたがってなされた。これはもちろんいかなる古文書学的意義ももっておらず，したがって入念に排除されるべきである。これに対して，使用された写本が知られていない最初の印刷版は，書かれた古文書と同一の権威を有しており，それと同一の原則にしたがって検査されるべきである。かなり多くの印刷版は単純に写本から復刻され，そしてそれは，当時は通常みずから学識がなくはなかった植字工によって，しばしば植字されさえした。別のものは，例えばデーメートリオス・カルコンデュラス[142)]のホメーロスのように，たしかに複数の古文書から合成されて１つに纏められている。かなり多くの著作については，相互に独立した複数の初版（editiones principes）が存在している。ピンダロスについて，アルダイン版[143)]とローマ版とがあるようにである。よりのちの版は，より古い版を校訂作業によって改良した新しい版（recognitiones）にすぎないか，あるいはより大きな資料集を利用して作り出された版（recensiones）か，そのいずれかである。後者の場合には，われわれに今のところ知られていない新しい写本

---

　　141)　Friedrich Blass, „Palaeographie, Buchwesen und Hanschriftenkunde," in *Handbuch der klassischen Alterthumswissenschaft*, herausgegeben von Iwan Müller, Bd. 1 (Nördlingen: C. H. Beck'sche Verlag, 1885), 273ff.
　　142)　Demetrius Chalcondyles（1424-1511）。ギリシア人の教師。1447年にイタリアにやって来て，パドゥア，フィレンツェ，ミラノで教えた。ギリシア語とプラトン哲学の教師として名高く，またホメーロス（1488年）とイソクラテース（1493年）の最初の印刷版を出版したことでも知られている。
　　143)　15, 16世紀ヴェネツィアの印刷業者アルドゥス・マヌティウス──〔ラ〕Aldus Manutius〔伊〕Aldo Mannucci *or* Manuzio（1449-1515）──が刊行した古典の豪華版。アルドゥス・マヌティウスはアルダイン印刷所の設立者で，みずからも学者ならびに編集者としても活躍した。

Ⅰ　文法的批判（Grammatische Kritik）

的資料が利用されていないかどうか，調べられるべきである。というのは，それによってこの印刷版は古文書学的な証言の地位を獲得するからである。当然，すべての印刷された版において，編集者の判読による校訂のほかに，一般的に書き写した人のミスに似た印刷ミスが突きとめられるべきである。通常，批判は写本におけるよりも印刷物においてより確かである。なぜなら，編集者にはその版が印刷された日時と場所が知られているからである。しかしこのことは例外なくそうだというわけではない。古い印刷物には印刷の場所と日時の情報が記されていないこと（sine anno et loco）は稀ではない。そしてその場合には，写本の場合と同様，年代は外的な特徴から規定されなければならない。これについての必要な手引きは，本の印刷の歴史が提供してくれる。上で（84頁）言及した著作を参照。

　1つの文字作品に関して，異文の多様性に対して言及される資料が豊富になればなるほど，テクストの歴史を作り出すことにより完全に成功するであろう。とはいうものの，かなり多くの著作に対して，われわれは\.1つの写本のみを参照するように命じられているので，その結果本物を回復することは，目の前にある唯一の異文に基づく判読による校訂によってのみ可能である。例えば，ウェッレイユス・パテルクルス[144]は，エルザスのムールバハにある写本でのみ保存されている。このムールバハ写本（Codices Murbacensis）は，それにしたがえばベアトゥス・レナヌス[145]が最初の版（バーゼル，1520年，二折版）の世話をしたのであるが，それはのちに紛失されてしまい，アーメルバハ[146]による写しのみがバーゼルに保存されている。それをアーメルバハの写本（Codex Amerbacensis）という。［それに加えて，われわれはブーラー[147]によってムールバハ写本とレナヌスの版とが校合されたものを一部所有している。］ここで読み方の多様性（varietas lectionis）[148]は，両方の写しとも

　144）　Velleius Paterculus（c.BC20/19-AD31後）。ローマ帝政初期の歴史家。
　145）　Beatus Rhenanus（1485-1547）。ドイツの人文学者。エラスムスの親友・批評家，出版者として知られている。
　146）　Bonifacius Amerbach（1495-1562）。バーゼルの法学者，美術品蒐集家。エラスムスの友人でその相続者。バーゼルの印刷業者 Johannes Amerbach（c.1445-1514）の息子。
　147）　J. Alberto Burer（生没不詳）。
　148）　ベークがここで「読み方の多様性」と言っているのは，要するに varia lectio ない

不完全であり，それゆえ相互に相違しているという事実によってのみ存在する。しかしわれわれがもっと多くの写本を持っているとすれば，これらの写本はまず厳密に比較されるべきである。その際，間違いにおける非常に大きな一致，とくに外的影響によってのみ説明されるべき間違いにおける一致が明らかになるので，ひとはある共通の基根となる古写本（codex archetypus）を前提せざるを得ない。同時に，目の前にあるいろいろな写本の年代や成立の仕方を測る基準に留意することで，やがてこれらの1つが祖型であるのか，それともこの祖型が失われてしまっているのかが判明する。かくしてザウッペ『G・ヘルマン宛の批判的書簡』[149]は，ハイデルベルクにあるリューシアースの羊皮紙写本があらゆる爾余のリューシアース写本の基根となる古写本であることを立証したし，ラッハマン[150]は彼の有名なルクレーティウスについての注釈書[151]において，ルクレーティウスの写本は9世紀にまだ存在していたサンプルから由来しなければならず，そのサンプルの性質はかなり正確に確定され得ることを示している。他の著作において，写本と古い印刷本は，その各々がある共通の起源を持っているグループに秩序づけられる。もしあらゆる資料を比較した際に，そのようなグループのなかに，重要でかつ外的影響によっては説明できない読み方の多様性が示されるとすれば，この多様性が偶然に成立したということはありそうになく，したがってひとはその多様性がさまざまなテクストの校訂に遡るかどうか，突きとめる必要がある。実際，このような作業は少なからぬ場合に首尾好く進む。かくしてギリシアの古典的著作家の場合，ビザンツ流の校正（Diorthosen），とりわけデーメートリオス・トリクリニオスのそれは，容易に立証され得るので，他方でひとはいろいろな注釈と引用の助けを借りて，すぐれたアレクサンドリア流の校訂にまで，それどころか著者自身の時代にまで，遡って推論することができる。写本がより確かな古い引用とたびたび一致するとすれば，そのことによってそれらの写本の

し variae lectiones，つまり「異文」「異本」「異解」のこと。

149) Hermann Sauppe, *Epistola critica ad Godofredum Hermannum* (Leipzig: Weidmann, 1841).

150) Karl Lachmann（1793-1851）。ドイツの古典学者・ゲルマン学者。ベルリン大学におけるベークの同僚。レッシング全集の編集者としても知られている。

151) Karl Lachmann, *T. Lucrtii Cari de rerum natura libri sex* (Berlin: Georg Reimer, 1850).

I 文法的批判（Grammatische Kritik） 299

源となっている校訂が，古いものであることが証明されるので，ここではそのような遡源的推論がとくに重要である。

　ひとは読み方の多様性のなかにそのようにして系譜学的連関を探すことによって，意図的に生じたもともとのテクストの変更を選別することに成功する。いまやひとはもはや個々の異文をそれ自体から判断するのでなく，むしろ批判が体系的になるのである。一挙に広い眺望が開け，そして判断は同時に異文の全体に及ぶ。なぜなら，ひとはこれらの異文を1つの原則から，つまり一定の校訂の性格から導き出すからである。より優れた校訂の異文は，多数の写本が別の読み方をしているという理由で，古文書学的により劣っていると証明されたとはもはや見なされない。というのは，もしこれらの写本が1つの家族に属しているとすれば，それらは1つの証拠としてしか数えられないからである。但し，何らかの校訂においてもともとの真正なテクストが見出され得るとは考えてはならない。最古のテクストですら判読による校訂によって歪められている。それにまた，最良の校訂から導き出されるべき写本は，そうであるからといって必ずしも最も正しい異文を含んでいるわけではない。というのは，その校訂が時代の経過のなかで，書き間違いや外的影響によって強く歪められていることがあり得るからである。ひとはそれゆえ，例の系譜学的分類から独立して，外的な正しさの度合いに応じて写本を分類することができる。この目的のために，ひとは明白な紛れもない間違いを可能なかぎり完全に帰納的に推理することによって，各々のものの性格を確定し，その上で比較を通して位階の順位へともたらし，その結果個々の不確かな異文に対して証拠が単純に数え上げられるのではなく，写本の特徴に応じて考量されるようになる。古文書学的批判がそのようにしてテクストの歴史に支えられるとすれば，それは明らかに決して外的基準にのみ従うのではない。というのは，校訂や写本の分類は，個々の異文の真正性が検査されることによってのみ，規定され得るからである。その際，批判のすべての4つの種類が使用される。それゆえ，単に文法的批判だけではなく，批判のすべての種類がまたテクストの歴史のなかに，その確かな基礎を見出すのである。もしテクストの歴史が仮説や恣意的な普遍化によってではなく，確実に突きとめられた個々の事実から認識されているとすれば，それはそれを判断するために

内的な基準が十分でないような，そのような事例に対する確固たる基準を提供するのである[152]。

---

152) 〔原注〕テクストの歴史を確定する際の方法の手本は，ピンダロスの詩の§15-39の批判的取扱いに関する論文（『小品集』第5巻，286-371頁）参照。

II

歴史的批判（Historische Kritik）

―――――

§34. 文法的批判が言語そのものの判断ではないのと同じように，歴史的批判ということで事実の判定が理解されるべきではない。歴史的批判はその本性にしたがえば哲学的であり，そして文献学が古代の再構成にその全体性において従事し，またその際に歴史哲学と重なり合うとすれば，そのときにかぎって文献学的である。ここではわれわれは，狭義における歴史的批判を，その歴史的諸前提に関する伝承の批判と見なす。歴史的批判は，あらゆる批判の三重の課題にしたがって，以下のことを検査する必要がある。

1）1つの記念碑が，全体としておよび個別として，歴史的真理と合致しているかどうか，

2）もし合致していない場合には，何がより適切であるであろうか，

3）何が原初的なものであるのか

資料のそのような判断のなかに，明らかにまた歴史研究者の批判的機能が存している。そしてこの批判的機能は，したがってこちらの側で，一種の文献学的批判を形づくっている。

歴史的批判の方法をここでより厳密に叙述することは不必要である。その進め方は文法的批判の場合と同一であり，したがってひとは文法的批判に対して提起された規範と，上で歴史的解釈に関して述べられたことを，結び合わせるだけでよい。まさにいま述べた課題の第3のものに関して，二三の所見をのみ付け加えておこう。

歴史的に適切なものやあるいは不適切なものが，真正で原初的であるかどうかは，著作家の個性からのみ判断され得る。著作家が歴史的な歪

曲をする能力があるかどうか，そして歴史的な歪曲が彼の目的のなかにあり得たかどうか，ひとは調べなければならない。ぞんざいさ，恐れ，お世辞などから，正確な叙述がしばしば意図的に避けられる。語り手にとって，とりわけしばしば厳粛な歴史的真理は重要ではなく，そして彼の判断は往々にして党派的情熱によって曇らされている。とくに難しいのは，詩的な創造物において，どの程度歴史的真理との一致をあてにすることが許されるかを，見分けることである。さらに，あらゆる歴史的叙述においては，著者がその報告をどこから得たのか，また著者自身が資料に対していかなる批判を適用したかが問題である。多くの場合に，記憶の間違いが歴史的な不正確さの原因である。上記の177頁以下を参照されたい。

　しかしあらゆる解釈学的洞察によれば，伝承されたものが真正ではないような場合，そこでは批判はふたたび，間違いが原資料の外的破壊，筆記者の過ち，あるいは意図的な挿入によって説明されるべきかどうかを，見分ける必要があるであろう。それゆえ，ここで資料の古文書学的判断が入ってくる。固有名詞や数字はとくに高い度合いにおいて歪曲に晒されている。名前は似たものと，あるいは普通名詞と取り間違えられるが，それはしばしば短縮の結果である。もし名前が読めないとか，あるいは何らかの原因で破壊されているとすれば，それらは容易に造作なく省かれるか，あるいは間違って補完される。数字を記入する際の過ちは，数字の取り違え，配置換え，省略を別にすれば，古い言語においてはとくに頻繁に，文字が数字と見なされたり，あるいは逆に数字が文字と見なされたりすることによって生じる。ギリシア語においては，数を表す古い記号（I，II，Γなど）が，あるいは文字から作り上げられ，同様に非常に古い時代に用いられていた記号が，校訂の際に基礎づけられる必要があるかどうか，さらに調べられなければならない。文字で記された数字の腐敗は，それらが古くは数字で記されていたが，こうした形式において生じた間違いがのちの時代の綴り方のなかに運び込まれた，ということによってのみ説明がつくことが稀でない。真正なるものの回復は，最も微細な個別的事項に立ち入った歴史の知識に，個人史の知識にすらも基づかねばならず，同時に言語，著作家の個性，および書物のジャンルの性格を顧慮しなければならない。歴史的批判はそれゆえ爾余

II　歴史的批判（Historische Kritik）

の種類の批判と分かちがたく結びついており，それによってふたたびまたそこから，歴史研究と文献学は同一であることが示される（16頁を見よ）。しかし歴史的批判の校訂は通常は文法的批判よりもより大規模かつ困難である。それゆえ，単に可能的なものが必然的であるかのように思われないようにするために，ひとは歴史的批判をする際に非常に入念にその蓋然性の度合いを見分けなければならない。ときには2つの可能性は，同じくらい確固たる根拠に支えられているがゆえに，同じほど蓋然的である。ここではしばしば文法的批判の助けを借りて1つの仲介を見出すことが，歴史的批判の課題である。例えば，最初のイーオニアーの部族の名前は，Γελέοντες〔ゲレオンテス〕とΤελέοντες〔テレオンテス〕という形が同じほど確かに伝承されている。これは両方ともΓτελέοντες〔グテレオンテス〕という形から発展したので，両方とも正しいということから説明がつく事例である[1]。

　いかなる種類の批判も多かれ少なかれ結合的であるにもかかわらず，まさに歴史的なものの顧慮のなかには，真なるものを突きとめることがまったく1つの結合にのみ基づいているような，そういう一定の点が存在する。その理由は，1つの事実はこのような結合からのみ復原されるが，この事実は証拠による立証の道ではもはや突きとめられることができず，それにもかかわらず，この結合が強いるものを洞察できる芸術を解する人にとっては，しかしこうした人にとってのみではあるが，完全な明証性を有するからである。このような批判はおそらく最も難しいものであるが，しかし同時に，それにふさわしい慎重さをもってなされるときには，最も実り豊かなものである。最も難しいというのは，諸々の事情に精通していなければならないからである。最も実り豊かであるというのは，他のいかなる道を通っても到達され得ないものが，それによって生み出されるからである。結果が重要であるか重要でないかは，この活動にとってはどうでもよいことであり，また必ずしも評価され得るものでもない。各人にとってその持ち分こそが一番明瞭であるので，わたしは二三の例を挙げてみたいと思う。『ギリシア碑文集成』No.105には，Ὠσαχαραν Ἀγαθωνος〔オーサカラス・アガトーン〕

---

1)　〔原注〕1812年の講義カタログの「アッティカの部族について」De tribubus Atticis（『小品集』第4巻，51頁以下）参照。

と出てくる。わたしはその箇所で古文書学的な助けをあまり借りずに，'Ωσαχαραν の代わりに "Aσανδρον と記されるべきである，ということを指摘した。このアサンドロスという語はその他のところでは一度も現れないとしてもである。結合がそれを証明するのである。つまりオリュンピア暦年 116 年の第 3 年〔紀元前 314 年〕，当時船団と兵士を引き連れてアテーナイにやって来た統治者のために，碑文がアテーナイで起草されている。ところが，〔シケリアーの〕ディオドーロスによれば[2]，（いかなる置き換えもなしに，オリュンピア暦年 116 年の第 4 年〔紀元前 313 年〕）アガトーン[3]の弟であり，マケドニアー人であるアサンドロスが，エウボイア[4]でアテーナイから援助を得た。このいわゆるオーサカラスは彼の甥，つまりアガトーンの息子であって，そして彼はアテーナイの援軍とともにおじのためにやって来たのである。彼はそれゆえオーサカラスという名前ではなく，彼のおじに倣ってアサンドロスという名前を持っている。一族はデーメートリオス・ポリオルケーテース[5]の父であるアンティゴノス[6]と戦争状態にあったが，デーメートリオス・ポリオルケーテースは，オリュンピア暦年 118 年の第 3 年〔紀元前 306 年〕，アテーナイに慈善を施している。したがって，校訂の確証のために役立つこと，つまり碑文での名前は知られないようにされたのである。ここでは批判の種類を暗示しているにすぎず，事柄そのものを詳しく解説するつもりはないので，詳細は自分自身で読み直していただきたい。ちなみに事柄そのものは完全に確かである。そのようにして到達される利益は，状況に対するよりすぐれた洞察であって，われわれはあのように校訂された碑文によって，いまやそれをはじめて完全に把握できるのであ

---

 2) Diodorus Siculus, *Bibliotheca Historica*, Books XIX, Chap. 75, 1-2. Cf. Books XIX, 68,5.
 3) Agathon, 'Αγάθων（生没不詳）。但し，有名なアテーナイの悲劇詩人のアガトーン（c.BC447-BC401）とは明らかに別人物。
 4) エウボイアとはギリシア中部の東岸に隣接する島のこと。エーゲ海ではクレタ島に次いで大きく，面積は約 3654km^2。
 5) Demetrios Poliorketes, Δημήτριος Πολιορκητής（c.BC336-BC283）。デーメートリオス 1 世。アンティゴノス朝マケドニアーの王。アンティゴノス 1 世の子。
 6) Antigonos, 'Αντίγονος（c.BC382-c.BC301）。アンティゴノス 1 世。アンティゴノス朝マケドニアー王国の創設者。アンティゴノスはギリシア人に対しては自由と自治を保障し，息子デーメートリオス 1 世を送ってアテーナイを占領させ（BC307），その地で息子とともに「救世主」Soter として崇拝された。

る。そのほかに，ひとはオーサカラスという名前によってマケドニアーの言語にとって収穫を得たものと信じていたが，われわれは正真正銘のギリシア語の Ἄσανδρον が根底に存在すると見なす一方で，オーサカラスという名前を振り捨てるのである。そのような歴史的結合においては，論拠の立て方が重要である。これを洞察できない人にとっては，それはいかなる証明力ももたない。ブットマンはまさにいま述べた事例について，批判は完全に確かであるがそれを洞察する人はわずかである，と述べた。

III

個人的批判（Individualkritik）

---

§35. 個人的批判は次のことを調べる必要がある。1）ある書物の個人的性格が著者と推測されている人物の個人的性格にふさわしいか，あるいはふさわしくないか。2）もし不調和が見出されれば，この不調和はいかにすれば除去され得るであろうか。3）何が原初的なものであるのか。それにもかかわらず，後者の2つの課題はここで1つに落ち合う。というのは，あらゆる文字作品は著者の個性によって作られるので，それは原初的に所与の個別的条件と完全に一致しているほかはない。それゆえ，もしある書物が仮定されている著者の個性にふさわしくなければ，その書物は損傷されたか，別の著者に由来するものか，あるいは両方が同時に起こったのか，そのいずれかである。それゆえ，書物の真正の形と実際の著者が確定されることによってのみ，このような不調和は止揚されることができる。そのようにして見出されたふさわしい状況は，同時に原初的な状況である。そこからして，ひとが個人的批判を本物と偽物との批判として表示してきたことが，把握され得る。だが，爾余の種類の批判もまた真正なるものを，すなわち原初的なるものを突きとめるべきだということを別にして，このような呼称は容易に間違った見解へと誘導する。すなわち，個人的批判は書物の真正性に関して疑念が存在するところでのみ適用されるべきである，という見解がそれである。しかし個人的批判はむしろ，そこからかなり多くの場合において疑念と，したがって先ほど言及した第3の問題とが，生じてくるしかないような，絶え間なく用いられるべき操作である。それにまた，これに関して真正なるものの概念は決して単純なものではない。プラトン

の著作として伝承されているある書物は，こうした関係では偽物と説明され得るが，しかしその際，それはクセノポーンの本物の著作であり得る。ひとは個人的批判を「高等」批判としても表示してきており，その際「下等」批判ということでは，文法的批判と古文書的批判，つまりいかなる学問的価値も持たない見分け作業を理解している。

1. 第1の課題の解決は個人的解釈からおのずと生じてこざるを得ない。実際のそして確実な著者の個性は，まず解釈学的な道を辿って書物そのものから見出される。このなかの何かあるものがそれと一致しないとすれば，ひとはさしあたりみずから自身の解釈を厳密な批判に服させなければならない。というのは，ひとは著者の性格を著作の個別的事項から規定しなければならないので，ここにおいて多くの特徴が十分に顧慮されずに，つぎにそれが早まって仮定された著者の性格からの逸脱のように思われる，という事態が発生することがある。しかしもしある箇所と著者のそれ以外の文体との間に真の不調和が存在するとしても，この不調和は原初的に存在していたということもあり得る。というのは，いかなる個性も一定の限界内で可変的だからである（186, 269頁を見よ）。もし不調和がこのような仕方で説明され得ないとすれば，ひとはそれが伝承の腐敗に根拠を持っているかどうかを，さらに調べるであろう。ここにおいて古文書学的批判が個人的批判の必要なる補助手段であることが示される（272頁を見よ）。しかし同時に，もし個性についての見解が，その見解の基準にしたがってふたたび検査されるべき異文に基づいて確定されているとすれば，証明の遂行が知らぬ間に循環運動をする危険性がふたたび迫る（299頁を見よ）。それゆえ，個人的批判と解釈はただ近似的に，つまり絶えざる絡み合いによって，その課題を解決することができる。

さて，ある文字作品がある前提された著者に，あるいは伝承によって申し立てられた著者にふさわしいかどうかは，その著者の個性がほかで知られているときにのみ，明らかに決定され得る。ひとはその場合比較によって，この著者の個性が書物そのものから突きとめられた実際の著者の性格と同一であるかどうかを確定しなければならない。ひとが推測された著者を別の書物から知っているとき，この課題は最も確実に解決される。もちろん，これらの書物もふたたびまたまずはその真正性が検

III 個人的批判（Individualkritik）

査されなければならず，それによって手続き全体はきわめて錯綜したものになる。例えば，ある対話がプラトンの文体に対応しているかどうかを決定するためには，ひとはプラトンの個性を他のいろいろな対話から知らなければならない。しかし他のいろいろな対話については，ふたたびあらゆる個々のものが同様の仕方で検査されなければならない。明らかにひとはここで1つのものから他のものへと赴くよう命じられるが，他方であらゆる個々のものにおいて懐疑が繰り返される。こうした懐疑は次のようにしてのみ解決される。すなわち，二三の対話において伝承が外的証拠によって確実に認証されており，そしてそれによって他の伝承の適切性が決定できるためには，これらのなかに著者の個性が十分に表現されることによってである。

　さてしかし，個々の書物の内部においてよりもはるかに高い度合いにおいて，同一の著者の複数の書物の間に，個性の統一性とうまく結合され得るにもかかわらず，容易に不調和と見なされ得る多様性が浮かび上がることがある。というのは，一人の著者のいろいろな著作は，それらがさまざまなジャンルに，あるいは著者の個性のさまざまな発展段階に属しているときに，区別されるからである。もしジャンルの性格と個人的なスタイルを取り違えると，批判はさしあたり道に迷う。例えば，われわれはリューシアースの個性をかなりの数の歴史的演説から知っている。だが，プラトンの『パイドロス』のなかには，彼によるエロースに関する演説も見出される[1]。その演説の文体は爾余のそれからは非常に逸脱しているので，テイラー[2]以降，多くの人はそれが捏造されたものであると主張してきた。これに関しては，その演説がその目的にしたがって特有の特徴を帯びざるを得ないということを，ひとは見落としてきた。もしそこにおいて，恋する人が自分を恋していない人たちを愛さなければならないという，逆説的命題が遂行されるとすれば，このことは些事にこだわる気取ったやり方でのみ起こることができる。ひとはそ

---

[1] 「パイドロス」1C, 6A-10C『プラトン全集』第5巻，鈴木輝雄・藤沢令夫訳『饗宴・パイドロス』（岩波書店，1974年），132, 141-148頁参照。
[2] Thomas Taylor（1758-1835）。イギリスの学者。プラトン，アリストテレス，新プラトン主義者，ピュータゴラース主義者などの翻訳や注解に尽力し，ウィリアム・ベレイクや，超絶論者たちやイェイツなどに影響を与えた。

れゆえ，法廷弁論におけるリューシアースの文体が簡素で無理のないものであるという理由で，この演説の真正性に異論を唱えることは許されない。すでにハリカルナッソスのディオニューシオス[3]が，エロースに関する演説におけるリューシアースは，それ以外のところとは別の性格を示している，と述べている。彼の名前のもとに伝承されている墓碑銘もまた，ふたたび特殊な独自的な文体をもっている。しかしこの文体は頌歌的なジャンルの形式から説明され得るので，ひとはその演説をこの文体ゆえに，ただちに偽物として退けてはならない。個人的批判はこれによれば明らかに種類的批判に依存している。しかしそれに加えて，とくに難しいのは，個性の発展が文体の形成に及ぼす影響を正しく評価することである。著作家は年を取るとしばしば若い頃とはまったく違った書き方をする。そして人生の運命に応じて，彼の個性のまったくさまざまな側面が際立ってくる。ひとは著作家の発展過程を必ずしも知っているとはかぎらないし，あるいは目の前にある書物がどのようにしてその発展過程のなかに位置づけられるかを，いつも知っているわけではない。それゆえ，もし1つの書物が推定されている著者の他の著作から本質的にも逸脱しているとしても，そうした逸脱が著者の発展過程のなかにその根拠を有している可能性があるかぎり，逸脱しているという理由でそれに異論を唱える権利をもたない。ひとはこれについての判断を，歴史的な支点が欠如しているところでは，なかんずく同じジャンルの，他の著作家における類比的な事例から，形づくらなければならないであろう。しかし不調和が立ち現れてきたときに，まず不調和の度合いを確定し，つまりそれが著作全体の性格に存しているのか，それとも個別的事項のうちに存しているのかを調べることは，非常に重要である。おそらく異文の簡単な損傷があるだけでは，ひとは早まってその書物を偽物と見なさないであろう。例えばダウェシウス〔ダウェス〕[4]は，そのな

---

3) Dionysios Halikarnasseus, Διονύσιος Ἁλικαρνασσεύς (c.BC60-AD7以降)。アウグストゥス時代のギリシア系歴史家・修辞学者。小アジアのハリカルナッソス市の出身。ローマに移住して文学・修辞学を教え，前5〜前4世紀の古典期アッティカ散文を研究，洗練された鑑識眼で知られた。主著は『ローマ古代誌』Ῥωμαϊκὴ Ἀρχαιολογία,〔ラ〕Antiquitates Romaenae。

4)〔ラ〕Ricardus Dawesius〔英〕Richard Dawes (1708-66)。イギリスの古典学者。主著は Miscellanae critica (1745)。

かでは短いι〔イオータ〕をもつ Αἴγινα が現れるという理由で,『ピュティア祝勝歌』の最後の歌はピンダロスの作ではないと主張しようとした。もしこれが事実そうであるとしても, 癪の種となっているものが文法的批判か古文書学的批判によって除去され得ないかどうか, まず調べられなければならないであろう。しかし実際にはそれどころか, それは韻律を理解しなかった批評家の無知に基づいているにすぎない。というのは, Αἴγινα は頌歌においては決して短いι〔イオータ〕とともに用いられないからである[5]。

　以上に述べたことから, 判断の確実さは書物の分量にも依存しており, これには比較的な批判が関係している, ということが判明する。前提されている著者について, 確実な比較を行うことができるための十分な分量をもった書物が, 1冊ないし複数冊存在しないときには, 書物を判断するための基準が欠如していることが多い。しかしさらに, 判断されるべき書物そのものが, 分量的にあまりにも取るに足らず, 個別的比較のための支点をあまり提供しないこともあり得る。小さな文字作品やあるいは断片の場合には, それゆえしばしば, それらが1人の特定の著者に起因していないことが確定されるが, それに対して, 著者の性格をきわめて正確に知っている場合ですら, それらが1人の著作家に必然性をもって帰せられるべきかどうかは, はるかに稀にしか規定できない。キケローはセルウィス何某について言及している（『地縁・友人への書簡』IX, 16）。セルウィスはあらゆる所謂プラウトゥス的詩行に関して,「『この詩行はプラウトゥスのものではなく, これはプラウトゥスのものである』」(,,Hic versus Plauti non est, hic est")と言うことができたが,「それは彼が詩人たちの文体を観察することと読書の習慣とによって, 洗練された耳をもっていたからである」(quod tritas aures haberet notandis generibus poëtarum et consuetudine legendi.)。しかしながら, ひとはそのような歴史的なものを「幾分の斟酌をもって」(cum grano salis) 理解しなければならない。キケローはその箇所で主として言及された判断の否定的な側面を強調している。この関係においては, 例えばアレクサンドリアの批評家たちは異常に感情が細やかであった。これに対して,

---

5)〔原注〕『ピンダロス全集』, 第1巻第2部, 573頁参照。

似たような類いの積極的判断は，非常に信頼できない。ヴィッテンバハはルーンケンを褒めたたえて言った（『ルーンケンの生涯』[6]220頁以下）。彼はストバイオスにおいても，あらゆる決定的に重要な箇所で，即座に著者の名前を挙げることができ，また詞華集のなかのいかなるエピグラムにおいても，たとえごくわずかのエピグラムしか残っていないような詩人の場合ですら，一回通読したあとで，いかなる著者に起因するのかを申し立てることができた，と。しかしこれは，芸当が追憶になったのでないかぎり，単純にミュンヒハウゼン[7]流のほらである[8]。偉大なヨーゼフ・スカリガー[9]ですら類似の要求によっていかに恥をさらしたかが知られている。というのは，彼はムレトゥスが彼をからかうために書き上げた詩行を，まったき確実性をもってトラベア[10]のものだと主張したからである（J・ベルナイス『ヨーゼフ・ユストス・スカリガー』[11]，270-271頁）。より小さな書物や断片についての否定的な判断が問題となっている場合ですら，ひとは非常に慎重に物事を始めなければならない。そのような場合，臭覚の特別な繊細さを資料で裏づけたいとの過度の欲望がそそられることすらあるが，他方で非常に小さな作品においては，察知された不調和は間違った異文のなかにいとも容易にその根拠をもっているだけのこともある。フリードリヒ・アウグスト・ヴォルフは繊細な批判的感情をもっていた。しかし彼は晩年になると事項や人物について否定的な意見を述べることを好んだ。かくして彼は，ベルリン図書館の写本のなかにあるキケローの1通の手紙を，印刷された版のなかには見出さなかったこともあり，若干の軽微な欠陥があるとの理由で，すり替えられた偽物と見なしたが，ついには彼の弟子の1人が，その手紙は通

---

6) Daniel Albert Wyttenbach, *Vita Davidis Ruhnkenii* (Leyden & Amsterdam: A. & J. Honkoop & P. den Hengst, 1799).

7) ミュンヒハウゼン（Karl Friedrich Hieronymus von Münchhausen, 1720-97）が書いた滑稽な冒険物語の主人公で，ほらふき男爵と呼ばれる。

8) 〔原注〕『最も優れたギリシア悲劇作品たるアイスキュロス，ソポクレース，エウリーピデースの現存するものがすべて真正であるかどうか』122-23頁参照。

9) Josepf Justus Scaliger（1540-1609）。オランダの宗教的指導者，学者。古典的な古代史をギリシアと古代ローマ史から，ペルシア，バビロニア，ユダヤ，エジプトなどの歴史を含むものに拡大した。

10) Trabea（c.130）。ローマの喜劇詩人

11) Jacob Bernays, *Joseph Justus Scaliger* (Berlin: Verlag von Wilhelm Hertz, 1855).

III　個人的批判（Individualkritik）　　313

常の版の別の箇所にあるにすぎないということを，彼に示したのであった。当然のことながら，失われてしまった書物についての判断は通常最も難しい。もちろん，もしそれがいかなる性質であったか，そして仮定された著者の著作がそのような性質ではあり得なかったことがわかっていれば，そのような書物の非真正性を証明することは可能である。だが，これに対する証明は大抵不確かである。例えばティールシュ（『ミュンヘン文献学報』[12]第3巻，647頁）は，テュルタイオス[13]が古代に彼の名前で存在していた5巻の戦争歌を執筆したことに異を唱えた。なぜなら，テュルタイオスの時代にはまだ知られていなかったような抒情的韻律でそれが書かれたことを，彼が前提していたからである。しかしそれらはアナパイストス〔弱弱強（短短長）格〕であったし，アナパイストスで5巻の本を書くことができたことは，エレジー作者の類比がこれを証明している[14]。

　文法的解釈，歴史的解釈，および個人的解釈において示されたことは，あらゆる著作において，そのなかで適用される語彙は，さらには素材と文章構成の仕方は，個人的に制約されているということである（154-155，177以下，および187頁を見よ）。それゆえ，個人的批判もまたあらゆる著作のこれら3つの側面に関係する。

　I.　素材あるいは内容が最も容易かつ最も確かな基準を提供する。素材あるいは内容が場所と時代に関して前提されている著者の個性にふさわしいかどうかが，まず検査されるべきである。もし著者が，一般的にあるいはそう思われている時代に，いなかった場所にいたと言うとすれば，明らかに矛盾が存在するのであって，個人的批判はこれを解決する必要がある。さらに，ある著作家の場合に，彼の時代のあとにあたる事態が言及されているか，あるいは前提されていることが見出されるか，それとも彼の時代の前に存在する出来事が，同時代的なものとして挙げられるとすれば，同様に明らかにそのような不調和が存在している。こ

---

12) Friedrich Wilhelm von Thiersch, *Acta Philologorum Monacensium*, 4 Bde. (München: in Libraria regia scholarum, 1812-18).

13) Tyrtaios, Τυρταῖος（生没不詳）。前7世紀のギリシアのエレゲイオン（elegeion, ἐλεγεῖον）調の詩人。

14) 〔原注〕『ピンダロスの韻律について』*De Metris Pindari*，130頁参照。

のようにアイスキネースの第4書簡では，アテーナイに設立されたピンダロスの像のことが記される。さて，アテーナイ人はコノーン[15]に至るまで，ソローン[16]，ハルモディオス[17]とアリストゲイトーン[18]にのみ像を設置し，イソクラテースは「財産交換について」($\pi\epsilon\rho\grave{\iota}$ $\dot{a}\nu\tau\iota\delta\acute{o}\sigma\epsilon\omega\varsigma$)の演説において，ピンダロスに示された敬意を物語る際に，その像について何も言及していないとすれば，問題の像はアイスキネースの時代にまだ存在しておらず，むしろずっとのちに設立されており，そしてその書簡はそれゆえにすり替えられた偽物であることが証明される[19]。ソクラテスのクセノポーン宛の書簡において（『ソクラテスとソクラテス派，ピュータゴラースとピュータゴラース派のものと称されている書簡』[20]7頁），クセノポーンはソクラテスの死後はじめてそこに住居を構えたのに，ペロポンネーソス半島に住んでいることが前提されるとすれば，それは似たような矛盾である。しかしながら，時代の情報に基づいて書物の真正性について有罪判決を下すためには，ひとはしばしば，とくに古文書学的批判の助けを借りてでも，年代順を個別事項の細部にいたるまで確定しなければならない。そして癪の種となっているものに関しては，意図的な時代錯誤やあるいは記憶間違いが存在するかどうか，まず検査しなければならない（302頁参照）。

　場所と時代のほかに，書物の歴史的基礎を形づくっている爾余の状況や事態が，考察の対象となる。例えば，演説のなかに，あるいは法律のなかにすら，同時代の出来事や政治的制度の無知が浮かび上がるとすれば，前提されている著者や法律制定者において，そのような無知が仮定されてよいかどうかが問題である。この関係において際立つ多様な矛盾のために，デーモステネースの演説のなかに挿入された布告の多くは棄

---

15) Konon, Κόνων (c.BC444-BC392)。アテーナイの名家出身の将軍。
16) Solon, Σόλων (c.BC639-c.BC559)。アテーナイの立法者。ギリシア7賢人の1人。
17) Harmodios, Ἁρμόδιος (?-c.BC514)。アリストゲイトーンとともにペイシストラトス家の僭主政打倒を試みたアテーナイ市民。2人は恋人同士であった。
18) Aristogeiton, Ἀριστογείτων (?-c.BC514)。ハルモディオスとともにペイシストラトス家の僭主政打倒を試みたアテーナイ市民。
19) 〔原注〕『ピンダロス全集』第2巻第2部，18-19頁参照。
20) *Socratis et socraticorum, Pythagorae et Pythagoreorum quae feruntur Epistolae,* herausgegeben von Johann Conrad von Orelli (Leipzig: Weidmann, 1815).

III 個人的批判（Individualkritik） 315

却されるべきである。マネトーン[21]のものだとされる書簡において，国王プトレマイオス・ピラデルポス[22]は尊厳者（Σεβαστός）と呼ばれている。しかしこれはローマの称号アウグストゥス（Augustus）の翻訳であるので，この点でただちにこの作品の非真正性が示される[23]。パラリス[24]とソクラテス派の書簡は，場所，時代，および歴史的事態に関する不調和のゆえに，ベントリーによって本物でないと言明されている。似たような理由で，プラトンの書簡も本物ではないと見なされるべきである[25]。しかし書物の内容は一般に著作家が属している国民の性格や歴史的状況とは矛盾していることがある。かくして，アレクサンドリアでたびたび起こったように，ユダヤ人がユダヤの素材を古代のギリシア著作家にこっそり押しつけるとき，ひとはそれを容易に認識できる。例えば，アブデラのヘカタイオス[26]がアレクサンドロス大王の行軍に付き従ったと，ユダヤの歴史は書き記しているが，このことは疑われるべきではない。しかしながら，それに付随するアブラハムとエジプトに関する書物が本物ではなかったということは，保存されているいろいろな断片が示している[27]。しかし似たような癪の種となっているものにおいて，著者が異質の伝承にしたがっていないかどうか，しばしば検査されるべきである。最後に，基準もまた前提されている著者の思想体系のうちに存している。1つの箇所が別のところで表明されている見解や原則に矛

---

21) Manethon, Μανεθών（生没不詳）。エジプトのヘーリオポリスの神官・学者。プトレマイオス2世の治世（BC285-BC246）にギリシア語でエジプトの歴史 Aigyptiaka, Αἰγυπτιακά を執筆した。

22) Ptolemaios Philadelphos, Πτολεμαῖος Φιλάδελφος（BC308-BC246；在位BC285-BC246）。プトレマイオス2世。プトレマイオス1世（プトレマイオス・ソーテール）の息子。アレクサンドリアにパロス島大燈台を建設，ムーセイオンと大図書館を拡張・整備し，学芸を保護・奨励して著名な学者を多く輩出させた。

23) 〔原注〕「マネトーンとシリウスの時代」（1845）15 頁参照。

24) Phalaris, Φάλαρις（生没不詳）。前6世紀中葉に活躍。シケリアー島の僭主。

25) 〔原注〕綱領「プラトンとクセノポーンの間に存在したと言われる敵愾心について」De simultate, quae inter Platonem et Xenophontem intercessisse fertur（1811）（『小品集』第4巻，29-30頁，第7巻，38頁）参照。

26) Hekataios ho Abderites, Ἑκαταῖος ὁ Ἀβδηρίτης（c.BC360-c.BC285）。前315-前285頃に活躍した歴史家・著作家。トラーケー（トラーキアー）のアブデーラ，もしくはテオース島の出身。懐疑主義哲学者ピュッローンの弟子。

27) 〔原注〕『最も優れたギリシア悲劇作品たるアイスキュロス，ソポクレース，エウリーピデースの現存するものがすべて真正であるかどうか』146 頁以下参照。

盾しているとしても，これはまだそれを本物でないと言明するための十分な根拠では断じてない。矛盾は著者のいい加減さ，物忘れ，あるいは意図のなかにすらその原因をもっていることがある (178 頁を見よ)。個人的批判はそれゆえ，いずれの場合にも，そのような原因が前提されるべきかどうかを，検査する必要がある。しかしとりわけここでは，見かけによって欺かれていないかどうか用心する必要がある。なぜなら，一切は完全に調和しているところで，ひとはしばしば不完全な解釈によって矛盾を見つけるからである。かくしてプラトンは『パイドン』のなかで，霊魂が調和であることを論難しているが，一方『ティーマイオス』のなかでは，個々の霊魂に類似的である世界霊魂を調和として構想している。このことは矛盾しているように思われる。だが，より厳密な解釈は，『パイドン』においては，霊魂が物体的な調和であるという見解のみが論難されていることを示す。その場合，ソクラテスがシミアース[28]に，自分はおそらく調和を，それに譬える当のものに，つまり霊魂に，似ているものと呼んではいない，と述べるとき，彼はそれによって次のことを暗示している。すなわち，物質的な調和自体はそれの模倣にすぎないような，そのような高次の，超感覚的な調和というものがもちろん存在し，そしてこの意味においてつぎに『ティーマイオス』において，霊魂が調和として叙述されるということである。プラトンは早まった批判によって非常に被害を被ってきたが，そのような早まった批判は，不完全な解釈のせいで辻褄が合わないものを矛盾的と見なすのである。けれども，シェリングでさえかつてそのような矛盾と思われているもののせいで，実際に『ティーマイオス』の真正性を疑ったことがある[29]。著者と言われている人物の知られている原則に関して実際に矛盾があるために，ある書物が批判を受けているような事例を，デーモステネースのピリッポス弾劾演説第 4 弾は提供する。そこにおいて (141 頁)，デーモステネースがそれ以外のところで首尾一貫して論難しているテオーリコ

---

28) Simias, Σιμίας（生没不詳）。テーバイの人。ソクラテスに親しいサークルに属する 1 人で，ソクラテスの刑死にも立ち会った。

29)〔原注〕「プラトンのティーマイオスにおける世界霊魂の形成について」Ueber die Bildung der Weltseele im Timaeos des Platon (1807)（『小品集』第 3 巻，125-126, 164 頁）参照。

ン[30)]が擁護される[31)]。著作家の原則はときには学派ないし党派に遡源されるべきである。とはいえその場合には，その著作家が与えられた事例において，彼の同時代人たちの一般的見解から個人的な仕方で逸脱していないかどうか，つねに検査されるべきである。それにまた，ひとはこの普遍的な見解をしばしば，それにしたがって批判すべき資料からのみ知っている。それゆえ，ひとは原理の請求（petitio principii）に用心しなければならない。特別な困難が生じるのは，その個性にしたがえば他人の書いたものを寄せ集めて書く人ではあり得ないようなある著作家が，他人の思想の内容を自分自身のものとして提供していると思われるときである。その場合，当該箇所の真正性を，あるいは書物全体の真正性をすら疑う権利を行使する前に，これについて実際に個人的な根拠があるかどうかを，ひとはまず厳密に検査しなければならない。例えば，プラトン的と称される『イオーン』は，その思想の内容にしたがえば，幾重にもクセノポーンの饗宴と一致している。ここでは実際クセノポーンが間違って剽窃の罪を帰されることだってあり得るであろう。しかしプラトンに改作能力があるとも信じられないので，『イオーン』の真正性に対する疑いは正当化されるように思われる[32)]。

II. 著作家の個性は彼の文章構成の仕方（Compositionsweise）から解釈学的に見出される。それゆえ，この文章構成の仕方と一致しないものは，著作家の個性と矛盾している。もちろん，これについての判断は解釈学的な帰納的推理の完全性にまったく依存しており，それゆえ内容の性質から導出されるものよりも難しい。アリストパネースは『蛙』のなかで（第5巻1208以下）それを嘲笑しているが，彼が自分の作品の

---

30) テオーリコン（θεωρικόν）とは，*A Greek-English Lexicon* [compiled by Henry George Liddle and Rober Scott, revised by Henry Stuart Jones and Roderick McKenzie, with a Supplement 1968 (Oxford: Clarendon Press, 1990)] の説明によれば，"fund for providing free seats at public spectacles" のこと。アリストテレスの『アテーナイ人の国制』のなかには，οἱ ἐπὶ τὸ θεωρικόν なる表現が見出されるが（Arist. *Ath.* 43.1），村川堅太郎氏はこれに「祭祀財務官」という訳語を充て，次のような注釈を加えている。この職責は「4世紀に創始され，本来は祭祀における観劇手当（θεωρικόν）の分配を司った。Eubulos がこの役人の1人となり，国家財政を指導するに及び重要官職となり，その管掌は国家の全財産に及んだ。」『アリストテレス全集』第17巻（岩波書店，1972年），404-405頁参照。

31) 〔原注〕『アテーナイ人の国家財政』第1巻，307頁参照。

32) 〔原注〕「プラトンとクセノポーンの間に存在したと言われる敵愾心について」（『小品集』第4巻，18頁，注4）参照。

前に一種のプロローグ（前口上）を先送りするのは，例えばエウリーピデースの流儀に属する．しかし『アウリスのイーピゲネイア』にはプロローグがなく，そして当面の文章構成においてプロローグをもつことができなかったということは，作品そのものから証明され得る．なぜなら，その作品の内容を形づくらざるを得なかったものが，第5巻49-114で語られているからである[33]．しかしながら，ここからこの悲劇が本物ではないとただちに結論づけることは許されない．詩人がそこにおいて一度だけ何らかの理由で彼のそれ以外の流儀から逸脱したということだって，実際考えられるだろうから．文章構成における個々の点が判断にとって決定的であることは稀である．例えばプラトンにおいては，個々の対話の文章構成における最大の多様性が示されるので，ひとはすべての疑いなく真正である対話のなかに見出される特徴をも，必ずしも彼の文体のまったく必然的な契機と見なすことは許されない．しかしわれわれは，彼の書物の本質的な性格全体を確定することができるし，また書き方の個々の契機の批判的意義を測る本来的基準が，つねにこのなかに存在する．それゆえ，プラトンに帰せられる複数の対話において，個人的批判は完全に確実な出来事に到達する．例えば，『ミーノース』と『ヒッパルコス』はプラトン的文体のあらゆる規則と明らかな矛盾関係にある．このことはまず二つの対話の構想全体のうちに示される．そこにおいて演劇の形式が取り扱われる仕方は，ソクラテスと論争する人物たちが演劇的性格を欠いており，またそれに対応して名前すらを欠いているので，まったく非プラトン的である．というのは，これらの人物がミーノースやヒッパルコスという名前でないことは，結合的な批判によって容易に示されるからである[34]．プラトンがそのなかではっきりした名前をもたない人物を導入する唯一の対話は『法律』であるが，そこではクレイニアスとメギロスという名前が，すでにプラトンのそれ以外の慣習に反して作り出されているように思われ，そしてアテーナイの客人たちは名前で呼ばれていない．だが，このことはソクラテス

---

[33]〔原注〕『最も優れたギリシア悲劇作品たるアイスキュロス，ソポクレース，エウリーピデースの現存するものがすべて真正であるかどうか』216-217頁参照．

[34]〔原注〕『一般にプラトンが著者であると信じられている『ミーノース』とプラトンの『法律』第1巻に対して』7-10頁．

III　個人的批判（Individualkritik）　　　319

もそこに登場しない，この対話の特徴から説明がつく。アテーナイの客人の姿で，プラトンは自分自身の見解を表明し，そして3人の対話者は一定の性格を有している[35]。ミーノースとヒッパルコスという目下の表題は，疑いなく後代の文法家に起因している。もともとそれらは「法律について」（περὶ νομου）と「利得について」（περὶ φιλοκερδοῦς）と言われていた。正真正銘プラトン的な対話に由来するものは2つだけである。つまり，『国家』と『法律』は実質的な内容にしたがって名づけられている。にもかかわらず，これらにおいてはすでに表題の形式――「国家について」（περὶ πολιτείας）および『法律について』（περὶ νόμων）ではなく，「国家」（Πολιτεία）と「法律」（Νόμοι）――が，それらにおいては対象について議論されるだけでなく，対象そのものがドラマティックに発展させられる，ということを暗示している[36]。さてしかし，もしひとが表題にしたがって『ミーノース』と『ヒッパルコス』の内的構想により深く入り込むと，素材の取り扱いのいたるところにおいて，たとえ目的はしばしば意図的に隠されているとしても，プラトンのすべての真正な対話において支配しているところの，深い合目的性が欠如していることが見出される[37]。さらに思想の結合に関しては，2つの対話にはすべての真正な対話から知られているプラトン的弁証法の痕跡がない[38]。最後に，それらは外的形式においてプラトンの書き方からまったく本質的に逸脱している。ひとはこのことを最も微細な個別的事項に至るまで追跡することができるが，そこでは最終的にもちろん感情だけが決定する[39]。しかしこれらの対話においては，さらに別の基準が付け加わる。それらは同時にプラトンの本物の著作とあまりに大きな一致を示している。疑いなくプラトンの本物の著作のいろいろな箇所が模倣される，しかもしばしば表面的な，あるいは誤解されやすい把握を伴ってすら[40]。プラトンがそのような仕方でみずから他人の書い

---

35)　〔原注〕同上，69 頁以下。
36)　〔原注〕同上，10 頁。
37)　〔原注〕『一般にプラトンが著者であると信じられている『ミーノース』とプラトンの『法律』第 1 巻に対して』11 頁。
38)　〔原注〕同上，12 頁以下。
39)　〔原注〕同上，15 頁以下。
40)　〔原注〕同上，23 頁以下。

たものを寄せ集めて書いたということは仮定できないので，これらの対話は疑いなくすり替えられたものである．ひとは一般的に次のように言うことができる．すなわち，ある著作と著者の真正な書物とのあまりにも大きな類似性は，しばしば大きな逸脱よりも非真正性に対するより強度の証明である，と．というのは，独創的な著作家は自分自身の文体形式を，奴隷のように卑屈なやり方で模倣したりはしないからである．最上の著作家においてすら起こり得る偶然的なあるいは意識的な，同一の思想あるいは同一の言い回しの反復を，模倣から区別することは，しばしば容易ではない．そのような反復はエウリーピデースにおいて頻繁に見出される．例えば，古代の演説家たちもまったく躊躇わずに，自分自身の古い演説から全文を文字通り反復したが，その理由は繰り返される対象に対して，前とは違った表現を追求する時間もその気もなかったからである．しかし著作家が他人の書物を模倣した可能性があるかどうかを，決定することが問題である場合には，とくに慎重に処理しなければならない．目の前にある一致に関しては，それが偶然ではないのか，あるいは共通のジャンルの性格に根拠づけられているのかを，つねにまずもって検査すべきである．オランダの批評家たちは，たしかに年代順には模倣が不可能なところで，ときおり早まって模倣を前提してきた[41]．しかしさらに，まったく古典的な著作家においても実際の模倣が見出される．悲劇作家たちはとくに効果的な箇所を，それどころか詩行を，他人の劇から借用することは稀ではなかった．というのは，このことはまさに観衆の趣味にしたがっていたからである[42]．そのような仕方でソポクレースはアイスキュロスを，エウリーピデースはソポクレースとアイスキュロスをたびたび模倣している．当然のことながら，演説家たちにおける借用も同様であった．平和についてのアンドキデース[43]の

---

41)〔原注〕『一般にプラトンが著者であると信じられている『ミーノース』とプラトンの『法律』第1巻に対して』23-24頁，および『最も優れたギリシア悲劇作品たるアイスキュロス，ソポクレース，エウリーピデースの現存するものがすべて真正であるかどうか』251-252頁参照．

42)〔原注〕『最も優れたギリシア悲劇作品たるアイスキュロス，ソポクレース，エウリーピデースの現存するものがすべて真正であるかどうか』242頁以下．

43) Andokides, 'Ανδοκίδης（BC440-BC390）．古代ギリシアのアッティカ十大雄弁家の一人．

演説は，すでに古代後期において本物ではないと見なされていたが，それはそのなかのかなり長い箇所がアイスキネースの演説「使節団の背任について」(περὶ παραπρεσβείας) と一致しているからである。しかしアイスキネースはアンドキデースを単純に抜き書きしたのであり，これは 50 年前に行われた演説なら何の障害もなくできたことである。演説家にはしばしば準備のための時間があまりなく，彼らにとってはとりわけその演説の瞬間的な影響が重要だったので，そのような許諾は非常に自然であった。この種の剽窃に関しては，マイアーがハレ大学の 1832 年の講義カタログのプロオイミオンで詳しく扱っている［『学問的小品集』，第 2 巻，307 頁以下］。ローマの著作家の場合には，ギリシアの模範に対して彼らのオリジナリティの度合いを確定することが，とくに重要である。模倣の場合にここで許可されたものの限界がどのくらい広く引かれていたかを，キケローの哲学的書物が証明する。彼はある箇所の全体をギリシアの著作からほぼ文字通り典拠を挙げずに借用し，このような仕方で同胞に直接ギリシア哲学を知らしめることを，みずからの名誉と見なしている。例えば彼が『大カトー』にプラトンの『国家』からの大きな部分を組み入れたやり方を，今日のわれわれなら剽窃と呼ぶであろう。ギリシア人の古典的散文家の場合には，他人の業績のそのような利用を前提することは許されない。これらの散文家の場合には，あらゆる模倣は独創的な，芸術的意図から説明されるべきである。したがって，プラトンの『饗宴』における演説を，あらゆる可能的書物からの抜粋と見なすことは，まったくの間違いである。しかしもちろんそのなかでは，一定の演説のスタイルが模倣される。それは対話に高度のミミックな美を付与するし，また『メネクセノス』におけるように（178 頁を見よ），著者の芸術的目的に合致している[44]。プラトンの『饗宴』とクセノポーンの『饗宴』との比較は，プラトンが模倣する際にどのように処理しているかを示す。彼はここではクセノポーンによってまず選ばれた形式を躊躇なく受け入れるが，しかしそれをまったく独創的な仕方で取り扱う[45]。ときおりまさに模倣のなかに最高度の芸術的な美すらも潜

---

44)〔原注〕「プラトンの饗宴の刊行見本についてのティールシュの批判」die Kritik von Thiersch's Specimen editionis Symposii Platonis (1809)（『小品集』第 7 巻，137 頁以下）参照。
45)〔原注〕「プラトンとクセノポーンの間に存在したと言われる敵愾心について」(『小

んでいる。1つの卓越した実例を提供するのは，ソポクレースの『エレクトラ』の有名な箇所（1415行）である。そこでは瀕死のクリュタイムネーストラーが，アイスキュロスの同名の劇におけるアガメムノーンと同一の言葉（1335行）を発する。すなわち，「ああ，斬られてしまった」（ὤ μοι πέπληγμαι）と「ああ，またしても」（ὤ μοι μάλ' αὖθις）という言葉である。それを通してアイスキュロスの悲劇が聴衆の記憶のなかに呼び起こされ，そして復讐の力はこの記憶による以上に強烈に彼らの魂の前に立ち現れることはできなかった[46]。以上に述べたすべてのことにしたがえば，与えられた事例において，著者に他人の文章構成の模倣があると信じられるべきかどうかという問いは，あらゆる個人的状況を考慮して判断されなければならず，彼のオリジナリティについての偏見によって判断されてはならない。

　その著作が著者の国民的規定性にふさわしいかどうかを，文章構成にしたがって決定することは，著作の素材にしたがって決定することよりも難しい。というのは，個人の文体は国民的文体から非常に逸脱することがあるからである（189-190頁を見よ）。けれども，ひとは例えばヘレニズム期のものを，文体においてもまた，〔古典期の〕国民ギリシア的なものから大抵は容易に区別する。学派や時代による文体の発展もまたしばしば重要な基準を提供する。そこで多くのいわゆるアナクレオーン的歌は，たしかに韻律の不完全性ゆえに，アナクレオーン[47]の学派と時代にふさわしくない。オルペウス教徒たちとすり替えられた詩行は，文章構成の全体において，はるかに新しい時代の特徴を帯びている。文体の様式に基礎づけられた判断においては，最後に，著者の固有の発展も考察対象となる。J・リプシウス以降，多くの人は『弁論家に関する対話』Dialogus de oratoribus を彼のその他の文体からの逸脱を理由に，タキトゥスのものでないと言ってきた。しかしこの逸脱は，この書物が

品集』第4巻，5-18頁）参照。
　46）〔原注〕『最も優れたギリシア悲劇作品たるアイスキュロス，ソポクレース，エウリーピデースの現存するものがすべて真正であるかどうか』244頁以下参照。
　47）Anakreon, Ἀνακρέων（c.BC570-c.BC485）。イーオニアーのテオース出身の抒情詩人。美酒や美少年・乙女を主題にしたイーオニアー方言の軽快な詩5巻を残したが，現在ではその断片がわずかに伝わるのである。その洗練された詩風は広く愛好されて，後世にも大きな影響を及ぼし，多数の模倣者を出した。

III 個人的批判（Individualkritik） 323

著者の青年期の著作であるということから，完全に説明がつく（A・G・ランゲ『論文集・講演集』[48]，3頁以下参照）。プラトンの対話篇の批判においては，ひとは執筆の時期を顧慮しないと，完全に間違ってしまう。完成された青年期の著作としては『パイドロス』が，成熟した年代の傑作たる『国家』から区別されるように，後者はふたたび老年期の未完の著作である『法律』からも区別されなければならない。

　Ⅲ. すべての著作家が言語に与える様式的な形式を別にすれば，著作家は言語の歴史の内部におけるおのが歴史的位置によって，および彼の言語がそのうちを動く圏域によって，個別に限界づけられた語彙をもっている。言語の要素とその構成の形式の一定の小さな部分が著作家に適用される。さらに，すべての著作家が言語の意味を同じ完全性をもって自分のものにするわけではないので，彼らは言語の正確さにおいても個々に異なっている。さて，もし著者の言語がその枠内を動いている制約を正確に知っているとすれば，ひとはその外に存在しているものを，ふさわしくないものと明言することができる。もちろんここでは完全な判断は不可能である。というのは，たとえある形式あるいは構造がそれ以外のところでは著作家に現れないとしても，多くの場合にそれが著者の語彙に属している可能性に，ひとは異論を唱えることはできない。書物のなかに，前提されている著者の原稿の言語の慣用からの逸脱が見出される場合には，この可能性はすでに制限される。しかしその場合でも，そのような逸脱が彼のそれ以外の表現様式との類比に支えを見出さないかどうか，まず調べられるべきである。逸脱が他の時代あるいは他の国民性の特徴として証明される場合には，判断は最も確実である。この種の1つの確かな実例は，ヘカタイオス偽書（315頁を見よ）によってアッティカの大悲劇作家とすり替えられた詩行である。わたしはその詩行の言語がまったくヘレニズム的であることを証明した[49]。（ヴォルフの『詩文選』[50]第1巻，165頁における）フシュケ[51]がこれに対して，そこ

48） Adolpf Gottlob Lange, *Vermischte Schriften und Reden,* herausgegeben von Karl Georg Jacob (Leipzig: Verlag von Friedrich Fleischer, 1832).

49） 〔原注〕『最も優れたギリシア悲劇作品たるアイスキュロス，ソポクレース，エウリーピデースの現存するものがすべて真正であるかどうか』146頁以下参照。

50） Friedrich August Wolf, *Litterarische Analekten,* 2 Bde. (Berlin: G. C. Nauck, 1817-20).

51） Immanuel Gottlieb Huschke（1761-1828）。ドイツの古典文献学者。ロストック大学

で現れる，ヘレニズム期に非常に一般的な定式は，エウリーピデースにおいても見出される，と主張するとしても，当該の断片に関する判断はそれによって変更されはしない。というのは，例えばそこから，爾余のヘレニズムの形式もまた，失われてしまった悲劇作家の作品のなかにひょっとすると存在できたかもしれない，と結論づけることはできないからである。そのような形式の若干のものにおいては，このことはまったく不可能であり，またこれは断片の全体的性格に対応しているので，これが単に偶然的にヘレニズムと一致しているのではないということはたしかである。しかしながら，言語が前提されている著者の時代と国民性にふさわしくないとしても，1つの書物があっさりと本物でないとは必ずしも明言され得ない。というのは，言語は手を入れられることによって変えられ得るからである。このことは，われわれが1つの書物を抜粋からのみ知っているときに，とくにしばしはそうである。そのようにピロラーオスの断片においては，ときおりドリス風の弁証法がのちの時代の散文のなかへ移され，そしてのちの時代の哲学的体系の言語の慣用とごちゃ混ぜになっている[52]。そのような事例が潜んでいるかどうかは，言語だけからは大抵は決定されることができない。さて，著作家の時代や国民的規定性は別にして，あるものがある著作家の個人的な言語の慣用と一致しているかどうかは，彼の言語が鋭く限界づけられた円環をもっているときにのみ，確実性をもって突きとめられる。ホメーロスの詩やプラトンにおいては，決定は一般的に難しくはない。『イーリアス』においては，それどころか言語にしたがって，単に挿入箇所だけでなく，さまざまな部分の著者をも見分けることができる。例えばクセノポーンにおいてはすでに事情が異なっている。間違って彼のものだとされる複数の小さな書物は，ほとんど同一の時代に属しているので，言語においては彼の本物の著作からあまり区別されない。ある著作家の言語の慣用が彼の時代と国民の一般的言語と合流していればいるほど，批判的分離はますます難しくなる。かくして，フリードリヒ・アウグスト・ヴォルフがキケローの演説の真正性に反対して，言語の慣用におけ

教授 (1806-28)。

52)〔原注〕「ピュータゴラース学派のピロラーオスの教え」Philolaos des Pythagoreers Lehren (1819), 44 頁参照。

る逸脱と思われるものから導き出した根拠は，大抵はきわめて薄弱である（とくに「マルッケルスのための演説の版」pro Marcello〔ベルリン，1802年〕参照）。模倣者は彼らが模範とした人物の言語の慣用も伝承し，それによって言語はきどったものになる。そのことによって，こっそりすり替えられた書物はしばしば容易に本物でないことが認識される。だが，その場合大抵はこの点における判断は，感情の繊細さに基づいており，それゆえより一層の根拠づけを必要とする[53]。このことは時折次のことによって可能とされる。すなわち，そのような書物は，言語の慣用においても，著者と言われている他の本物の書物とのあまりにも大きな類似性を示しており，そしてその際に同時に，原作の言語形式が誤解されやすい仕方で受け入れられていることである。

2. ある書物が前提されている著者の個性にふさわしくない場合には，このことはつねに書物の内的性質と外的伝承との間の矛盾に基づいている。著者の名前や人物が他の仕方で知られているかどうかは別にして，まずテクストの伝承された形態は，書物そのものから突きとめられる実際の著者の個性と矛盾していることがある（308頁を見よ）。ここには不調和を止揚するためのただ1つの道が開かれている。つまりテクストの改訂ということである。その場合，もしその著作のなかに2つあるいはそれ以上の異なった個性が示されるのであれば，もともと分離されていた複数の書物が合本されており，したがって継ぎ目が捜し求められる必要があるか，それとも書物に手が入っており，したがってもともとの形式を挿入部分から分離するという課題が成立するかである。もちろん，両方が同時に起こることもある。改訂は古文書学的批判に基づいてのみ，つまりふたたび外的証言の助けを借りて，遂行され得る。しかし，著者の個性が同時に歴史的に確定される場合にのみ，改訂は完全な説得力をもつものとなる。というのは，そのようにしてのみ書物の内容，文章構成，および語彙から取り出された根拠が，確固たる支点を持つようになるからである。さて，通常は書物の場合には，著者の名前はふたたび伝承によって与えられている。もし伝承が完全に信頼できるものであり，そしてそのように規定された著者の個性をなお別の仕方で

---

53)〔原注〕『最も優れたギリシア悲劇作品たるアイスキュロス，ソポクレース，エウリーピデースの現存するものがすべて真正であるかどうか』251頁。

知っているとすれば，同様に個性からのあらゆる逸脱はテクストの校訂によってのみ取り除くことができる。例えば，エウリーピデースの名前で保存されている『アウリスのイーピゲネイア』は，幾重にもエウリーピデースの個性にふさわしくない。しかしその作品がエウリーピデースのものであることは，外的証拠によって確実である。この矛盾は二重の校訂を仮定することによってのみ取り除かれ，そしてこのことは異文の性質から証明され得る[54]。ピロラーオスの断片がもう1つの実例を提供する。ピュータゴラース学派のこの人物が『魂について』Περὶ φύσεωςという本を書いたことは，確実に証言されている。この本物の書物以外にはピロラーオスの名前での別の本は存在しなかったということが，同様に証拠から明らかになる。ところで，保存されている断片は，その書物の内容と区分に関して伝承されていることと，実際に一致しており，そしてそれに加えて，われわれがすぐれた資料から知っているかぎりでは，それらの断片はピュータゴラースの教えと全体的に合致している。さて，もし他方で部分的に思想と言語において，それらがのちの時代の，とくに逍遙学派とストア派の特徴を帯びているとしても，ひとはだからといってそれらを——近年とくにシャールシュミット[55]が行ったように——本物ではないと明言してはならない。もともとのテクストは，明らかに抜粋においては，哲学史における引用の際に頻繁に起こるほど，はなはだしく変更されてはいないので，校訂はまた容易にそれと判明する[56]。もう1つのまったく確実な事例はプラトンの『法律』にある。この書物の真正性は同じく外的証拠によって疑いなく確定されている。にもかかわらず，その著作が著者によって未完のまま残され，彼の友人であり弟子であるオプース出身のピリッポス[57]によって編集された様を

---

54) 〔原注〕『最も優れたギリシア悲劇作品たるアイスキュロス，ソポクレース，エウリーピデースの現存するものがすべて真正であるかどうか』*Graecae tragoediae principum, Aeschyli, Sophoclis, Euripidis, num ea, quae supersunt, genuina omnia sint, et forma primitiva servata, an eorum familiis aliquid debeat ex iis tribui* (Heidelberg: Mohr et Zimmer, 1808) 参照。それに加えて，この書の自己広告（『小品集』第7巻，99-106頁）。

55) Karl Schaarschmidt (1822-1909)。文献学者・哲学者。

56) 〔原注〕『ピュータゴラース学派のピロラーオスの教え。彼の著作の断片とともに』*Philolaos des Pythagoreers Lehren nebst den Bruchstücken seines Werkes* (Berlin, 1819). シャールシュミットの批判に関しては，『小品集』第3巻，321頁。

57) Philippos, Φίλιππος（前4世紀中頃）。オプース出身の数学者・天文学者。プラトン

III　個人的批判（Individualkritik）　　327

伝える，当の伝承が万が一役に立たないとすれば，われわれはプラトンの思想体系と文章構成の仕方からの逸脱の存在をいかに説明すべきか，当惑した状態に陥るであろう。手が入れられたところを個々に証明することは困難な課題であり続けるにもかかわらず，これによって実際この著作の性質は完全に説明がつく[58]。

　けれども，書物の著者が外的証拠によっていつも確実に規定されているわけではない。外的伝承によって作者とされる著者に著作がふさわしくないことは，内的根拠がこれを十分に証明することができる。この場合には，不調和が校訂によって取り除かれるべきか，それとも著作が著者と言われている人物から完全に剥奪されるべきか，ひとは疑わしい状態にある。外的証拠がまったく信頼に値しないと証明されないかぎり，ひとは第一の道を進むであろう。ひとはここで文字作品の批判に際して，造形芸術の作品を判断する際と同じ処理をしなければならない。もしある彫刻円柱が有名な巨匠の作だといわれ，そして鼻がこの巨匠のスタイルに一致しないことがわかれば，ひとはまず，例えばトルソは真正であり，ただ頭部のみが，あるいはさらに鼻のみが，別人の手によって作られたかどうか，調べなければならない。しかしもちろん，ひとは純粋に内的な根拠に基づいて，文字作品が一定の著者から完全に剥奪されるべきであるとの，確実な確信へと到達することができる。そのときに真の著者を規定するのは批判の課題である。匿名の著作の場合や，しばしば碑文の断片やいろいろな本の場合にそうであるように，著者に関するあらゆる伝承が欠如しているときには，同じ課題が存在する。ここでは内的根拠によってのみでは目標に到達することはできず，むしろ当該の書物の真の起源を発見するためには，ひとは内的根拠を外的な歴史的事実と結合しなければならない。もし書物の内容，文章構成の仕方，語彙から，それがいかなる時代に属するかが突きとめられ，そして著者が一定の範囲の個性の持ち主のなかで追求されるべきであれば，ひとはこれらの個性のなかのどれが書物の個人的性格と一致するかを検査するであろう。例えばシュライアマハーを知っていた人は，ルツィンデに関す

─────────
の友人にして弟子。まだ蝋板上にあった師プラトンの『法律』を筆写・編集したといわれる。
　58）〔原注〕『一般にプラトンが著者であると信じられている『ミーノース』とプラトンの『法律』第1巻に対して』64-198頁。

る書簡[59]が刊行された際に，彼が著者であると即座にわかった。彼の精神がここほど完全に発現しているところはどこにもない。ヒルトの『ヒエロドゥーレン』[60]に対する駁論におけるように，匿名の書物においてみずからの鋭く際立った人格を隠すことは，ベッティガー[61]にとっては可能ではなかった[62]。けれども似たような場合に，判断はきわめて容易にひとを欺く。周知のようにフィヒテの『啓示の批判』は，彼の事前の承諾なしに匿名で印刷されていたが，カントが本当の著者を明かすまでは，一般的にカントの著作と見なされた。そのような思い違いは，状況がかぎりなく不明瞭である古代の著作の場合に，いかに容易く起こり得るであろうか！　ひとはそれゆえ，その書物が当人に不適切ではないという理由で，古い書物をその著者のものだとすることはできず，さらに別の外的証拠が付け加わる場合にかぎって，そのようにすることができるであろう。われわれは例えば，『ヘレンニウスのための修辞学』 *Rhetorica ad Herrennium*[63]の著者が誰であるか知らない。キケローが著者でないことは，内的根拠から判明している。まったく同じように，その書物がスッラの時代[64]に書かれていることも判明している。しかしここにはまったく判然としない数の可能性が潜んでいるので，われわれが

---

59) Friedrich Daniel Ernst Schleiermacher, *Vertraute Briefe über Friedrich Schlegels Lucinde* (Lübeck und Leipzig: Friedrich Bohn, 1800); jetzt abgedruckt in: KGA I. Abt. Band 3, *Schriften aus der Berliner Zeit 1800-1802* (Berlin: Walter de Gruyter, 1988), 139-216. なお，『ルツィンデ』とは，フリードリヒ・シュレーゲル（Friedrich Schlegel, 1772-1829）が1799年にその第一部を公刊した小説で，初期ロマン主義の精神をあますところなく表現している。

60) *Die Hierodulen*, herausgegeben von Aloys Hirt. Mit Beilegen von Aug. Boeckh und Ph. Buttmann (Berlin: L. W. Wittich, 1818). なお，ヒエロドゥーレ（Hierodule）──〔ラ〕hierodulus,〔ギ〕ἱερόδουλος に由来──とは古代ギリシアの神殿で神に仕える Tempeldiener の意味であるが，通常，奴隷がその仕事に奉仕していたので，「神の奴隷」と訳されることもある。

61) Karl August Böttiger（1760-1835）。ドイツの考古学者・古典学者。

62)〔原注〕「ヒエロドゥーレンについて」Ueber die Hierodulen（『小品集』第7巻，575頁以下）参照。

63) *Rhetorica ad Herennium* は，ラテン語で現存する最古の修辞学の教科書。紀元前90年頃に成立したと考えられている。以前はキケローが作者であるとされていたが，現在では作者不詳となっている。

64)「スッラの時代」（sullanische Zeit）は，ときに zur Zeit Sullas とも表記されるが，そこでいわれるスッラとは，ルーキウス・コルネーリウス・スッラ（Lucius Cornelius Sulla, BC138-BC78）のこと。彼はローマ共和政末期の将軍，政治家。独裁官（ディクタトール）として君臨した（在任，前82〜前79）。

III 個人的批判（Individualkritik）

その人物について知っていることが，その書物の性格と一致しているというだけの理由で，例えばその時代のある1人の修辞学の著作家を抽出するとすれば，それはまったく無批判的なやり方である。アントーニウス・グニポ[65]を著者として挙げるのは，シュッツ[66]のまったく恣意的な思いつきであった。そのような根拠づけられていない仮説は，ヴェルンスドルフ編集の『ラテン小詩人たち』[67]のなかにたびたび見出される。結合的批判が肯定的な結果に導かれるべきであるとすれば，それはまさに確実な外的拠りどころを必要とする。そのような拠りどころは，まず書物の内容と関係している歴史的出来事である。例えば，ひとは『アレクサンドロス大王の歴史』*Historiae Alexandri Magni* の著者であるクルティウス・ルーフス[68]を，ただ名前でのみ知っていた。しかしその書物のなかには（X, 9），著者がまさに体験したものとして描写している出来事への歴史的なほのめかしが見出される。ここでいかなる出来事がほのめかされているかは，いまや歴史的に突きとめられるべきである。そしてこれはさまざまな仕方で試みられてきた。もっとも蓋然性が高いのは，他の外的および内的な根拠によって支えられた見方で，それはその箇所ではカリグラの暗殺の成り行きが問題となっているので，この本はクラウディウス帝[69]の時代に書かれたように思われる，という見方である。『フレッカイゼン年報』第77巻（1858年），282頁以下におけるトイフェルの見解[70]を参照のこと。しかし結合的批判の場合には，その書

---

65) Marcus Antonius Gnipho（生没不詳）。グニポはガリア人で，幼少の頃のカエサルの家庭教師を務めたとされる。スエートーニウスが『名士伝』*De Viris Illustribus*（110頃）のなかの「文法学者伝」7でそのように伝えている。

66) Christian Gottfried Schütz（1747-1832）。ドイツの人文学者。イェナやハレの教授を務めた。著書に *Opuscula philological et philosophica* (Halle, 1830) がある。

67) Johann Christian Wernsdorf, *Poetae latini minores*, 6 Bde. (Altenburg und Helmstedt: C. G. Fleckeisen, 1780-99).

68) Quintus Curtius Rufus（?-53）。ローマ帝政期の歴史家。彼の活躍期には諸説があったが，近年ではクラウディウス帝の治下と推測されている。現存する『アレクサンドロス大王の事蹟について』*De Rebus Gestis Alexandri Magni*（*Historiae Alexandri Magni*）は，全10巻のうち，最初の2巻が失われており，他の諸巻にも欠けた部分が少なくない。

69) Claudius I（BC10-54; 在位41-54）。ローマ皇帝。大ドルーススと小アントーニアの子。

70) Wilhelm Sigmund Teuffel, Besprechung über *Grundriss der römischen Literatur. Von G. Bernhardy. Dritte Bearbeitung.* Braunschweig, C. A. Schwetschke und Sohn (M. Bruhn), 1857, XXIV u. 814S, in *Jahrbücher für classischen Philologie*, herausgegeben von Alfred

物が著者を表示してどこかで引用されているかどうかということに，主に注意を向ける必要があるであろう。そのような引用は書物のタイトル，内容，スタイル形式，あるいは言語に関係し得るが，しばしば判然としなかったり，歪められていたり，あるいは書物と一致しなかったりする。それはこの書物が当該の点そのものにおいて歪められているからである。それゆえ，そのような間接的な証拠の発見は，きわめて溌渕とした注意深さがあっても，またきわめて立ち入った詳細研究においても，しばしば幸運なつかみ取りによってのみもたらされる。例えばわたしは内的根拠から，『ヒッパルコス』と『ミーノース』はプラトンに由来することができないと認識していた（318-319 頁を見よ）。それ以外に，2 つの対話篇は文章構成の仕方と言語の慣用にしたがえば，相互に瓜二つのごとく類似しているので，それらは 1 人の著者に帰せられるべきであることがわかった。それらはさらに本質的に他の 2 つの対話，つまり『正しさについて』περὶ δικαίου と『徳について』περὶ ἀρετῆς と合致している。しかし言語にしたがえば，それらはソクラテスとプラトンの時代に属している。これらすべてのことが内的根拠からわたしにとくに明らかになっていたのちに，わたしはディオゲネース・ラエルティウス II, 122, 123 において，ソクラテスの友人の靴屋のシモンによる 4 つの書物が引用されているのを見出した。つまり，『正しさについて』περὶ δικαίου,『徳は教えられ得ないということについて』περὶ ἀρετῆς ὅτι οὐ διδακτόν,『法について』περὶ νόμου,『利得について』περὶ φιλοκερδοῦς である。最後の 2 つのタイトルは，疑いなく『ミーノース』と『ヒッパルコス』のもともとのタイトルである（319 頁を見よ）。そこから，シモンが 4 つの非常に類似した偽プラトン的対話の作者であることは，なるほど確実ではないが，しかしありそうなことではある。とくにこの仮説は内的および外的根拠によってさらに広範に支持されるからである[71]。アテーナイ人の国家に関する書物がクセノポーンに由来し

Fleckeisen, vierter Jahrgang 1858 oder der *Jahnschen Jahrbücher für Philologie und Paedagogik*, siebenundsiebenzigster Band (Leipzig:1 Druck und Verlag von B. G. Teubner, 1858), 276-286, hier 282ff.; ders., *Geschichte der römischen Literatur,* 3. Aufl. (Leipzig: Druck und Verlag von B. G. Teubner, 1875), 654 (§ 291,1).

71）〔原注〕『一般にプラトンが著者であると信じられている『ミーノース』とプラトンの『法律』第 1 巻に対して』42 頁以下参照。

ないことは，内的根拠から明らかになる。それがペロポンネーソス戦争時のアテーナイの 1 人の寡頭制の支持者によって執筆されていることを，ひとは歴史的結合によって見出す。さて，ポルックスにおいてはクリティアスに関する注目すべき表現が引用される。その引用は——純粋に文法的な根拠から帰結するように——明らかに誤解を招きやすく，そしてアテーナイの国家に関する書物のある個所の前後関係から，これが誤解であることが明らかになる。それゆえ，その引用はこの箇所に関係しており，そしてクリティアス，つまりカッライスクロースの息子がこの偽プラトン的書物の著者である可能性がきわめて高い。われわれが彼について歴史的に知っていることは，この仮説と一致する[72]。当然のことながら，覆い隠された引用の探索にあたっては，最大の慎重さをもって事に当たらなければならない。例えばグルッペ[73]（『アリアドネー』561 頁）は，アテナイオースにおける 1 つの引用から，『アウリスのイーピゲネイア』はエウリーピデースにではなく，カイレーモーン[74]に帰されるべきである，と結論づけようとする。しかしながら，カイレーモーンにおいては，その個所でのアテナイオースからのまったく不明確な引用は，イーピゲネイアに関するそれ以外の証拠と比較するといかなる証明力ももたない[75]。内的根拠との結合におけるこれらの証拠によって，この悲劇の真正性は疑問の余地なく提示されるので，テクストの目下の性質の原因として判明する，さらに手を入れる作業の張本人を突きとめることのみが問題となり得る（326 頁を見よ）。この場合，当然のことながら，書物の著者を突きとめる場合と同じ手続きが取られるべきである。さて，われわれは〔古代ギリシア演劇の〕上演記録（ディダスカリエン）から，イーピゲネイアは有名なエウリーピデースの死の直後，同名の甥によって上演されている，ということを知っており，そして他の歴史的事実との結合によって，これが 2 回目の上演であったということが明らかになる。この第 2 回目の上演の際に，主としてその間に上演されたアリストパネー

---

72)〔原注〕『アテーナイ人の国家財政』，第 1 巻，433 頁以下。

73) Otto Friedrich Gruppe（1804-1876）。ドイツの古典文献学者，ジャーナリスト。

74) Khairemon, Χαιρήμων, Chaeremon（生没不詳）。前 4 世紀に活躍したアテーナイの悲劇詩人。

75)〔原注〕『最も優れたギリシア悲劇作品たるアイスキュロス，ソポクレース，エウリーピデースの現存するものがすべて真正であるかどうか』289 頁以下参照。

スの『蛙』を考慮して，推敲が企てられており，それによってその推敲の特質は大部分説明がつく。以前のものの代わりに入ってきた合唱隊の歌のなかに，『イーリアス』の船のカタログに倣った船を数えるシーンが見出される。そしてそれはその独特な形式によって，ふたたび歴史的な覚え書きに対応しているが，それによればホメーロスの校訂は若い方のエウリーピデースに帰される。こうしたあらゆる事情から，若い方のエウリーピデースがこの劇を今日の形式へともたらしたことが帰結される[76]。

結合的批判はさながら批判的なパンクラティオン[77]のようなものである。というのは，パンクラティオンが「終わりなきレスリング」（ἀτελὴς πάλη）と「終わりなきボクシング」（ἀτελὴς πυγμή）から成り立っていたように，結合的批判はその強みを不完全なあるいは不備な外的証拠と不備な内的根拠との芸術的結合に有しているからである。しかし内的根拠はそれ自体としてはつねに不十分なので，外的証拠が足りないところでは至るところで，結合的批判が必要である。さて，もしその信憑性が疑わしければ，著者の個性についての最も完全な情報ですら不十分である。それゆえ，すべての個人的批判は，最終的には，外的証拠の信憑性についての検証に基づいている。

このような検証にとって確かな基礎をもつためには，ひとは古代の文字作品の起源に関する伝承が，いかなる原因によって，またいかなる広さにおいて，曇らされているかを明らかにしなければならない。最古の著作は文字がまだ使用されていなかった時代に由来する。それはもともと歌手や吟遊詩人によってのみ受け継がれた詩歌である。歌手の名前はすぐに忘れられた。詩歌を朗読する人は誰でも，それを作り替えてさらに継続することができた。それゆえ，ここで結合的批判は極めて広範な活動の余地をもっている。ホメーロスの詩の場合には，結合的批判は1人あるいは複数の人物を著者として証明することを目当てにすること

---

76)〔原注〕『最も優れたギリシア悲劇作品たるアイスキュロス，ソポクレース，エウリーピデースの現存するものがすべて真正であるかどうか』214頁以下，および『小品集』第5巻，121頁の注120と『小品集』第4巻，189頁以下参照。

77) 古代ギリシアの格闘競技。「全力格闘技」と訳されることもある。レスリングとボクシングを合わせた上に，さらに荒っぽさを加えたような激しい種目で，オリュンピア競技祭には第33回（前648）から登場し，ネメア競技祭，イストミア競技祭にも採用された。

III　個人的批判（Individualkritik）　　　　333

はできず，むしろ個々の構成要素の交連を規定する必要がある。これらの構成要素がいかにして統一的な著作へと結合されたかは，しかるのちイーオニアーの歌手の同業者組合の効力から歴史的に説明される[78]。それと類比的な仕方で，批判はヘーシオドスの詩に関係づけられるであろう。ひとは著作と時代のなかで，最初の著者の人物像を詩そのものの情報から一定程度まで確定することができるだけである。キュクロス派の叙事詩の場合には，詩人の名前はたしかにより確実に伝承されている。詩はより稀にしか朗読されず，最初から書きとどめられ，したがってその著者に関してはほとんど疑いが生じ得なかった。これに対して，ホメーロス以前の創作に関する伝承はまったく不確かであらざるを得なかった。これらのなかの太古の残存作品が，とくに神託や密儀によって保存されてきたということは疑いを容れない。しかしソローンの時代に密儀的学派がそうした伝承に結びついたとき，ひとがオルペウス，ムーサイオス[79]，オーレーン[80]等々に帰したところの，新しい詩歌が成立した。それゆえ，われわれに保存されているすべての密儀的詩歌の断片の場合，結合的批判の課題は，最古の創作の理念圏域と性格を近似的に突きとめ，そしてのちの改造をその張本人にまで遡源すること，ただそれのみである。アリストテレス以前のギリシア文学の最盛期においても，著作の著者に関する伝承はしばしば非常に保証されていないものであった。正規の書肆は存在しなかった。著作家は必ずしも書物のタイトルに自分の名前をつけなかった。たしかにプラトンの対話篇とクセノポーンの書物は，名前なしに流通していた。文献がまだ大きな分量をもっていたかぎり，著者は十分に知られていた。ちなみに哲学的書物にとっては，まずプラトンのアカデーメイアのなかに確固たる伝統が築かれていた。けれども，ここでは同時に，学派にしたがってのみプラトン的と表

---

78)〔原注〕「ホメーロス的すり替えについて。1834年の講義カタログへのプロオイミオン」De ὑποβολη Homerica. Prooemium zum Lektionskatalog 1834（『小品集』第4巻，385頁以下）参照。

79) Musaios, Μουσαῖος. ホメーロス以前のなかば伝説的な詩人。トラーケーの出身であると言われ，オルペウスまたはリノスの弟子であると称せられた。彼の名のもとに伝わる神託集があった。

80) Olen, Ὤλην. ムーサイオス以前の伝説的な詩人。ヒュペルボレイオス人ともリュキア人とも考えられ，アポローンとアルテミスの崇拝をデーロス島にもたらし，神たちの誕生を讚歌を作って祝った。その歌は歴史時代までデーロスで誦されていたという。

示され，のちに容易にプラトン自身に付与され得た書物が，執筆された。同様に，アリストテレスの書物は彼の弟子たちが書いたいろいろな論文と混ぜ合わされてきた[81]。最も偉大な詩人の演劇的作品ですら，いかに奇形化から守られなかったかは，リュクールゴスの有名な法律が証明している（271 頁を見よ）。しかし手を入れられた作品は，上演の際に手を入れた人物の名前で届け出られ，その情報がのちに上演記録(ディダスカリエン)のなかに移行したのであった[82]。アッティカの演説の全盛期にはなお，なされたばかりの演説は名前を表示せずに読まれるために出回った。かくして，例えばハリカルナッソスのディオニューシオスがデイナルコス[83]の複数の演説に対して行った批判も説明がつく。というのは，それらの演説はデイナルコスが生きていた状況や時代にまったく適合させられないということを，彼は証明するからである。つまり，ひとがますます増える大量の書物を収集し始めたとき，多くの場合に伝承はすでに潰えていたり，あるいは不確かになっていたりした。そしてその場合，著者は推測によって，いずれにせよしばしば間違って規定されたのである。パンフレットのような多くの匿名の書物の場合，著者は一般に知られないままであったという事実によって，この不確かさはさらに拡大した。それに加えて，ひとは同一の名前の著作家を取り違えた。例えば，有名なヒッポクラテースにしばしば彼の学派の医者たちの書物が添付されており，それらのなかで彼の名前が受け継がれた[84]。後期ギリシア時代には，マールクス・アウレーリウス[85]の治世下で生きていたアレクサンドリア出身のデーメートリオス[86]の書物『文体について』περὶ ἑρμηνείαが，パレーロン出身のデーメートリオスに添付されるような，きわめて粗悪な取り違えが企てられている。修辞学者の学校において有名な人物

---

81) 〔原注〕『最も優れたギリシア悲劇作品たるアイスキュロス，ソポクレース，エウリーピデースの現存するものがすべて真正であるかどうか』99 頁参照。

82) 〔原注〕同上，34, 228 頁以下。

83) Deinarkhos, Δείναρχος（c.BC361-c.BC291）。アッティカ十大雄弁家の末席に置かれる。

84) 〔原注〕『最も優れたギリシア悲劇作品たるアイスキュロス，ソポクレース，エウリーピデースの現存するものがすべて真正であるかどうか』, 99, 112, 231 頁。

85) Marcus Aurelius（121-180）。ローマ皇帝（在位 161-180）。五賢帝の最後にあたる。「哲人皇帝」とも称される。

86) タルソスの文法学者デーメートリオス（後1世紀）のこと。

III 個人的批判（Individualkritik） 335

のもとで彼らの模倣のために仕上げられた訓練の演説や書簡が，誤謬の新しい源泉となった。こうした学校の外で，ここから1つの固有の文学ジャンルが発展した。そしてそのような虚構はのちにしばしば本物と見なされた。例えば，われわれに保存されているプラトンの書簡は，キケローの時代にはすでに本物と見なされた。あまり批判的でないローマ人のもとでは，ギリシア人のもとで起こったのと同一の混乱の原因は，より古い時代の文献のなかでただもうはるかに甚大な影響を及ぼした。伝承の批判的な検討整理はアレクサンドリアの文法学者によってはじめて始まる。彼らの批判は優れていた。彼らは豊富な材料を目の前にもっており，ジャンルの性格と個々の著作家を，大いなる繊細さをもって見分けた。それにもかかわらず，彼らも混乱した伝承の場合には，思い違いをせざるを得なかった。とくにプラトンやピンダロスのような著者に関して，多くの小さな著作がこれまで散り散りに流布しており，それらがいまはじめて集められたとすれば，そうであった。というのは，上で（311 頁）述べたように，ここでは批判の峻厳さそのもののなかに，間違った判断へのそそのかしが存在したからである。しかし同時に，いまや・意・図・的・な・歪・曲による伝承の混濁化が起こってきた。歪曲の動機はまず利益追求の欲望であった。プトレマイオス王家とアッタロス王家[87]が古い本に高価なお金を支払って以来，世に知られていない書物やいろいろな材料から集めてみずから書いた書物を有名な名前にこっそり押しつけることが，得になる商売となった。そのような資料から新ピュータゴラース主義も流れ出てきたが，それは秘密の知識の探究を養い，それを通じて歪曲をよりいっそう助長した。利益追求の欲望と並んで，悪意が文学的欺瞞へと駆り立てた。かくして，他人の文体を模倣することに特別な技量を所有していたランプサコスのアナクシメネース[88]は，彼の論敵テオポンポス[89]の名前で，アテーナイ，スパルター，テーバイに対する誹謗の言葉に溢れた，『3つの市民』Τριπολιτικός というタイトルの

---

87) 前 282 年から前 133 年にかけて，小アジアのペルガモンを中心に栄えた王家。
88) Anaksimenes, Ἀναξιμένης Λάμψακος, Anaximenes Lampsacus（c.BC380-c.BC320）。ギリシアの歴史家・雄弁家。キュニコス派のディオゲネースおよびゾーイロスの弟子で，アレクサンドロス大王の師の1人であるといわれている。
89) Theopompos, Θεόπομπος, Theopompus（c.BC378/377-c.BC320）。キオス出身の歴史家。アテーナイでイソクラテースに学んだと考えられる。

書物を執筆した。その書物を広めることによって，彼はテオポンポスを以前にもましてヘラス〔ギリシア〕で憎まれるようにした。その本が編集されるや否や，テオポンポスは自分は著者ではないと明言した。しかしひとは彼の言うことを信じなかった。それは彼の書き方がそのなかできわめて見事に模倣されていたからである（パウサニアース〔『ギリシア案内記』〕，第4巻，18頁参照）。他の歪曲は自分自身の見解に可能なかぎり高い権威を保証しようとの努力から説明がつく。この目的のために，ひとつには書物全体が他人の有名な名前のもとで編集されているのであり，またひとつには現実には存在しない証拠箇所を主張するために，書物全体が作り出されたのである。例えば，プルータルコスによるものといわれる，『川について』περὶ ποταμῶν という書物が存在するが，そのなかで決して存在したことのない著作が引用される。とくにユダヤ人とキリスト教徒はそのような仕方で，「神のより大いなる栄光のために」(in majorem Dei gloriam) 歪曲を企てた。彼らはギリシア的な知恵が聖書から由来したものであることを提示しようと努め，そしてこのために古代の詩人や賢者の箴言を自分たちの目的にしたがって改造しただけでなく，それらに韻文と散文における長短の箇所をこっそり押しつけたのである。アレクサンドリア以後の時代に，批判が失われれば失われるほど，誤謬と欺瞞によって引き起こされた伝承の混濁化は，ますますひどくなった。ローマの時代に書籍販売業が広まるにつれて，筆者人や校正者によっても新しい過ちが起こった。欄外注が本文のなかに書き込まれただけではなく，何らかの理由で著作に付け加えられている節全体あるいは小さな書物が，本文そのものに数え入れられもした。さまざまな著者による複数の書物を集める際に，ときにはタイトルが失われた。そののちいろいろな著作が融合したか，あるいは校正者が「そう思われるごとく」ut videtur という表示を用いて，推測にしたがって欠けているタイトルを補完したが，この表示はその後の写しにおいては容易になくなった等々。筆者人による腐敗は当然中世にも継続し，そしてこの期間中にもまた，しかしとくにルネサンスの時代に，大抵は古いテクストの出版によってもったいぶるという目的で，意図的な歪曲が発生した。この関係でとくに悪名高いのは，一連の表向き古いテクストを偽造した

III 個人的批判（Individualkritik） 337

ヴィテルボーのアンニウス（1432-1502）[90]である。『M・トゥッリウス・キケローの慰め——いまはじめて再び見出され，大衆の目に触れるように刊行された書物』[91]という書物は，有名なシゴーニョ（1524-1584）[92]に由来するものであるが，しかしおそらくこの人物によって文体の訓練として仕上げられた，キケローの書物を修復したものの復刻本にすぎない。ふざけてあるいは悪意でなされた歪曲は，例えばムレトゥスがこっそり押しつけたトラベアの詩行に関して行ったように（312頁を見よ），それらがのちに自白された場合には，当然のことながら危険性はない。とはいえ，そのような公然たる暴露はめったになされなかった。ちなみに，文学的欺瞞はもっとも最近の時代に至るまで継続してきた。グライスヴォルトの文献学の教授であるクリスティアン・ヴィルヘルム・アールヴァルト[93]は，みずからのピンダロス批判を，実際には存在しないナポリの写本の校合を捏造して，支持しようと努めた[94]。1837年，ブレーメンのフリードリヒ・ヴァーゲンフェルト[95]は，ポルトガルの修道院で発見されたといわれる写本にしたがって，捏造されたサンチュニアトン[96]を編集した（『サンチュニアトンのフェニキア史の9つの文書——ビブロスのフィロンによるギリシア語の詩句による』[97]）（『ゲッティンゲン学術広告』1837年，第52号所収のカール・オトフリート・ミュラーの批判[98]を参

---

90) Annius von Viterbo（1432-1502）。イタリアのドミニコ会修道士。歴史的文書の偽造者として有名。
91) *M. Tullii Ciceronis consolation. Liber nunc primum repertus et in licem editus* (Köln, 1583).
92) 〔伊〕Carlo Sigonio〔ラ〕Sigonius（1524-1584）。イタリアの文学者。ヴェネツィア（1552），パドヴァ（1560），ボローニャ（1563）の各大学教授を歴任。
93) Christian Wilhelm Ahlwardt（1760-1830）。グライフスヴァルトで生まれ同地で没した文献学者。
94) 〔原注〕フレーゼ（Karl Freese）の書物『ピンダロスのナポリ写本について』*De manuscriptis Neapolitanis Pindari* (Hendess, 1835) の広告（『小品集』第7巻，514頁以下）参照。
95) Friedrich Wagenfeld（1810-1846）。ドイツの古典文献学者。
96) Sanchuniathon（生没不詳）。古代フェニキアの作家。彼についてのすべての情報は，ビブロスのフィロンの作品（100年ごろ）に由来する。
97) *Sanchuniathonis historiarum Phoeniciae libros novem graece versos a Philone Byblio*, herausgegeben von Friedrich Wagenfeld (Bremen: Karl Schünemann, 1837).
98) Karl Otfried Müller, Rezension der Wagenfeldschen Publikation (1837), in *Göttingische Gelehrte Anzeigen* vom 1. April 1837 (Nr. 52), 507-517.

照のこと)。ギリシア人のシモーニデース[99]による偽物ウラニオスのパリムプセストのすり替えが記憶に新しい（A・リュクールゴス『シモーニデース＝ディンドルフのウラニオスに関する暴露された事実』[100]参照)。にもかかわらず，最近の数世紀には偽造者はより容易でより得になる偽物の碑文や硬貨の生産に没頭してきているが，なかには驚くべきものも成し遂げられている（274頁を見よ)。

　伝承が大きく損なわれている場合には，それが1つの引用のなかにあるにせよ，あるいは著者が明確に書き表していることのなかにあるにせよ，古い書物に関するあらゆる証言を入念な検査に服することが，明らかに必要である。第1の問いはここでもまたつねに，証言が真理を語ろうとしているかどうかである。悪名高い偽造者においては，この問いはただ例外的な場合にのみ肯定され得る。そしてこのためには特別な証明が必要であり，この証明なくしては彼らの証言はまったく価値がない。例えば，偽造したことを認めたユダヤ人のアリストブーロス[101]が，偽ヘカタイオスの断片について証言するとき，この断片はそれによってよりいっそう疑わしくなるだけである。ひとはしばしば悪名高い偽造から偽造者の個性と偽造者を主導する動機を認識し，そしてこれにしたがってつぎに偽造者の疑わしい証言を判断することができる。ペトリッツォプロ[102]によって編集されたレフカス[103]の碑文は，非常に古いものであ

---

　99) Constantine Simonides（1820-1867)。古文書学者。広範な学識と写本に関する知識を有し，また卓越した能筆家で，19世紀の最も多彩な偽造者。1820年にギリシアで生まれ，1839年と1841年の間，および1852年にふたたびアトス山の修道院で生活し，そこで聖書の写本を幾つか手に入れ，またみずから写本の偽造を行った。ウラニオス作のエジプト王の歴史という触れ込みの写本も，実はシモーニデースが精巧に偽造した贋作であったが，偉大な古典学者のディンドルフ（Karl Wilfelm Dindorf, 1802-1883）も一時これを本物と鑑定したために，ベルリンアカデミーを巻き込む一大事件に発展した。「シモーニデース＝ディンドルフのウラニオス」と呼ばれるのはこのためである。いずれにせよ，ディンドルフはこれによって大きく信頼性を失うことになった。

　100) Alexander Lykourgos, *Enthüllunge über den Simonides-Dindorf'sche Uranios*. Unter Beifügung eines Berichts von Herrn Prof. Dr. Tischendorf (Leipzig: G. L. Fritzsche, 1856; 2. vermehrte Aufl., 1856).

　101)〔原注〕『最も優れたギリシア悲劇作品たるアイスキュロス，ソポクレース，エウリーピデースの現存するものがすべて真正であるかどうか』146頁。

　102) Demetrio Petrizzopulo（生没不詳)。

　103) イーオニアー諸島にあるギリシア領の島。Leukas (Greek: Λευκάδα, [lefˈkaða]; Ancient Greek: Λευκάς.

るように思われ，そしてゴットフリート・ヘルマンによって疑いなく本物であると承認された。しかしおよそそれがかつて存在したということは，ペトリッツォプロのみが証言した。この人はレフカスに関するその他の点では非常に学識に富む本のなかでこの碑文を印刷に付したが，そのなかで彼は一度も書かれていない本を引用している。例えば，ヴェルンスドルフ[104]の『リュクールゴス・エポキについて』de Lycurgi epochis 等々である。彼はそれによって偽造者であることが暴かれ，そして彼の証言は，碑文の真正性に反対する内的根拠に照らして，あらゆる意義を失った。つまり，その碑文は彼の本の引用と同じ目的で捏造されていたのである[105]。古代のキューレネー[106]の地域で発見されたといわれる，フェニキア語とギリシア語で作成された碑文の場合，事情は類似していた。この碑文は，ゲゼーニウス[107]のような識者たちによって，5-6世紀のグノーシス主義者が製造した作品と見なされたが，ついにわたしが次のことを証明した。すなわち，唯一の証人であるフランス人の技師，マルタ島のグロングネットは，学識あるフォルティア・ドゥルバン侯爵[108]の監督下で，のちにもう1つの碑文を偽造したが，この碑文はアトランティスについての侯爵の奇抜な見解を，一見太古のものと思しき文書によって信じ込ませようとする傾向を，キューレネーの碑文と共有しているということである[109]。しかし悪名高い偽造者の証言ですら，いかに個人的批判によって証明する力を保持しているかということを，ひとはフルモン[110]の碑文集成によって最もよく学ぶことができる。彼は

---

104) Gottlieb Wernsdorff（1717-1774）。ドイツの教育者，修辞学者，作家。
105) 〔原注〕『ギリシア碑文集成』Nr. 43，および『ギリシア碑文集成』についてのG・ヘルマンの書評に対する反論（『小品集』第7巻，257-258頁）参照。
106) アフリカ北部の地中海に臨む古代都市（第1部の脚注105参照）。
107) Friedrich Heinrich Wilhelm Gesenius（1786-1842）。ドイツの神学者，セム語学者。ハレ大学教授。神学的，宗教的偏見に囚われない厳密な比較言語学的方法によって，セム語学に貢献し，優れた聖書解釈者として知られている。
108) Aglicol-Joseph Fortia d'Urban（1756-1843）。
109) 〔原注〕「マルタのまがいものの碑銘について。1832年の講義目録についてのプロオイミオン」De titulis Melitensibus spuriis. Prooemium zum Lektionskatalog 1832（『小品集』第4巻，362頁以下）参照。
110) Michel Fourmont（1690-1746）。フランスの神父，古典言語学者。Étienne Fourmont（1683-1745）の弟で，ともにフランスの「碑文アカデミー」（Akadémie des Inscriptions et Belles-Lettres）の会員。イギリス政府から写本や碑文の買い付けに派遣された

ギリシアへの旅行中（1729-30年）に多数の碑文を書き写したが，これらの複写の性格はいまなお現存している原本(オリジナル)と比較することで確定することができる。しかしこの軽薄な神父は，同時に，自分が発見した品々をよりいっそう重要に見せかけるために，一連の記念碑を捏造した。複数の記念碑において，このことはまったく明白である。そしてこうしたことから，偽造する際の彼の手口は突きとめられる。そののちこれによって，ひとは彼が書き写したものの原本(オリジナル)がもはや見出せない場合に，彼の証言を判断するための基準をもっているのである[111]。

　さて，ある証人の信用性そのものが疑わしいとすれば，問題はその証人が信頼に足る証言を提示することができたかどうかである。一般に書物の起源に関しては，明らかに著者自身が一番よく知っている。それゆえ，著者はまたそれに関して最もよく証言を提示できる立場にある。そこから，著者が提供する情報は，通常最も信頼できるものとして現れざるを得ない。この種の最も単純な情報はタイトルに添えられた名前である。しかし古代の書物の場合，伝承の混濁化について述べられたところにしたがって，名前は証明力をもっていない。というのは，タイトルが実際に著者に由来するかどうか，ひとは決してあらかじめ知ることができないからである。これに対して多くの碑文の場合には，それらが誰に由来するのかは，信頼できる仕方で述べられている。そして同じく他の文字作品においては，しばしば著者は本文そのもののなかに，あるいは著者の名前の言及によって，あるいは人生の出来事に関する情報によって，あるいはそこから著者が確実に認識される他の個人的特徴によって，はっきりと表示されている。にもかかわらず，これに関してもまた，当該箇所が挿入されたものでないかどうか，つねに調べられるべきである。本物と認められている書物のなかで同一の著者の別の著作が言及されるとき，それとも別の著作から引用されるとき，このことはとくに重要である。そのような引用はアリストテレスの書物を判断する際の基礎を形づくっている。そしてシュライアマハーはプラトンの真

際，豊富な写本や碑文を収集した。彼は1000以上の古代ギリシアの写本や碑文を所有していることを自慢していたが，そのなかには大多数の本物に混じって若干数の偽造されたものも含まれているという。

　111)〔原注〕『ギリシア碑文集成』，Nr. 44-69 参照。

正の対話篇の集成を，これらの相互関係と連関を見出すことによって編成した。けれども，著者の証言は決して絶対的に信用できるものではない。非常に沢山書いたために，最後には自分が何を書いたかもはや分からない著作家も存在する。典型的な実例はディデュモス・カルケンテロスである。彼は「書き物を忘れた男」（Bibliolathas）という異名を得たが，それは彼が自分自身の本をもはや知らなかったからである[112]。さらに，複数の著者による共同の産物の場合には，あとから自分が関与した部分を規定することは，しばしば本人にとってすら不可能である。わたしは近代の際立った事例を想い起こす。シェリングとヘーゲルは1802-1803年にイェナで，共同で『批判的哲学雑誌』*Kritische Journal der Philosophie* を刊行した。そのなかの若干の記事の場合，両者のうちのどちらが著者であるか，論争になっている。例えば，「自然哲学の哲学一般に対する関係」という論文の場合がそうである。この論文がヘーゲルの死後，彼の論文集の第1巻で復刻されたとき，シェリングは彼自身が著者であって，ヘーゲルは著者ではないと宣言した。複数のヘーゲル主義者たち，とくにローゼンクランツ[113]とミヘレット[114]はこの主張を論難し，そしてその論文は実際にヘーゲルの論文集の第2版のなかにふたたび受け入れられている。ミヘレット「シェリングとヘーゲル。あるいは論文の真正性の証明，云々」[115]を参照のこと。おそらくこの論文は二人の哲学者によって共同で執筆されたものであろう。匿名の書物の場合にとくにひとを間違った方向に導くのは，ときにいわゆる著者に関し

---

112) Didymos Khalkenteros, Δίδυμος Χαλκέντερος（c.C80/63-c.BC10）。アレクサンドリアに生まれ，アリスタルコスの創設した学校に学ぶ。アレクサンドリアとローマで活躍し，4000以上の著書を執筆したと言われる。超人的な勤勉さゆえに「青銅のはらわたをもつ男」（Khalkenteros）と渾名されたが，またあまりに大量の本を執筆したため，以前書いた内容と矛盾する記述もときおり見られ，そこから「書き物を忘れた男」（Bibliolathas）という異名も生まれた。現在では彼の著作の大半は失われてしまって，その中身を知ることはできない。

113) Johann Karl Friedrich Rosenkranz（1805-1879）。哲学者。ヘーゲルの弟子で，ヘーゲルについて最初の伝記を書いたことでも知られている。K・ローゼンクランツ，中埜肇訳『ヘーゲル伝』（みすず書房，1983年）参照。

114) Karl Ludwig Michelet（1801-1893）。哲学者。ヘーゲルの信奉者。「ヘーゲル右派」「ヘーゲル左派」という名称を確定し，一般化させたことでも知られる。

115) Karl Ludwig Michelet, *Schelling und Hegel. Oder Beweis der Aechtheit der Abhandlung: Ueber das Verhältnis der Naturphilosophie zur Philosophie überhaupt* (Berlin: Verlag von Ferdinand Dümmler, 1839).

て本人が行う証言である。クセノポーンの名前で保存されている『アナバシス』[116]は，一般的にクセノポーンの真正の書物と見なされる。しかしそれはギリシア史のなかで，それが言及されていなければならない場所（III, 1, 2）で，その書物は完全に無視される。それに対して，キューロスの遠征はシュラークーサイ出身のテミストゲネースによって書かれたものであると，そこでは述べられる。というのは，Θεμιστογένει Συρακοσιῳ γέγραπται〔シュラークーサイ出身のテミストゲネースによって書かれた〕という言葉は，前後の文脈によれば別の仕方ではうまく理解され得ないからである。これは次のような仮定による以外にはほとんど説明がつかない。すなわち，クセノポーンの『アナバシス』は匿名で編集されている，という仮定である。というのは，実際には彼ではなく，テミストゲネースが著者であるということは考えがたい。しかしおそらく彼は，物語のなかで果たす抜きん出た役割ゆえに，いずれにせよ自分と近しい結びつきにあり，おそらく仕上げる際に自分を手助けしてくれた1人の男の名前で，この書物を刊行するよう仕向けられていると感じることができた。しかしながら，これはあくまでも外的な都合に過ぎなかった。しかしだからといって，誰も本当の著者について疑いはしなかった。著者の名前はのちに文法学者によってタイトルに据えられ，そしてテミストゲネースの名前を駆逐した。古代人たちの証言もこの方向を指示している。プルータルコス『アテーナイの栄光について』，第1巻，キュスター編『スーダ』の「テミストゲネース」の項，およびツェツェス『キリアデース』第7巻，930頁参照[117]。

　書物の著者に次いで，著者の同時代人が最も信頼できる証人である。にもかかわらず，もし彼らが著者にとって個人的に遠い存在であれば，彼らもたしかに間違った伝承にしたがうということは，容易に可能である。このことは上に述べたことにしたがえば，ギリシア文学およびロー

---

116)　『アナバシス』は原題を Kyru Anabasis, Κύρου Ἀνάβασις といい，「キューロスの遠征」あるいは「内陸遠征記」と記されることもある。クセノポーンはソクラテスの弟子の1人で，プラトンとは雌雄を競う間柄であったが，前401年，師の忠告を聞かずにアカイメーネース朝ペルシアの王子・小キューロスの遠征軍に傭兵として加わった。戦闘では勝利を得たものの，大将の小キューロスが戦死したため，クセノポーンがギリシア人傭兵1万人を率いて，さまざまな艱難辛苦を嘗めながら帰還した。この著作はその顛末を記したもの。

117)　〔原注〕『小品集』第7巻，598頁参照。

III　個人的批判（Individualkritik）

マ文学の最良の時代においてすら真実であり得た。最もよく知っているのは，当然，著者の親戚，友人，弟子であり，とくに彼らに当該の書物を判断する能力があると信じることができるときである。この視点はとりわけプラトンの場合に考察の対象となる。彼の著作の批判にとって，とりわけアリストテレスの引用とほのめかしが重要である。彼は偉大な師の親密かつ長年にわたる友人として，また鋭い判断力のある人物として，最も資格のある証人である。もちろんそのような証言において，そうした証言自体がふたたび信頼できるものとして証明されることが重要である。例えば，プラトンの『メネクセノス』はアリストテレスの『修辞学』に2回引用されるが（I, 9 と III, 14），もちろん著者の名前なしにである。しかしこれはプラトンからの引用に際して一般的なやり方である。だが，もしザウッペ（『ゲッティンゲン報告』，1864年，221頁）が主張したことが，すなわち，『修辞学』の第3巻が偽物か，あるいはひどく加筆されたものであるということが，真実であるとすれば，一方の証明箇所はなくなるであろう。しかし（ὥσπερ γὰρ Σωκράτης ἔλεγε〔というのはソクラテスが言ったように〕という言葉で導入される）第1巻における引用は，ソクラテスの口頭の表現に遡ることができるであろう。もちろん，もしプラトンの時代にアテーナイの祭りといかなる試合もまだ結びついていなかったということが確かであれば，すべての問いは決定されるであろう。というのは，リューシアースのエピタピオスならびにメネクセノスにおいては，試合が登場するので，二つの書物の非真正性は明らかであり，それゆえ『修辞学』の第3巻は少なくとも加筆されていることになるからである（178, 309頁参照）。

著者の同時代人ではない証人が書物にまつわる事柄について証言する場合に，必ず問題になるのは，彼が目の前にある伝承にしたがって書物の起源について何を知ることができたか，そして彼がそれをどの程度正しく判断する能力を持っていたか，ということである。伝承の混濁化は一般に時間とともに増大するので，それ以外の点で同じ条件のもとでは，のちのものよりもより古い証言の方が信頼できる。しかし後代の証言は立ち入った研究と適切な判断のおかげで，しばしば信頼性においてより古い証言をはるかに凌駕することがある。それゆえ，あらゆる証言は個別に検証されなければならない。例えば，パウサニアースは後代の

著作家であり，幾つもの事柄においてあまり判断を示さない。しかし叙事詩人に関しては，彼の証言は大きな価値をもっている。それは彼が叙事文学に異常に精通し，叙事詩の本質にすっかり溶け込んでいたからである[118]。クィンティリアーヌスが『ヘレンニウスに与える修辞学書』をたびたびコルニフィキウス[119]の著作として引用するとすれば，このことは，その書物が彼の時代にこの名前で書籍取引されていた，という証明である。そこでわれわれはこの証言の妥当性を攻撃するいかなる根拠ももたない。というのは，クィンティリアーヌスは，彼にとってまだ完全なかたちで存在したこの修辞学の文献について，十分な判断力を持っていたからである。これに対して，彼がいわゆるキケロー的演説の真正性に対して十分な妥当性をもつ証人と見なされ得ないのは，ここでは伝承がすでに早い時期に混濁していた可能性があり，そしてその雄弁術の理論的知識と教養を積んだ雄弁家の感情にもかかわらず，外的な障害なしに支配的な見解に対する疑いが彼のうちに生ずることができるには，彼があまりにも批判を所有していなかったからである。一般的に，著者自身にあるいは著者に一番近い周囲の人々に由来しないところの，1つの書物の著者に関する積極的証言は，支配的見解の表現であるか，あるいは批判的推測の表現であり，それゆえいずれの場合にも——それが可能なかぎり——内的根拠にしたがって検証されるべきである。こうした検証の際に，当該の書物が古代に偽物だと言明されていたとすれば，それは非常に重要な先例（Präjudiz）である。否定的批判は古代人の間では軽率に取り扱われたことはごく稀であり，そして彼らの判断は，最も後期の時代においてすら，われわれに保存されているよりもかぎりなくはるかに豊かな材料に支えられていた。もしウァッロー[120]が多数のプラウトゥスの断片を偽物として非難したとすれば，彼は確実にそのための最大に説得力のある根拠をもっていたのである[121]。そしてお

---

118)〔原注〕『小品集』第7巻，601頁参照。

119) Quintius Cornificius（?-BC42）。共和政末期の弁論家・詩人。キケローやカトゥッルスの友。現存する4巻の *Rhetorica as Herennium* の著者と見なす説もある。

120) Marcus Terentius Varro Lucullus（c.BC116-c.BC55）。ローマの将軍，政治家。富豪 L・ルールックスの弟。閥族派の主導的人物で，キケローの友人でもあった。

121)〔原注〕『最も優れたギリシア悲劇作品たるアイスキュロス，ソポクレース，エウリーピデースの現存するものがすべて真正であるかどうか』，34頁参照。

そらくこれらの断片は保存されていたであろうから，われわれとしては彼の判断をほとんど変更できないであろう。アレクサンドリアの文法学者の『アテテーゼン』[122]は，われわれにとって最高度に重要なものになるであろう。そして彼らの批判のうちのごくわずかしか保存されていないということは，弁償できない損失である。しかし１つの書物を退けるためのいかなる古代の先例も存在しないところでは，われわれは否定的判断においては，古代人よりもより一層慎重でなければならないであろう。われわれはつねに伝承から出発して，そして１つの書物の起源に対する嫌疑なき積極的な証言が，結合的批判によって真実であることが立証され，完全なものにされるかどうかを，試してみなければならない。判断が何らかの仕方で揺れ動くところでは，次の原則が当てはまる。すなわち，「いかなる書物も，その反対が証明されるまでは，真正と推測される」(Quivis praesumitur genuinus liber, donec demonstretur contrarium)。

---

122) アテテーゼン (Athetesen) は，ギリシア語の ἀθέτησις（除去，破棄，抹殺，廃止）に由来し，「伝承された異文の棄却」(Verwerfung einer überliefertern Lesart) を意味する。Bernhard Kytzler, Lutz Redemund, Nilolaus Ebert, *Unser tägliches Griechisch. Lexikon des griechischen Spracherbes* (Mainz am Rhein: Verlag Philipp von Zabern, 2001), 96.

IV

種類的批判

―――――――

§36. われわれは，個人的批判が種類的解釈を前提することを見た（310頁）。しかしこのことはふたたび種類的批判の助けを借りてのみ完成され得る。というのは，個々の文字作品の芸術規則が，この文字作品自体から規定される以上は（212頁を見よ），解釈は分析の近似的進行において，個々のものにおける多くのことは部分的に突きとめられた全体の目的に矛盾するように思えるという事態によって，妨げられざるを得ない。これをもって種類的批判の第1の課題が浮かび上がる。著作がその芸術的規則に実際にふさわしいか，それともそうでないかが，調べられるべきである。しかしもしこの芸術的規則が，文字作品のすべてのグループの比較によって見出される，一般的な文学的ジャンルの性格からさらに導き出されるべきであるとすれば（212-213頁を見よ），批判はより強烈に解釈のなかに介入する。というのは，あらゆる文学的ジャンルは1つの理想を形づくるが，個々のその代表者は多かれ少なかれつねにそれから逸脱するのであり，それゆえひとはつねにジャンルの規則を規定する際に，ジャンルの真の本質に反するものを考慮に入れないよう，注意しなければならない。芸術は概念では捉えられず，真の芸術家の内的感情から発現してくるので，それゆえ正しい尺度はここではとくに獲得するのが難しい。ジャンルの規則は生き生きとした適用においてのみ，すなわち本物の芸術家自身の活動においてのみ，捉えられる。ところで，真の芸術家は生産のあらゆる瞬間に，みずからにその規範を指示すると同時にそれに従うが，しかしこの規範が自分の血肉へと移行しなかった場合には，異他なる指示にしたがって働くことができない。こ

れによれば，天才（Genie）自体がジャンルの規則であるので，種類的批判は，ひとが著作のなかにある天才の働きと，天才の働きではないものとを区別する能力がある，ということにかかっている。しかしまた天才の本質は，いかなる定式においても汲み尽され得ない。天才および美の理念は，神の理念と同じように，理性と人倫にとって，なるほど明瞭ではあるが，しかし決して外的に演繹され得ない直観であり続ける。しかしながら，この直観が種類的批判における尺度であるべきだとしても，ひとはそれについて了解するためには，それによってあのいわく言い難いものが，つまり想起のための一般的輪郭が再生産される，そのような一定の概念を必要とする。これが理論の規則であるが，このような理論の規則は，体系のなかで固まらないためには，天才の働きから抽出され，学問的精神によって結合され，生き生きと保持されなければならない。そのような理論の最初の偉大な模範がアリストテレスの詩学である。理論的規則が抽象的に考え出されることができないということは，天才の本質から帰結する。というのは，天才はまったく個人的だからである。つまり，普遍的なものと特殊的なものは天才において1つになっている。しかし普遍的なもののみが抽象的原理から導き出され得るのである。それゆえ，古代もまた近代とは違う理論をもっているのであるが，それは2つの時代における天才が異なった形態で現れているからである。概念的にはひとはこの差異をいわば輪郭的に描くことができる。しかしひとはそれによってただ空虚な幾何学的図形を保持しているにすぎず，この幾何学的図形はまず芸術作品の直観によって満たされなければならないのである。ところで，これにしたがえば，ひとは種類的批判の尺度を種類的解釈のうちにのみ見出すのであり，また種類的解釈が，それ以外の種類の批判と解釈学の結節点をふたたび形づくるところの，個人的批判の前提であるので（313頁を見よ），そのことによって種類的批判もまた，他のすべての文献学的機能との恒常的な相互関係のうちにある。1つの著作が，個においてあるいは全体において，その芸術的規則にふさわしいかどうか，ということに関する判断は，それにしたがえば，最も厳密かつ最も多面的な研究に基づいてのみ言い渡すことができる。目の前にあるものがふさわしくない場合に生ずる批判の2つのさらなる課題は，しかしここでは個人的批判の場合（307-308頁を見よ）と

違って，決して重なりはしない。というのは，あらゆる著作家は実のところ，みずからの著作の個人的な芸術的な規則に対して，違反することがあり得るし，同様に，言語法則と歴史的真理に対して，違反することがあり得るからである。ひとはそれゆえ，現実的な不調和に出くわす際には，何が原初的であったのかをそのあとそれにしたがって突きとめることができるためには，目下の場合には何がよりふさわしかったかを，つねにまず調べるであろう。何が原初的であったかは，個人的批判の助けを借りてのみ突きとめることができる。これについて非常に詳しく述べる必要はない。

　種類的批判は文学自体のさまざまなジャンルのなかにさまざまな性格を仮定する。ひとは区分根拠を文字作品の執筆材料から手に入れて来て，例えば「石碑の批判」Critica lapidaria と「貨幣の批判」〔Critica〕 nummaria を区別するようなやり方（ドナトゥス編『古代の碑文の新宝典への補遺』に収録されているマッファイの「現存する石碑の批判の技術」[1]参照）で，まったく外的な徴表にしたがって文学のジャンルを引き裂くことだけはやってはならない。この種のものを批判の固有の種類として際立たせることは，細かい事実にこだわる粗雑な知識のひけらかしであって，もし文献学が学問の名に値すべきであるならば，ひとはこれから完全に身を切り離さなければならない。文献学的な諸機能の特徴にとって，その実行の対象となる文字が石で伝承されているか，あるいは紙で伝承されているかは，どうでもよいことである。そこから一般的法則の適用において特殊な事情が生じることはもちろんであるが，しかしこれは古文書学的批判の外的変異に過ぎない（272 頁以下を見よ）。これに対して，文学の諸ジャンルは種類的批判に対する本質的な区分の根拠を含んでいる（213 頁以下を見よ）。散文的著作の批判は，詩的文学の批判とはまったく異なる精神で，またそれとは異なる視点にしたがって，事柄を処理する。たしかに後者において，それに対応する散文の 3 つのジャンルの批判と同じように，叙事詩，抒情詩，演劇についての批判が区別されるが，しかしこれらはとりわけ特殊な名前で表示される習わし

---

　1) Scipione Maffei, "Artis criticae lapidariae quae extant," in *Ad novum thesaurum veterum inscriptorum Ludovici Antonii Muratorii supplementum*, ed. Sebastianus Donatus, 2 vols. (Lucae, 1765).

となっている。つまり歴史的批判，修辞学的批判，そして学問的批判である。この意味での歴史的批判は，実際の歴史的諸条件にしたがっていろいろな文字作品を測定するところの，あの歴史的批判（301 頁を見よ）からは区別されている。というのは，こちらの方の歴史的批判は，いろいろな文字作品が歴史的技法の形式と内容にしたがって適切であるかどうかを，むしろ調べるからである。修辞学的批判は――ハリカルナッソスのディオニューシオスが証明するように――，古代において見事な仕方で実行されたが，これは歴史的批判と同じように，もちろん単に固有の演説のなかにのみ現れるのではないところの，修辞学的技法を判断するものであるが，歴史的批判がそうであるように，歴史的著作に限定されてはいない。最後に，学問的批判は哲学と個別的学問のなかで表現された形式と，あらゆる文字作品の収集された素材とに関係し，その真の内容とその真理性の度合いを問うものである。というのは，真理の探究は哲学的技法の目標だからである。われわれは種類的批判の種類にとくに細かく立ち入ることはできない。わたしとしては，例として若干の点を際立たせておこう。

1. 詩的批判の 1 つの側面は，韻律的批判であって，これは詩の外的形式の最も重要な部分に関係する（226-227 頁を見よ）。韻律論の法則は，それによってひとが個々の詩歌の判断のための確固たる基準をもてるように，一度きり与えられているわけではない。しかしながら，この法則は韻律の発見によってすでに古代においても見出されていたが，韻律は芸術を実際に営むなかで最初に形づくられたのであった。われわれはそれにしたがって韻律的形式に関する古い伝承をもっており，われわれはそれに結びつかなければならない。こうした伝承は批判にとって外的証言の価値をもっている。しかしそれらは非常に一般的な性質をもっているので，著作の分析によって補完されなければならない。それを通して個々の詩歌およびジャンル全体の韻律は，ようやく厳密に確定されるのである。とはいえ，このことは，目の前にあるそれぞれの場合に韻律の原初的な形式はいかなるものであったのかを，批判が内的根拠にしたがってまた結合によって絶えず突きとめることによってのみ，起こり得ることなのである。韻律的批判がテクストの古文書学的判断にとって，したがってまた爾余のあらゆる種類の批判にとって，とりわけ文法的批

判にとっていかに重要であるかが，ここにおいて示される。というのは，もし1つの異文が韻律的形式に合致していなければ，ひとはそれを正しくないものと見なすであろうからである。もちろん，ここで原理の請求（petitio principii）が非常に容易に起こる。それというのも，ひとはたしかに韻律的形式そのものを，しばしばいろいろな所与の異文に基づいてのみ規定することができるのであり，そしてもしひとがそこで間違ったテクストにしたがえば，ひとは正しくない結論へと到達し，その後その正しくない結論にしたがって，おそらく正しい異文が何の根拠もなしに変更されるからである。例えば，ヘーシオドスの『神統記』や『イーリアス』における船のカタログにおけるように，カタログ然とした叙事詩の場合に，ひとは5行のペリコーペを仮定する。しかしこの形式を貫徹するために，若干の詩句が挿入として排除されるようなことがあってはならない。例えば，もしたびたび5つの詩句が1つの思想的区切りを形づくるという理由で，ひとがいまペリコーペの形式を規則として設定し，しかるのちそうでなければ規則が貫徹され得ない，つまりまさに規則であり得ないとの理由で，ある詩句を挿入されたものとして落とすとすれば，これは原理の請求（petitio principii）である。落とされた詩句がまた韻律を顧慮せずに真正ならざるものとして証明され得る場合には，原理の請求は回避される。しかしペリコーペの形式の仮定は，思想の区切りが一定の詩句の数と単に偶然的ではなく重なることができるときにのみ，基礎づけられたものとなる。ゴットフリート・ヘルマン『ヘーシオドスの神統記の最も古い形式について』[2]を参照されたい。ラッハマン（『古代学時報』1845年，461頁；『古典文献学のための小論文集』第2巻[3]，84頁）とマイネケ（彼のホラーティウスの版[4]の序）によって試みられているように，4行の詩節（Strophe）におけるホラーティウスの頌歌の区分も似たような状況にある。デーダーライン『公開演説』[5]，403-404頁参照。

---

2) Gottfried Hermann, *De Hesiodi Theogoniae forma antiquissima* (Leipzig: Staritz, 1844); abgedruckt in *Opuscula*, Bd. 8 (Leipzig: Ernest Fleischer, 1877), 47-67.

3) Karl Lachmann, *Kleinere Schriften zur classischen Philologie*, herausgegeben von Johannes Vahlen (Berlin: G. Reimer, 1876).

4) *Q. Horatius Flaccus*, herausgegeben von Augustus Meineke (Berlin: Reimer, 1834).

5) Ludwig Döderlein, *Oeffentliche Reden mit einem Anhange pädagogischer und*

2. 散文では韻律に数（Numerus）が対応している。数はすべての外的形式と同様，内的形式と思想的結合に依存している（226-227 頁を見よ）。韻律が詩のジャンルと目的によって異なるその下位の種類にしたがって区別されるように，数は散文の 3 つのジャンルとその下位区分にしたがって区分される。後者に関しては，例えば勧告的種類（γένος συμβουλευτικόν），祭典的種類（〔γένος〕πανηγυρικόν），法廷的種類（〔γένος〕δικανικόν）という弁論術の部門における数は，ディテュラムボス[6]，賛辞の詩，挽歌等々のいう抒情詩の部門における韻律と同じように，幅広く相互に分かれている。しかしそれに加えて，数および韻律において思想的結合の性格が表現されており（222 頁以下参照），その相違が倫理的な文体形式なのである。古代人たちはこの文体形式（ἰδέαι）を 3 つのジャンルに遡源していた。すなわち，崇高ないし厳格な叙述方法（γένος σεμνόν, genus grave），上品ではあるが軽やかであっさりした叙述方法（γένος λιτόν od. ἰσχνόν,〔genus〕subtile *oder* tenue），および中間のあるいは両者から合成された叙述方法（γένος μέσον od. σύνθετον,〔genus〕medium）である。叙述方法は時代精神がジャンルの性格に及ぼす影響から生ずるので，同一の時代には文学のジャンルだけでなく，芸術一般のジャンルも共通の叙述方法の性格をもっていることを，わたしはすでに示唆しておいた（203 頁）[7]。その場合，個人的な色彩が（201 頁を見よ）修正的に付け加わる。批判の課題は，文体形式の理想に関して，外的形式全体との結合において，数の形式ならびに韻律の形式を調べることである。しかし同時に，様式的規則はふたたび批判の助けを借りてのみ，目の前にある作品から抽出されることができる。このように，歴史的な文体学は文法学の補完として形成されるが，これは韻律および数の理論をともに包含しており，そしてその基礎をなすのが文学史である（228 頁を見よ）。さて，もし文体の種類一般に関するわれわれの知識がなお非常に欠けているとすれば，このことはとくに散文

---

philologischer Beiträge (Frankfurt am Main und Erlangen: Verlag von Heyder & Zimmer, 1860).

6) διθύραμβος. ディテュラムボスとは，紀元前 7 世紀頃に酒神ディオニュソスをたたえてその祭典で酔っぱらいたちによって歌われた即興の歌であったが，紀元前 600 年頃からは詩の一種として発展し，その韻律や用語などは抒情詩と非常に類似していた。

7) 〔原注〕『小品集』第 7 巻，595 頁参照。

的文体の理論について言える。散文的文体は古代では主として修辞学のなかで発展した。そしてすでにヘーロドトスにおいて，その歴史叙述は修辞学的である[8]。しかし近代において修辞学的研究が蔑ろにされたために，古代の著作家の文体的洗練に対する感覚が，われわれから失われてしまった。もし歴史的にこれに立ち入ろうと欲するのであれば，ひとは古代の理論の伝承に結びつかなければならないが，ここではとりわけハリカルナッソスのディオニューシオスが最良の資料として推薦されるべきである。ひとはいましがた述べられた叙述方法の主要な相違から出発し，そしてそれを際立った模範に即して学ばなければならない。さてその場合，数の考察が主要な契機になるであろう。しかし誰がそれについて真の概念をもっているであろうか？　散文におけるあれやこれやのリズムがいかなる印象をもたらすかを，誰が規定することができるであろうか？　数に関するすべての種類的批判は，初期段階の最初に位置しているが，しかし韻律的批判そのものと同様，文法的批判にとってとても重要である。ひとは今日に至るまで，すべての問いにおいておぼろげな感情にしたがって判断するが，これに対してディオニューシオスはすでにこの感情を概念において捉えようと努めた。もちろん，すべてのことはひとがこの感情を認知された模範によって形づくることに懸かっている。さて，最も完全な数は古代人たちの一致した判断にしたがえば，あらゆる文体の種類を支配するデーモステネースにおいて見出される。ここでひとはみずからの耳を訓練し，そのあとで他のものを調べなければならない。そのとき例えば，プラトンの雄弁的書物のなかには，必ずしも正しい散文的な数がないということを，ひとは見出すであろう。しかしここでは，批判がいかに初歩的になお適用されているかが，ただちに示される。ゴットフリート・ヘルマンは『パイドロス』における演説を，その数ゆえに捜し求められた詩句のつぎはぎ細工と見なしたが[9]，一方古代人たちはすでにまったく正しくその根拠を，件の演説のディオニュソス賛歌的な性格のうちに見ていた。『饗宴』においても，アガトーンの演説がいろいろな詩句からはぎ合わせて作られているとの不幸な考えに，ひとは出くわしてきた。そしてその場合にこれに関して，そ

---

8)　〔原注〕『小品集』第 7 巻，596-597 頁参照。
9)　〔原注〕『小品集』第 7 巻，414 頁以下参照。

の「韻律ゆえに」異文が変更されることは当然だと思われる[10]。真実のところは，プラトンは数に非常に習熟していたが，しかししばしば意図的に間違ったリズムを適用した，例えばデーモクリトス派のプロータゴラースにおけるように，ときには嘲笑やイロニーから。トゥーキューディデースも織り込まれた演説のなかで，みずから演説者の数を模倣している（227頁参照）[11]。その類いのものが種類的批判の対象であるが，種類的批判はそのような産物の性質に関する結果を得，それを見出されるべき文体規範あるいは理念にしたがって判断しなければならない。ヘーロドトスの場合には，ひとはつねに表現における単純さのみについて語るが，しかし数の性格には注意しない。古代の数の理論についての基礎は，ふたたび古代人たち自身のところで見出される。ここではひとはアリストテレスから出発しなければならない。アリストテレスは，『弁論術』第3巻8-9において，文章構成の2つの最高の相違に関する古典的議論を提供しているが，数は究極の根拠においてはそれに依存している。その相違は直進的言語表現（λέξις εἰρομένη）と回帰的言語表現（λέξις κατεστραμμένη）である。前者は，単にゆるやかな文から連結されたもので，叙事詩的，ヘーロドトス的言語表現であり，アリストテレスはこれをディテュラムボスのアナボレー（ἀναβολαί）[12]と比較している。もう1つは周期的な言語表現で，彼は適切にもこれを抒情詩家のアンティストロペー[13]的構文と並置している。ところで，ひとが単語の位置から数を導き出そうと欲するのであれば，ひとはそれから声調（sonus）を区別しなければならない。声調は音による強調の特有の種類に存しており，それゆえアクセント的本質，すなわちメロディー的本質をもっており，リズム的本質をもっているわけではない。したがって，それは数とは異なる仕方で文章構成に依存している。それというのも，後者は単語の位置の韻律的側面に関係しており，論理的側面には関係し

---

10)　〔原注〕『小品集』第7巻，139頁参照。
11)　〔原注〕『小品集』第7巻，597頁参照。
12)　ディテュラムボスにおける序歌であったが，詳しいことは知られていないという。
13)　アンティストロペーというのは，ギリシア語のアンティストロポス（ἀντίστροπος）に由来し，抒情詩の合唱隊歌においてストロペーに対応して歌われたものである。ちなみに，ストロペーとは古代ギリシア劇の合唱隊の左旋回のことで，そこからこのときに歌う合唱歌の第1連を意味する。

ていないからである。けれども，両者はメロディーとリズム一般のように，最も密接に結びついている[14]。わたしはここで少なくと散文的リズムの最高の相違に注意を喚起しようと思う。この相違は同時に文体全体にとって代表的だからである。数の１つの形式は力，堅実さ，芯の強さという特徴を帯びている。こちらの方はアッティカ人たちのあいだで最も完全に浮かび上がった。他方は弛緩し，女性的で，芯がない。後者においてはすべてのものは崩壊し，相互に沈んでいく。これに対して最初に名づけられた文体においては，すべてのものはしっかりと結び合う。ひとがここで見出す充填と絆の代わりに，〔後者においては〕すべてのものは緩んでいる。言語要素は，筋肉を連結する人体がはずれるか弛んでしまった人間のように，びっこを引きながら互いの後ろからついて行く。これは疑いなくアシアー風文体の性格であった。そしてその土台をなしているのがヘーロドトス的文章構造である。但し，ヘーロドトスの文体は中間的性格を帯びており，そこにおいては数の柔らかさは，より大きな部分が力強く面取りされることによって，緩和されている。マグネシアー出身のヘーゲーシアース[15]ほどアシアー風文体をしっかりと，しかしまた間違って発展させた人はいなかった。ストラボーンやディオニューシオスはそれゆえ彼を正当にも非難する。というのは，実際批判はこの場合，文体の特徴を確定しなければならないだけでなく，それをまた不適切なものとして証明しなければならないからである。われわれはアシアー風文体形式を，同郷人のヘーゲーシアースの執筆方法を模倣したパウサニアースの作風からのみ，いまでもより正確に学ぶことができる[16]。

　オリジナルな文体（Stil）を作風（Manier）から区別することは，種類的批判の主要な課題である。ギリシア人やローマ人のあいだの最も古

---

14) 〔原注〕『ピンダロスの韻律について』，第９章「演説のリズムについて」de rhythm sermonis, 51-59 頁参照。

15) Hegesias, Ἡγψσίας（生没不詳）。リューディアーのマグネシアー出身の弁論家，歴史家。ゴルギアースの華麗な散文を発展させて，さらに装飾的・技巧的な「アシアー風」文体を創始したとされる人物。

16) 〔原注〕「パウサニアースのアシアー風文体について。1824 年の講義カタログへのプロオイミオン」 *De Pausaniae stilo Asiano*. Prooemium zum Lektionskatalog 1824（『小品集』第 4 巻, 208-212 頁）参照。

い著作家たちは文体をもっているが，近代人はほとんど作風しかもっていない。文体は自然であり，その時代の教養，状況，および個人的な性格から生まれる。たとえそれが人為によって形成されるとしてもである。それはヘーロドトスにおいてすら真実である。しかしのちの人々は古い文体を模倣するために，その文体を制約していた状況がもはや存在していなかったにもかかわらず，無理をして，そしてあたかも針で刺すようにくり抜いてきた。彼らはそれゆえ自分自身の本質に逆らって書いてきたのである。そのことによって彼らは，たとえときおりきわめて卓越した技量をもってであったとしても，作風的なものしかもたらさなかった。第2のデーモステネースと見なされたアリステイデース[17]や，あるいは父親が非常に力を入れて教育しようとしたため，雄弁においてすべての古代人を凌駕したヘーロデース・アッティクス[18]がそうである。ルーキアーノス[19]はヘーロドトスを模倣した同時代人たちを嘲笑した（ディオニューシオスの『文章作成について』第4巻への解釈者たちを見よ）。しかしかなり多くの批評家たちは，自然と人為の区別の仕方を知らず，そして彼の時代が行ったように，フロントーをキケローと同じほど非常に素晴らしいと見なす。この種のものに対して眼識をもつ人は，いたるところに作風の道化帽が覗くのを見る。オリジナルな文体は，現実の状況によって生み出される，何らかの感激から生まれる。感激を与えるような状況が欠けているにせよ，あるいは精神ないし天才そのものが人間のなかに存在しないにせよ，作風はそのような感激なしに模倣するのである。

3. 種類的批判は単に文字作品の形式だけでなく，その内容をも判断しなければならないということは，すでに述べたところである（350頁）。要するに，その内容が芸術規則，つまり目的に合致しているかどうかを決定するためにである。ところで，内容が真実であるということは，あ

---

17) 〔ラ〕Publis Aelius Aristides Theodorus〔ギ〕Ailios Aristeides, Αἴλιος Ἀριστείδης (118-181以降)。ローマ帝政期のギリシアのソフィスト・修辞学者。

18) Herodes Atticus, Ἡρώδης ὁ Ἀττικός (c.101-c.177)。ローマ帝政期のギリシアの学者，弁論家。雄弁家として名声を馳せ，アテーナイやローマで教え，ハドリアーヌスをはじめ，マールクス・アウレーリウス，ルーキウス・ウェールスなどの諸帝の知遇を得た。

19) 〔ギ〕Lukianos, Λουκιανός Σαμοσατεύς〔ラ〕Lucianus Samosatensis (c.120/125-c.190/195)。ローマ帝政期のギリシアの風刺作家，弁論家。

らゆる文学的ジャンルの共通の理想である。詩歌は詩的な真理を，すなわち，イメージと芸術的理念との一致を得ようと努める。これに対して散文は現実的真理を，すなわち，内容と実際の現実との一致を目標として持つべきである。後者は学問的散文における最高の視点であり，そして歴史的叙述および修辞学的叙述は，学問的基礎づけ——修辞学にとっての学問的基礎づけには，プラトンがはじめて『パイドロス』と『ゴルギアース』において迫った——を仮定することによってのみ，それに等しい目標に到達する。それゆえ，個々の著作がどの程度真理に合致しているかを調べるとき，批判は個々の著作を学問的理想によって測定しなければならないが，かかる理想は知識の一般的連関ゆえに，完成された学問体系のうちにのみ与えられていることができる。しかしながら，この種の完成された体系は決して存在しない。万有の無限の内容は決して完璧に捉えられることはなく，またたとえ研究者が事柄の本質に完全に到達するために，みずからの人格性を脱ごうとどんなに努めようとも，人間的把握の形式はつねに主観的に脚色されている。しかしたとえすべての学問的研究者が真理を一面的かつ部分的にのみ認識しようとも，認識は学問の発展のなかで進捗し，そしてそこにおいて徐々に確実な知識の根幹が明らかになる。そして真理と確実性の度合いをそれにしたがって区別することが可能となるような，論理的原則，つまり方法的原則もまたこの確実な知識の根幹に属している（255-256頁を見よ）。したがって，ひとは古代の精神的著作の真理を古代あるいは近代の個々の知識の体系にしたがって測定することはできず，むしろ学問的精神の個々の表出を，著作そのものの分析を通して，まずその固有の特徴において理解しようと努め，そして内在的批判を通じてその内的首尾一貫性を調べ，しかるのちあらゆる著作の内容を比較することによって，各々の業績に対する基準を生み出す学問の歴史の全経過を突きとめなければならない。

　ひとはここから同時に，あらゆる学問の研究そのものが，そこに存在している業績の批判を通して，自然と進展するであろうことを見る。学問に根本的に精通している人はすべて批評家である，という上で述べた命題（251頁）は，このことを言っているのである。逆に，もしひとが学問そのものをその生き生きとした働きにおいて知らないとすれば，ひ

とは学問的批判に対する正しい基準を獲得することができない。直接的認識は批判によって，そして批判は直接的認識によって補完される（102-104頁を見よ）。哲学においては，プラトンのような偉大な研究者は，先行する体系に対して歴史的批判を行使することによって，より高次の真理へと突き進んだのである。しかし各々の体系はそれによって与えられた発展段階のなかのいかなる段階を占めるのか，神的なもの，つまり真理の完全な理念はどの程度それぞれの業績において表現へともたらされたのか，それを哲学のすべての歴史から，つまり哲学的精神のすべての発展から規定するためには，文献学者はみずから哲学的教養を積まなければならない。

　哲学の歴史との連関において，個別科学の歴史が似たような仕方で，それぞれの領域に存在する文字作品の検査のための基準を生み出す。しかし哲学の歴史は詩歌の歴史によって補完されなければならない。というのは，詩歌もまた象徴において理念が発展したものであり，かかる象徴は明瞭性と深さのさまざまな程度の思想をうちに蔵しているからである。それゆえ，文学作品のなかに神的なものがいかに反映されているかが，また調べられるべきである。ひとはこれを概念的に認識するか，あるいは少なくとも感受し感じることによって，恒常的な相互作用のうちにあるところの，学問と詩歌との連関への洞察を獲得するのである。しかしながら，ひとはここに立ち止まり続けることはできない。というのは，すべての芸術のうちに，ならびに国家性格や個人生活のうちに，理念は自己を表現しているからである。すなわち，理念は間接あるいは直接に学問の発展に作用を及ぼしてきたので，学問の発展は文化史全体の連関のなかではじめて完全に理解できるものとなるのである。種類的批判はしたがって，古代学のすべての実質的学科を前提するのである。

　美が単に外的形式においてではなく，とりわけ内的形式において表現へともたらされなければならないかぎり（217頁を見よ），詩においては詩的な真理が，散文においては学問的真理が，美を根本的に条件づけるものである。例えば数学的研究は，もしそれが完全に正しくはないとすれば，美しいと呼ばれることはできない。しかしそれは次のような場合にかぎっては，もちろんまた美しいといえるであろう。すなわち，数学的学問の性格と一致するような仕方で，そこにおいて形式が内容と結び

合わされている場合である。これは言語が修辞学的に飾られているときには，その通りにはならない。ところで，種類的批判の最高の課題は，内容と形式がその結合においてジャンルの内的目的に適切であるかどうかを調べることであるので，この意味での種類的批判は一般的に美的な批判と表示され得る（228 頁を見よ）。種類的批判は文学のすべてのジャンルに関係するので，それは文学的批判と重なり合うように見えることもあり得るであろう。しかしながら，文学のあらゆるジャンルに関係するということは，文字作品についてのあらゆる種類の批判一般に共通している。そして文字作品についてのあらゆる種類の批判は，他の資料の批判や事実の批判と異なって，文学的と表示されなければならない。実際，われわれによって論じられた 4 種類の批判もその全体性においては，ひとが通常の言語の慣用で文学的批判と名づけているもの，そして近代的意味での書評（Recensionen）の課題と見なしているものにほかならない。完全な書評はその言語，その歴史的諸前提，著者の個性，そしてその文学的ジャンルの要求に関して，学問的著作の場合には，とりわけ到達された真理と書物のなかに含まれている学問的業績に関して，書物という性格を表わさざるを得ないし，またそれを評価しなければならない。それゆえ，ここで批判のすべての問題が解決されるべきである。しかしこの課題に部分的にのみ注視する文学的判断もまた，それにもかかわらず，多方面的な研究に基づいてのみ成功することができるので，明らかにごく少数の書評のみがこの名前に値する。通常の表面的な書評，他者の業績についての軽薄な有罪判決は，軽はずみなものとして斥けられるべきであり，そしてわれわれの時代の最悪の損害に属する。しかし優れた書評はあらゆる文学の発展にとって，そして恒常的な自己批判を必要とするところの，われわれの文献学的な学問にとってまったく特別な仕方で，きわめて重大な意義を有している[20]。

---

20)　〔原注〕『小品集』の第 7 巻は，1808-1848 年間のベークの書評を 24 編含んでいる。

方法論的補遺

§37. われわれによって提起された批判の理論が，もし実際に真実であると実証されるべきであるとすれば，3つの批判的課題をすでに述べたような自然な順序でつねに注視することが，この理論にとっての第1の規則とならなければならない。ひとは最初から校訂やあるいは廃棄（Athetesen）〔アテテーゼン〕を狙っては決してならず，むしろとりわけ最初は所与のものの完全な理解に到達するよう努めなければならない。真の疑い深い意識（animus suspicax）（253-255頁を見よ）は，それにしたがえば所与のものが不適切なものと思われる場合に，ひとがまず自分自身の解釈を不信するところに示される。初心者は批判一般を解釈学に奉仕する仕方でのみ行わなければならない。さらに，文法的批判と歴史的批判がまず行われなければならないが，それはそのための基準がより確かであるのと，判断が伝承された個別的事項から出発するからである。これに関する最良の学校は碑文であって，そこでは判読による校訂はより少ない数の可能性に制限されている。もし韻律がしっかりしていれば，詩歌の場合も同様である。文法的批判にとっては，言語そのものを批判的に支配することが肝要である。これはみずから言語を使用して書く訓練をすることによって，本質的に促進されるところである。最も難しい種類の批判は個人的批判である。そこにおいて自立的に先に進むためには，ひとは文法的批判および歴史的批判における徹底的授業を修了していなければならないだけでなく，そのためには一般に卓越した度合いの批判的明敏さと，またより重要な課題を扱う際には，書物の隠された奥義への深い滲入，文体的類似性と相違を発見するための非常に繊細な感情，非凡な眺望，そして批判的に検証された多くの知識が必要である。種類的批判でさえこれよりは容易である。というのは，文学的ジャンルの性格は著作家の個性よりも客観的で，確固としており，また規則的だからである。それゆえ，個人的批判は種類的批判よりもはるかに特殊的かつ間接的であり，したがって種類的批判のあとで訓練されなければならない。

IV 種類的批判

批判的訓練の主要な補助手段は優れた模範である。これは口頭による注釈において最も完全に与えられる。というのは、そこにおいて批判は最も合目的的な仕方で解釈と結合され得るからである（236-237 頁を見よ）。口頭による注釈はすべての批判的装置を正しく利用することへと導かなければならないが、このような批判的装置は、上で（281 頁）言及されたすべての異文の証言と、それに基づいてすでに行われた批判的試みとから成り立っている。この装置はたしかに解釈学的装置を本質的に補完するものであるが（243 頁を見よ）、しかし完全には文字的注釈と結合されることができない。ひとは最も信頼できる異文にしたがってテクストを組み立てることを、さしあたりいたるところで詳細に基礎づけることはできない。むしろ序論あるいは特別な論文のなかで、テクストの歴史による一般的な基礎づけが与えられるべきであろう。そしてそのあとで大抵の場合に、組み立てられたテクストから逸脱した異文を、程度の差はあれ、完全に引き合いに出せば十分である。テクストそのもののなかに据えられたいろいろな校訂や、もっと多くの判読による本文批判は、さらにしばしば特殊な基礎づけを必要とする。この基礎づけはたしかにできるだけ簡潔でなければならないが、しかしときには釈義的注釈と批判的注釈を分離することが必要である。より難しい批判的な問い、とくに個人的批判と種類的批判は、書物の序論においてか、あるいは自分自身の論文において議論されるべきであろう。著作の批判版は、そのなかにそれ以前のすべての批判の業績が見通しのきくようにまとめられていればいるほど、ますます啓発的である。その場合校訂に関しては、より古い批評家がしばしば非常に刺激的であり、それゆえ彼らを蔑ろにしてはならない。16 世紀にはとくにランビヌス、ムレトゥス、ヨーゼフ・スカリガー、およびあまり知られていないが、非常に若死にしたアキダリウスが聳え立っている。さらにラテン著作家の批評において卓抜なユストゥス・リプシウスと、ギリシア語に関して非常に功績のあるヘンリクス・シュテファヌス[21]がいる。17 世紀にはニコラウス・ハインシウス[22]が素晴らしい批評家であった。但し、彼は判読による本文批

---

21) Henricus Stephanus（1528/31-1598）。フランス名は Henri Estienne。16 世紀フランスの印刷屋、古典学者。

22) Nicolaus Heinsius（1620-1681）。オランダの古典学者。

判を沢山やりすぎた。例えばそのリウィウスの版が大きな解釈学的価値をもっているヨーハン・フリードリヒ・グロノウィウスは，批評家としてはあまり重要ではなかった。しかしながら，17-18世紀に校訂的批判はベントリーにおいてその頂点に達した。彼のホラーティウスの版は，批判的技法の最も完璧な傑作に属する。パラリスの書簡に関する彼の論文が証明しているように，彼は本物と偽物の批判においても卓抜であった。詩人の批評において，彼は韻律についての驚嘆すべき知識と，非常に繊細かつ深い感情を示しているので，彼はあらゆる方面に刺激的に作用してきた。批判的な才能の大きさという点では，彼に匹敵する人は誰もいない。18世紀の偉大なオランダの批評家たちが彼に続いた。ヘムステルホイス，ヴァルケナル，ルーンケン，ヴィッテンバハである。例えば，ルーンケンによるウェッレイユス・パテルクルスの版は最も重要な模範の1つである。英国においては，同時期であればとくに，校訂しようとの欲望を追求しすぎたとはいえマークランド[23]，ドーズ[24]，テュルホィット[25]，そしてギリシア悲劇作家の批評に抜きんでたポーソン[26]が屹立していた。個人的批判と種類的批判は，ようやくレッシング以来，徐々にその真の意義において理解されるようになった。個人的批判はフリードリヒ・アウグスト・ヴォルフの『ホメーロス序説』[27]（1795）とシュライアマハーのプラトンの対話篇への序論（1804以降）[28]によって，種類的批判はフリードリヒ・アウグスト・シュレーゲルによって，最も重要な刺激を受け取った。同時に，われわれの世紀〔19世紀〕における古文書学的批判は，I・ベッカーの画期的業績以来，徐々にそれにふさわしい方法へと到達し，その結果いまではすべての批判的活動は，安定した基盤の上で建設し続けることができる。近年に生起した文献学の

---

23) Jeremiah Markland（1693-1776）。イギリスの古典学者。

24) Richard Dawes（1708-1766）。イギリスの古典学者。

25) Thomas Tyrwhitt（1730-1786）。イギリスの学者。アリストテレスの『詩学』など古典的著作家の著作などを編集。

26) Richard Porson（1759-1808）。イギリスの古典学者。ケンブリッジ大学教授。古代ギリシア語に精通し，多くの校訂本を作成した。

27) Friedrich August Wolf, *Prolegomena ad Homerum sive de operum homericorum prisca et genuine forma varissque mutationibus et probabili ratione emendandi* (Halle: Orphanotropheus, 1795).

28) 243頁の注55を参照のこと。

IV 種類的批判

専門雑誌の興隆は，批判的作業にとってとくに役立つようになり，それによって獲得された研究結果の速やかな伝達と，かくして批判的研究者の一般的な協力が可能となっている。もちろんそれによって，みずからが何かを達成することができる前に，未熟な研究を市場に持ち込み，そして他者の業績にけちをつけようとする誘惑も高まっている。けれども，こうした悪しき状態は，雑誌そのもののますますの発展によって，調停されるであろう。というのは，きわめて有能な力ある方々がますます雑誌に関与しているからである。

［最も重要な一般的な文献学のジャーナルは，現在では，フレッカイゼンとマシウス編『文献学と教育学のための新年報』[29]。——エルンスト・フォン・ロイチュ編『文献学者——古典的古代のための時報』[30]。——『文献学新聞』（『文献学者』を補完するためにエルンスト・フォン・ロイチュによって編集された）[31]。——オット・リブベックとフランツ・ビューヘラー編『文献学のためのライン博物館』[32]。——G・カイベルと C・ローベルト編『ヘルメース』[33]。——H・ケルンと H・J・ミュラー編『ギムナジウム制度時報』[34]。——W・ハルテルと K・シェンクル編『オーストリア・ギムナジウム時報』[35]。——W・ハルテルと K・シェンクル編『オーストリア・ギムナジウム古典文献学雑誌』[36]。——A・ド

---

29) *Neue Jahrbücher für Philologie und Pädagogik*, herausgegeben von Fleckeisen und Masius (Leipzig: B. G. Teubner, 1831-).

30) *Philologus. Zeitschrift für das klassische Alterthum*, herausgegeben von Ernst von Leutsch (Göttingen: Dieterich's Verlag, 1842-).

31) *Philologischer Anzeiger*. Als Ergänzung zum *Philologus,* herausgegeben von Ernst von Leutsch (Göttingen: Dieterich's Verlag, 1869-).

32) *Rheinisches Museum für Philologie*, Neue Folge, herausgegeben von Otto Ribbeck und Franz Bücheler (Frankfurt am Main: Sauerländer, 1842-).

33) *Hermes. Zeitschrift für classische Philologie*, herausgegeben von Georg Kaibel und Carl Robert (Berlin: Weidmann, 1866).

34) *Zeitschrift für das Gymnasialwesen*, begründet im Auftrage des Berlinischen Gymnasiallehrer-Vereins, Neue Folge, herausgegeben von H. Kern und H. J. Müller (Berlin: Weidmann, 1847-).

35) *Zeitschrift für das österreichischen Gymnasien*, herausgegeben von W. Hartel und K. Schenkl (Wien: Gerold's Sohn, 1850-).

36) *Wiener Studien. Zeitschrift für classische Philologie.* Supplement der Zeitschrift für österr. Gymnanien, herausgegeben von Wilhelm Hartel und Karl Schenkl (Wien: Gerold'sche Sohn,

イアーリンク編『バイエルン・ギムナジウム学校新聞』[37]。──コンラート・ブルジアン編『古代学の進歩に関する年報』(『古典文献学叢書』と古典学のための伝記的年報の付録つき)[38]。──『ベルリン文献学協会年報』[39]。──『古典文献学週報』[40]。──Chr. ベルガーとO・ザイフェルト編『ベルリン文献学週報』[41]。──C・ワーグナーとE・ルートヴィヒ編『新文献学評論』[42]。──C・G・コベット, H・W・ヴァン・デル・マイ『ムネモシュネー──オランダ文献学叢書』[43]。──『古代文献学・文学・歴史学雑誌』[44]。──D・コンパレッティ, G・ミュラー, G・フレッチア『古典的文献学および教育学雑誌』[45]。──W・A・ライト, J・バイウォーター, H・ジャクソン編『文献学雑誌』[46]。──B・L・ギルダースリーヴ編『アメリカ文献学雑誌』[47]。──トムセン編『北欧文献学時報』[48]。──これ以外に, より一般的内容の雑誌, とくにアカデミーと他の学術協会の論文集と報告。概観は82-84頁で挙げられたクレプス, エンゲルマン, ヘルマン, ルプレヒトによる書誌学的著作, カルヴァリーの『文献学叢書』, および63頁で引用されたヒュープナーの『概

1879-).

[37] *Blätter für das bayerische Gymnasialschulwesen*, herausgegeben von A. Deuerling (München: Lindauer, 1865-).

[38] *Jahresbericht über die Fortschritte der classischen Alterthumswissenschaft*, herausgegeben von Conrad Bursian. Mit den Beiblättern: *Bibliotheca philologica classica und Biographisches Jahrbuch für Alterthumskunde* (Berlin: Calvary & Co., 1873-).

[39] *Jahresberichte des philologischen Vereins zu Berlin* (Berlin: Weidmann, 1875-).

[40] *Wochenschrift für klassische Philologie* (Berlin: Heyfelder, 1884-).

[41] *Berliner philologische Wochenschrift*, herausgegeben von Chr. Belger und O, Seyffert (Berlin: Calvary & Co.,1882-).

[42] *Neue Philologische Rundschau*, herausgegeben von C. Wagener und E. Ludwig (Gotha: Friedrich Andreas Perthes, 1886-).

[43] *Mnemosyne. Bibliotheca philologica Batava*, Nova series, Colleg. C. G. Cobet, Hendrik Willem van der Meij (Leyden: Brill, Leipzig: Harrassowitz, 1873-).

[44] *Revue de philologie, de littérature et d'histoire anciennes. Nouvelle série dirigée par E. Chatelain et O. Riemann* (Paris : Klincksieck, 1877-).

[45] *Rivista di filologia e d'istruzione classica. Dir*. D. Comparetti, G. Müller, G. Flecchia (Torino: Ermanno Loescher, 1873-).

[46] *The Journal of Philology,* edited by W. A. Wright, J. Bywater and H. Jackson (Cambridge: Macmillan, 1869-).

[47] *American Journal of Philology*, edited by B. L. Gildersleeve (Baltimore,1880-).

[48] *Nordisk Tidskrift for Philologi. Ny raekke*. Red. von Thomsen (Kopenhagen: Gyldendal, 1892-).

要』のなかに見出される。〕

古代の文献学的再構成

§38．文法学，文学史，および学問史という現実的諸学科が，言語作品の解釈を通していかにして形成されるかを，わたしは示した。文法学はすべての文献についての文法的解釈によって生み出される（151, 161頁参照）。しかし種類的解釈が付け加わらなければならない。種類的解釈から最高の文法的理論，つまり文体論が生ずる（352頁を見よ）。文体論は基盤として文学史を前提するが，文学史は個人的解釈によって種類的解釈との結合において作り出される（213頁を見よ）。最後に学問史であるが，これまた文学史の必然的前提として現れるものである。これも同様に，種類的解釈の産物であるので（358頁を見よ），種類的解釈はすべての解釈の支配的な中心点と見なされなければならない。しかし同時に，いたるところで歴史的解釈が前提されるので，言語的記念物そのものの解釈は，たしかにそれ自体それによって生み出される3つの現実的諸学問〔文法学，文学史，および学問史〕なしには可能ではないが，それは爾余の歴史的記念物による補完を必要とする。これらの歴史的記念物においては，文法的解釈を除いて言語的記念物におけるのと同じ種類の解釈が使用される。ライヒャルト（『文献学の区分』，26頁）は，解釈学と批判についてのわたしの区分に関して，文法的解釈があまりにも狭く捉えられている，と非難している。すなわち，わたしによって措定された解釈の種類はあらゆる記念物に対して妥当すべきであるので，彼の見方によれば，非文字的な記念碑における言語的要素に対応するものをも，言語的要素のほかに包括する他の解釈が，文法的解釈の代わりに措定されなければならない。しかしながら，このような記念物においては言語的要素に対応するものはまったく見出されないので，そのような解釈は存在しない。あらゆる芸術作品あるいは産業の所産において，およびあらゆる実践的行動の表現において，人間精神が作り出したいろいろな外的形式は，みずから言葉に変換されることのできる，ということはすなわち，書き記されることのできる，客観的直観であるが，これに

対して文法的な言語的要素においては，言葉は直観へと遡源されるべきである（119頁を見よ）。しかし言語の客観的直観がふたたび理念の表現——そこにおいては種類的解釈がこれを証明しなければならない——に利用されるように，人間的産物の目的と意義とを突きとめ，そこからそれらの素材と形式を解釈する種類的解釈が，あらゆる記念物に対して存在する。そしてそれに言語的記念物におけるのと同じ意味で，歴史的解釈と個人的解釈とが付け加わる。後者に最も隣接しているのは芸術作品であるが，それはそのなかで理論的な理念が具現化されているからである。芸術作品の解釈から，文字作品のなかに含まれている伝承の助けを借りて，芸術史が生まれる。しかし芸術的記念物の主要部分は実践的な行動である。それゆえ，芸術史は実践的な行動そのものがその全体性において解釈の対象となるということを前提する。そして古代民族の行動はわれわれにはもはや直接的には存在しないので，その行動の保存されている直接的ないろいろな作用のほかに，まさにまた芸術の記念物と，とりわけ言語的記念物が，その内容にしたがって国家生活と個人生活の歴史の資料となる。この際に，および芸術史を作り出す際に，批判は文法学，文学史，および学問史を作り出す際と同じ意義を有している。究極的目標は，あらゆる人間的作品をその目的，根底にある理念にしたがって測定するという種類的批判の課題である。そしてこれによって，文献学は認識されたものの認識であるというわれわれの解釈（とくに90-91頁を見よ）の正しさが実証される。ところで，実践的な行動に対する最高の理想は人倫性の理想である。そして人倫的批判はすべての行動がこの理想にしたがって検査されるという点に存する。しかし芸術の最高の理想は美であり，これこそはあらゆる美的批判の基準である。この二つの理念は真理の理念と共通の根源を人間性の理念のうちにもっている。純人間的なものは地上における神的なものである。学問史において真理の認識が発展するように，すべての文化史において行為を力づける人間性の認識が発展する。それゆえ，もし批判の最高の課題が，国民あるいは時代のあらゆる歴史的生活を，人間性の理想にしたがって測定する点に存するとしても，人間性の理想はまた所与のものとして前提されてはならないのであって，むしろ発展そのものから獲得されなければならない。古代の考察にあたっては，このことはただ次のような仕方

IV　種類的批判

でのみ起こり得る。すなわち，ひとがみずからのあらゆる産物の全体性を形式的および内容的な観点で総括し，そしてその妥当性を人類の発展の物差しで規定することによってである。これによって，古代から生まれる近代との相違において，古代のものの見方が成立する。文献学者はそのようにして，解釈学に基礎づけられた批判的操作を総括することによって，みずからの学問の最高の点に聳え立つのである。解釈学はここから批判に奉仕するものとなり，現実的諸学問の体系を生み出す。というのは，解釈学はもはや個々の作品をではなく，民族の生活そのものを解釈し，またそこにおいて古代の性格を証明しようと努めるからである。

　それぞれの民族のあらゆる精神的作用の総括としての民族の認識は，そのすべての外的な，つまりは身体的諸器官によって媒介された活動において表現され，そしていまや個々の作品と同じく，歴史的，個人的，種類的，およびその最高の段階では文法的に解釈されるべきである。この場合には歴史的解釈が土台を形成しなければならないが，それは歴史的解釈が民族の認識を外的な現実の諸条件との関連において解釈しなければならないからであり（129頁を見よ），これによってそれぞれの民族に人類の歴史における然るべき位置が指定されるからである。民族の認識にまつわるこのような歴史的側面は，あらゆる歴史がそこから出発する国家生活において客観化される。それゆえ，国家生活の叙述は狭い意味における歴史として表示される（17頁を見よ）。しかし公共生活において作用する力は個々人であり，そして民族の認識にまつわる個人的側面はその表現を私生活にもっており，そして大きな人倫的共同体の内部における私生活において，純粋に人間的なものは個別に発展する。そのようにして浮かび上がるすべての指導的理念は，そののち芸術において客観化されるので，芸術が民族の認識の美的な，つまりは種類的な解釈の対象である。しかし同時に，精神がすべてのこうした認識をそれによって作るところの形式，すなわちロゴス（λόγος）もまた，言語において客観化される。言語において認識のすべての素材がまず知識の内容となる。個人性の作用する力によって，その内容はさらに合目的的に精神的形式にはめ込まれる。そこから文学的ジャンルが成立し，そして文学的ジャンルの基準にしたがって，言語において表現された形式その

ものが，その民族のなかでますます明瞭な意識をもって形成される。したがって，学問史，文学史，および言語史は，概念にしたがって上昇する3つの段階における国民の知識を表している（97-98頁を見よ）。これにしたがえば，古代学の現実的な諸学科は，それらが個々の記念物を解釈する際に，当然のこととして出発点をなす文法的解釈から生み出されるのとは逆の順序で，古代の原理から，つまり古代の全体的直観から帰結する。これによって，文献学のすべての形式的および実質的な諸学科は，言語がアルファとオメガを形づくることによって，1つの円環につなぎ合わされる。そして実際，古代生活の何らかの側面を把握できるためには，研究はたえずこの円環全体を走り抜かなければならない。国家生活においては，私的関心，芸術，そして学問が一緒に作用している。私生活はその他のすべての範囲を個人性の領域へと引っ張っていく。学問は芸術においてあり，また芸術は学問においてある。要するに，いたるところで個は全体の連関のうちでのみ把握され得る。しかしそれぞれの現実的諸学科にとっての批判的基準は，またつねにその固有の発展から取り出されるべきであるので，ひとはそれぞれにおいて古代をただ近代との関係においてのみ正しく認識することができる（103頁を見よ）。

　さて，もし古代がそのような仕方で再構成されるとすれば，そこから大がかりな，時代の先入見を超え出た，神的および人間的な事柄についての見方が成立しなければならない。というのは，数千年の最も高貴な産物と，無数の精神によって作られた理念の多方面的な展開が，われわれにおいて再生産されるからである。このことはあらゆる純粋な感情に力強い作用を及ぼす。そしてこの点に，若者が学校で文献学的に陶冶されるべき主たる理由も，やはり存在しているのである。精神一般は言語によって訓練され，しかもそれは数学によってとは異なる仕方においてである。というのは，数学においては厳格な必然性が支配しているので，それによって必然的なものに対する感覚と理解とが発展させられる。それに対して言語においては，自由が優勢であり，それゆえ言語の研究によって，若者は自由な学問的および詩的・芸術的発展へと導かれるのである。古代の言語においては，このことは最も完全な，あらゆる時代によって古典的と認知された模範によって生起する。しかし同時に，生徒たちにおいて段階的に，そして彼らの理解力が成長するのに対

応して，古代の最良の作品の再生産によって，純人間的なものそれ自体において完結した一定の形式が，精神的に再び生み出される。この純人間的なものは，古代の最良の作品のなかに反映されており，そしてわれわれの周りに殺到する近代的産物の混乱よりも純粋に，そこからわれわれに語りかけてくる。その場合，人倫的な批判はその最初の基本的要素においておのずから形成されるので，アリストテレスにしたがえば，悲劇が魂を情熱から純化するような意味で，感情の精神的な高揚と純化とが成立する。そしてまさしく古代の悲劇は，その再生産を通じて，あの高揚を最も直接的に惹き起こすのである。にもかかわらず，もしひとが文献学の学問的営みを学校に転用すれば，全作用はしくじったものとなる。学校ではすべてのものが初等的でなければならない。古代の再生産は，多かれ少なかれ明瞭な意識で読みかつ解釈することによって追構成される，個々の文字作品を手掛かりにしてのみ，いわば思わず知らず達成されるのである。古文書学的批判と校訂的批判は決して学校には属していない。それゆえ，古代学の現実的諸学科はそこでは学問的にあるいは体系的に提示されることができない。その理由は，このためにはみっちり鍛えられた文献学的技術が必要だからである。

　しかしまた学問的な文献学は，個々の記念物の解釈と批判に基づいてのみ，現実的な諸学問を築くことができるのであって，アプリオリな思弁によってではない。文献学的諸機能のなかでは方法の普遍的側面のみが哲学的である。すなわち，それによってのみ個々のものの全体を理性的および直観的な順序で説明することが可能となるところの，正しい配列と概念的発展，そして個々のものから普遍的概念を導き出す技法である。というのは，普遍的概念は経験から抽出されたものではなく，すでに経験の基礎に存しているからである。2つの事柄が等しいか等しくないかは，経験が教える。しかし「等しい」とか「等しくない」という概念は，経験から導き出すことはできず，それらはひとがそれを経験によって事物に即して認識すべきであるときに，すでに精神のなかになければならない。さらに，歴史のなかで浮かび上がってくる理念を，少なくとも素質にしたがってもっていない人は，それをまた素材のうちに見出すことができないであろう（27頁を見よ）。ところで，哲学は普遍的概念の助けを借りて，神的なもの，人倫的に善なるもの，美的なもの，

真なるものをそれ自体として，それらの永遠的な内実にしたがって認識しようとするので，古代的なものもまた，それらの絶対的な妥当性の概念における理念によって測定され，そしてしかるのち宗教哲学，歴史哲学，芸術哲学，および言語哲学の対象となる。これらは，われわれが文献学的分析によって倫理学から実質的学問分野を暫定的に導き出したとき（93頁を見よ）確証したように，その結果において文献学的判読による校訂と一致しなければならない。

解説 あとがき

　本書は，アウグスト・ベークの *Encyklopädie und Methodologie der philologischen Wissenschaften*, herausgegeben von Ernst Bratuscheck, zweite Auflage besorgt von Rudolf Klussmann（Leipzig: Druck und Verlag von B. G. Teubner, 1886）の 1-260，880-881 頁部分を訳出したものである。『文献学的諸学問のエンツィクロペディーと方法論』と題された原著は，ベークが 1809 年から 1865 年に至る 56 年間中に，ハイデルベルク大学とベルリン大学で 26 学期にわたって行った古典文献学に関する講義ノートに基づいて，彼の死後の 1877 年，弟子のエルンスト・ブラトゥシェクによって編集出版されたものであり，そののち 1886 年にルードルフ・クルースマンによってさらに増補改訂版が刊行された。本書はこの第 2 版を底本としているが，クルースマンによって書誌情報がより完備充実された以外には，初版と第 2 版との間に実質的な相違はほとんど見出されない。

　アウグスト・ベーク（August Boeckh, 1785-1867）は，1785 年 11 月 24 日バーデン州のカールスルーエに，6 人兄弟姉妹の末っ子として生まれた。ベーク家の先祖は 15 世紀末以後，ロマンティック街道沿いの自由都市ネルトリンゲンの市民として暮らし，17 世紀以降は，代々プロテスタントの牧師職を務めてきていた。父ゲオルク・マテーウスは聖職者にはならず，宮廷顧問官秘書兼公証人の職に就いていたが，1790 年，アウグストが弱冠 5 歳のとき不帰の客となった。当時医学生だった長兄ヨーハン・ゲオルクは，その後立派な医師となって天寿を全うしたが，次男は士官学校生徒として対仏戦争の戦地に赴き，1793 年にルクセンブルクの原野で戦死した。その下の兄クリスティアン・フリードリヒは，父親の急死によってギムナジウムでの勉学を中断することを余儀なくされたが，その後の驚異の巻き返しによって大出世を成し遂げ，

1821-44 年バーデン州の財務長官を務め（1825 年には爵位を授与された），1844-46 年にはさらに州の大統領にまでなった。生涯独身を貫いた長姉フリーデリケは久しく伯爵夫人に仕え，1854 年にカールスルーエでその生涯を終えた。次姉マリーはロシアの皇帝アレクサンドル 1 世の宮廷官と結婚し，1858 年にレヴァル（現エストニアのタリン）に没した。

　一家の支柱を失ったベーク家は経済的に大いに困窮したが，それでも母親の理解と計らいで，アウグストは人並み以上の教育を受けることができた。彼は 1791 年から 1803 年まで，カールスルーエにある地元の名門ギムナジウム（Gymnasium illustre）に通い，優れた教師のもとで古典語，哲学，数学などを深く学んだ。1803 年，彼は優秀な成績でギムナジウムを卒業すると，州政府の奨学金を支給されて，神学者になるべくハレ大学に赴いた。そこでベークは彼の将来に決定的な影響を及ぼす 2 人の傑出した教師と出会った。古典文献学者のフリードリヒ・アウグスト・ヴォルフ（Friedrich August Wolf, 1759-1824）とフリードリヒ・シュライアマハー（Friedrich Daniel Ernst Schleiermacher, 1768-1834）である。この 2 人の偉大な学者との運命的な出会いを通して，彼は神学者になるという当初の考えを捨て古典文献学者の道を歩み出した。

　1807 年 3 月 15 日に，『古代の和声学について』と題する論文によって博士の学位を授与されたベークは，1807 年 10 月，弱冠 22 歳でハイデルベルク大学の古典文献学の員外教授に就任した。ベークはのちにハイデルベルク時代を「金冠で飾られた青春時代」と形容しているが，美しい自然と豊かな精神的交流のなかで，彼の学者人生は順調に滑り出した。アヒム・フォン・アルニム（Achim von Arnim, 1781-1831）やクレメンス・ブレンターノ（Clemens Brentano, 1778-1842）といった後期ロマン派の詩人たちとの交流も始まったが，ベークはこの文芸サークルの仲間からは，「博学者」（Polyhistor）として一目置かれた。

　1809 年の 3 月正教授に就任したベークは，同年の 10 月 4 日，ゲッティンゲンの教区総監督ゴットフリート・ヴァーゲマンの娘ドロテーアと華燭の典を挙げた。翌 1810 年 9 月，新設のベルリン大学から好条件の招聘状がもたらされた。シュライアマハーとブットマン（Philipp Karl Buttmann, 1764-1829）の尽力に負うところ大であるが，ベークは迷わずこの招聘を受諾して，翌 1811 年のイースターの前後に，ベルリ

ンに新設された大学に赴任した。というのは，プロイセン当局はスタート時（1810年冬学期）からの着任を要望したが，ハイデルベルク大学での職務義務が残っていたために，具体的な着任は半年遅れ（1811年の夏学期から）になったのである。

　ベークがその一員となった創設時のベルリン大学には，初代の学長を務めた哲学者のフィヒテ（Johann Gottlieb Fichte, 1762-1814）を筆頭として，神学者のシュライアマハー，マールハイネケ（Philipp Marheineke, 1780-1846），デ・ヴェッテ（Wilhelm Martin Leberecht De Wette, 1780-1849），法学者のサヴィニー（Friedrich Karl von Savigny, 1779-1861），医学者のフーフェラント（Christoph Wilhelm Hufeland, 1762-1836），ルードルフィ（Karl Asmund Rudolphi, 1771-1832），古典文献学者のヴォルフ，歴史学者のニーブール（Barthold Georg Niebuhr, 1776-1831），ヴィルケン（Friedrich Wilken, 1777-1840）など，錚々たる面々が顔を揃えていた。ベークは少し遅れてこの「スター軍団」に仲間入りしたが，そのときわずか26歳の若さであり，もちろん全学で最年少の正教授であった。彼はベルリン大学建学の父祖たちの一人に加えられているが，その理由は，彼が最年少の正教授でありながらも，シュライアマハー，サヴィニー，ルードルフィと並んで，大学の根本的定款を作成する委員会のメンバーとして，「大学の定款を起草した父祖たちの一人」（einer der Väter der Verfassung der Universität）となったからである。いずれにせよ，ベークは1811年から1867年まで，なんと56年の長きにわたってベルリン大学で教鞭をとり，ヴィルヘルム・フォン・フンボルト大学の顔であり続けた。実際，彼はその間哲学学部の学部長を6回，学長を5回も務め，大学創立50周年の式典も学長としてみずからの手で挙行している。

　ベークはベルリン大学着任後すぐに，「文献学ゼミナール」の開設を申請した。ベークが作成した企画案は，1812年5月にプロイセン州政府によって承認され，ベルリン大学ではじめてこの種のゼミナールが成立した。次代を担う研究者ならびに教育者の育成に並々ならぬ情熱をいだいていたベークは，最初からゼミナールの指導に大きな力を傾けた。ゼミナールの定員は定款によって10名が上限と定められていたが，実質的には毎学期それを2，3倍，ときには4倍も上回る数の履修者がい

たことは，ベークのゼミナールがいかに好評であったかを物語っている。

　通常の講義科目としては，ベークは1827年までは毎学期，ほぼ3つの講義を担当している。1つは系統的なもので，韻律論，エンツィクロペディー，古代ギリシア，ギリシア哲学史，ギリシア文学史，ローマ文学史などが交互に講じられているが，他の2つは作家ないし作品の解釈論であり，ギリシアとラテンの著作家が各学期に1名ずつ取り上げられている。1827年以後は，講義が1つ減らされて，さらに1834年からはラテン文学史もラテン作家論も中止されている。これはカール・ラッハマン（Karl Lachmann, 1793-1851）という有能な若手の学者がスタッフに加わり，ラテン文学関係の講義を彼に任せられるようになったからである。生涯を通じてベークが最も頻繁に取り上げた作家ないし思想家は，プラトン，ピンダロス，デーモステネース，ソポクレースであり，これらの著作家については *Encyklopädie und Methodologie der philologischen Wissenschaften* においても，繰り返し引証されている。本書の基礎となったエンツィクロペディーの講義は，ベルリン時代には合計24回なされ，韻律論の26回に次いで多い。このことからもこの授業が彼にとっていかに重要であったかがよくわかる。

　ベークは1814年5月14日，弱冠29歳の若さで「ベルリン科学アカデミー」（Akademie der Wissenschaften zu Berlin）の会員に選ばれた。彼が属した「歴史学・文献学部門」には，シュライアマハー，フンボルト，ブットマン，イーデラー，ニーブールなどがいた。ベークはアカデミーに入会して間もなく，古代ギリシア文化圏の碑文を破損や散逸から救い，それらを批判的に校訂して資料化することを目的とした一大研究プロジェクトを，みずからベルリン科学アカデミーに提案した。1815年5月12日，政府はこの研究計画を科学アカデミーの事業として採択し，向こう4年間の研究に対して6000ターラーの助成金を交付することを決定した。この巨大なプロジェクトの遂行には大きな困難が伴ったが，ゲッティンゲンのミュラー（Karl Otfried Müller, 1797-1840）やボンのヴェルカー（Friedrich Gottlieb Welcker, 1784-1868）などの協力によって，やがて『ギリシア碑文集成』*Corpus Inscriptionum Graecarum* として結実した（但し，この事業自体の完成は，ベークの死後の1877年

のことである)。これはテーオドーア・モムゼン (Theodor Mommsen, 1817-1903) を中心として遂行された,『ラテン碑文集成』*Corpus Inscriptionum Latinarum* の事業とともに,ベルリン科学アカデミーが行なった最も重要な学術的成果と見なされている。

　ベークはベルリン科学アカデミーの組織改革にも重要な役割を果たした。1818 年に科学アカデミーの体質改善を図る委員会が結成された際,ベークはその委員会のメンバーに任命され,シュライアマハーやサヴィニーと協力して改革案の作成に取り組んだ。彼は研究活動の共同性を促進するために,「物理学部門」,「数学部門」,「哲学部門」,「歴史学・文献学部門」という 4 部門に分かれていた既存の区分を撤廃して,「アカデミー全体を 2 分割して,数学・物理学部門と歴史学・哲学部門に分ける」ことを提案した。この改革案は会員の大きな賛同を得て,さらに多少の修正を施されたのち,1838 年に政府によって認可された。その間の 1834 年に,初代の書記シュライアマハーが逝去したため,この偉大な師にして友人・同僚であった彼の後を承けて,ベークはベルリン科学アカデミーの「哲学・歴史学部門」の第 2 代の書記に選出された。その後 1861 年にモーリッツ・ハウプト (Moriz Haupt, 1808-1874) にバトンタッチするまで,ベークは実に 27 年間もの長きにわたってこの要職を務めた。ハルナックが称しているように,ベークはまさに「アカデミーの生ける中心点」(der lebendige Mittelpunkt der Akademie) であった。エルンスト・クルツィウス (Ernst Curtius, 1814-1896) は,ベークの生誕 100 年に際して,彼を「学問の王者」(König der Wissenschaft) と呼んだが,これがあながち誇張ではないことは,ベークが 1817 年に出版した主著『アテーナイ人の国家財政』*Die Staatshaushaltung der Athener* が,今日に至るまでその学術的価値を失っていないことからも裏づけられる。

　この『アテーナイ人の国家財政』は,1851 年に改訂版が,1886 年に増訂第 3 版が出版されて今日に及んでいる。不勉強のため訳者は未読ではあるが,この著作はギリシア経済史研究の面目を一新させた労作としてつとに有名である。G・P・グーチによれば,これは「ランケ以前にドイツ語で書かれた著作で後のものに凌駕されない唯一のものである」という。それは貴金属,土地,鉱山,家屋,奴隷,家畜,衣服,食

物などの価格や，各種の税金や国民の収入などを示す大量の資料に基づいて，アテーナイ国家の財政機構を実証的に明らかにしようとした，まさにパイオニア的研究であり，それまでの「古典文献学を歴史科学に変化させた」ものであるという。

この画期的な著作の「まえがき」において，ベークは次のような苦言を呈しているが，そこには文献学についての彼の考えが凝縮的に表明されている。曰く，

> 古代研究者の，とりわけ若手の古代研究者の大方は，それ自体としては決して軽蔑すべきではないが，しかし大抵はまったく取るに足らないものに向けられた言語研究を，……自己満足的に行なって得意になっている。数世紀前の真の文献学者たちは，そのような研究に安心感を見出さなかった。その名にしたがえばエラトステネースの後継者として，最高に幅広い情報を所有しているはずの当の人々は，そのような研究によって形式のなかに沈没して，上品な文法家へとやせ細る。そしてわれわれの学問は，〔現実の〕生ならびに学殖に備わる現在的視点からますます遊離するのである。(August Boeckh, *Die Staatshaushaltung der Athener*, 3. Aufl. [Berlin: Georg Reimer, 1896], XIX.)

ここには1825年から1827年にかけて熾烈に展開された，「ヘルマン－ベーク論争」(Hermann-Boeckh-Streit) の核心部分が潜んでいる。この論争の一方の主役であるゴットフリート・ヘルマン (Gottfried Hermann, 1772-1848) は，ベークよりは13歳ほど年長で，ライプツィヒ大学の古典文献学の正教授として，押しも押されもせぬ地位を築いていた。彼の持論は，ギリシア語およびラテン語の正確な知識が，古代世界の知的生活を理解するための唯一の手段であり，また言語学的解明こそが古典文献学の中心的課題である，というものであった。このような彼からすれば，ベークの文献学理解はきわめて問題的であった。そこで『ギリシア碑文集成』第一輯が刊行された1825年に，ヘルマンは『ライプツィヒ文学時報』238－241号に寄稿した書評において，ベークの研究方法とその成果を酷評した。ベークは『ハレ一般文学時報』245号

に「反批判」(Antikritik) を載せて，ただちにこれに応酬した。弟子のM・H・E・マイアーも同誌に「分析」(Analyse) と題する反駁文を寄稿して援護射撃した。するとヘルマンは，翌年『ベーク教授のギリシア碑文の取り扱いについて』*Ueber Herrn Professor Böckhs Behandlung der Griechischen Inschriften* (1826) を出版して，さらにベークとその学派を厳しく糾弾した。これに対してベークは，「アテーナイ人の会計検査委員と執務審査官について」(Ueber die Logisten und Euthynen der Athener) によって逆襲した。

ドイツの近代文献学史に名を留めるこの論争の核心は，文献学が取り組むべき主要課題をどう捉えるかであり，両者の相違は古典の形式的方面の研究を主とした文法および考証と考えるべきか，それとも言語を含む古典文化全般の内容理解と考えるかの違いである。換言すれば，「言語の文献学」(Wortphilologie) と「事柄の文献学」(Sachphilologie) の対立である。ギリシア語およびラテン語の形式的特質の解明に力を注いだヘルマンは，「事柄の知識」(Sachekenntnis) と「言語の知識」(Sprachekenntnis) を峻別し，本来のフィロロギーはもっぱら後者に関わるものであると主張したのに対して，ベークは真っ向から反論して次のように述べる。

　……文献学は，比較的完結した時代のある一定の民族に関しては，その活動の総体，つまりその民族の全生活と全働きを，歴史的・学問的に認識するものである……。この生活と働きは，当然それによって生み出されたものも含めて，文献学によって考察されるべき事柄である。だがそれは，家族関係や国家関係がそれによって作り出される実際的なものであるか，あるいは宗教，芸術，知識などの理論的なものである。思考の形式としての言語が，わたしがここで簡潔に知識と呼んだ領域に属しているということは，容易に示されることができる。したがって，それはまた……文献学が考察しなければならない事柄にもともに属しており，文献学者が追構成すべき事柄として認識されなければならない。……しかし古代的な民族の活動の表現が，大部分は言語的な記念物において伝承されているかぎり，たとえそうした記念物が非言語的な事実や思考をも

含んでおり，文献学者はそれを再認識すべきであるとしても，言語は文献学にとって，同時に，古代の爾余のほとんどすべての産物を再認識するための手段であり，そして文献学は言語的な記念物から，言語自体の理解にとどまり続けることなく，事実と思考の全領域を叙述しなければならない。（August Boeckh, „Ueber die Logisten und Euthynen der Athener," in *Gesammelte kleine Schriften,* Bd. 7, 264-265.）

「ヘルマン-ベーク論争」は両者の間では決着がつかず，その対立は弟子たちへと引き継がれたが，ベークの文献学理解が学術的に有意義であったことは，ベークの指導を受けた弟子たちの仕事によっても確認できる。たとえば，ドロイゼン（Johann Gustav Droysen, 1808-1884）のヘレニズム史研究や史学論は，ベーク的研究方法を継承した見事な実例であるし，エルンスト・クルツィウスの文献学的業績もベークが敷いた軌道の上ではじめて理解できるものであろう。

それではベークの文献学はいかなるものであろうか。彼の文献学理解の詳細については，それこそ本訳書の序論がもっとも雄弁に語っている。その要点を析出しておけば，以下のごとくである。すなわち，文献学は①「古典古代研究」（Alterthumsstudium）でも，②「言語研究」（Sprachstudium）でも，③「博覧」（Polyhistorie）でも，④「批判」（Kritik）でも，⑤「文学史」（Literaturgeschichte）でも，⑥「人間性の研究」（Humanitätsstudium）でもなく，それの本来的課題は「人間精神によって生み出されたもの，すなわち，認識されたものの認識」（das Erkennen des vom menschlichen Geist Producirten, d.h. des Erkannten）である。文献学の対象は単なる言語や文学や言語資料ではなく，「一つの民族の身体的ではなく人倫的ならびに精神的な全活動」，あるいは各民族の「精神的発展全体，その文化の歴史」である。ところで，文献学が「認識されたものの認識」（die Erkenntnis des Erkannten）を任務とするということは，文献学的認識は——プラトンにしたがえば，哲学的認識もまたそうであるが——「再認識」（Wiedererkennen; Wiedererkenntniss）にほかならないということを意味する。ベークによれば，哲学と文献学は，精神の認識に関しては協調関係にあるが，その

認識の仕方は根本的に異なる。「哲学は原初的に認識する、つまりギグノースケイ（γιγνώσκει）〔知る，認識する〕であるが，文献学は再び認識する，つまりアナギグノースケイ（ἀναγιγνώσκει）〔再び知る，再認識する〕である」。つまり，文献学は「所与の認識」あるいは「所与の知識」を前提としており，これを再認識しなければならない。したがって，「文献学の概念は最広義の歴史学の概念と重なり合う」が，しかし文献学の目的は，歴史学と違って歴史叙述そのものではなく，「歴史記述のなかに貯蔵されている歴史認識の再認識」である。

ベークによれば，歴史的行為そのものは一つの認識であり，また「歴史的に生み出されたものは，行為へと移行した精神的なものである」ので，「あらゆる精神的生と行為」についての「認識全体の再構成としての文献学」は，各民族の文化的伝承に含まれている「全認識とその部分を歴史的に構成すること」，また「かかる認識のうちに表現されている理念を認識すること」を目的とする。要するに，「人間精神が構成したいろいろなものをその全体において追構成すること」が，文献学が目指すところである。それゆえ，文献学は所与の認識の「再構成」ないし「追構成」を旨とし，かかる仕方での認識の「再生産」に関わるのである。

言い換えるならば，ベークが提唱・実践した文献学は，言語的作品や文化財を中心とする民族の文化全体を，人間精神の活動の所産としてとらえ，それを歴史的コンテクストとの相関関係において，解釈し理解することを目指している。つまり，ベーク的文献学は歴史的な生の諸相を人間精神の産物として認識する作業に従事し，「全認識の歴史的構成」をその目標としている。ベークは「古典文献学を歴史科学に変化させた」と言われる所以である。だが，われわれが指摘しなければならないのは，ベークの文献学構想の背後に，同時に，一種のドイツ・イデアリスムス的世界観が潜んでいることである。ベークが強力に遂行した古典文献学の——それはまたその最重要契機をなす解釈学の——「言語学的モデルから歴史学的モデルへの転換」は，人間と世界の歴史性についての深い洞察に根差しており，それゆえ，歴史主義のモティーフの台頭という位相のなかではじめて十全に理解できる。フンボルトやシュライアマハーやヘーゲルと同時代を生き，彼らと互角にわたりあったベーク

だけに，彼によって構想された文献学は，拙著『歴史と解釈学——《ベルリン精神》の系譜学』（知泉書館，2012年）の第2章の付録（112-118頁）に示したように，実に壮大な構えをもった学問体系となっており，《ベルリン精神》の精華として異彩を放っている。古典文献学という学問が，それほど広まらなかったわが国においては，ベークの名前は従来軽んじられてきたが，本書の刊行によってそれが正され，正当な評価が与えられるようになれば，訳者としてはこれ以上の喜びはない。

　最後に，若干の弁明をお許しいただきたい。訳者は古典文献学に関してはまったくの門外漢である。それゆえ，いわば自分のためのトレーニングないし古典語のブラッシュ・アップとして始めた訳稿を，正式な書物として出版することには，多少の躊躇いがないでもなかった。実際にも，本書の翻訳にはかなりの困難が伴った。それは圧倒的にみずからの古典語能力や全般的知識の不足によっているが，それだけでなく言及されている文献資料に直接アクセスして確認できないもどかしさにも起因していた。しかし後者の点に関しては，ゲッティンゲン大学およびミュンヘン大学の大学図書館のオンラインカタログ，さらにGoogle booksのオンライン情報などの利用によって，最終的には劇的に解消された。日頃は敬遠して利用することの少ないIT技術に，今回ばかりは大いに助けられた次第である。

　レッシングからトレルチに至る時代の近代ドイツ思想史を専門にしているわたしにとって，アウグスト・ベークとの出会いはまことに僥倖であった。ベークを学ぶことを通して，新しい知的洞察に導かれることが豊富にあり，目下はベークを間に挟むことによって，シュライアマハーとヘーゲルを共通の地盤ないし地平において考察する試みに挑戦している。神学，哲学，文献学などと細分化された専門分野に逃げ込まないで，普遍人類的な土俵の上で人文学的な知を共同で追求していた時代——それこそベークが活躍した時代である——に立ち返ってみることは，現代のわれわれにとって必要なことではなかろうか。本訳書がそのきっかけになれば幸甚である。それに加えて，ベークのこの書物は，村岡典嗣がみずからの日本思想史研究の方法論的基礎に据えたことでもつとに知られている。ドイツ語原典に容易にアクセスできない多くの日本

思想史学の学徒にとって，本書はいわば幻の書物のように語り伝えられてきたが，今回このようなかたちで日本語で読めるようにしたことの意義は，決して小さくないと信じている。訳者としては，書物を通じて村岡から被った学問的恩恵に対するささやかな恩返しとして，この訳書を村岡の後塵を拝する幅広い読者に捧げたい。

　なお，訳出に際しては最善を尽くしたつもりではあるが，思いがけないところでミスを犯しているかもしれない。悪しからずご寛恕ならびにご教示のほどお願い申し上げる次第である。

　　　2013 年 8 月 6 日

　　　　　　　　　　　　　　　　　　　　　　　　　　安酸　敏眞

人名索引

アーデルンク（Adelung, J. C.） 80
アールヴァルト，クリスティアン・ヴィルヘルム（Ahlwardt, C. W.） 337
アイスキネース（Aeschines） 182, 314, 321
アイスキュロス（Aischylos） 137, 169, 171, 172, 175, 203, 227, 230, 232, 252, 271, 276, 282, 284, 285, 312, 315, 318, 320, 322, 323, 325, 326, 331, 332, 334, 338, 344
アイソーポス（Aisopos） 15
アイヒシュテット（Eichstädt, H. K. A.） 191
アウィエヌス（Avienus） 285
アガトーン（Agathon） 304, 353
アガメムノーン（Agamemnon） 232, 322
アキダリウス（Acidalius） 239, 361
アスト（Ast, F.） 62, 69, 70, 115, 124, 191
アッピアーノス（Appianos） 157
アナクシメネース（Anaksimenes） 335
アナクレオーン（Anakreon） 322
アブラハム（Abraham） 315
アポッローン（Apollon） 174, 175
アポロニオス（Apollonios Rhodios） 182
アラートス（Aratos） 182, 286
アリスタルコス（Aristarchos） 37, 341
アリステイデース（Aristeides） 203, 356
アリストゲイトーン（Aristogeiton） 314
アリストテレス（Aristoteles） 7, 18-20, 26, 27, 33, 40, 54-56, 95, 146, 151, 156, 169, 173, 177, 182, 216, 218, 223, 224, 239, 241, 277, 280, 285, 286, 309, 317, 333, 334, 340, 343, 348, 354, 362, 369
アリストパネース（Aristophanes） 138, 139, 147, 168, 169, 182, 225, 232, 276, 284, 317, 331
アリストブーロス（Aristobulos） 338
アルクマーン（Alkman） 289
アルケシラーオス（Arkesilaos） 136, 220
アルニム，アヒム・フォン（Arnim, Achim v.） 372
アルント，ヴィルヘルム（Arndt, W. F.） 294
アレクサンダー大王（Alexander der Große） 157
アンティゴネー（Antigone） 137, 138, 148, 149, 152, 153, 161, 165, 172, 176, 177, 215, 235, 256, 257, 271, 285
アンドキデース（Andokides） 320, 321
アンドロニーコス（Andronikos） 280
アントン，チャールズ（Anthon, C.） 64, 110
アンニウス（Annius von Viterbo） 337
イアーソーン（Iason） 136
イェニケ（Jenicke, E.） 82
イェハー（Jöcher, C. G.） 80
イオポーン（Iophon） 173
イクシオン（Ixion） 175, 176
イスメーネー（Ismene） 148, 165
イソクラテース（Isokrates） 54, 182, 204, 296, 314, 335
イルミッシュ（Irmisch, G. W.） 240
ヴァーゲマン，ゴットフリート

384　　　　　　　　　人名索引

（Wagemann, G.）　372
ヴァーゲンフェルト，フリードリヒ
　（Wagenfeld, F.）　337
ヴァイスケ，ベンヤミン・ゴットホルト
　（Weiske, B. G.）　141
ヴァッテンバハ（Wattenbach, E. C. W.）
　288, 294, 295
ウァッロー（Varro, M. T.）　344
ヴァルケナル（Valckenar, L. C.）　240,
　242, 251, 254, 255, 362
ヴァルツ，クリスティアン（Walz, C.）
　63
ヴァルヒ，ゲオルク・ルートヴィヒ
　（Walch, G. L.）　194, 217, 234
ヴァレンシウス，ヘンリクス（Valensius,
　H.）　247
ヴァン・デル・マイ，H. W.（van der
　Meij, H. W.）　364
ヴィーラント（Wieland, C. H.）　192,
　231, 242
ウィセリウス（Viselius）　168
ヴィッテンバハ（Wyttenbach, D. A.）
　24, 312, 362
ウィトルーウィウス（Vitruvius, M.）
　57
ウィニエフスキー（Winiewski, F.）
　84
ヴィルケン（Wilken, F.）　373
ヴィンケルマン（Winckelmann, J. J.）
　24
ヴィンゲン（Wingen）　112
ウーゼナー，ヘルマン（Usener, H.）
　52
ウェイクフィールド（Wakefield, G.）
　271
ウェイユ，アンリ（Weil, H.）　140,
　253, 289
ヴェーバー，ヴィルヘルム・エルンスト
　（Weber, W. E.）　62, 82
ヴェスターホフ（Westerhof, A. H.）
　241
ヴェスターマン（Westermann）　61

ウェスリー，カール（Wesley, K.）
　290
ヴェルカー（Welcker, F. G.）　50, 56,
　374
ウェルギリウス（Vergilius）　168, 182,
　225
ヴェルンスドルフ（Wernsdorf, J. C.）
　329, 339
ヴォヴァー → ヴォヴェーレン
　59, 60
ヴォヴェーレン，ヨーハン・ヴァン・デ
　ア（Wouveren, J.）　59
ヴォルフ，グスタフ（Wolff, G.）　284
ヴォルフ，フリードリヒ・アウグスト
　（Wolf, F. A.）　39, 60-62, 64-69, 79,
　99, 100, 124, 195, 230, 232, 234, 240,
　284, 312, 323, 324, 362, 372, 373
ウラニオス（Uranios）　338
ウルリクス，ルートヴィヒ・フォン
　（Urlichs, L. v.）　63
ヴンダー（Wunder, E.）　284
エアラー，M.（Erler, M.）　64
エウクレイデス（Eukleides）　54
エウセビオス（Eusebios）　35, 282
エウドクソス（Eudoxus）　289
エウトロピウス（Eutropius）　286
エウリーピデース（Euripides）　149,
　168, 169, 171, 172, 204, 252, 270,
　271, 284, 285, 289, 312, 315, 318, 320,
　322-26, 331, 332, 334, 338, 344
エーゲノルフ（Egenolff, P.）　112
エーバート（Ebert, F. A.）　81
エーレンフォイヒター（Ehrenfeuchter）
　83
エシェンブルク（Eschenburg, J. J.）
　60, 62
エテオクレース（Eteokles）　165
エピアルテス（Ephialtes）　171
エピクーロス（Epikuros）　36, 87, 289
エラトステネース（Eratosthenes）　19,
　20, 32, 34, 35, 376
エルゴテレス（Ergoteles）　173

人名索引　385

エルシュ，ヨーハン・ザームエル（Ersch, J. S.）　81, 82, 107
エルツェ（Elze, K. F.）　109, 110
エルテル（Oertel, F. M.）　283
エルトマン（Erdmann, J.）　257
エルネスティ，ヨーハン・アウグスト（Ernesti, J. A.）　38, 81, 123, 183, 201
エルフェニヒ（Elvenich, P. J.）　248
エンゲルマン（Engelmann, W.）　82-84, 290, 364
オウィディウス（Ovidius）　182
オーレーン（Olen）　333
オルペウス（Orpheus）　283, 322, 333

カイザー（Keyser, C. G.）　81
ガイスラー（Geissler, C. A.）　82
カイベル（Kaibel, G.）　363
カイル，カール・アウグスト・ゴットリープ（Keil, K. A. G.）　123
カイレーモン（Khairemon）　331
カサウボヌス（Casaubon, I.）　240
カッシウス，ディオ（Cassius, D.）　158
ガッテラー（Gatterer, J. C.）　293
カッライスクロース（Kallaischros）　331
カトゥルス（Catullus, G. v.）　233
カリモコス（Kallimochos）　182
カルヴァリー（Calvary, S.）　83, 85, 364
カルキディウス（Chalcidius）　286
カルケンテロス，ディデュモス（Charkenteros, D.）　341
カルコンデュラス（Chalcondylas）　296
ガルトハウゼン（Gardthausen, V.）　290, 294
ガレーノス（Galenos, K.）　264
カント（Kant, I.）　11, 13, 183, 197, 328
キケロー（Cicero, M. T.）　7, 38, 41, 43, 131, 148, 162, 177, 182, 189, 190, 199-202, 242, 248, 275, 285, 286, 291, 311, 312, 321, 324, 328, 335, 337, 344, 356
ギトルバウアー（Gitlbauer, M.）　295
キモーン（Kimon）　203
キュスター（Küster, L.）　20, 342
ギュルトラー（Gürtler, J. G.）　61
ギルダースリーヴ，B．L．（Gildersleeve, B. L.）　364
キルヒナー（Kirchner, C.）　292
キルヒホフ，アドルフ（Kirchhoff, A.）　25, 289
クィンティリアーヌス（Quintilianus, M. F.）　37, 53, 57, 281, 344
グーテネッカー（Gutenäcker, J.）　85
グートシャー（Gutscher, J.）　85
クセノポーン（Xenophon）　156, 204, 262, 308, 314, 315, 317, 321, 324, 330, 333, 342
グニポ，アントニーウス（Gnipho, M. A.）　329
クラウゼン，ヘンリク・ニコライ（Klausen, H.N.）　123
クラウディウス帝（Claudius）　329
クラッセン（Classen, J.）　37
グラッフ（Graff, H.）　19
クラフト（Kraft, F. K.）　63
クリーチ（Creech, T.）　236
クリティアス（Kritias）　140, 331
クリュタイムネーストラー（Klytaimnestra）　322
グリュッツマッハー（Grüzmacher, B.）　239
グリュナエウス，シモン（Grynaeus, S.）　287
クルースマン，ルードルフ（Klussmann, R.）　83, 371
グルーバー，フォン（Gruber, J. v.）　84, 107
クルツィウス，エルンスト（Curtius, E.）　51, 375, 378
クルツィウス，ゲオルク（Curtius, G.）

51
グルッペ（Gruppe, O. F.）　232, 331
グルテルス（Gruterus, J.）　247
クレイニアース（Kleinias）　318
クレオーン（Creon）　165, 177, 322
グレゴリウス・ナジアンゾス（Gregorius Nazianzenos）　45, 46, 277
クレプス（Krebs, J. P.）　82, 364
グロノウィウス（Gronovius, J. F.）　59, 362
グロングネット（Grongnet）　339
ゲアハルト, エドゥアルト（Gerhardt, E.）　100, 101
ケーニヒ, クリストフ・ゴットヘルフ（König, C. G.）　283
ゲオルク, ヨーハン（Georg, J.）　371
ゲスナー, ヨーハン・マッティアス（Gesner, J. M.）　60, 183, 238
ゲゼーニウス（Gesenius, F. H. W.）　339
ゲットリング（Göttling, K. W.）　224
ゲッリウス（Gellios, A.）　55, 283
ゲルマーニクス（Germanicus Iulius Caesar）　182, 285
ゲルマール, フリードリヒ・ハインリッヒ（Germar, F. H.）　124
ケルン（Kern, H.）　363
コップ（Kopp, U. F.）　293
コッホ, エアドゥイン・ユリウス（Koch, E. J.）　61
コノーン（Konon）　314
コベット, カレル・ガブリエル（Cobet, C. G.）　124, 364
ゴムペルツ（Gomperz, T.）　289
ゴルギアース（Gorgias）　132, 133, 178, 250, 355, 357
コルニフィキウス（Cornificius, Q.）　344
コレイ（Coray; Adamantios Coraes）　158
コンパレッティ, D.（Comparetti, D.）　364

ザイトラー（Seidler, A.）　256
ザイフェルト（Seyffert, O.）　364
サヴィニー（Savigny, F. K. v.）　373, 375
ザウッペ（Sauppe, H.）　289, 298, 343
サクシウス（Saxius, C.）　80
サルスティウス（Gaius Sallustius Crispus）　201
サルマシウス（Salmasius, C.）　240, 254
サンチュニアトン（Sanchuniathon）　337
シェークスピア（Shakespeare, W.）　9, 179, 225
シェーファー, カール（Schäfer, C.）　230
シェーファー, ゴットフリート・ハインリヒ（Schaefer, G. H.）　277
シェーラー（Scheller, I. J. G.）　123
シェフナー（Scheffner, J. G.）　239
シェリング（Schelling, F. W. J. v.）　40, 74, 250, 316, 341
シェンクル（Schenkl, K.）　363
シゴーニョ（Sigonio, C.）　337
シミアース（Simias）　316
シモーニデース（Simonides）　198, 224, 338
シャフ（Schaff, J. C. L.）　61
シャールシュミット（Schaarschmidt, K.）　326
ジャクソン（Jackson, H.）　364
シャトラン, エミール（Chatelain, E.）　295
シャムポリオン, エメ（Champollion, E.）　293, 294
シュヴァイガー（Schweiger, F. L. A.）　82
シューバルト（Schubart, J. H. C.）　248
シュタール（Stahr, A.）　55
シュタインタール（Steinthal, H.）

106, 111, 124
シュタンゲ（Stange, T. F.）　53
シュッツ（Schütz, C. G.）　329
シュテファヌス, ヘンリクス（Stephanus, H.）　151, 361
シュトックマン（Stockmann, S. M.）　61
シュナイダー, オットー（Schneider, O.）　284
シュパンハイム, エゼキエル（Spanheim, E.）　240
シュペンゲル（Spengel, L.）　227
シュミーダー（Schmieder, B. F.）　238
シュミッツ, ヴィルヘルム（Schmitz, W.）　294, 295
シュミット, ベルンハルト（Schmidt, B.）　51, 326
シュライアマハー（Schleiermacher, F. D. E.）　115, 124, 131, 134, 188, 195, 210, 230, 232, 242, 248, 327, 340, 362, 372-75, 379, 380
シュライター（Schreiter, C. G.）　191
シュルツ, クリストフ・ルートヴィヒ・フリードリヒ（Schultz, C. L. F.）　103, 225
シュレーゲル, フリードリヒ（Schlegel, F.）　110, 229, 328
シュレーゲル, フリードリヒ・アウグスト（Schlegel, F. A.）　110, 229, 233, 234, 362
ショウ（Schow, N.）　280
シルヴェストル（Silvestre）　294
スエートーニウス（Suetonius）　19, 20, 36, 37, 201, 329
スカリガー, ヨーゼフ（Scaliger, J. J.）　247, 312, 361
スカルタッツィーニ（Scartazzini）　112
スキオピウス, カスパー（Scioppius, C.）　247
スタティウス（Statius）　182
スッラ（Sulla, L. C.）　328

ストバイオス（Stobaeus, J.）　282, 312
ストラボーン（Strabon）　34, 56, 355
ズュフェルン（Süvern, J. W.）　139
スリンガル（Suringer, W. H. D.）　284
ズルツァー（Sulzer）　61
セネカ（Seneca）　35, 37, 163, 201, 202
セルヴァンテス（Cervantes）　233, 234
ソクラテス（Sokrates）　33, 98, 104, 138, 154-56, 178, 193, 195, 198, 218, 224, 253, 314-16, 318, 330, 342, 343
ソポクレース（Sophokles）　137, 165, 169, 171-73, 176, 177, 204, 215, 227, 235, 252, 256, 271, 284, 285, 312, 315, 318, 320, 322, 323, 325, 326, 331, 332, 334, 338, 344, 374
ソローン（Solon）　314, 333

ダウェシウス（Dawesius, R.）　310
タキトゥス（Tacitus）　131, 159, 163, 164, 168, 190, 194, 195, 201, 206, 217, 229, 230, 241, 268, 269, 270, 322
タッサン（Tassin）　293
タナイス（Tanais）　168
ダマレーテ（Damarete）　175, 176
ダンテ（Dante, A.）　9, 136, 137, 141
ツァンゲマイスター（Zangemeister）　294
ツェッェス（Tzetzes）　342
ツェル（Zell, K.）　50, 101, 102
デ・ヴェッテ（De Wette, W. M. L.）　373
テアベック（Terbeck, J.）　85
ティールシュ（Thiersch, F. W. v.）　227, 313, 321
ティエール（Thiers, L.）　49
ディオスコリデース（Dioskorides）　16
ディオドーロス（Diodoros ho Sikeliotes）　34, 304
ディオニューシオス（Dionysios Halikarnasseus）　291, 310, 334, 350,

353, 355, 356
ディッセン（Dissen, G. L.）　124, 131, 174, 175, 221, 228, 243
ディデュモス（Didymos）　285, 341
デイナルコス（Deinarkhos）　334
ティバウト（Thibaut, A. F. J.）　234
テイラー（Taylor, T.）　309
テーセウス（Theseus）　171, 172
デーダーライン（Döderlein, W. L.）16, 51, 145, 351
デーメートリオス・ポリオルケーテース（Demetrios Poliorketes）　304
デーモステネース（Demosthenes）182, 199, 211, 314, 316, 353, 356, 374
テーローン（Theron）　175, 176, 220
テオクリトス（Theokritos）　182, 220
テオポンポス（Theopompos）　335, 336
テミストクレース（Themistokles）203
テミストゲネース（Themistogenes）342
テュルタイオス（Tyrtaios）　313
テュルホイット（Tyrwhitt, T.）　362
デルゲンス，ヘルマン（Dörgens, H.）46
テレシクラテース（Telesikrates）174, 175
テレンティウス（Terentius）　182, 238, 241, 271, 272
ドイアーリンク（Deuerling, A.）　363
トイフェル（Teuffel, W. S.）　63, 329
トゥーキューディデース（Thucydides）123, 182, 201, 204, 227, 229, 354
トゥスタン（Toustaine）　293
ドゥルバン侯爵，フォルティア（D'Urban, A. F.）　339
ドーズ（Dawes, R.）　362
ドナトゥス（Donatus, S.）　349
トマジウス，ヤーコプ（Thomasius, J.）59
トムセン（Thomsen）　364

ドラケンボルヒ（Drakenborch, A.）241
ドラコーン（Drakon）　283
トリクリニオス，デーメートリオス（Triclinus, D.）　285, 298
ドルヴィル（D'Orville, J. P.）　240
ドロイゼン（Droysen, J. G.）　15, 232, 378
ドンナー（Donner, J. J. C.）　232
トンプソン（Thompson, E. M.）　295

ニーカンドロス（Nikandros）　182
ニーブール（Niebuhr, B. G.）　291, 373, 374
ニクラス，ニコラウス（Niclas, J. N.）60

ハーゲン，ヘルマン（Hagen, H.）248
ハーゼ（Haase, F.）　107, 109, 276
ハーレス（Harless, G. C.）　81
ハーン，グスタフ（Hahn, G.）　84
バイウォーター（Bywater, J.）　364
ハイネ（Hayne, C. G.）　228, 238, 242, 280
ハイムゼート，フリードリヒ（Heimsoeth, F.）　248
ハインシウス，ヴィルヘルム（Heinsius, W.）　81
ハインシウス，ダーニエル（Heinsius, D.）47
ハインシウス，ニコラウス（Heinsius, N.）361
ハインドルフ（Heindorf, L. F.）　155, 263, 267
バウアー，カール・ルートヴィヒ（Bauer, K. L.）　123
パウサニアース（Pausanias）　336, 343, 355
ハウプト，カール・ゲルハルト（Haupt, K. G.）　62
ハウプト，モーリッツ（Haupt, M.）

人名索引　389

31, 375
パウリー，アウグスト（Pauly, A.） 63
パウル，ジャン（Paul, J.）　42, 49, 183
パウロ（Paulus）　163
パエアニオス（Paeanios）　286
バシレイオス（Basileios Kappadokia） 45, 46
バスト（Bast, F. J.）　277, 293
パテルクルス，ウェッレイユス（Paterculus, V.）　297, 362
ハネッセ（Hanesse, C. L.）　82
パラリス（Phalaris）　221, 315, 362
ハルテル，ヴィルヘルム・アウグスト（Hartel, W. A.）　290, 363
ハルトゥンク（Hartung, J. A.）　271
ハルモディオス（Harmodios）　314
パンツァー（Panzer, G. W. F.）　84
ハンバーガー（Hamberger）　80
バンロー（Benloew, L.）　106
ヒエローン（Hieron）　175, 176, 220, 221
ヒッパルコス（Hipparkhos）　318, 319, 330
ヒッピアース（Hippias）　5
ヒッポクラテース（Hippokrates）　334
ピュータゴラース（Pythagoras）　24, 138, 154, 309, 314, 324, 326, 335
ヒューブナー，エミール（Hübner, E.） 63, 364
ヒューブル（Hübl, F.）　85
ビューヘラー，フランツ（Bücheler, F.） 248, 363
ビュフォン（Buffon, Georges Louis Leclerc, Comte de）　16
ヒュペレイデース（Hypereides）　289
ピリッポス（Philippos）　182, 316, 326
ビルト（Birt, T.）　295
ヒルト（Hirt, A.）　328
ピロデーモス（Philodemos）　289
ピロラーオス（Philolaos）　138, 324, 326

ピンダロス（Pindaros）　118, 124, 125, 131, 136, 137, 139, 152, 168, 170, 173–76, 180, 182, 192, 203, 206, 212, 214, 218, 220, 222–24, 228, 229, 232, 235, 243, 259, 264, 265, 278, 279, 283, 285, 296, 300, 311, 313, 314, 335, 337, 355, 374
ヒンリヒス（Hinrichs, J. C.）　81
ファブリキウス，ヨーハン・アルベルト（Fabricius, J. A.）　81
フィチーノ（Ficino, M.）　287
フィッシャー，ゴットヘルフ（Fischer, G.） 292
フィヒテ（Fichte, J. G.）　328, 373
フィルマン＝ディド，アンブロワーズ（Firmin-Didot, A.）　289
フィロログス・アテイウス（Philologus Ateius）　19, 20
フィンダイゼン（Findeisen, F. G.） 239
フープマン（Hubmann, J. G.）　115
ブーラー（Burer, J. A.）　297
フェルゼン（Velsen, F. A. v.）　294
フォーゲル，エーミル・フェルディナント（Vogel, E. F.）　124
フォス（Voss, J. H.）　225, 232, 233, 235
フシュケ（Huschke, I. G.）　323
ブットマン（Buttmann, P. K.）　55, 61, 305, 372, 374
プトレマイオス・ピラデルポス（Ptolemaios Philadelphos）　315
フューレボルン（Fülleborn, G. G.） 61
ブラース，フリードリヒ（Blass, F.） 116, 124, 275, 295
ブラートゥシェク，エルンスト（Bratuscheck, E.）　371
プラウトゥス（Plautus）　238, 291, 311, 344
プラトン（Platon）　5, 15, 25, 26, 32–35, 45, 50, 56, 68, 93, 96, 98, 103, 117,

127, 131, 134, 137, 138, 140, 141, 144, 154–56, 168, 169, 178, 179, 182, 191, 193, 195–99, 218, 219, 223, 224, 226, 227, 232, 236, 239, 242, 250, 261–64, 266, 267, 279, 282, 285–87, 296, 307, 309, 315–21, 323, 324, 326, 327, 330, 331, 333–35, 340, 342, 343, 353, 354, 357, 358, 362, 374, 378
プラントル, カール・フォン (Prantl, C. v.)　115
プリーニウス (Gaius Plinius Secundus)　16
フリック (Frick, O.)　29
プリューニコス (Phrynichos)　34
プルータルコス (Plutarchos)　56, 198, 283, 336, 342
ブルジアン, コンラート (Bursian, C.)　83, 112, 115, 364
ブルマンヌス (Burmannus, P.)　247
フルモン (Fourmont, M.)　339
フレーゼ (Freese, A.)　102, 103, 337
フレッカイゼン (Fleckeisen, A.)　329, 363
フレッチア (Fleccia, G.)　364
プレトン・ゲミストス (Georgios Plethon Gemistos)　45
プレラー (Preller, L.)　115
フロイント, ヴィルヘルム (Freund, W.)　248, 290
プロヴェンツァーレ (Provenzale, F.)　233
プロクロス (Proklos)　35, 140, 196, 287
プロティノス (Plotinos)　35, 287
フロントー (Fronto, Marcus Cornelius)　202, 291, 356
フンケ (Funke, C. P.)　63
フンボルト, アレクサンダー・フォン (Humboldt, A. v.)　44, 106, 139, 144, 183, 232, 373, 374, 379
ペイロン (Peyron, A.)　291
ヘーアデーゲン, フェルディナンド (Heerdegen, F.)　51, 112
ヘーゲーシアース (Hegesias)　355
ヘーゲル (Hegel, G. W. F.)　41, 65, 106, 241, 341, 379, 380
ヘーシオドス (Hesiodos)　182, 225, 333, 351
ヘーシュキオス (Hesykhios)　54, 152, 161, 182, 281, 282
ヘーネル (Hänel, G. F.)　84
ヘーラクレイトス (Herakleitos)　11
ベール (Bayle, P.)　80
ヘーロディアーヌス (Herodianus)　35, 240, 263
ヘーロデース・アッティクス (Atticus, Herodes)　356
ヘーロドトス (Herodotos)　16, 203, 353–56
ヘカタイオス (Hekataios)　315, 323, 338
ベッカー, イマヌエル (Bekker, I.)　54, 241, 285, 296, 362
ベック, クリスティアン・ダーニエル (Beck, C. D.)　34, 85, 110, 123, 248, 261, 363
ベッティガー (Böttiger, K. A.)　328
ヘデリヒ (Hederich, B.)　63
ペテロ (Petrus)　163
ペトリッツォプロ (Petrizzopulo, D.)　338, 339
ペトレース (Petres, N.)　112
ヘムステルホイス (Hemsterhuis, T.)　24, 242, 251–53, 362
ペリアース (Pelias)　136
ペリクレース (Perikles)　172, 177, 178, 204
ベルガー (Belger, C.)　364
ペルシウス (Aulus Persius Flaccus)　182
ヘルツ, マルティン (Hertz, M.)　112
ベルナイス (Bernays, J.)　56, 312
ヘルバルト (Herbart, J. F.)　44
ヘルプスト (Herbst, W.)　51

人名索引　391

ヘルマン, カール・ハインリヒ (Herrmann, C. H.)　83, 364
ヘルマン, ゴットフリート (Hermann, G.)　90, 104, 124, 152-55, 175, 176, 206, 257, 258, 265, 277, 278, 282, 283, 298, 339, 351, 353, 376-78
ベルンハルディー (Bernhardy, G.)　62, 70, 101
ベントリー (Bentley, R.)　24, 253-55, 271, 285, 315, 362
ボイゼン (Boysen, C.)　83
ホイマン (Heumann, C. A.)　247
ボイムライン (Bäumlein, W. F. L. v.)　50
ポーソン (Porson, R.)　362
ボーテ (Bothe, F. H.)　271, 272
ポープ (Pope, A.)　160
ホフマン, サミュエル・フリードリヒ・ヴィルヘルム (Hoffmann, S. F. W.)　62
ホメーロス (Homeros)　67, 126, 129, 134, 136, 145, 147, 157, 158, 168, 182, 195, 225, 231, 232, 235, 278, 282, 284, 285, 296, 324, 332, 333, 362
ホラーティウス (Horatius)　168, 169, 182, 191, 192, 225, 242, 253, 281, 285, 292, 351, 362
ポリュゼーロス (Polyzeros)　175, 176
ポリュネイケース (Polyneikes)　165, 172
ポリュビオス (Polybios)　157, 158
ポルックス (Pollux)　181, 331
ポルピュリオス (Porphyrios)　35, 286
ボンド (Bond, E. A.)　295

マークランド (Markland, J.)　362
マールクス・アウレーリウス (Marcus Aurelius)　202, 334, 356
マイ, アンゲロ (Mai, Angelo)　291
マイアー, ゲオルク・フリードリヒ (Meier, G. F.)　123

マイアー, ゴットロープ・ヴィルヘルム (Meyer, G. W.)　123
マイアー, モーリッツ・ヘルマン・エドゥアルト (Meier, M. H. E.)　38, 321, 377
マイナース (Meiners, C.)　197
マイネケ (Meineke, A.)　351
マキアヴェリ (Machiavelli)　239
マシウス (Masius, H.)　240, 254, 363
マズヴィク, ヨハン・ニコライ (Madvig, J. N.)　248
マスグレイヴ (Musgrave, S.)　271
マッティアエ, アウグスト (Mattiae, A.)　62, 70, 71
マットン, オーギュスト (Matton, A.)　292
マッファイ (Maffei, S.)　349
マヌティウス父子 (Manutius, Aldus & Paulus)　239, 296
マネトーン (Manethon)　315
マールハイネケ (Marheineke, P.)　373
マンシ (Mansi, J. D.)　82
ミドゥー, エチエンヌ (Midoux, E.)　292
ミヒャエリス, アードルフ (Michaelis, A.)　115
ミヘレット (Michelet, K. L.)　341
ミュールマン (Mühlmann, G.)　82
ミュッツェル (Mützell, J.)　101, 102
ミュラー, G. (Müller, G.)　364
ミュラー, H. J. (Müller, H. J.)　363
ミュラー, イーヴァン (Müller, I.)　63, 116, 124, 275
ミュラー, オトフリート (Müller, K. O.)　101, 232, 337, 374
ミュラー, コルネリウス (Müller, C.)　63
ミュルデナー (Müldener, W.)　83
ミュンヒハウゼン (Münchhausen, K. F. H. v.)　312
ミルティアデス (Miltiades)　203
ミルハウザー (Milhauser, K. H.)　102

ミンクヴィッツ（Minckwitz, J.） 232
ムーサイオス（Musaios） 333
ムスルス（Musurus, M.） 54, 280
ムルラッハ（Mullach, F. W. A.） 286
ムレトゥス（Muretus, M. A.） 239, 312, 337, 361
メールベッケ（Moerbecke, William of） 286
メテール（Maittaire, M.） 84
メランヒトン（Melanchton, P.） 296
メルクリウス（Mercurius） 241
モイゼル（Meusel, J. G.） 81
モールス（Morus, S. F. N.） 123
モムゼン, テーオドーア（Mommsen, T.） 112, 275, 375
モルゲンシュテルン（Morgenstern, J. C. S.） 195
モレル, ジャン・バティスト（Morel, J. B.） 248
モンテスキュー（Montesquieu, C. L.） 190
モンフォーコン（Montfaucon, B. de） 293

ヤーン, オットー（Jahn, O.） 51, 101, 276
ヤコブス（Jacobs, F.） 271
ユウェナリス（Juvenalis） 182
ユエ（Huet, P. D.） 251
ヨハネ Johannes） 163
ヨハンネス・クレリクス（Johannes Clericus） 247, 281

ライスケ（Reiske, J. J.） 271
ライト（Wright, W. A.） 364
ライナッハ（Reinach, S.） 63
ライヒャルト, ハンス（Reichardt, H.） 31, 105, 106, 118, 365
ライファーシャイト, アウグスト（Reifferschield, A.） 276
ライプニッツ（Leibniz, G. W.） 39, 46, 183, 251, 257

ラザウルクス（Lasaulx, E. v.） 110
ラスカリス（Laskaris, K.） 283
ラッハマン, カール（Lachmann, K.） 298, 351, 374
ラファエロ（Raffaelo） 235
ラフォンテーヌ, アウグスト（Lafontaine, A.） 276
ランゲ, アドルフ・ゴットローブ（Lange, A. G.） 323
ランゲ, ルートヴィヒ（Lange, L.） 51
ラントヴェーア（Landwehr, H.） 290
ランビヌス（Dionysius Lambinus） 239, 361
リウィウス（Titus Livius） 239, 241, 362
リッチュル, フリードリヒ（Ritschl, F.） 50, 275
リヒター, ユリウス（Richter, J.） 284
リヒテンベルク（Lichtenberg, G. C.） 160, 225
リプシウス（Lipsius, J.） 270, 322, 361
リブベック, オット（Ribbeck, O.） 363
リューシアース（Lysias） 204, 298, 309, 310, 343
リュクールゴス（Lykurgos） 271, 334, 338, 339
リュコプローン（Lykophron） 182
リュッケ, フリードリヒ（Lücke, F.） 115, 123, 188
リュプカー, フリードリヒ（Lübker, F.） 64, 100
リンドナー（Lindner, J. W. S.） 81
ルーカーヌス（Lucanus） 182
ルーキアーノス（Lukianos） 356
ルートヴィヒ（Ludwig, E.） 364
ルーフス, クルティウス（Quintus Curtius Rufus） 329
ルーンケン, ダーフィト（Ruhnken, D.）

人名索引　　393

133, 252, 312, 362
ルクレーティウス（Lucretius）　236, 298
ルター（Luther, M.）　235
ルッターベック，アントン（Lutterbeck, A.）　110
ルプレヒト（Ruprecht）　83, 364
レーフェツォー（Levezow, K.）　115
レーマン，オスカー（Lehmann, O.）　294, 295
レールス（Lehrs, K. L.）　35
レッシング（Lessing, G. E.）　192, 216, 298, 362, 380
レナヌス，ベアトゥス（Rhenanus, B.）　297
レプティネース（Leptines）　240

ロイス，フェルディナント（Reuss, F.）　84, 294, 295
ロイチュ，エルンスト・フォン（Leutsch, E. v.）　83, 363
ローゼンクランツ（Rosenkranz, J. K. F.）　341
ロータームント（Rotermund）　80
ローベルト，カール（Robert, C.）　363
ロベック（Lobeck, C. A.）　34
ロボルテルス，フランキスス（Robortello, F.）　247
ロンギーノス（Longinos, Kassios）　35, 141

ワーグナー（Wagner, C.）　82, 364

事項索引

ア 行

アーメルバハの写本　297
アイゲイダイ　174, 175
アカデーメイア　45, 333
アキュリオロギア　265
アクセント法　292
アシアー風文体　355
アッタロス王家　335
アテテーゼン　345
アドヴェルサリア　183, 184
アトランティス　15, 339
アナギグノースケイ　25
アナグノーシス　26
アナパイストス　313
アナバシス　342
アナボレー　354
アポクリファ　157
あり得るもの（probabile, πίθανον）　25, 255, 256
アルカイオロギア　8
アルケー　11, 49
アルコン　54
アルダイン版　296
アレクサンドリア派　19
アレゴリー　135-41, 226
アレゴリカル解釈　134-39, 141, 180
アンシアル字体　278, 288, 290
アンタルキダスの講和　178
アンティストロペー　354
言い換え　41, 192, 286
一性　141
イデア　98, 197
異文　53, 118, 281-87, 293, 297-99, 308, 310, 312, 326, 345, 351, 354, 361
イロニー　224-26, 234, 354

インデックス　181, 183
隠喩　147, 148
韻律的批判　350, 353
韻律論　64, 66, 108, 283, 350
疑り深い意識（animus suspicax）　253, 255, 360
エイカシア（εἰκασία）　127
エクセーゲーシス　125
エクセーゲータイ　126
エクセゲーゼ　125, 126
エピクーロス主義者　87
エピクーロス派　289
エピグラム　312
エピステーメー　127
演繹法　41
円環　54, 57, 88, 212, 324, 368
エンキュクリオス・パイデイア　7, 50, 53, 54, 57
エンキュクロパイデイア　53
エンツィクロペディー　7, 50, 53, 56, 58-64, 69-71, 73-77, 79, 80, 99-101, 107, 108, 111, 112, 124, 126
エンテュメーマ　199
オルガノン　18, 66-70, 87, 89, 97, 127
オルペウス教徒　322

カ 行

解釈学　70, 71, 87, 90, 105, 108, 115-19, 123-34, 135, 141, 144, 151, 155, 163, 167, 177, 179, 186, 188, 191, 210, 212, 230, 238, 240-43, 247, 249, 250, 253-56, 259, 263, 267-70, 302, 308, 317, 348, 360-62, 365, 367
解釈学的循環　155, 163, 212
蓋然性　248, 256, 278, 303, 329
書抜帳　→　アドヴェルサリア　11,

事項索引

183
学芸館　34, 39
学識　13, 24, 29, 35-37, 42, 57, 60, 62, 80-82, 195, 225, 240, 257, 277, 280, 287, 293, 296, 338, 339
学殖　20, 29, 39, 41, 59
仮説的解釈　166, 176
下等批判　90, 108
カリポリス　224
慣習　46, 79, 263, 292, 318
間投詞　163, 202
換喩　147, 148
ギグノースケイ　25
技術的解釈　188, 210
基準学　87
気象学　54
記念物学　105, 106
帰納法　41
ギムナジウム　51, 60, 62, 64, 84, 85, 112, 363, 364
行間注解　183
共通感覚　7, 177, 179
教養　7, 10, 13, 18, 32, 36, 38, 43, 46-49, 51, 54, 56, 91, 99, 111, 130, 141, 179, 189, 195, 344, 356, 358
行分け法　275
ギリシア悲劇　15, 140, 169, 171, 172, 180, 252, 271, 286, 312, 315, 318, 320, 322, 323, 325, 326, 331, 332, 334, 338, 344, 362
ギリシア碑文集成　100, 165, 258, 259, 268, 273-75, 303, 339, 340
キリスト教　35, 45, 46, 48, 111, 163, 197, 291, 336
近似　25, 92, 132, 191, 193, 202, 207, 212, 259, 308, 333, 347
金石学　65, 68-70, 108
クィニセクストゥムの教会会議　291
句読法　163, 292
グノーシス　26, 339
グラッマ　37
グラッマティケー　37

グラマッティコス　35, 36, 37
グラマティステース
グロッサ　10, 181, 182
グロッサリア　181
形式主義　70
芸術理論　16
芸術論　65, 68, 104
系譜学　104, 299
結合的批判　329, 332, 333, 345
言語　8-10, 17, 18, 21, 28, 32, 34, 36, 37, 44, 47, 51, 54, 55, 64-67, 70, 79, 81, 88-91, 95, 97, 99, 100, 102, 106, 110, 111, 119, 125-28, 130, 131, 136, 139, 143-45, 147, 149-63, 165-71, 173, 177, 179, 185-87, 191-95, 197, 198, 200, 202, 204-06, 209-13, 226-29, 231-33, 235, 237, 248, 250, 261-70, 272, 274, 279, 301, 302, 305, 323-26, 339, 349, 354, 355, 360, 365-68, 370
言語解釈　239
言語感覚　42
言語教師　12, 13, 36
言語形式素　266
言語研究　8, 10, 104, 109
言語の慣用　150, 160, 181, 188, 202, 261-65, 267, 269, 270, 323-25, 330, 359
言語の文献学　31
原典　22, 230, 231, 234, 250, 292
原本　26, 272, 275, 283, 286, 340
原理　43, 44, 47, 49, 88, 92, 95, 96, 106, 111, 125, 141, 193, 202, 206, 259, 317, 348, 351, 368
原理の請求（petitio principii）　88, 206, 259, 317, 351
考古学　65, 68, 70, 79, 100, 101, 115, 119, 126, 228, 328
口述筆記　275, 276
校正　275, 276, 280, 287, 288, 298, 336
校訂　12, 24, 29, 133, 170, 202, 247, 251, 255, 268, 270-73, 276, 279-82,

285, 288, 296-99, 302, 303, 304, 326, 327, 332, 360-62, 369, 370
校訂的批判　　29, 362, 369
校訂の欲（pruritus emendandi）　271, 279
高等批判　　90, 108
語義　　127-30, 132, 138, 140, 143, 155, 160, 161, 167, 169, 173, 180, 182, 187, 209, 226, 231, 250, 261, 265
国民的な文体　　189, 190, 191, 194, 202
語形変化　　162, 264, 268
語形論違反　→　バーバリズム　265, 269
語源学　　150
語源論　　189, 227
古写本　　281, 282, 288, 291-93, 295, 298
個人的解釈　　128-32, 139, 141, 154, 163, 170, 180, 184, 185, 187, 188, 191, 192, 195, 205, 206, 209, 212, 213, 222, 227-29, 238, 239, 242, 253, 254, 268, 308, 313, 365, 366
個人的な文体　　187-94
個性　　118, 127, 129, 133, 138, 143, 163, 164, 168-70, 176, 179, 180, 185-90, 192-94, 197, 200, 202-07, 209-13, 218, 222, 223, 231, 232, 250, 267, 268-71, 302, 307-10, 313, 317, 325-27, 332, 338, 359, 360
悟性　　41, 42, 95, 116, 133, 213, 214, 267
古銭学　　65, 68, 70, 108
古代学　　13, 31, 39, 44, 46, 50, 51, 61-65, 70, 82, 84, 96, -98, 102, 111, 115, 116, 124, 181, 275, 292, 351, 358, 364, 368, 369
古代研究　　8, 9, 39, 46, 49, 51, 59, 60, 102-04, 242
古典人文学　　13, 38
古典的古代　　32, 40, 51, 110, 111, 237, 363
古典文献学　　24, 38, 45, 59, 63, 83, 104, 133, 155, 225, 228, 241, 242, 323, 331,

337, 351, 363, 364
事柄の知識　　21, 42
事柄の文献学　　377
誤謬　　42, 198, 223, 251, 256, 258, 280, 335, 336
語法違反　→　ソロイキスメン　265, 269
古文字学　　108, 292-95
古文書学　　68, 108, 127, 248, 272, 273, 277, 281, 283, 286, 287, 290, 293, 296, 297, 299, 302, 304, 308, 311, 314, 325, 338, 349, 350, 362, 369

サ　行

祭儀　　45, 54, 67, 95-98, 107, 109
再生産　　23, 26, 27, 29, 30, 38, 207, 253, 348, 368, 369
再認識　　16, 17, 23, 25, 48, 87, 89, 91, 132, 143, 378, 379
索引　　38, 81, 83-86, 181, 183
作詩法　　131
作風　　355, 356
瑣末主義　　42
三性　　141
思惟形式　　6
詩学　　56, 66, 108, 216, 225, 348, 362
事実解釈　　128, 169, 239, 254
辞書編集法　　151, 159, 161, 263
自然科学　　7, 15, 23, 27-30, 45, 48, 50, 55, 105, 106, 109, 128
自然史　　15, 105
自然哲学　　5, 15, 141, 341
思想的結合　　197, 352
実定宗教　　45
事典　　20, 63, 64, 81, 108, 181, 182, 184
釈義学　　110
写本　　54, 84, 182, 183, 248, 270, 276-82, 284, 285-99, 312, 337-40
ジャンル　　118, 124, 128-31, 143, 156, 168, 170, 180, 185, 191-94, 202-04, 209-13, 215, 217, 223, 226-28, 250,

事項索引

268, 269, 272, 303, 309, 310, 320, 335, 347, 348, 349, 350, 352, 357, 359, 360, 367
宗教哲学　5, 370
修辞学　35, 37, 41, 54, 60, 66, 99, 108, 148, 169, 178, 182, 194, 199, 203, 215, 216, 227, 237, 310, 328, 329, 334, 339, 343, 344, 350, 353, 356, 357, 359
重字誤脱　279
重複誤写　279
修練　12, 116, 133, 145, 159, 204, 254, 270
シュラークーサイ　175, 204, 220, 342
種類的解釈　129, 130, 132, 138, 139, 164, 165, 170, 179, 180, 184, 192, 193, 195, 209-13, 217, 222, 223, 227, 228, 239, 243, 273, 347, 348, 365, 366
手練　254
循環的　75
逍遙学派　280, 326
省略三段論法　199, 200
書肆　241, 242, 333
叙事詩　56, 131, 136, 137, 156, 169, 214-17, 226, 227, 333, 343, 344, 349, 351, 354
抒情詩　131, 132, 163, 169, 170, 192, 198, 203, 214-16, 223, 226, 227, 233, 265, 289, 322, 349, 352, 354
神学　14, 15, 28, 31, 38, 50, 53, 110, 115, 124, 126, 135, 137, 140, 141, 179, 194, 198, 287, 339
神義論　257
真実らしいもの（verisimile, εἰκός）255, 256
信ずべきもの（credibile, πιστόν）255, 257
神性　215, 252, 254
神秘的解釈　135
神秘的な意味　135, 140
新プラトン主義　35, 117, 140, 264, 266, 309
人文主義　42, 44, 59, 239

新約聖書　115, 117, 123, 126, 130, 134, 157, 162, 163, 178, 179, 188, 197, 269
真理　177-79, 198, 250-52, 254-56, 259, 270, 272, 280, 287, 301, 302, 338, 349, 350, 357-59, 366
心理学的解釈　188, 210
人倫的　366, 367, 369
数　108, 140, 203, 262, 302, 351-55
スーダ　20, 182, 342
スコリア　182
図式　107, 188, 189, 201
スタシモン　176
ストア派　326
聖遺物　126
性格　64, 65, 67, 98, 137, 143, 149, 159, 165, 168-70, 180, 185-87, 189, 190, 192, 193, 204-06, 210-13, 215-18, 223, 225-28, 231, 237, 243, 250, 254, 265, 268, 274, 287, 299, 303, 307-11, 315, 318-20, 324, 327, 329, 333, 335, 340, 347, 349, 352-56, 358-60, 367
政治学　15, 16, 27, 55, 101, 104, 215, 224
政治史　17, 67, 70
正字法　292
正書法違反　265
聖書翻訳　235
声調　354
制定　144, 219, 314
精読　229, 236
聖なる解釈学　126
接頭辞　133, 261, 262
接尾辞　261, 262
セプトゥアギンタ　157
選別　90, 165, 249, 258, 299
先例　344, 345
前歴史的　107, 109
造形芸術　50, 65, 68, 79, 97, 108, 216, 227, 327
相互的陶冶　41
創造　15, 44, 93, 141, 209, 252, 302
想像力　21, 41, 116, 133, 213-15, 254

俗なる解釈学　126
速記術　294, 295
ソフィア　24, 33
ソロイキスメン　269
存在するもの　7, 26, 41

タ 行

対人的論証　199
題目　71
脱線　170, 174
脱落　277, 278
断続的注釈　238
鍛錬　133, 134
注釈　24, 34, 55, 65, 68, 128, 140, 170, 171, 173, 174, 182, 183, 195, 220, 224, 236-41, 259, 279, 280, 281, 284, 285, 298, 317, 361
直進的言語表現　354
直観　9, 40, 41, 42, 79, 91, 92, 99, 106, 116, 119, 133, 143, 145-49, 151-54, 157, 158, 161, 184-88, 191, 193, 194, 197, 201, 204, 205, 209, 211, 213-16, 255, 256, 258, 293, 348, 365, 366, 368, 369
陳述　217
追構成　89, 185, 369
ディオニュソス賛歌　353
ディテュラムボス　352, 354
提喩　147, 148
デーモン　125, 253
テーローン　175, 176, 220
テオーリア　95
テクネー・バナウソス　68
哲学　5, 6, 11, 14-16, 18, 23-30, 33-36, 39-41, 44-50, 55, 56, 60, 64, 67-70, 82, 87, 97, 98, 99, 104-07, 109, 111, 116, 117, 129, 135, 137, 138, 140, 141, 144, 154, 168, 169, 173, 181, 188, 190, 203, 214-16, 226, 228, 236, 239, 241, 250, 257, 301, 321, 324, 333, 341, 350, 358, 369, 370

哲学史　27, 70, 326
天才　126, 133, 242, 254, 257, 269, 348, 356
伝承　16, 17, 22, 26, 33, 89, 102, 119, 127, 143, 211, 249, 250, 251, 253, 254, 264, 265, 268, 269, 272, 275, 280, 287, 288, 301-03, 308-10, 315, 325-27, 332-36, 338, 340, 342-45, 349, 350, 353, 360, 366
天体論　55, 67, 223
転置　278
天文学　44, 45, 50, 289, 326
統一性　11, 40, 41, 92, 97, 102, 110, 151, 152, 163, 165, 170, 187, 193-97, 201, 205, 213-19, 223, 228, 229, 280, 309
同音異義語　145-47
同義語　145-47, 249, 266
統語論　227, 263, 265
同質性　133, 176, 180, 243
道徳的解釈　135
党派精神　44
ドクサ　127
ドグマティック　41, 45
図書館学　79

ナ 行

内的召命　242
なされたことをなす（actum agere）　22, 23
二性　141
似たものは似たものを知る（ὅμοιος ὅμοιον γιγνώσκει）　133
人間性　13, 14, 21, 38, 46, 54, 366
認識されたものの認識　16, 17, 21, 23, 28, 30, 32, 87, 90, 109, 110, 366
ヌース　94
年代学　97

ハ 行

バーバリズム　265, 269
廃棄　8, 23, 360
バイリンガル　237
博学　11, 19-21, 34-37, 59, 60
博識　11, 19, 36
博覧　11, 42, 56, 378
恥ずべきこと（αἰσχρόν）　48
抜粋集　11
パピルス　55, 288, 289-91
バラスト　184
パラフレーズ　182, 236, 285, 286
パリムプセスト　291, 338
半可通　13, 36
パンクラティオン　332
判決されたものを判決する（judicatum judicare）　22
判断　30, 40, 65, 75, 90, 116, 118, 123, 138, 147, 159, 169, 170, 171, 179, 180, 191, 197, 201, 202, 222, 228, 241, 249, 252-55, 257-59, 261, 262, 265, 269, 271, 272, 274, 275, 285, 287, 299, 301, 302, 310-13, 317, 318, 322-25, 327, 328, 335, 338, 340, 343, 344, 345, 348, 350, 353, 354, 356, 359, 360
判読　251, 255, 270, 271, 273, 277, 291, 297, 299, 360, 361, 370
ヒエログリフ　119, 166
ヒエロドゥーレン　328
比較　12, 13, 38, 66, 89, 106, 118, 132, 148, 156-59, 163, 174, 181, 190, 191, 199, 213, 220, 222, 223, 229, 235, 251, 253, 267, 270, 298, 299, 308, 311, 321, 331, 339, 340, 347, 354, 357
美学　24, 66, 68, 97, 228
美的解釈　90, 228
批判　6-9, 11-14, 21, 28-30, 37-39, 41, 42, 59, 64-67, 69-71, 80, 90, 100, 105, 109, 115-19, 123-25, 131, 133, 139, 155, 165, 175, 184, 188, 190, 210, 227, 233, 240-43, 245, 247-49, 250-61, 263, 265, 267-72, 274, 276-78, 280, 282-85, 287, 288, 293, 296-305, 307-14, 316-18, 321, 323-29, 332-37, 339, 341, 343-45, 347-50, 352-63, 365-69
碑文　54, 68, 100, 166, 258, 259, 268, 272-75, 303-05, 327, 338-40, 349, 360
ピュータゴラース学派　138, 324, 326
非歴史的　107, 109, 179
ファクシミリ　288, 289, 295
フィレボス　223
フィロソフィア　24
フィロソフェイン　18
フィロソフォス　26, 35
フィロソフォン　34
フィロドクソン　34
フィロマティア
フィロマテス　34
フィロロギア　8, 10, 24, 32, 33, 35-37
フィロロゲイン　18
フィロロゴイ　33, 35
フィロロゴス　19, 26, 32-35
諷刺詩　168, 169
プトレマイオス王家　335
不変化詞　161-65, 200, 201
フマニタス　38
プロオイミオン　25, 38, 43, 45, 77, 173, 196, 237, 250, 270, 321, 333, 339, 355
プロソディー　108
文学　9-13, 32, 35, 36, 38, 39, 44-47, 49, 50, 55, 57, 60, 65-68, 81, 88, 90, 97, 111, 112, 118, 136, 147, 157, 162, 168, 192, 195, 216, 232, 233, 235, 251, 253, 285, 287, 289, 297, 310, 326, 329, 333, 335, 337, 342-44, 347, 349, 352, 357-60, 364-68, 380
文学史　10, 12, 21, 31, 62, 64, 65, 67, 68, 70, 88, 97, 101, 108, 130, 191, 213, 228, 352, 365, 366, 368

文芸復興　47
文献学　5-32, 34, 35-43, 45-53, 58-71, 74-76, 79, 81-83, 85, 87, 88-93, 97, 99-107, 109-13, 115-18, 123, 124, 126, 130, 133, 139, 154, 155, 181, 183, 194, 195, 202, 224, 225, 228, 233, 234, 237, 239-42, 248, 249, 251-53, 257, 258, 275, 285, 288, 290, 301, 303, 313, 323, 326, 331, 337, 348, 349, 351, 358, 359, 362-70
文献学的批判　39, 46, 248, 251, 301
文章構成　66, 163, 187, 188, 200, 205, 212, 213, 217, 313, 317, 318, 322, 325, 327, 330, 354
文書保管学　79
分析　42, 99, 107, 110, 186, 193, 202, 206, 211, 212, 214, 220-22, 227, 229, 231, 236, 285, 347, 350, 357, 370
文体論　34, 130, 134, 365
文法の解釈　90, 128-32, 138, 139, 143, 144, 150, 155, 156, 158, 161, 163, 165, 167, 169, 171, 179-81, 184, 188, 209, 210, 221, 229, 239, 254, 261, 268, 313, 365, 368
文法的批判　255, 261, 264, 268, 272, 299, 301, 303, 308, 311, 350, 353, 360
分離　13, 16, 17, 71, 93, 94, 96, 102, 104, 109, 141, 194, 202, 249, 259, 271, 324, 325, 361
並行箇所　155, 156, 181
並行記事　267, 268, 271
並行現象　156, 159
ヘーゲル主義　341
ヘカタイオス偽書　323
ヘクサーメター　225, 226
ペリコーペ　351
ペルガモン　290, 335
ヘルクラーネウム　289, 290
ヘルメース　125, 241, 275, 363
ヘルメーネイア　125, 126
ヘレニズム　19, 37, 200, 220, 283, 286, 322-24

変則語　263
弁論家　41, 182, 271, 322, 344, 355, 356
弁論学　34
弁論術　33, 37, 64, 65, 67, 68, 97, 199, 203, 218, 352, 354
ポイエーシス　95
ポイエータイ　33
法学　10, 17, 19, 21, 28, 34, 54, 59, 66, 104, 105, 108, 115, 124, 127, 161, 181, 182, 188, 234, 237, 238, 265, 275, 283, 285, 297, 329, 334, 335, 342, 345, 352, 365, 366
方法論　15, 50, 60, 62, 63, 71, 73-76, 77, 79, 80, 93, 99, 108, 180, 228, 248, 360
補助学　49, 50
ポリグロッティー　10
翻訳　22, 125, 128, 131, 152, 158, 195, 209, 225, 230-36, 239, 242, 281, 285-87, 309, 315

マ　行

マグネシアー　136, 219, 223, 355
マンタネイン　25
ミクロコスモス　23
ミソロギア　8
密儀的学派　333
ムーサイ　221, 333
ムールバハ写本　297
メタバシス　223
模倣学　97
模倣的芸術　68, 108

ヤ　行

ヤヌス　195
有機体　91, 193
羊皮紙　254, 290, 291, 298
予見的　254, 267
予行演習　38, 48
寄せ集め　5, 11, 30, 65, 87, 101, 106,

317, 320
読むこと　　25, 34, 38, 123

ラ　行

ラヴェンナ写本　　276
理解　　15, 18, 23, 26, 28, 50, 53, 64, 74, 76, 87-90, 97, 98, 102, 104-08, 111, 116-18, 125-35, 137, 138, 140, 141, 144, 150, 151, 153, 154, 157, 158, 160, 162-65, 167-70, 172-74, 176, 177, 180-82, 184, 185, 189, 190, 192, 193, 195, 197, 198, 205-07, 209-14, 216, 219-21, 223, 224, 226, 228-31, 234-40, 243, 249, 253, 254, 257, 259, 267, 270, 280, 301, 308, 311, 342, 357, 358, 360, 362, 368
理解する　　15, 18, 23, 28, 74, 87-89, 104, 116-18, 125, 127-30, 133-35, 137, 140, 150, 154, 158, 160, 162, 167, 168, 172, 173, 176, 180-82, 185, 195, 205-07, 211, 221, 223, 228-30, 240, 243, 249, 259
理性　　11, 21, 32, 39, 96, 228, 348, 350, 369
略字法　　292

リューシアース写本　　298
倫理学　　14, 15, 27, 44, 93, 370
類縁性　　155, 156, 166
類語反復　　165
類推　　262-65, 268, 288, 292
ルネサンス　　19, 47, 59, 148, 336
歴史学　　6, 16, 17, 29, 46, 52, 60, 74, 88, 129, 179, 239, 240, 364
歴史的解釈　　90, 123, 128-32, 139, 154, 155, 167-71, 173, 176-82, 184, 205, 209, 211, 221, 239, 240, 301, 313, 365-67
歴史的生　　102, 168, 366
歴史的批判　　173, 301, 303, 350, 358, 360
歴史哲学　　27, 241, 301, 370
連続的注釈　　238, 239
ローマ法　　48, 126
ロギオイ　　32
ロゴグラフォイ　　32
ロゴス　　10, 11, 19, 20, 24, 26, 32-35, 37, 91, 102, 367
論理学　　5, 13, 15, 18, 66, 70, 87, 88, 106, 107, 116, 117, 199, 257

安酸 敏眞（やすかた・としまさ）

1952 年生まれ。京都大学大学院博士課程およびヴァンダービルト大学大学院博士課程修了。Ph.D., 京都大学博士（文学）。現在，北海学園大学人文学部教授。
〔主要業績〕*Ernst Troeltsch* (Scholars Press, 1986; Oxford University Press, 2000)，『レッシングとドイツ啓蒙』（創文社，1998 年），『歴史と探求』（聖学院大学出版会，2001 年），*Lessing's Philosophy of Religion and the German Enlightenment* (Oxford University Press, 2002)，*Frühes Christentum und Religionsgeschichtliche Schule* (共著, Vandenhoeck & Ruprecht, 2011)，『歴史と解釈学』（知泉書館，2012 年），トレルチ『信仰論』（教文館，1997 年），グラーフ『トレルチとドイツ文化プロテスタンティズム』（共訳，聖学院大学出版会，2001 年），バルト『十九世紀のプロテスタント神学』中・下巻（共訳，新教出版社，2006-2007 年）ほか。

〔解釈学と批判〕　　　　　　　　　　　ISBN978-4-86285-186-4

2014 年 5 月 10 日　第 1 刷印刷
2014 年 5 月 15 日　第 1 刷発行

訳 者　安酸敏眞
発行者　小山光夫
製 版　ジャット

発行所　〒113-0033 東京都文京区本郷1-13-2
　　　　電話03(3814)6161 振替00120-6-117170
　　　　http://www.chisen.co.jp
　　　　株式会社 知泉書館

Printed in Japan　　　　　　印刷・製本／藤原印刷